高等院校
经济管理类
主干课程教材

主编 ● 彭良平　副主编 ● 刘凌云

HUMAN RESOURCE MANAGEMENT

人力资源管理

長江出版傳媒 Changjiang Publishing & Media
湖北科学技术出版社 HUBEI SCIENCE & TECHNOLOGY PRESS

MAIN TEACHING MATERIAL

图书在版编目（CIP）数据

人力资源管理 / 彭良平主编. -- 武汉 : 湖北科学技术出版社, 2021.9
ISBN 978-7-5706-1693-0

Ⅰ. ①人… Ⅱ. ①彭… Ⅲ. ①人力资源管理－高等学校－教材 Ⅳ. ①F241

中国版本图书馆 CIP 数据核字(2021)第 175514 号

人力资源管理
RENLI ZIYUAN GUANLI

责任编辑：邓子林　宋志阳　　封面设计：喻　杨

出版发行：湖北科学技术出版社　　电话：027-87679468
地　　址：武汉市雄楚大街 268 号　　邮编：430070
（湖北出版文化城 B 座 13-14 层）
网　　址：http：//www.hbstp.com.cn

印　　刷：武汉市卓源印务有限公司　　邮编：430071

787×1092　1/16　16.5 印张　390 千字
2021 年 9 月第 1 版　2021 年 9 月第 1 次印刷
定价：49.00 元

前　言

在知识经济时代,人力资源已成为促进社会发展的第一资源,企业之间的竞争实质就是人力资源的竞争,人力资源管理在现代企业管理中越来越受到关注。如何有效地进行人力资源开发与管理,最大限度地调动人的积极性、主动性和创造性,是现代企业所面临的一个重要课题。

当前,高素质应用型人才培养模式的研究已逐渐成为许多高校探索的方向之一。如何培养具有家国情怀的现代人力资源,如何将理论与实践有机结合起来,也成为人力资源管理教育中备受重视的一个领域。而编写优秀的人力资源管理教材,是推进应用素质教育、培养实践创新的适用型人才的重要保证。本书吸收了国内外最新的人力资源管理研究成果,其特色主要体现在以下几个方面。

1. 内容完善,体例新颖

从人力资源管理的学科特点和基本要求出发,我们尽量使本书涵盖本学科的基本概念、理论,着重突出人力资源管理的技术方法、操作流程和实践应用,对其进行系统的阐述,逻辑清晰,内容完整。本书在编写体例上有所突破,每章开篇均设有学习目标和导入案例,目的是使读者了解本章的概要,引发其学习兴趣;正文中穿插课堂案例、管理故事、知识拓展、实务指南等教学形式;章后编撰有本章小结和复习思考题供同学们总结反馈;最后还附有案例分析、实训设计等实务模块来训练学生的思维能力和增强学生的操作技能。

2. 理论与实务结合,注重实践创新能力的培养

人力资源管理是一门理论和实践紧密结合的课程,不仅要求学生具备人力资源管理的知识,而且要求学生切实掌握人力资源管理的相关技能;不仅要求在理念上善于接纳和创新,而且也要求在实践上善于操作和运用。本书坚持以应用为主线,以能力为本位,着重传授高素质应用型人才所需的知识和内容,注重学生实践创新能力的培养,通过工作方法、操作流程、案例分析和项目实训,把学生应知应会的知识技能贯穿于教材之中,切实提高学生为国家为人民服务的职业素养。

3. 以学生为主体

本书从高素质应用型人才的培养目标出发,坚持以教师为导向,以学生为主体,充分调动学生的学习积极性。学生在学习过程中运用知识、掌握知识,可以提高分析问题和解决问题的能力,整个教材体系的设计充分体现了学生的主体地位。

本书由武昌首义学院经济管理学院的人力资源管理课程教学团队共同完成，其中彭良平担任主编、刘凌云担任副主编，具体执笔情况如下：彭良平（第1章、第2章、第4章、第6章、第7章、第9章），刘凌云（第3章、第5章、第8章、第10章），全书由彭良平总撰定稿。

本书在编写过程中，参阅和引用了国内外学者的大量著作、论述和研究成果，在此谨向著述者表示诚挚的谢意。本书的编辑和出版得到了湖北科学技术出版社的大力支持和帮助，在此也表示衷心的感谢。

由于编者水平有限，书中难免有不足和疏漏之处，敬请各位专家和读者不吝赐教和指正。

著者

2021年5月

目　　录

第 1 章　人力资源管理导论……（1）
1.1　人力资源概述……（2）
1.1.1　人力资源的概念……（2）
1.1.2　人力资源的特点……（3）
1.1.3　人力资源的数量与质量……（4）
1.1.4　人力资源和人力资本……（6）
1.2　人力资源管理……（7）
1.2.1　人力资源管理的含义……（7）
1.2.2　人力资源管理与人事管理……（8）
1.2.3　人力资源管理的主要内容……（9）
1.2.4　人力资源管理的基本功能……（10）
1.2.5　人力资源管理的意义……（12）
1.3　人力资源管理的运作……（12）
1.3.1　人力资源管理的责任主体……（12）
1.3.2　人力资源管理部门所承担的活动……（14）
1.3.3　人力资源管理部门的角色……（15）
1.3.4　人力资源管理者的胜任素质……（16）
1.4　人力资源管理的历史演进及发展趋势……（18）
1.4.1　人力资源管理的历史演进……（18）
1.4.2　人力资源管理的发展趋势……（21）
复习思考题……（23）
第 2 章　职位分析……（26）
2.1　职位分析概述……（26）
2.1.1　职位分析的含义……（26）
2.1.2　职位分析中的相关术语……（27）
2.1.3　职位分析的作用……（29）
2.1.4　职位分析的程序……（30）

2.2 职位分析的方法……………………………………………………………………(32)
2.2.1 资料分析法…………………………………………………………………(33)
2.2.2 观察法………………………………………………………………………(33)
2.2.3 访谈法………………………………………………………………………(35)
2.2.4 问卷调查法…………………………………………………………………(36)
2.2.5 工作日志法…………………………………………………………………(38)
2.3 职位说明书的编写……………………………………………………………(39)
2.3.1 职位说明书的内容…………………………………………………………(39)
2.3.2 职位说明书的编写要求……………………………………………………(42)
2.4 工作设计………………………………………………………………………(44)
2.4.1 工作设计的含义……………………………………………………………(45)
2.4.2 影响工作设计的因素………………………………………………………(45)
2.4.3 工作设计的主要内容………………………………………………………(46)
2.4.4 工作设计的主要方法………………………………………………………(47)
2.4.5 工作设计的新趋势…………………………………………………………(48)
复习思考题 ………………………………………………………………………(50)
第3章 人力资源规划 ………………………………………………………(53)
3.1 人力资源规划概述……………………………………………………………(54)
3.1.1 人力资源规划的含义与意义………………………………………………(54)
3.1.2 人力资源规划的类型和内容………………………………………………(55)
3.2 人力资源规划的程序…………………………………………………………(58)
3.2.1 调查分析……………………………………………………………………(59)
3.2.2 预测供需……………………………………………………………………(60)
3.2.3 制定规划……………………………………………………………………(60)
3.2.4 实施评估……………………………………………………………………(61)
3.3 人力资源需求、供给的预测与平衡 …………………………………………(62)
3.3.1 人力资源需求的预测………………………………………………………(63)
3.3.2 人力资源供给的预测………………………………………………………(67)
3.3.3 人力资源供需的平衡………………………………………………………(73)
3.4 人力资源规划的编制与执行…………………………………………………(74)
3.4.1 人力资源规划的编制原则…………………………………………………(75)
3.4.2 人力资源规划编制的一般步骤……………………………………………(75)
3.4.3 人力资源规划的执行………………………………………………………(76)

复习思考题 …… (78)
第4章 人力资源招聘 …… (81)
4.1 人力资源招聘概述 …… (81)
4.1.1 人力资源招聘的含义及意义 …… (81)
4.1.2 人力资源招聘的原则 …… (82)
4.1.3 影响招聘工作的因素 …… (83)
4.2 人力资源招聘流程与渠道 …… (85)
4.2.1 人力资源招聘的流程 …… (85)
4.2.2 招聘的渠道和方法 …… (88)
4.3 人力资源甄选 …… (91)
4.3.1 人力资源甄选的含义 …… (91)
4.3.2 人力资源甄选的程序 …… (92)
4.3.3 人力资源甄选的方法 …… (92)
4.4 录用与评估 …… (100)
4.4.1 录用的程序 …… (100)
4.4.2 招聘评估 …… (102)
复习思考题 …… (104)
第5章 培训与开发 …… (108)
5.1 培训与开发概述 …… (109)
5.1.1 培训与开发的含义 …… (109)
5.1.2 培训的类型 …… (111)
5.1.3 培训的目的 …… (111)
5.1.4 培训的意义 …… (112)
5.1.5 培训的原则 …… (114)
5.2 培训的流程 …… (116)
5.2.1 培训需求分析 …… (117)
5.2.2 培训计划制订 …… (121)
5.2.3 培训活动实施 …… (123)
5.2.4 培训效果评估 …… (124)
5.3 培训的形式和方法 …… (127)
5.3.1 培训的形式 …… (127)
5.3.2 培训的方法 …… (128)
复习思考题 …… (130)

第6章　绩效管理 …… (133)

6.1　绩效管理概述 …… (133)

6.1.1　绩效的含义与特点 …… (133)

6.1.2　绩效管理 …… (135)

6.1.3　绩效管理的作用 …… (136)

6.2　绩效管理流程 …… (137)

6.2.1　绩效计划 …… (137)

6.2.2　绩效实施 …… (139)

6.2.3　绩效考核 …… (140)

6.2.4　绩效反馈 …… (143)

6.2.5　绩效结果应用 …… (144)

6.3　绩效考核的方法 …… (146)

6.3.1　结果导向型考核方法 …… (146)

6.3.2　行为导向型考核方法 …… (147)

6.4　考核模式 …… (150)

6.4.1　目标管理法 …… (150)

6.4.2　平衡记分卡法 …… (151)

复习思考题 …… (154)

第7章　薪酬管理 …… (157)

7.1　薪酬管理概述 …… (157)

7.1.1　薪酬与报酬 …… (157)

7.1.2　薪酬的功能 …… (159)

7.1.3　影响薪酬水平的因素 …… (159)

7.1.4　薪酬管理 …… (160)

7.1.5　薪酬管理的原则 …… (161)

7.1.6　薪酬管理的内容 …… (162)

7.2　基本薪酬体系设计 …… (162)

7.2.1　基本薪酬体系的类型 …… (163)

7.2.2　职位薪酬体系的设计流程 …… (165)

7.2.3　职位评价 …… (165)

7.2.4　薪酬调查 …… (169)

7.2.5　薪酬水平定位 …… (169)

7.2.6　薪酬结构设计 …… (170)

7.3 激励薪酬 …… (173)
7.3.1 激励薪酬的含义 …… (173)
7.3.2 个人激励薪酬 …… (173)
7.3.3 群体激励薪酬 …… (175)
7.4 福利薪酬 …… (177)
7.4.1 福利薪酬的含义 …… (177)
7.4.2 福利薪酬的类型 …… (177)
7.4.3 福利薪酬管理 …… (178)
复习思考题 …… (181)
第8章 职业生涯管理 …… (184)
8.1 职业生涯管理概述 …… (185)
8.1.1 职业的含义及特点 …… (185)
8.1.2 职业生涯的含义 …… (185)
8.1.3 职业生涯管理及其意义 …… (186)
8.2 职业生涯管理理论 …… (186)
8.2.1 职业选择理论 …… (186)
8.2.2 职业发展理论 …… (190)
8.3 职业生涯设计与管理 …… (193)
8.3.1 个人职业生涯规划 …… (193)
8.3.2 组织职业生涯管理 …… (197)
8.3.3 职业生涯管理的实施 …… (202)
复习思考题 …… (204)
第9章 劳动关系管理 …… (208)
9.1 劳动关系概述 …… (208)
9.1.1 劳动关系的含义、主客体与特性 …… (208)
9.1.2 劳动关系的内容 …… (209)
9.1.3 劳动关系管理 …… (211)
9.2 劳动合同概述 …… (211)
9.2.1 劳动合同的含义、法律特征及种类 …… (211)
9.2.2 劳动合同的内容 …… (213)
9.2.3 劳动合同的订立与履行 …… (217)
9.2.4 劳动合同的变更 …… (219)
9.2.5 劳动合同的解除 …… (220)

9.2.6 劳动合同的终止 ……………………………………………… (222)
9.2.7 违反劳动合同的责任 ……………………………………… (223)
9.3 集体合同与集体谈判 …………………………………………… (224)
9.3.1 集体合同 ……………………………………………………… (224)
9.3.2 集体谈判 ……………………………………………………… (226)
9.4 劳动争议处理 …………………………………………………… (228)
9.4.1 劳动争议的概念与范围 …………………………………… (228)
9.4.2 劳动争议处理的基本原则 ………………………………… (229)
9.4.3 劳动争议的处理程序 ……………………………………… (230)
复习思考题…………………………………………………………… (233)
第10章 跨国公司的人力资源管理 ……………………………… (236)
10.1 跨国公司人力资源管理的特点与内容………………………… (237)
10.1.1 跨国公司人力资源管理的特点………………………… (237)
10.1.2 跨国公司人力资源管理的内容………………………… (240)
10.2 跨国公司的战略性人力资源管理……………………………… (241)
10.2.1 战略性人力资源管理的界定…………………………… (241)
10.2.2 战略性人力资源管理的内容…………………………… (242)
10.3 跨国公司职能性人力资源管理………………………………… (243)
10.3.1 人力资源的招募………………………………………… (243)
10.3.2 人力资源的培训………………………………………… (245)
10.3.3 跨国公司的人力资源绩效管理………………………… (246)
10.3.4 跨国公司的人力资源薪酬管理………………………… (247)
复习思考题…………………………………………………………… (249)
参考文献…………………………………………………………… (253)

第 1 章　人力资源管理导论

学习目标

1. 理解人力资源的含义及特点；了解人力资源和人力资本的区别。
2. 理解人力资源管理的含义；理解人力资源管理的主要内容。
3. 理解人力资源管理与传统人事管理的区别。
4. 了解人力资源管理的责任主体；了解人力资源管理部门的角色。
5. 了解人力资源管理的历史演进。

【导入案例】

发展中的企业犹如一只饥饿的野狼。狼有最显著的三大特性，一是敏锐的嗅觉，二是不屈不挠、奋不顾身、永不疲倦的进攻精神，三是群体奋斗的意识。同样，一个企业要想扩张，也必须具备狼的这三个特性。

——任正非

华为独特的人力资源管理体系建设始于 1996 年的市场部集体辞职：市场部所有正职干部都要提交一份述职报告和一份辞职报告，公司根据其表现、发展潜力和企业发展需要，只批准其中一份，其中大约 30%的干部被替换下来。集体辞职，让大家先全部“归零”，体现了起跑位置的均等；而竞聘上岗，则体现了竞争机会的均等。市场部集体大辞职深刻地影响着华为公司的文化。

华为组织结构的特点包含三个方面：人力资源委员会、行政与业务关系分离、懂业务的人力资源部门。华为实行委员会制，分公司层、事业部层、业务经理层等五级委员会，委员会是集体决策和评价的机构。行政与业务关系分离，各级干部的行政关系归各所属事业部或职能部门，其业绩考核由所属部门直接负责，而人力资源业务管理归人力资源总部直接领导。

华为的人力资源管理特点表现在：

(1) 依靠独特的文化和人力资源政策，公司吸引了一大批优秀的人才。公司每年从高校和社会上进行招聘，有严格的面试流程，建立了面试资格人制度，针对主要岗位建立素质模型，从而提高面试的准确性。

(2) 建立内部劳动力市场，引入竞争和选择机制，通过内、外劳动力市场的置换，促进优秀人才的脱颖而出。

(3) 通过持续的人力资源开发实现人力资本增值。

(4) 华为公司的考评体系基于以下假设：绝大多数员工是愿意负责和愿意合作的，是高度自尊和有强烈成就欲望的。华为公司不拘泥于资历与级别，对有突出才干和突出贡献者实施破格晋升。

通过卓越的人力资源管理，华为因此能在自己的通信供应商帝国之路上越走越远。

思考：结合案例，谈谈你对人力资源管理的理解。

1.1 人力资源概述

1.1.1 人力资源的概念

目前所理解的“人力资源(human resource，HR)”的概念，是由管理大师彼得·德鲁克于1954年在其著作《管理实践》中正式提出的。他认为，人力资源是一种特殊的资源，必须通过有效的激励才能开发利用，并为企业带来客观的经济价值。后来的学者对人力资源的含义给出了多种不同的解释，根据研究的角度不同，可以将这些定义分为两大类。

第一类主要是从能力的角度来解释人力资源的含义，具体如下。

(1)所谓人力资源，是指能够推动整个经济和社会发展的劳动者的能力，即处在劳动年龄的已直接投入建设和尚未投入建设的人口的能力。

(2)人力资源是人类可用于生产产品或提供各种服务的能力、技能和知识。

(3)所谓人力资源，是指包含在人体内的一种生产能力，它是表现在劳动者的身上、以劳动者的数量和质量表示的资源，对经济起着生产性的作用，并且是企业经营中最活跃、最积极的生产要素。

(4)所谓人力资源，是指劳动过程中可以直接投入的体力、智力、心力总和及其形成的基础素质，包括知识、技能、经验、品性与态度等身心素质。

第二类主要是从人的角度来解释人力资源的含义，具体如下。

(1)人力资源是指一定社会区域内所具有的劳动能力的适龄劳动人口和超过劳动年龄的人口的总和。

(2)人力资源是指组织的内部成员及外部的客户等人员，即可以为组织提供直接或潜在服务及有利于组织实现预期经营效益的人员的总和。

(3)人力资源是指能够推动社会和经济发展的具有智力和体力劳动能力的人的总称。

(4)人力资源是指人拥有的知识、技能、经验、健康等“共性化”要素和个性、兴趣、价值观、团队意识等“个性化”要素以及态度、努力、情感等“情绪化”要素的有机结合。

我们认为，所谓人力资源，是指在一定范围内能够为社会创造物质财富和精神财富，具有体力劳动和脑力劳动能力的人口的总和。

对人力资源概念的理解，需要从以下几个方面来把握。

(1)这里的“一定范围”可以大到一个国家和地区，即宏观角度的人力资源；也可以小到一个组织，即微观角度的人力资源。

(2)人力资源的实质是要能为社会创造物质财富和精神财富。

(3)人力资源表现为具有劳动能力的人口的总和。不仅包括体力劳动能力，还包括脑力劳动能力，这是人类所独有的，并以人体为其存在的载体。

知识拓展

彼得·德鲁克简介

彼得·德鲁克（Peter F. Drucker，1909—2005）是一位对世人有卓越贡献及深远影响的人，被尊称为“大师中的大师”。德鲁克以他建立于广泛实践基础之上的30余部著作，奠定了其现代管理学开创者的地位，被誉为“现代管理学之父”。

德鲁克终身以教学、写作和咨询为业，一生共出版著作39本，在《哈佛商业评论》发表文章30余篇。杰克·韦尔奇、比尔·盖茨等人都深受其思想的影响。

1.1.2　人力资源的特点

人力资源作为一种特殊的资源，与其他资源相比较，呈现出如下特点。

1. 人力资源具有能动性

能动性是人力资源的根本特征，是人力资源区别于其他资源的本质所在。这种能动性主要表现在4个方面。一是人力资源从来都是自觉地、有意识地、有目的地从事社会生产活动，达到既定目的。二是人力资源可以调度自身的体能、智力、知识和技能，利用物质资料生产预期产品，这是人力资源能动性的主要方面。三是人力资源能够依据客观条件，按照自己的意愿择业，合理设计职业生涯。四是人力资源的能动性还表现在能有意识地不断自我开发、自我强化、自我提高与自我发展，从而提高自身的能力。

2. 人力资源具有时效性

人力资源以人为载体，表现为人的体力和脑力，其形成和使用都要受到人的生命周期的制约。人的生命周期分为发育成长期、成年期、老年期三个大的阶段。人在发育成长期，体力和脑力处于积累阶段，不足以创造价值，因此不能称为人力资源；进入成年期后，体力和脑力的发展都达到了可以从事劳动的程度，可以对价值创造起贡献作用，这个时期要求组织能够充分使用，否则会导致人力资源的浪费，影响组织工作的绩效及发展目标；进入老年期后，人力资源的产出量会随人的体力与精力的下降而逐渐下降，直至完全丧失劳动能力，也就退出了人力资源范围。生命周期和人力资源呈倒“U”形关系，这种关系决定了人力资源的时效性。这就要求人力资源部门对人力资源必须做到适时开发、及时利用，最大限度地保证人力资源的产出。

3. 人力资源具有增值性

人力资源与自然资源相比具有明显的增值性。一般来说，自然资源是不会增值的；人力资源在开发使用过程中，人的知识、经验和技能会因为不断地使用而变得更有价值。当然，对个体而言，这种增值是有一定限度的。人力资源可以源源不断地创造财富，成为价值的源泉。

4. 人力资源具有社会性

人力资源在其形成过程中明显地受到时代和社会因素的影响,从而具有社会属性。一个时代的社会特征,包括政治的、经济的、教育的、文化的因素,都会影响和制约人力资源的质量。

5. 人力资源具有可变性

人力资源在使用过程中其发挥作用的程度具有一定的可变性。一方面,人力资源发挥程度受到外界环境因素的影响,当环境有利或适宜时,人力资源发挥作用就大;当环境不利或不宜的时候,其发挥作用就小。另一方面,在相同外界环境的影响下,人力资源创造的价值大小可能会因为自身心理状态不同而不同。

6. 人力资源具有再生性

人力资源是一种再生资源,能够实现自我补偿、自我更新,具有可持续性的特点,人的体能与知识技能都是可以再生的。保证这种再生过程的顺利进行,有利于人力资源的开发和利用。

1.1.3　人力资源的数量与质量

1. 人力资源的数量

对国家而言,人力资源是指所有能够参与经济活动、创造价值的人口的总和;对企业而言,人力资源的数量一般来说就是其员工的数量。

各国都根据其国情(经济和社会的发展状况、人口状况、教育制度、劳动力自身的生理特点等)对人口进行劳动年龄的划分。一般来说,大多数国家只规定劳动年龄的下限而无上限。我国现行的劳动年龄规定为:男性16~60岁,女性16~55岁。位于劳动年龄上下限之间的人口称为劳动适龄人口,小于劳动年龄下限的人口称为未成年人口,大于劳动年龄上限的人口称为老年人口。

一个国家的人力资源包括现实的人力资源和潜在的人力资源。潜在人力资源的数量可依据一个国家具有劳动能力的人口数量加以计量。但是在现实中,劳动适龄人口内部也存在一些丧失劳动能力的病残人口;此外,还存在一些因为各种原因暂时不能参加社会劳动的人口,如在校就读的学生。在劳动适龄人口之外,也存在一些具有劳动能力且正在从事社会劳动的人口,如退休返聘人员、个体劳动者。因此在计量人力资源时,上述几种情况都应当加以考虑,这也是划分现实人力资源与潜在人力资源的依据。按照上述思路,对我国的人口构成可以做如下的划分:①处在劳动年龄之内,正在从事社会劳动的人口,亦可称为"劳动适龄就业人口";②尚未达到劳动年龄、已从事社会劳动的人口,即"未成年就业人口";③已经超过劳动年龄,继续从事社会劳动的人口,即"老年就业人口";④处在劳动年龄之内,具有劳动能力并要求参加社会劳动的人口,即"求业人口"或"待业人口";⑤处在劳动年龄之内,正在从事学习的人口,即"就学人口";⑥处于劳动年龄之内,正在从事家务劳动的人口;⑦处于劳动年龄之内,正在军队服役的人口;⑧处在劳动年龄之内的其他人口;⑨病残人口。具体如图1-1所示,其中潜在的人力资源数量由④⑤⑥⑦⑧⑨六个部分构成,现实的人力资源数量由①②③三个部分构成。

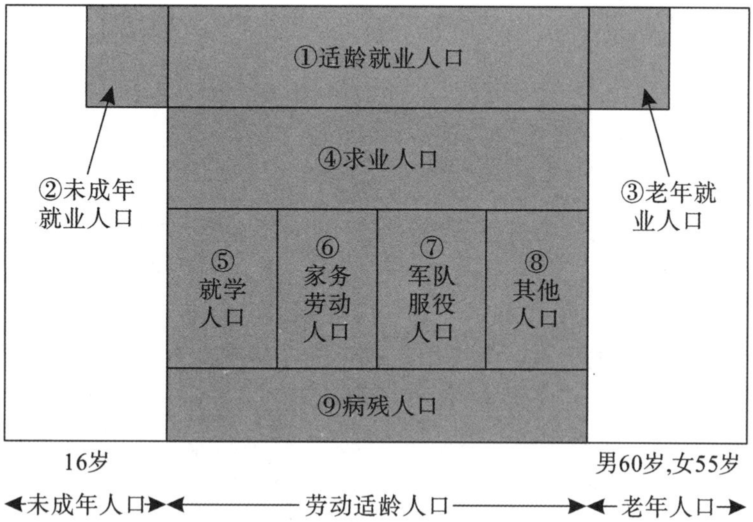

图 1-1　人力资源的数量构成图

2. 人力资源的质量

人力资源的质量以人力资源所具有的体质、智力、知识和技能水平以及员工的劳动态度来衡量。

人力资源质量由体能素质、智能素质和非智力素质等构成,如图 1-2 所示。

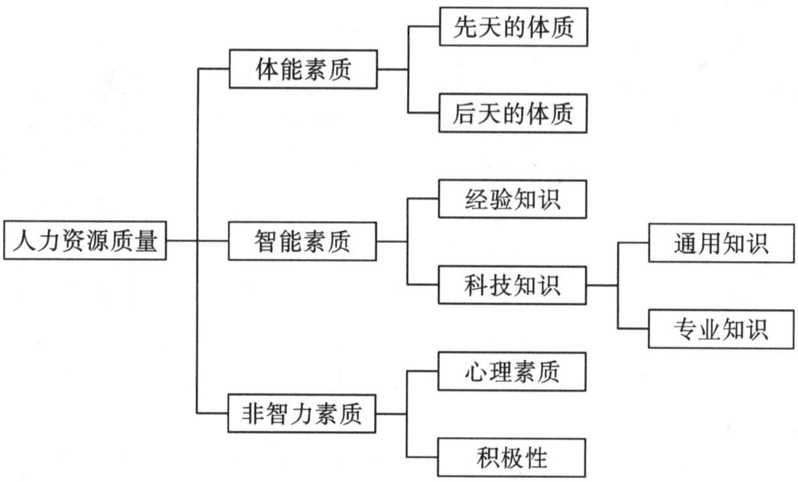

图 1-2　人力资源的质量构成图

在当今人力资源各素质因素对经济发展的贡献中,智能素质因素和非智力素质因素的作用越来越大,体能素质因素的作用逐渐降低,特别是非智力素质因素越来越受到重视;在智能素质因素中,科技知识的作用不断上升,经验知识的作用相对下降。

与人力资源数量相比,人力资源的质量对于国家和社会经济发展的作用更为重要。随着社会的发展,现代科学技术对人力资源的质量提出了更高的要求,尤其是在以信息、知识和技术密集为特征的当代知识经济时代,提高一国或地区人力资源的质量是国家和地方政府的人力资源发展的重要目标和方向。影响人力资源质量的因素有人类体质与智能遗传、营养状况、教育状况、文化观念、经济和社会环境等。

1.1.4 人力资源和人力资本

人力资本是通过对人力资源进行教育、培训和卫生保健等方面的投资而形成的资本,它凝结于劳动者身上,体现为知识、技能与健康等方面。人力资本理论的创始人是美国芝加哥大学教授西奥多·舒尔茨,他在1960年出任美国经济学会会长时,发表了《人力资本投资》的就职演说。演讲中他阐述了许多无法用传统经济理论解释的经济增长问题,明确提出人力资本是当前时代促进国民经济增长的主要原因,认为“人口质量和知识投资在很大程度上决定了人类未来的前景”。当代经济学家普遍接受了舒尔茨的观点。

人力资源和人力资本是既有联系又有区别的两个概念。

人力资源与人力资本有着密切的联系。从研究对象上讲,两者都是研究人所具有的脑力和体力及其在社会经济活动中的作用与规律;从理论渊源上讲,人力资源理论大都是以人力资本理论为根据的,人力资源经济活动及其收益的核算是基于人力资本理论进行的;从活动过程看,人力资本是对人力资源进行开发性投资而形成的结果,人力资源的开发过程就是人力资本的投资过程。

人力资源与人力资本就其内涵和本质而言,具有明显的区别。人力资源是针对经济管理和经济运营来说的;而人力资本是针对经济增值和经济贡献来说的。具体来讲,人力资源与人力资本的区别表现在以下几方面。

(1)概念的范围不同。人力资源包括自然性人力资源和资本性人力资源。自然性人力资源是指未经任何开发的遗传素质与个体;资本性人力资源是指经过教育、培训、卫生保健等投资而形成的人力资源。人力资本是指所投入的物质资本在人身上所凝结的人力资源,是可以投入经济活动并带来新价值的资本性人力资源。人力资本存在于人力资源之中。

(2)研究问题的角度和关注的重点不同。人力资本是通过投资形成的存在于人体中的资本形式,是形成人的脑力和体力的物质资本在人身上的价值凝结,是从成本收益的角度来研究人在经济增长中的作用,关注的重点是收益问题,即投资能否带来收益以及带来多少收益的问题。人力资源则不同,它将人作为财富的来源来看待,是从投入产出的角度来研究人对经济发展的作用,关注的重点是产出问题,即人力资源对经济发展的贡献有多大,对经济发展的推动力有多强。

(3)计量形式不同。人力资源是存量的概念,而人力资本则是兼有存量和流量的一个概念。人力资源是指一定时间、一定空间内人所具有的对价值创造起贡献作用并且能够被企业所利用的体力和脑力的总和。而人力资本,如果从生产活动的角度看,往往是与流量核算相联系的,表现为经验的不断累积、技能的不断增进、产出量的不断变化和体能的不断损耗;如果从投资活动的角度看,又与存量核算相联系,表现为投入到教育、培训、卫生健康等方面的资本在人身上的凝结。

知识拓展

西奥多·舒尔茨

舒尔茨认为,人力资本是通过对人力资源投资而体现在劳动者身上的体力、智力和技能,是另一种形态的资本,与物质资本共同构成了国民财富,而这种资本的有形形态就是人力资源。这种理论突破了只有厂房、机器等物质资源才是资本的概念,把国家、地区和企业在教育、保健、人口、迁移等方面投资形成的人的能力的提高和生命周期的延长也看作资本的一种形态。

人力资本理论主要包括:人力资源是一切资源中最主要的资源;在经济增长中,人力资本的作用大于物质资本的作用;人力资本的核心是提高人口质量,教育投资是人力投资的主要部分;教育投资应以市场供求关系为依据,以人力价格的浮动为衡量符号。

由于西奥多·舒尔茨在经济发展方面做出了开创性工作,深入研究了发展中国家在发展经济中应特别考虑的问题,从而获得了1979年诺贝尔经济学奖。

1.2　人力资源管理

1.2.1　人力资源管理的含义

在德鲁克提出人力资源的概念之后,1958年,怀特·巴克出版了《人力资源职能》一书,首次将人力资源管理作为管理的普通职能来加以论述。此后,随着人力资源管理理论和实践的不断发展,国内外产生了人力资源管理的各种流派,他们从不同侧面对人力资源管理的概念进行阐释,综合起来可以归为以下五类。

第一类:主要是从人力资源管理的目的出发来解释它的含义,认为它是借助对人力资源的管理来实现组织的目标。

(1)人力资源管理就是通过各种技术与方法,有效地运用人力资源来达成组织目标的活动(Mondy和Noe,1996)。

(2)人力资源管理就是通过各种管理功能,促使人力资源的有效运用,以达成组织的目标(Schuler,1987)。

(3)人力资源管理是利用人力资源实现组织目标。

第二类:主要是从人力资源管理的过程或承担的职能进行解释,把人力资源看成是一个活动过程。

(1)人力资源管理是负责组织人员的招聘、甄选、训练及报酬等功能的活动,以达成个人与组织的目标(Sherman,1992)。

(2)人力资源管理指对全社会或一个组织的各阶层、各类型的从业人员招工、录取、培训、使用、升迁、调动,直至退休的全过程管理。

(3)人力资源管理是用来提供和协调组织中的人力资源活动。

(4)人力资源管理是一个组织对人力资源的获取、维护、激励、运用与发展的全部管理过程与活动。

第三类:主要解释了人力资源管理的实体,认为它就是与人有关的制度、政策等。

(1)人力资源管理是对人力资源进行有效开发、合理配置、充分利用和科学管理的制度、法令、程序和方法的总和。

(2)人力资源管理,包括一切对组织中的员工构成直接影响的管理决策和实践活动。

(3)人力资源管理包括会影响公司和员工之间关系的性质的所有管理决策和行为(Beer 和 Specktor,1984)。

(4)人力资源管理是指影响员工的行为、态度以及绩效的各种政策、管理实践及制度。

(5)人力资源管理是依据组织和个人发展的需要,建立高效的机制和合理的流程,采用先进的技术和科学的方法,对组织中的人力这一特殊资源进行有效开发、合理利用与科学管理的过程。

第四类:主要从人力资源管理的主体出发解释其含义,认为它是人力资源部门或人力资源管理者的工作。例如,人力资源管理指那些专门的人力资源管理职能部门中的专门人员所做的工作。

第五类:从目的、过程等方面综合进行解释。

(1)人力资源开发与管理指运用现代化的科学方法,对于一定物力相结合的人力进行合理的培训、组织与调配,使人力、物力经常保持最佳比例,同时对人的思想、心理和行为进行恰当的诱导、控制和协调,充分发挥人的主观能动性,使人尽其才、事得其人、人事相宜,以实现组织目标。

(2)人力资源管理是对人力资源的取得、开发、保持和利用等方面所进行的计划、组织、指挥和控制的活动,是通过协调社会劳动组织中的人与事的关系和共事人的关系,以充分开发人力资源,挖掘人的潜力,调动人的积极性,提高工作效率,实现组织目标的理论、方法、工具与技术。

(3)人力资源管理是依据组织和个人发展的需要,建立高效的机制和合理的流程,采用先进的技术和科学的方法,对组织中的人力这一特殊资源进行有效开发、合理利用与科学管理的过程。

(4)人力资源管理是指运用科学的方法,协调人与事的关系、处理人与人的矛盾,充分发挥人的潜能。

我们认为,人力资源管理是依据组织和个人发展的需要,通过建立高效的机制和合理的流程,采用先进的技术和科学的方法,对组织中的人力这一特殊资源进行有效开发、合理利用与科学管理的过程。

1.2.2 人力资源管理与人事管理

人力资源管理与人事管理之间有着紧密的联系。人力资源管理是对人事管理的继承,人力资源管理依然要履行人事管理的很多职能；人力资源管理又是对人事管理的发展，两者之间的立场和角度又完全不同。

从管理实践的角度来看，传统的人事管理仅限于招聘、配置、档案保管、薪酬发放等工作，是以事为中心，注重控制和管理人；而现代人力资源管理是以人为中心，强调人力资源的开发和运用，强调人力资源参与企业的战略规划的制定和实施。人力资源管理与人事管理在管理思想、管理内容和管理方式等方面都发生了深刻的变化。相比而言，人力资源管理较人事管理更具有战略性和主动性，更关注企业竞争优势的提高。基于此，学者们更是提出了战略人力资源管理的理论。人力资源管理与人事管理的区别见表1-1。

表1-1　人力资源管理和人事管理的区别

比较项目	人力资源管理	人事管理
管理理念	视员工为有价值的重要资源，企业发展的动力	视员工为成本负担，实现企业目标的工具
管理目的	企业和员工利益的共同实现	企业短期目标的实现
管理模式	以人为中心	以事为中心
管理性质	战略性、策略性	战术性、业务性
企业地位	处于企业中的战略决策层	处于企业中的执行层
管理活动	注重开发、激励、保护	对员工严格监督与控制
管理内容	非常丰富	简单的事务管理
管理角色	挑战、变化	例行、记载
与员工的关系	民主、尊重、服务	命令、监督、控制
与其他部门关系	合作、和谐	管理、抵触

1.2.3　人力资源管理的主要内容

1. 职位分析

职位分析是人力资源管理的最基础性的工作。职位分析包括两部分活动：一是对企业内各职位所要从事的工作内容和承担的工作职责进行清晰的界定；二是确定各职位所要求的任职资格。职位分析是收集、分析和整理关于职位信息的一个系统性程序。职位分析的结果一般体现为职位说明书。职位分析的信息被用来规划和协调几乎所有的人力资源活动，如员工甄选标准和绩效评估标准的确定、培训方案的制定等。

2. 人力资源规划

根据企业的发展战略和经营规划，评估企业人力资源现状及发展趋势，收集和分析人力资源供给和需求方面的信息，利用科学的方法预测人力资源供给和需求，制订人力资源招聘、培训和配置计划，以使人力资源供需得到平衡，保证企业目标的实现。

3. 人力资源招聘与甄选

企业要通过人力资源招聘来迅速、有效地找到企业所需的人才。在人力资源招聘过程中，需要采用科学的方法和手段对应聘的人员进行有效的甄选，人力资源招聘与甄选是人力资源管理的一项重要职能。

4. 培训与开发

培训与开发主要是根据不同员工的技术水平和素质差异，采用不同的训练方式和训练内容，提高员工们的知识技能和素质水平，进一步开发员工的潜能，帮助他们胜任现任的职位和将来的工作。

5. 绩效管理

绩效管理是现代人力资源管理的重要内容和核心职能之一。绩效管理的核心是绩效评估，企业通过绩效评估来衡量员工的工作绩效，并把这些信息传递给他们，其目的在于激励员工。绩效评估的结果可以给管理部门提供决策的依据，如晋升、降级、解职和提薪等。

6. 薪酬管理

薪酬管理是人力资源管理中最受重视的职能。科学合理的薪酬体系关系企业员工队伍的稳定与发展。人力资源管理部门要为员工制定具有吸引力的薪酬制度。

7. 职业生涯管理

人力资源管理部门有责任关心和鼓励员工的个人发展，帮助其制订个人发展计划。这样做能够提升员工的归属感，进而激发其工作积极性和创造性。企业通过职业生涯管理，使企业和员工的需要都能得到满足。

8. 劳动关系管理

劳动关系是劳动者与用人单位在劳动过程和经济活动中发生的关系。一个企业的员工关系是否健康融洽，直接关系到企业的人力资源管理活动的有效开展和发挥作用。

人力资源管理的主要内容之间的关系，如图 1-3 所示。

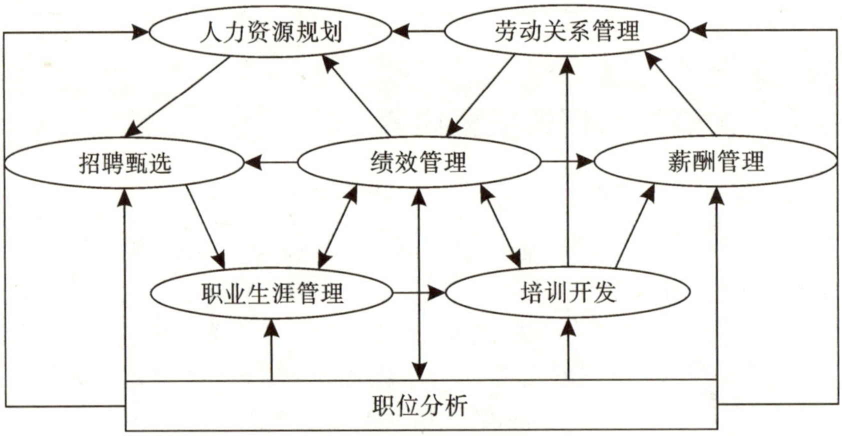

图 1-3　人力资源管理主要内容之间的关系

1.2.4　人力资源管理的基本功能

人力资源管理的基本功能是指其自身所具备或应该具备的作用。从人力资源管理的内容里可以总结出人力资源管理的五项基本功能：获取、整合、培训开发、激励、评价与调整。

(1)获取。为了实现目标，企业总是持续不断地招聘自己需要的人员，补充“新鲜血液”，企业在开辟新的生产线、扩大企业规模、兼并其他企业等时都会对人力资源提出新的需求。人力资源部门必须帮助企业吸引和获取所需要的各类人力资源。此外，即使不进行扩张，人员也会有“自然磨损”，如退休、退职、病退、辞退、死亡等，也需要有人员的补充。获取功能通过人力资源规划、职位分析、人力资源招聘和甄选等具体工作来实现，它是整个人力资源管理活动的基础。

(2)整合。建立并维持有效的工作关系，包括企业文化的传播、信息沟通、人际关系和谐、矛盾冲突的处理等内容。这一职能旨在使企业内部个体和群体的目标、行为、态度趋同于企业的要求和理念，使彼此之间形成高度合作，建设具有整体优势的团队，发挥人力资源的集体优势，提高企业的生产力和效益。

管理故事

鬣狗战斑马

在非洲大草原上，三只瘦弱的鬣狗正与一只高大的斑马进行一场生死搏斗。

乍一看来，三只弱小的鬣狗很难是斑马的对手。但实际情况是，一只鬣狗咬住斑马的尾巴，任凭斑马的尾巴如何甩动，也死死咬住不放；另一只鬣狗咬住斑马的耳朵，任凭斑马如何摇头，也绝不松口；还有只稍显强壮的鬣狗咬住斑马的一条腿，任凭斑马如何踢弹，一点也不敢懈怠。

不一会，在三只鬣狗的齐心攻击下，“庞然大物”斑马终于体力不支瘫倒在地，成为三只鬣狗的盘中餐。

(3)培训与开发。这是提高员工能力的重要手段。培训与开发活动主要包括企业和个人开发计划的制订、新员工的引导和培训、员工职业生涯设计、继续教育、员工有效使用以及工作丰富化。通过人力资源培训与开发，进一步提高员工的知识和技能水平，挖掘员工的潜在能力，最大限度地实现其个人的价值，提高人力资源对企业的贡献率。

(4)激励。它是指对员工为企业所做出的贡献而给予奖励的过程，是人力资源管理的激励、凝聚和引导职能。包括制定公平合理的薪酬、提供福利、经济性和非经济性报酬的分配、各种物质和精神激励的运用。通过这样一系列活动可以提高员工的工作满意度，增强员工为企业目标而奋斗的决心，提高其劳动积极性和劳动生产率。

(5)评价与调整。评价即是对工作内容、工作表现以及人事政策的服从情况做出观察、鉴定和考核。在评价的基础上，以考评结果为依据，对员工实行合理、公平的动态管理，如晋升、调动、奖惩、离退和解雇等。

应当以一种系统的观点来看待人力资源管理的各项功能，它们之间并不是彼此割裂、孤立存在的，而是相互联系、相互影响，共同形成了一个有机的系统。

1.2.5 人力资源管理的意义

实践证明,重视和加强企业人力资源管理,对于调动企业员工的积极性,获得企业的竞争优势,保证企业获得最大的经济效益有着重要的意义。

1. 人力资源管理有利于调动员工的积极性

企业中的员工是有思想、有感情、有尊严的,这就决定了企业人力资源管理必须设法为劳动者创造一个符合他们需要的劳动环境,使他们安于工作、乐于工作、忠于工作,并能积极主动发挥个人劳动潜力。因此,企业必须善于处理物质奖励、行为激励以及思想教育工作三个方面的关系,以保证员工旺盛的工作热情,学习技术和钻研业务,充分发挥自己的专长,不断改进工作,从而达到提高劳动生产率的目的。

2. 人力资源管理是增强企业竞争力的根本途径

IBM 公司创始人托马斯·沃森曾说过:“你可以接管我的工厂,烧掉我的厂房,但只要留下我的员工,我就可以重建 IBM 公司。”可见,人力资源是企业生存和发展的关键资源。随着世界经济全球化和知识经济时代的到来,人在价值创造过程的作用越来越突出,企业的生存和发展越来越依赖于人的因素。企业之间的竞争力归根到底取决于自己所拥有的人力资源状况、企业对资源的开发及管理的程度和水平。而要实现企业内人力资源状况的改善,提高资源的竞争力,加强人力资源管理是根本途径。

3. 人力资源管理是提高企业经济效益的重要保证

企业发展的目标就是要提高自身的经济效益。而要提高经济效益,就必须合理配置企业的各种资源,争取发挥每种资源的最大作用。在资本、技术和物资等资源的配置中,人力资源的合理配置至关重要。而人力资源的合理配置主要取决于人力资源管理的水平。只有合理配置企业人力资源,协调好各种资源之间的关系,才能减少劳动消耗,提高企业经济效益。

1.3 人力资源管理的运作

人力资源管理部门是随着企业人力资源管理的实践活动的发展演变而出现的。人力资源管理部门在企业中开展着一系列价值不等的活动,同时扮演着一定的角色。

1.3.1 人力资源管理的责任主体

企业所有的管理者都是人力资源管理扮演者。人力资源管理的责任主体有公司的高层管理者、人力资源管理部门、非人力资源管理部门的管理人员和企业的每一位员工,以上四者共同承担着公司的人力资源管理职责。

高层管理者负责人力资源管理政策的制定、建设和领导团队等重大人力资源管理的职责。人力资源管理部门与非人力资源管理部门都要承担人力资源管理的职责,企业中的各种人力资源管理制度和政策的实施离不开非人力资源管理部门的支持和配合。员工自身则负有自我开发与管理的责任。

人力资源管理部门与非人力资源管理部门的责任主要体现在几个对应关系上。第一是制度制定与制度执行的关系。人力资源管理部门负责制定相关的制度和政策，由非人力资源管理部门来贯彻执行；第二是监控审核与执行申报的关系。人力资源管理部门要对其他部门执行人力资源管理制度和政策的情况进行指导监控，同时还要对其他部门申报的有关信息进行审核，从企业整体出发进行平衡。非人力资源管理部门则要执行相关的人力资源制度和政策，及时进行咨询，同时要按时上报各种信息。第三是需求提出和服务提供的关系。非人力资源管理部门根据自己的情况提供有关的需求，人力资源管理部门要及时提供相应的服务，满足他们的要求。人力资源管理部门和非人力资源管理部门在履行人力资源管理各个职能时的分工情况如表1-2所示。

表1-2　人力资源管理部门和非人力资源管理部门的分工

职能	人力资源管理部门	非人力资源管理部门
职位分析	根据其他部门提供的信息，编制职位说明书； 与其他部门进行沟通，修订职位说明书	向人力资源管理部门提供信息； 配合人力资源管理部门修订职位说明书
人力资源规划	汇总各部门的需求计划，综合平衡预测公司的人员需求； 预测公司的人员供给； 拟订平衡供需计划	向人力资源管理部门提出人员需求计划
招聘甄选	根据规划确定招聘的时间、范围； 发布招聘信息； 对应聘人员进行初步筛选； 配合其他部门对应聘者进行测试，确定最终人选； 为新员工办理各种手续	提出人员需求的条件； 在人力资源管理部门的配合下确定最终的人选
培训开发	制定培训体系，包括培训的形式、项目、责任等； 汇总各部门的需求，平衡并形成公司的培训计划； 组织实施培训计划； 收集反馈意见	向人力资源管理部门提出培训的需求； 参加有关培训项目； 提出意见
绩效管理	制定绩效管理体系，包括考核内容的类别、周期、方式和步骤等； 指导各部门确定考核指标的内容和标准； 对管理者进行考核培训； 组织考核实施； 处理员工对考核的申述； 保存考核结果； 根据考核结果作出相关的决策	具体确定本部门考核指标的内容和标准； 参加考核者的培训； 具体实施本部门的考核； 与员工进行沟通，制订绩效改进计划； 根据考核的结果向人力资源管理部门提出相关的建议

续表

职能	人力资源管理部门	非人力资源管理部门
薪酬管理	制定薪酬体系，包括薪酬的结构、发放方式、确定的标准等； 核算员工的具体薪酬数额； 审核各部门的奖惩建议； 办理各种保险	向人力资源管理部门提出相关的奖惩建议
劳动关系管理	制定企业文化建设方案并组织实施； 建立沟通的机制和渠道； 听取员工的各种建议； 规划员工的职业生涯	具体实施企业文化建设方案； 向人力资源管理部门提出员工职业生涯发展的建议； 直接处理员工的有关意见

1.3.2 人力资源管理部门所承担的活动

人力资源管理部门所承担的活动可以划分为三大类：一类是战略性和变革性的活动。战略性和变革性的活动涉及整个企业，包括战略制定和调整以及企业变革的推动等内容。严格来讲，这些活动都是企业高层管理者的职责，但是人力资源管理部门必须参与到这些活动中来，要从人力资源管理的角度为这些活动的实施提供有力的支持。一类是业务性的职能活动，包括人力资源招聘、职位分析、培训开发、薪酬管理等。还有一类是行政性的事务活动，如员工档案的管理、人力资源信息的保存等。

图 1-4 为国外学者帕特里克·赖特和加里·麦克马汉关于人力资源管理部门的活动与价值产出情况示意图，人力资源管理部门所承担的各类活动的投入时间和产生的价值并不是正相关的。人力资源管理部门承担战略性和变革性活动、业务性活动和行政性活动的投入时间分别为 10% 、30%和 60%，但各项活动所产生的价值为 60%、30%和 10%。

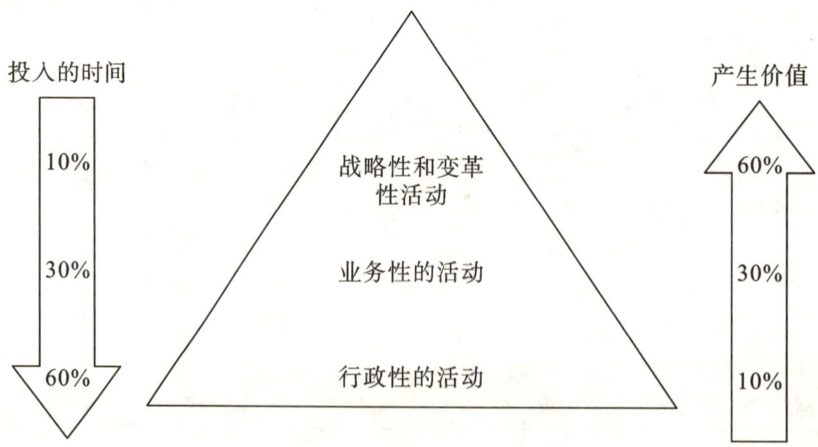

图 1-4 人力资源管理部门的活动与价值产出情况

人力资源管理部门要充分利用计算机、网络技术和专业的人力资源管理软件，或将部分职能外包给专业化的人力资源服务公司，将烦琐费时的行政性事务和部分业务性活动从人力资源管理工作中剥离出去，从而使自己的人力资源管理活动发生根本性的变化(图1-5)。人力资源管理部门应将节省出来的时间和成本投入到战略性和变革性活动中去，为企业创造更大的价值，成为业务部门的战略伙伴。

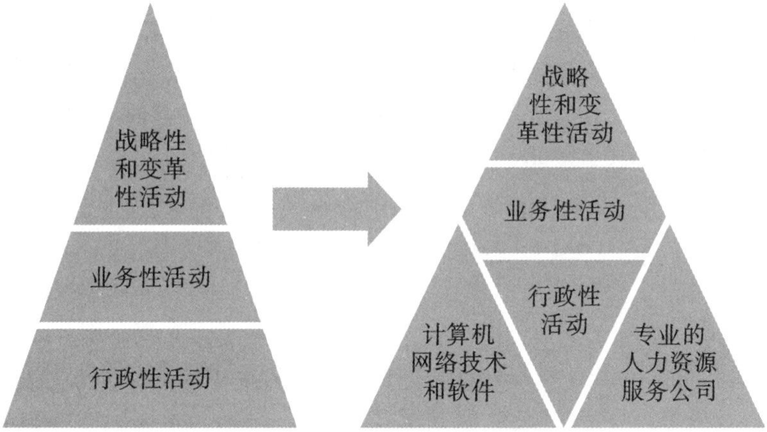

图1-5　人力资源管理部门活动类型的转变

1.3.3　人力资源管理部门的角色

和其他管理者一样，人力资源管理者在企业中也要扮演一定的角色，而所有人力资源管理者角色的集合就形成了人力资源管理部门的角色。

随着管理实践的发展，人们对人力资源管理部门的角色逐渐形成了统一的认识。例如，美国国际人力资源管理学会认为，人力资源管理者应该承担四种角色：业务合作伙伴、变革推动者、领导者和人力资源管理专家。密歇根大学的戴夫·乌里奇教授也将人力资源管理部门划分为四种角色：战略伙伴、行政专家、员工激励者、变革推动者。

图1-6中总结了人力资源管理部门所扮演的角色和职责体现，其中纵向维度表示人力资源管理的重点是强调日常运营，还是未来或战略；横向维度则表示人力资源活动是更关注人还是更关注过程。依据企业价值观、企业规模、员工特点及行业特征不同，人力资源管理部门承担的责任和扮演的角色也有所侧重。

1. 行政专家

人力资源管理的行政专家角色主要是指导过程，保存记录，认真对待涉及员工的各种差旅费、病假政策等问题，确保员工能够得到正确的报酬，管理劳动合同以及避免各种相关法律问题的出现等。人力资源管理的这种角色主要是告诉管理人员和员工什么不能做，如果对该角色加以一定的限制，人力资源管理部门的职员会被看作办事员，对企业只有低层次的行政贡献。随着互联网等技术在行政管理领域的运用，人力资源管理所扮演的行政专家角色开始趋于淡化，如员工的人事记录、档案管理等随着技术的发展已经变得越来越容易。

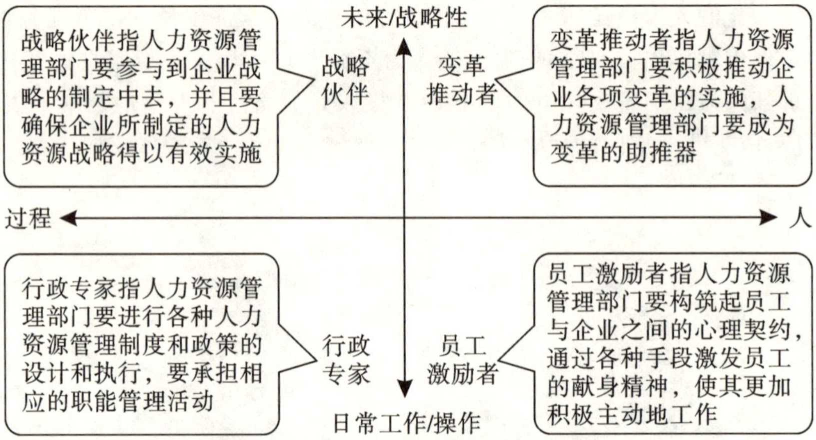

图 1-6 人力资源管理部门的角色示意图

2. 员工激励者

员工激励者的角色承担着对员工的企业承诺和贡献进行管理的任务。无论员工的技能水平有多么高，一旦他们与企业疏远，或者内心感到不平衡，那么他们就可能不会为企业的成功而尽自己的一份努力；同时，他们也不会在企业中继续工作太长的时间，这都会造成人力资源的损失。因此，员工激励者的角色是非常重要的。

3. 变革推动者

变革推动者的角色要求人力资源管理部门能够帮助企业完成转型和变革，以使企业能够适应新的竞争环境。在当今这个急剧变化、竞争激烈的时代，企业需要持续不断地进行变革以及培养自身实现变革的能力。

4. 战略伙伴

人力资源管理在今天所能扮演的最重要角色之一就是战略角色，人力资源管理战略与企业战略保持一致，这将有助于企业战略的执行。人力资源管理的战略角色强调人是企业获取资产的最有价值的源泉，有效地运用企业中的人力资源以提供竞争优势成为企业成功的关键。当人力资源管理扮演战略角色时，必须着眼于人力资源管理问题的长期影响。这种着眼于解决长期问题的观点的讨论与决策，正反映了人力资源管理对企业成功的贡献以及人力资源管理成为更重要的战略贡献者的需要。

1.3.4 人力资源管理者的胜任素质

1. 胜任素质

胜任素质（competency）也称胜任特征、胜任力，是指员工在某种职位上取得卓越绩效而必须具备的各种知识、技能、能力、个性及其他相关个人特质的总和。哈佛大学教授、著名的心理学家麦克利兰在 1973 年发表了一篇题为《测试胜任素质而非智力》的论文，他在文中指出，传统的学校学绩测验、能力倾向测验、智力测验等并不能有效预测职业成就或生活成就，其主要原因在于这些测验的内容都是基于一般生活情境，而不是基于特定的工作情境。而一个人需要在特定的现实工作情境中实现其工作绩效，因此，他提出用基于特定工作情境的胜任素质测验来代替传统的心理测试。麦克利兰的这一开创性研究很快得到学术界和企业界的认同，胜任素质测验法被视为卓有成效的人力资源管理工具，已被全球众多的政府部门、教育机构、军队以及企业等组织所采纳、运用。

知识拓展

戴维·麦克利兰

戴维·麦克利兰（David C. McClelland，1917-05-20—1998-03-27），美国哈佛大学教授、行为心理学家、社会心理学家、当代研究动机的权威专家，他对成就动机进行了深入的研究，以三种需要理论而著称，是成就动机理论的奠基人。1987年获得美国心理学会杰出科学贡献奖。

麦克利兰对管理学的重要贡献集中在人的激励理论方面。麦克利兰的主要著作有：《渴求成就》《权力的两面性》《取得成就的社会》《权利：内省经验》《成就动机是可以培养的》等。

2. 人力资源管理者的胜任素质

人力资源管理者的胜任素质是指人力资源管理者从事人力资源工作应具备的最基本的知识、技能、能力及个性的总和。国内外理论界和实践界提出了各自不同的人力资源管理者的胜任素质模型。我们认为，人力资源管理者的胜任素质可以分为个人特质、人力资源管理技能、战略性贡献、经营知识四个方面，如图1-7所示。

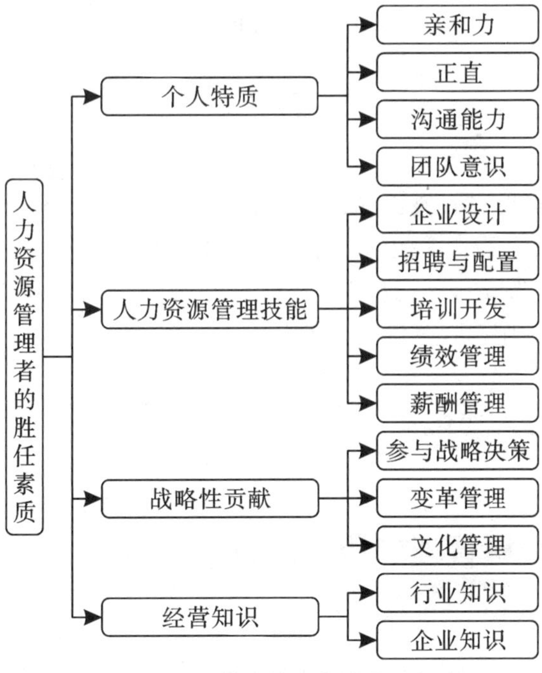

图1-7　人力资源管理者的胜任素质

1. 个人特质

人力资源管理者要有较强的亲和力，具有团队合作的意识，善于激励团队，遇到问题善于寻求别人的帮助，能够充分利用资源。正直是人力资源管理专业人员的首要品质。人力资源的每一项举措都涉及员工的切身利益，只有正直的人力资源操盘手才有可能创建公平、公正的人力资源制度。人力资源管理者还必须具备出色的人际沟通能力和书面表达能力，从某种意义上说人力资源管理者所做的各种事情都需要通过沟通来完成，人力资源管理者就是一个 360°的沟通者。

2. 人力资源管理技能

人力资源管理人员要掌握与人力资源管理者所承担的各类职能活动有关的知识，具备设计和制定各种人力资源制度、方案的能力。人力资源管理人员还要具备推行和实施各种人力资源制度及方案的能力，人力资源管理技能是进行工作的基础，也是区别于其他非人力资源管理人员的重要标志。

3. 战略性贡献

成功的公司需要拥有定位于战略层面的高级人力资源管理者，他们在公司中进行“文化管理”，推动公司的“快速变革”，参与公司的“战略决策”，并创造“市场驱动的连接”。文化管理能力是指做好企业文化定位、组织提炼企业各项理念、确立体系完善的企业文化建设方案、建立企业文化管理制度、持续组织开展企业文化的宣传等能力。人力资源管理人员必须明白他们是“文化的守护者”，他们的影响远远超过他们的业务领域。管理变革能力包括积极参与企业创新、变革的活动，有较强的演讲才能，有专业咨询的修养，能快速理解创新的关键环节和推动程序；有激励员工的技巧和能力，善于平衡、协调、处理不同意见和改革中的矛盾。战略决策能力是指人力资源管理者参与企业战略和人力资源战略制定、参与企业变革的决断能力。人力资源管理者能预测变革的趋势、可能存在的问题和相关利益的得失，并将这些变数结合管理变革的进程加以考虑，有前瞻性。

4. 经营知识

不同的行业需要不同的人力资源管理工具，不同的主营业务需要采取不同的人力资源管理举措。人力资源管理者在制定政策和方针时，必须理解公司的业务和行业情况。人力资源管理人员要求具有如市场、融资、战略、技术、营销和人力资源等功能领域方面的知识，还要关注业务发展变化趋势，知晓企业经营的框架，了解财务报表的构成，懂得市场营销知识和网络信息交流。人力资源专业人员只有对财务、战略、技术等问题有着正确的认识与理解，才能在各种战略讨论中起着有价值的作用。

1.4 人力资源管理的历史演进及发展趋势

1.4.1 人力资源管理的历史演进

1. 萌芽阶段

人力资源管理的前身称为人事管理。18 世纪中叶，西方国家相继发生了产业革命，产生了大量的实行新工厂制度的企业。工厂制度的产生带来了一系列迫切需要解决的新问题：如工人的组织、分工、协作、配合问题，工人与机器、机器与机器间的协调运转问题，劳资纠纷问题，劳动力的招募、训练与激励问题，劳动纪律的维持问题等。这些本来都是现代人事管理的主要内容，但在当时却是企业经营者的主要工作内容。尽管当时已经有了人事管理的概念，但是早期的人事管理与现代意义上的人事管理在工作内容上却是大相径庭，当时的人事管理主要承担的是福利方面的工作。

1897年，美国公司就首次设立了"福利工作"的部门，此后，"福利部""福利秘书""社会秘书"等名称相继出现。设立这些部门或职位的主要目的是改善工人的境遇，听取并处理工人的不满，提供娱乐和教育活动，安排工人的工作调动，管理膳食，照顾未婚女工等。总之，这种关心工人福利的主张是现代人事管理思想的来源之一。

2. 科学管理阶段

19世纪末20世纪初，第二次工业革命引发了大机器生产，大生产要求更加专业化的劳动，工厂的一切生产都以"效率最大化"为原则。被誉为"科学管理之父"的泰勒，作为费城米德维尔钢铁公司的工程师，通过研究工人的工作效率，试图找到一种最好的方法和最快的方法来完成工作。为此，泰勒首先提出了一些基本的管理制度：①对工人工作的每一个操作要素进行研究，以科学的结论代替工人的个人判断，以改变过去依赖经验的状况；②不是听由工人自己去选择操作方法和进行自我培养，而是经过实验之后对工人进行科学选择和培养；③使工人掌握标准化的操作方式，使用标准的工具、机器和材料，并使作业的环境标准化；④制定并实施一种鼓励性计件工资报酬制度；⑤将计划职能与操作职能分开，推行职能制或直线职能制等。

科学管理的提出适应了时代的要求，在美国被广泛地采用，对人事管理思想的形成产生了重大的影响。泰勒的思想和理论引起了人们对人事管理职能的关注；科学管理宣扬管理分工，强调计划职能与操作职能的分开，从而为人事管理职能的独立提供了依据和范例。

科学管理理论使人们认识到，过去由一线管理人员直接负责招聘、挑选、培养、支付薪酬、绩效评估等工作的做法，已不能适应企业规模扩大的现实，企业要做好人员管理这项工作，必须要有专业人士为一线管理人员提供建议，这为人事管理作为参谋部门的出现奠定了基础。

3. 人际关系管理阶段

以雨果·芒斯特伯格为代表的工业心理学的出现对人事管理的发展起到了积极的作用。芒斯特伯格的工业心理学是基于科学管理的伦理观产生的，它试图为人事管理提供一个科学的基础。芒斯特伯格在1913年完成的《心理学与工作效率》一书中，提出了与泰勒的观点密切相关的三个方面的研究。一是要研究工作对人的要求，以判明哪些人具备完成某项特定工作的心理品质；二是要研究在何种心理条件下才能从每个人那里获得最大产量；三是要研究从企业利益出发对人的需要施加影响的必要性。芒斯特伯格在实验基础上对人员甄选、培训、激励以及减少疲劳等方面都提出了明确建议。

人际关系学说是对人力资源管理的发展做出贡献的另外一支力量。它起源于1924—1933年，是哈佛大学的两位研究人员埃尔顿·梅奥和弗雷兹·罗尔西斯伯格在位于芝加哥郊外的西方电气公司霍桑工厂中进行的一系列研究。研究的目的本来是确定照明对于工人及其产出的影响。但最后得出的结论却是，社会互动以及工作群体对于工人的产出及满意度有着非常重要的影响。霍桑实验引发了整个管理学界对人的因素的关注，人际关系学、工业关系学等新兴学科应运而生，人际关系学说中的大量研究成果在人事管理领域得到了广泛的运用，并推动了人事管理的迅速发展。同期，工会主义也开始崛起，工会越来越多地就工资、工时、就业条件等领域与资方进行集体谈判，这导致劳资关系成为企业人事管理职能的一个重要方面。

4. 传统人事管理成熟阶段

在人事管理的工作内容相对稳定的很长一段时间里，人事管理者的工作就是在管理层和操作层（工人）之间架起一座桥梁；他们需要用自己的语言与工人对话，然后再向管理层提出建议，告诉他们应当做些什么事情才能使员工达成最好的工作结果。然而，人事管理工作在企业中一直处于一种非常尴尬的境地。彼得·德鲁克毫不客气地对以蓝领工人为导向的企业人事管理工作提出了批评，他认为在第一次世界大战过去35年之后，人事管理职能依然没有能够很好地说明自己对于企业的重要性到底何在。在这种情况下，人事管理者不得不想各种办法去争取获得主管人员的认可，不断抱怨自己在企业中没有地位。人事管理工作“包含一部分档案管理员的工作，一部分管家的工作，一部分社会工作者的工作，一部分‘消防队员’的工作（防止和解决劳资纠纷）”。德鲁克指出，这种工作只需要中等管理能力就已经足够，对于企业经营不会产生重大影响，更不可能成为需要高层主管人员来管理的重要部门。事实上，到20世纪60年代，人事管理一直被认为只是针对蓝领工人和操作类员工的。

在这一时期，出现了三个因素：第一个因素是经济学中的人力资本理论的正式提出，人力资本被看成是比物力资本更富有生产率的资本。人不仅不是服从于物力资本的，而且是比物力资本更有潜力的“活的资源”。第二个因素是行为科学的不断发展。后期的行为科学从人、组织、工作、技术等多个方面对企业中人的行为进行了系统的研究，不仅吸收了早期人际关系学说的一些有用的研究成果，而且借鉴了当时的组织理论、组织心理学、社会心理学等领域的最新理论发展。第三个因素是作为一门学科的人力资源会计出现了。这门学科的出现为衡量人力资本的利用效率提供了可靠的技术依据，使企业更加明确地认识到人力资源管理对于企业所可能产生的收益。这三个因素对于人力资源管理的理论与实践产生了极大的影响。

5. 人力资源管理阶段

人力资源管理的概念产生于20世纪50、60年代，然而，它在80年代中后期才受到企业的普遍重视。其中最主要的原因之一就是，在20世纪70年代末80年代初的日美企业管理制度比较研究热潮中，研究者发现，日本企业独特的人力资源管理制度与管理实践是造成日美企业生产率差异的最主要原因。20世纪80年代是一个持续而快速的企业变革的时代。敌意接管、杠杆收购、兼并、剥离等事件层出不穷，人事管理也进入了企业更高的层次，从关注员工道德、目标等有关的问题到重视工作生活质量、工作团队、组织文化等内容。经济全球化和知识经济的发展最终导致人事管理向人力资源管理的转变。20世纪80年代以后，人力资源管理研究的主要贡献集中在以下3个方面。

第一，人们逐渐认识到，员工是与股东、管理层地位平等的主要利益相关者，大大拓展了人力资源管理所涉及的范围,并暗示直线经理(特别是总经理)应该承担更多的人力资源管理职责。第二,人力资源管理政策和实践的设计与实施,必须与大量的、重要的具体情境相一致。这些具体情境因素包括劳动力特征、企业经营战略和条件、管理层的理念等。通过分析这些具体的情境因素,企业管理者将人的问题与经营问题有机地结合起来,并使人力资源管理具有战略价值。第三,企业在人力资源管理方面的花费越来越多,企业日益重视对人力资本投资收益的评估。

6. 战略人力资源管理阶段

进入20世纪90年代以后,随着技术、经济和社会的剧烈变化,企业开始从关注环境转为强调企业的战略、内部资源,传统的竞争优势来源(如技术、财务资源的获得)已不能再以稀缺的、不可模仿的和不可替代的方式为企业创造价值。由于人力资源的价值创造过程具有路径依赖性和因果关系模糊的特征,其细微之处竞争对手难以模仿,所以企业的人力资源将是持久竞争优势的重要来源。在这一阶段,人力资源地位发生了明显的变化,人力资源部门不再只是负责事务性的部门,将参与到企业的战略制定当中,成为企业战略制定的一个重要力量,人力资源战略不仅仅是人力资源部门的事情,而是整个企业的战略性工作之一。企业在设计发展战略时,都将公司和部门战略与人力资源战略统一结合起来,为企业战略决策服务。竞争的压力提高了人力资源的地位,促进了研究者从提高企业竞争力的角度去研究人力资源管理,并直接导致了战略人力资源管理的兴起。

战略人力资源管理认为人力资源是实现企业战略发展目标的基石,一个企业要在未来赢得发展的空间必须拥有高素质、高水准的人力资源。通过实施各种人力资源管理政策和措施,加强企业的竞争力,完成企业整体战略目标。战略人力资源管理强调:①人力资源管理被完全整合进企业的战略中;②人力资源管理政策在不同的政策领域与管理层次间具有一致性;③人力资源管理实践应作为企业日常工作的一部分被直线经理与员工所接受、调整和运用。

1.4.2　人力资源管理的发展趋势

21世纪,人类社会进入了一个以知识为主宰的全新时代。经济全球化、信息技术的快速发展,企业赖以生存的环境与竞争方式正发生着深刻的变化,人力资源管理也经历着前所未有的来自信息化、知识与创新、企业变革等各种力量的挑战和冲击,其发展呈现以下几个趋势。

1. 人力资源管理在企业价值链中的作用日益凸显

人力资源管理的核心是如何通过价值链的管理来实现人力资源的价值及人力资源价值的增值,价值链本身就是对人力资源激励和创新的过程。人力资源管理之所以能日益突出在企业价值链中的重要作用,在于可以为企业提供附加值。因此人力资源管理部门应该积极加强与企业各职能部门的密切联系,从权力中心走向服务中心。

人力资源管理的价值创造遵循二八规律,即那些能够为企业创造巨大价值的人创造了80%的价值,而数量却在企业中仅占20%,同时也能带动企业其他80%的人。人力资源管理者要注重形成企业的核心层、中间层、骨干层员工队伍,同时实现企业人力资源的分层分类管理模式。人力资源管理要通过合理的价值评价体系及评价机制,使企业所需要的真正优秀人才脱颖而出。通过建立合理的价值分配体系,从而有效地激励员工。

2. 知识型员工的管理成为人力资源管理的重心

随着知识经济时代的到来,知识型员工日益增多,人力资源管理的重心转向知识型员工的管理,知识的创造、传递、应用和增值成为人力资源管理的主要内容。

知识型员工拥有知识资本,他们在企业中的独立性、自主性和流动性比较强,他们不是被动地适应企业或工作的要求,而是具有更多的就业选择权与工作的自主决定权。因此,管理者要尊重他们,并站在其内在需求的角度,为他们提供好的服务,以此赢得他们的满意与忠诚。知识型员工不是简单地通过劳动获得工资性收入,而是要与资本所有者共享价值创造成果。

人力资源管理要高度关注知识型员工,要以新的思维来对待员工,提供令员工满意的人力资源服务来吸纳、留住、激励、开发企业所需要的人才。具体包括:①共同愿景——通过提供共同愿景,将企业的目标与员工的期望结合在一起,满足员工的事业发展期望;②价值分享——通过提供富有竞争力的薪酬体系及价值分享来满足员工多元化的需求,包括企业内部信息、知识、经验的分享;③人力资本增值服务——通过提供持续的人力资源开发、培训,提升员工的人力资本价值;④授权赋能——让员工参与管理,授权员工工作自主权,并承担更多的责任;⑤支持与援助——通过建立支持与援助系统,为员工完成个人与企业发展目标提供条件。

3. 企业与员工出现新的关系模式

企业与员工之间建立以劳动契约和心理契约为双重纽带的战略合作伙伴关系,目的是促进个人与企业共同成长。一方面要依据市场法则确定员工与企业双方的权利义务关系;另一方面又要求企业与员工一道建立共同愿景,形成共同的价值观,实现员工的自我发展与管理。企业要关注员工对企业的心理期望与企业对员工的心理期望,并在二者之间达成"默契",在企业和员工之间建立信任与承诺关系。

企业与员工之间的劳动契约关系也在发生变化。随着市场竞争范围的扩大和竞争程度的提高,企业逐渐意识到灵活用工在降低管理成本、提升企业柔性方面的积极作用,开始寻求不同的渠道和方式的用工模式,如非全日制用工、临时雇用、固定期限合同用工等方式。非全日制用工在工作时间方面、外包用工在工作地点方面以及派遣用工在契约性质方面与传统的雇佣关系都有很大差异。

4. 互联网技术在人力资源管理中的广泛应用

传统的人力资源管理技术耗费大量的人力、物力、财力和时间,人力资源管理者劳动强度大,工作效率相对较低。随着信息技术的快速发展,互联网不仅改变了人们的思维方式、工作方式和生活方式,也改变着人力资源管理的方式,网络招聘、在线培训、网络沟通、网络管理等人力资源虚拟化管理已成为一种必然趋势。强有力的信息技术已成为人力资源管理再造的媒介之一,正在和将要改变人力资源活动决策、管理及评估方式。因此,未来的人力资源管理,不仅要建立和完善适应虚拟化管理的技术体系,还要建立起适应信息技术发展的企业网络文化。

5. 跨文化管理成为人力资源管理的趋势

决定人力资源管理差异的基础在于企业文化,不同国家的企业人力资源管理的不同,最终的差异在于国家文化。经济的全球化必然要求人力资源管理的全球化。在全球化的背景下，人才流动国际化、人才竞争国际化成为一种必然趋势，国际化的人才市场与人才交流将逐渐发展成为一种获取人力资源的主要形式。未来的人力资源管理需要有效地管理全球范围内的知识和人才，跨文化的人力资源管理将成为现代人力资源管理的重要内容。

【本章小结】

人力资源是指在一定范围内能够为社会创造物质财富和精神财富，具有体力劳动和脑力劳动能力的人口的总和。人力资源具有能动性、时效性、增值性、社会性、可变性、再生性。理解人力资源的概念可从人力资源数量和人力资源质量两个方面入手。

人力资源管理是依据企业和个人发展的需要建立高效的机制和合理的流程，采用先进的技术和科学的方法，对企业中的人力这一特殊资源进行有效开发、合理利用与科学管理的过程。人力资源管理是人事管理的继承和发展。人力资源管理的主要内容包括职位分析、人力资源规划、人力资源招聘与甄选、培训开发、职业生涯管理、绩效管理、薪酬管理、劳动关系管理。

人力资源管理部门所从事的活动可以划分为三大类：一类是战略性和变革性的活动，一类是业务性的职能活动，一类是行政性的事务活动。人力资源管理部门应该承担四种角色：业务合作伙伴、变革推动者、领导者和人力资源管理专家。人力资源管理者的胜任素质是指人力资源管理者从事人力资源管理工作应具备的最基本的知识、技能、能力及个性的总和。人力资源管理者的胜任素质可以分为个人特质、人力资源管理技能、战略性贡献、经营知识四个方面。

人力资源管理是一门新兴的学科。人力资源管理起源于科学管理，进而演进为人事管理，又从人事管理发展到人力资源管理、战略人力资源管理。随着全球社会经济环境不断地变化，人力资源管理的发展呈现一些新的趋势。

关键概念

人力资源　　人力资源管理　　人力资源管理角色　　人力资源管理者胜任素质
人事管理　　战略人力资源管理

复习思考题

1. 人力资源有哪些特点？
2. 请分析人力资源管理与人事管理的区别？
3. 人力资源管理的主要内容有哪些？
4. 人力资源管理部门的角色有哪些？
5. 试述人力资源管理发展的阶段。
6. 人力资源管理发展有哪些趋势？

案例分析

M公司的人力资源管理改革

M公司是一家国有上市公司，主要从事特种润滑油的生产。这些年，M公司在总裁张先生的带领下，大胆改革，积极创新，赢得了同行中的市场领先地位。公司从生产管理这一环节入手，改进生产流程，进行设备技术改造，降低成本，同时狠抓产品质量，使公司的产品为不少大型工矿企业所专用，公司效益明显提高。但是，公司在产品更新速度方面比不过国外竞争企业。因此，公司召开战略研讨会，最终确定如下目标：今后将加大新产品的研发工作，同时改进生产技术，提高产品的质量，以适应国内、国际市场的需求。由于特种润滑油是一种技术含量较高的产品，对产品研发人才的要求较高，因此，公司今后将进行人力资源管理制度的改革，实现公司向技术创新型企业的转变。

为了实现这一宏伟目标，公司从美国一家著名公司引进了刘晨光来负责公司的人力资源管理工作，将其任命为公司人事处处长。刘晨光本科毕业于国内一所著名大学，所学专业就是人力资源管理。在哈佛获得MBA（工商管理硕士）学位以后就被一家美国公司看中，任命为中国公司的人力资源总监，在短短的两年里，为中国公司建立了高效的人力资源管理体系，并为公司招揽了大批优秀的人才，为中国公司良好的经营业绩打下了坚实的基础。经过多次和刘晨光的接触，最终M公司的诚意感动了他，刘晨光谢绝了原来公司的挽留，毅然来到了M公司。M公司总裁张先生对于刘晨光寄予了很高的期望，希望他能为M公司的转型起到积极的作用。

刘晨光到M公司后，第一件事就是将人事处更名为人力资源部。以前的人事处下没有再细分科室，人事处的主要职能就是人事招聘、档案管理、工资定级等，这次刘晨光将人力资源部划分为招聘科、培训科、薪酬科、人力资源申诉中心共4个职能部门。面对新产品研发战略，M公司面临的主要问题是研发人才的短缺，还有就是对于现有人才的培训和提高以及针对国际企业开始在国内设厂并挖人，M公司已有人才流失的倾向等，因此人力资源中心的近期目标是：第一，招聘一批有实力的研发人才，充实公司现有的研发中心；第二，对现有的技术人员进行培训提高；第三，重新评估目前的薪酬体系，尤其是给研发人才提供有竞争力的薪酬水平，以保证人员的稳定。这三件事分别由招聘科、培训科、薪酬科制定具体方案并实施。

应该说，刘晨光的到来使得M公司的人力资源部呈现出前所未有的新气象。他的一些新的观点使大家受到启发和鼓舞，各项工作迅速开展。在刘晨光的直接关心下，人力资源中心又从国内的著名大学引进了三名MBA人员，加入人力资源部。招聘科的广告已经发布，去外地招聘的人员也已出发，内部的培训计划也已下发到各部门。但是事情也并不完全一帆风顺，刘晨光很快就遇到了麻烦。公司要招聘研发人员的计划刚刚确定，他的秘书就交给他几封信，就是所谓的“人情条子”，其中有公司副总裁和市轻工业局局长一致推荐某人到M公司来从事研发工作。另一件事是，公司的第一期技术培训班按时开办，但第一天上课就有二分之一的人没有到，培训科的人员去询问原因，都是说近期生产任务重，部门负责人不让参加。刘晨光亲自去调查原因，部门负责人说，现在正值生产高峰期，人员紧张，哪有人力参加培训，找到主管生产的副总裁，副总裁说如果培训影响生产，他也无能为力。刘晨光感到有些沮丧。

招聘工作继续进行，由于招聘部门同志的努力，已有 30 多位学士、硕士毕业人员和公司签了约。刘晨光查看了他们的资料，总体都还比较满意，但是对于几位写“人情条子”推荐过来的人，刘晨光详细了解了情况，觉得素质不能满足要求，表示不能录用，没想到这下带来了不少麻烦。在公司每周工作例会上，某位副总裁对于最近人力资源部的工作提出了怀有敌意的批评，说人力资源工作没有头绪，招聘人员过于自主，忽视了向公司领导请示等。同时，公司总裁办公室主任说明了最近市轻工业局突然对公司的产品提出额外的检测要求，按照以前地方政府的协定，地方政府对公司产品实行免检待遇，据说这可能与上次该局长向公司推荐人员未被录用有关。一时间，刘晨光觉得自己四面受敌，虽然总裁张先生对于人力资源部的工作给予了肯定，但是人力资源部薪酬改革计划在会上没有获得通过。这次会议对于刘晨光打击很大。

会后，刘晨光和张总进行沟通，对于公司目前的问题提出了自己的看法。第一，M 公司的人力资源思想还停留在计划经济时代，还是把人看作成本而没有看作人力资源；第二，公司目前沿用的国有单位的人事管理体制，已不能满足实际需求，目前人力资源部只是作为一个职能部门，难以对其他部门进行指导和制约；第三，公司人力资源管理受外界影响太大。张总也谈了自己的看法，他赞成刘晨光对于公司现状的分析，认为公司要树立以人为本的思想，同时，应该提高人力资源部在公司中的地位，他的想法是设立人力资源副总裁职位。至于公司受外界干扰的问题，他建议刘晨光应考虑实际情况，对于此类事情还是应该从长考虑。他同时请刘晨光提出一个公司人力资源部组织机构改革的设计方案。

和张总沟通完后，刘晨光也进行了自我反思：自己和张总的管理思想是一致的。在外企成功的人力资源管理方法能否照搬到国企？显然是不行的。自己虽然知道不行，但还是在不知不觉中犯了错误。自己一直在外企工作，国企的情况确实不同，到底应该有哪些可以改进的地方？

问题：

1. 刘晨光的问题在哪里？应如何改进？
2. M 公司的问题在哪里？
3. 如果你是刘晨光，你觉得应该提出什么样的人力资源组织机构改革方案？

第2章　职位分析

学习目标

1. 理解职位分析的概念。
2. 了解职位分析的程序；理解职位分析的主要方法。
3. 掌握职位分析的内容，能够编写职位说明书。
4. 理解工作设计的概念；了解工作设计的方法。

【导入案例】

某办公室包括一个主任、两个秘书、两个打字员和三个档案管理员。几年来，由于均衡的工作量和明确的责任，该办公室一直运转平稳。

近两年，主任注意到打字员和档案管理员之间出现了越来越多的争执。当他们找到主任讨论这些争执时，可以确定问题是由于对特定职责的误解造成的。一方面是打字员觉得档案员有过多的空闲时间而流露出强烈的不满，秘书和打字员必须经常加班来做他们认为档案管理员很容易承担起来的工作；而另一方面则是档案管理员强调他们不应承担任何额外的职责，因为他们的薪水没有与相应的责任匹配。

办公室每个人都有一份几年前编写的职位说明书。然而，由于实施了计算机办公，绝大多数工作的性质发生了较大变化，但这些变化一直未被写入书面材料之中。

思考：案例中的人力资源管理有哪些问题？办公室主任应该怎样处理这些问题？职位分析在人力资源管理中应发挥怎样的作用？

2.1　职位分析概述

2.1.1　职位分析的含义

职位分析（job analysis）又称工作分析、岗位分析。职位分析是运用系统方法对企业中某一特定职位的任务、职责、权利、隶属关系、工作条件等相关信息进行收集和分析，做出明确规定，并确认完成工作所需要的能力和资质的过程。现代人力资源管理的一个核心问题是解决人力资源与企业的关系问题，而职位是人力资源与企业的结合点。因此，职位分析便成为人力资源管理中最基础的工作。

对职位分析的含义，需要从如下两个方面把握。

（1）作为人力资源管理的一项职能活动，职位分析活动的主体是职位分析者，客体是企业内的各个职位，结果是职位说明书。

（2）职位分析主要是回答“某一职位是做什么事情的？”“什么样的人来做这些事情最合适？”这两个主要问题。

具体来说，职位分析就是要为管理活动提供与工作有关的各种信息，这些信息可以用6W1H来概括：①who，谁来完成这些工作？②what，这一工作的具体内容是什么？③when，工作的时间安排是怎样的？④where，这些工作在哪里进行？⑤why，从事这些工作的目的是什么？⑥for who，这些工作的服务对象是谁？⑦how，如何进行这些工作？

2.1.2　职位分析中的相关术语

职位分析与所对应的工作活动是紧密联系在一起的，因而在进行职位分析时，经常会使用到一些专业术语，准确地理解并掌握它们的含义，对于科学有效地进行职位分析是十分必要的。

（1）工作要素。工作要素是指工作中不能再分解的最小动作单位。如开动机器、加工零件、取出工具等都属于工作要素。

（2）工作任务。工作任务是指为了达到某种目的所从事的一系列活动，它可由一个或多个工作要素组成。如某公司指派人员将数据录入计算机、工人加工零件、转付一笔资金等都是一项任务。

（3）工作职责，也称工作责任。工作职责是指员工在工作岗位上需要完成的主要任务或大部分任务，它可由一个或多个任务组成。如人力资源部人员的职责之一是员工培训，它由培训需求分析、培训计划制订、培训活动实施、培训效果评估等组成。

（4）职位，也称岗位。职位是指承担一组职责的某一任职者所对应的位置。一般来说，有多少职位就有多少任职者。职位是以工作为中心确定的，强调的是人所担任的岗位，而不是担任这个岗位的人。每个职位都有其特定的职责和要求。

（5）职务。职务是指某一组工作任务与职责的集合。根据不同的工作性质，一种职务可以有一个职位，也可以有多个职位，但每个职位的主要工作责任是相似的，因此可以归于同样的职务中。如计算机程序员、生产统计员、推销员等均可由两个或两个以上的员工共同完成，这些职位分别构成对应的职务。而总裁、市场部经理只有一人担任。

在实际工作中，职位与职务往往是不加区分的。但是，职位与职务在内涵上是有区别的：职位是任务与责任的集合，它是人与事有机结合的基本单元；而职务则是同类职位的集合，它是职位的统称。职位的数量是有限的，职位的数量又称为编制。一个人所担任的职务不是终身的，可以是专任，也可以是兼任；可以是常设的，也可以是临时的。职位不随人员的变动而改变，当某人的职务发生变化时，是指企业赋予他的任务与职责发生了变化，但他原来所担任的职位仍然存在，并不因为他的离去而发生变化或消失。

（6）职业。职业是指在不同的企业中从事相似活动的一系列职务的集合，如工程师、教师、会计、采购员等就是不同的职业。职业是更为宽泛的工作分类，并不涉及企业内的职位（岗位）关系。因而，在职位分析中，职业并不作为分析和描述的对象。

知识拓展

职系、职组、职级与职等

在人力资源管理活动中，往往将职位进行分类。如按业务性质分为若干职系、职组；按责任大小、工作难易、所受教育程度及技术高低分为若干职级、职等(表 2-1)。

职系(series)：工作性质相同，而责任轻重和困难程度不同的职位系列。

职组(group)：工作性质相同的若干职系综合而成为职组，也叫职群。

职级(class)：将工作内容、难易程度、责任大小、所需资格皆很相似的职位划分为同一职级，其管理和报酬相同，俗称职称。

职等(grade)：工作性质不同或主要职务不同，但其困难程度、责任大小、工作所需资格都很相似的职级总称。

表 2-1　职系、职组、职级、职等之间的关系

职系、职组、职级、职等		Ⅴ	Ⅳ	Ⅲ	Ⅱ	Ⅰ
		员级	助级	中级	副高职	正高职
高等教育	教师		助教	讲师	副教授	教授
	科研人员		助理工程师	工程师	高级工程师	
	实验人员	实验员	助理实验师	实验师	高级实验师	
	图书、资料、档案	管理员	助理馆员	馆员	副研究馆员	研究馆员
科学研究	研究人员		研究实习员	助理研究员	副研究员	研究员
医疗卫生	医疗、保健	医士	医师	主治医师	副主任医师	主任医师
	护理	护士	护师	主管护师	副主任护师	主任护师
	药剂	药士	药师	主管药师	副主任药师	主任药师
	其他	技士	技师	主管技师	副主任技师	主任技师
企业	工程技术	技术员	助理工程师	工程师	高级工程师	正高工
	会计	会计员	助理会计师	会计师	高级会计师	
	统计	统计员	助理统计师	统计师	高级统计师	
	管理	经济员	助理经济师	经济师	高级经济师	
农业	技术人员	技术员	助理农艺师	农艺师	高级农艺师	
新闻	记者		助理记者	记者	主任记者	高级记者
	广播电视播音	三级播音员	二级播音员	一级播音员	主任播音员	播音指导
出版	编辑		助理编辑	编辑	副编审	编审
	技术编辑	技术设计人员	助理技术编辑	技术编辑		
	校对	三级校对	二级校对	一级校对		

2.1.3　职位分析的作用

职位分析是人力资源管理的基础性工作。人力资源管理的其他职能均需要通过职位分析来获得一些信息,并以此做出相应的决策。因此,职位分析在人力资源管理中具有十分重要的作用。

1. 职位分析为人力资源规划提供必要的信息,增强人力资源规划的准确性和有效性

企业对各部门的工作安排和人员配备都必须有一个合理的规划,以确保企业内所有任务的合理布置和每个岗位之间的有效衔接。为此,必须准确而有效地预测企业在某一时间节点上所需要的人员数量、种类和要求,以及企业在该时间节点上能够从内部供给的人力资源数量。企业的这一规划过程需要获得各种数据,尤其是各种职位任职资格的信息。这一类工作只有通过职位分析才能完成。

2. 职位分析为员工招聘和任用提供明确的标准,有助于提高员工招聘的质量

企业在进行招聘工作时,需要对拟招聘岗位的职责和内容进行界定,也需要明确任职者的资格和要求。职位分析可以明确企业中各项工作的目标与任务,规定各项工作的要求、责任等,同时提出各职位任职者的条件与资格要求。这样,员工招聘就有了明确而有效的标准,企业可以据此通过相关的测评和考核,来选拔、任用符合工作需要和岗位要求的合格人员。

3. 职位分析为员工培训开发提供客观依据,有助于提高员工培训开发工作的效果

培训工作必须符合有实效和低成本的要求,培训的内容、方法必须与工作内容、岗位所需要的工作能力和操作技能有关。通过职位分析,可以明确任职者必备的技能、知识和各种心理要求。按照职位分析的结果,准确地进行培训需求分析,并根据实际工作的要求和所聘人员的不同情况,有针对性地安排培训内容、选择培训的方式和方法,这样就可以大大降低培训成本,提高培训工作的绩效。职位分析为员工的培训开发提供了必要的依据。

4. 职位分析为员工职业生涯提供咨询指导,有助于员工的职业生涯发展

从员工职业生涯规划的角度来看,为了满足员工在企业中的成长、发展需要,职位分析可以为员工的职业咨询、职业指导提供可靠和有效的信息,为员工在企业内的发展指明合适的发展路径。同时,职位分析也使员工有机会了解工作性质与规范,制定出适合自身发展的职业道路。

5. 职位分析为绩效管理提供客观的评价标准,有助于提高绩效管理的质量

从人力资源管理程序上看,职位分析是绩效考核的前提,职位分析为员工绩效考核的内容、标准确定提供了客观依据。如果没有标准,员工的绩效考核工作在很大程度上就会带有不公正性,也不利于调动员工的工作积极性。根据职位分析的结果,企业可以制定各项工作的标准和考核依据,既为员工的工作指明了努力的方向,又为企业的绩效管理提供了评定标准,从而保证绩效考核的公平、公正、公开。

6. 职位分析为建立合理的薪酬制度提供了重要依据,有助于薪酬管理方案更加科学合理

任何工作的任职者,其所获得的薪酬高低主要取决于其从事工作的性质、技术难易程度、工作负荷、责任大小和劳动条件等,而职位分析正是从这些基本因素出发,使各项工作在企业中的重要程度或相对价值得以明确。一般来讲,工作的职位越重要,工作就越有价值,需要具备更多的知识、技能和能力,以此为依据制定的薪酬方案,就保证了员工的工作与劳动报酬之间的一致性,使员工得到公平合理的报酬。

7. 职位分析为劳动关系管理提供了支持,有利于改善用人单位和员工的劳动关系

职位分析为每个工作的任职者提供了客观标准,成为企业对员工进行配置、调动、提升或降职的决策依据;职位分析为绩效考核提供了客观依据,能有力地促进员工个人绩效的改进,进而提高整个企业的绩效;职位分析保障了同工同酬,并使员工明确了工作职责及以后的努力方向,必然使员工积极工作,不断进取;职位分析为企业的人力资源管理决策提供了信息依据。所有这些势必促进和改善企业的劳动关系管理水平。

课堂案例

到底由谁来清扫?

一个机床操作工不小心把大量的机油洒在机床周围的地面上。车间主任叫操作工把地面清扫干净,操作工拒绝执行,理由是工作说明书里并没有包括清扫的条文。车间主任顾不上去查工作说明书上的原文,就找来一名服务工来做清扫,但服务工同样拒绝,他的理由是工作说明书里也没有包括这一类工作。车间主任威胁说要把他解雇,因为这种服务工是分配到车间来做杂务的临时工。服务工勉强同意,但是他清扫完地板后随即向厂方进行了投诉。

有关人员看了投诉之后,审阅了相关三个职位的工作描述。操作工的工作描述规定:操作工有责任保持机床的清洁,使之处于可操作状态,但并未提及清扫地板的要求。服务工工作描述规定:服务工有责任以各种方式协助操作工,如领取原料和工具,随叫随到,即时服务,但也没有包括清扫工作。清洁工的工作描述中确实包含了各种形式的清扫,但其工作时间是从操作工人下班后开始的。

思考:你认为案例中出现问题的原因是什么?对此,你有何建议?

2.1.4 职位分析的程序

在人力资源管理中,职位分析是一项技术性非常强的工作,为了保证职位分析的效果,在实际操作中必须遵循一定的程序并注意相关问题。职位分析的程序一般可以分为 4 个阶段:前期准备阶段、信息收集阶段、整理分析阶段和结果整合阶段,如图 2-1 所示。

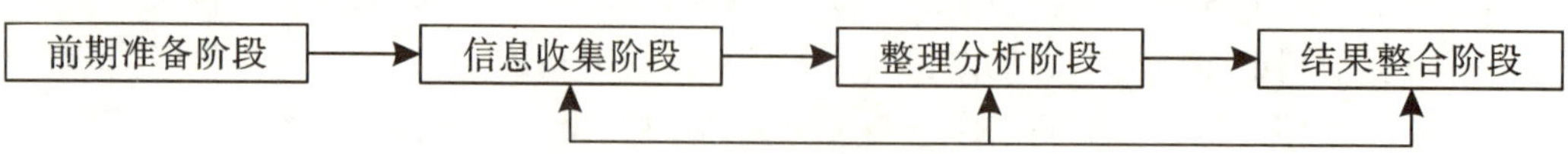

图 2-1 职位分析的程序

1. 前期准备阶段

前期准备阶段的主要任务是对职位分析进行全面的设计和安排,包括确定职位分析的目标、成立职位分析小组、制定职位分析实施方案、收集与分析相关的背景资料。其具体步骤如下。

(1)确定职位分析的目标。在进行职位分析之前,首先要明确职位分析的目标,即进行职位分析想要解决什么问题,职位分析的结果将用在什么地方。职位分析的目的决定着需要收集的信息类别及范围以及使用哪些技术和工具来收集信息。

(2)成立职位分析小组。由企业高层主管领导牵头,企业成立由专家或顾问、人力资源部工作人员、各部门负责人、岗位在职人员参加的职位分析小组,确定职位分析小组开展工作的原则与要求。参与职位分析的人员应当既有理论知识,又有实践经验,以便同调查分析对象进行良好的沟通。

(3)制定职位分析的实施方案。在前期准备阶段,职位分析人员还应该制定一个详细的职位分析方案,用以指导具体的分析工作。方案通常包括以下内容:①界定分析对象和抽样方法;②确定信息收集的方法;③确定职位分析的步骤和起止时间;④意外事件的处理措施等。

(4)收集与分析相关的背景资料。职位分析的最初工作是围绕了解职位的基本特征而开展的背景资料收集。对职位分析有参考价值的背景资料主要包括国家职业分类标准和国际职业分类标准;行业或职业协会的有关资料;企业内部的有关资料,包括企业战略、企业文化、企业制度、作业流程、职责分工等相关的背景信息。在职位分析的前期准备阶段,职位分析人员可以查阅职业分类词典,找到类似的职位描述。职业分类词典中的职位描述并不是针对某一个具体企业中的职位,而且每一个职位的环境都是不一样的,在不同的环境中,同一个职位的工作特性都会有所不同。因此,职位分析人员应该根据企业自身的实际情况进行分析,查阅的资料只能作为参考。

2. 信息收集阶段

信息收集阶段的主要任务是在前期准备的基础上,运用事先确定的信息收集的方法,收集职位的相关信息,包括工作的整个流程、工作环境、工作内容和工作人员等方面的信息。

一般来说,职位分析中需要收集的信息主要包括:工作活动、工作标准、所使用的机器、工具、设备和辅助工作、工作环境、工作要求等内容。

实务指南

信息收集阶段注意事项

(1)注意定性信息与定量信息相结合。所有跟职位相关的信息,既可以是定性的,又可以是定量的。定性的信息往往是可以用文字表达的项目,如工作条件、环境要素、任职者的资格条件等。定量的信息则是通过数字表达的项目,如工作量、日程、人数等。

(2)加强与有关人员进行沟通。可以通过会议的形式,向有关人员进行必要的宣讲和动员,使有关人员了解职位分析的目的和意义,消除顾虑和压力,争取他们的支持和合作;同时也应让他们了解职位分析的时间和进程,了解职位分析的方法以及需要的配合。这种沟通是信息收集工作有效进行的必要保证。

(3)与有关人员共同审查和确认工作信息。为了避免偏差,必须与工作任职者及其上级主管就所收集的信息进行核对和复查,以修正可能不准确的信息,同时也有助于工作任职者及其主管对职位分析结果的理解和认可,为他们今后实际使用职位分析结果奠定基础。

3. 整理分析阶段

整理分析阶段的主要任务是对有关工作特征和工作人员特征的调查结果进行深入全面的分析。实际操作中,收集职位分析的信息的同时,就应对这些信息进行分析。分析阶段的具体内容如下。

(1)对已收集到的各种信息的准确性、真实性和可行性进行分析,判断其误差的大小,以保证信息的真实可靠。

(2)把收集来的众多信息按照一定的标准和要求进行归类整理,分析核定有关工作和工作执行人员的关键因素。

(3)归纳、总结出职位分析的必需材料和要素,包括岗位的职责、任务、工作关系和职务范围等。

(4)针对职位分析中的问题,有针对性地提出改进建议,重新划分工作范围、内容和职责。在职位分析过程中,现有的职位概念、内容、方法,若不尽合理的,应该更新;若不够妥当的,应该改进;若已经过时的,必须淘汰,否则就不能提高职位分析的质量和效益。

管理故事

不拉马的士兵

一位年轻有为的炮兵军官上任伊始,在几个下属部队视察时发现相同的情况:在大炮发射的操练中,总有一名士兵自始至终站在大炮的炮管下面。军官不解,问其原因,答案是:操练条例就是这样要求的。军官回去反复查阅军事文献,终于发现,长期以来,炮兵的操练条例仍因循守旧非机械化时代的规则。站在炮管下的士兵的任务是负责拉住马的缰绳(在那个时代,大炮是由马车运载到前线的),以便在大炮发射后调整由于后挫力产生的距离偏差,减少再次瞄准所需要的时间。现在由于大炮发射的机械化,已经不再需要这样一个岗位了,但操练条例却没有及时调整,因此才出现了“不拉马的士兵”。军官的发现使他获得了国防部的嘉奖。

当前许多组织中,“不拉马的士兵”随处可见。当企业中引入了新流程、新技术时,现有的职位说明书应及时调整,职位分析是一个动态过程。

4. 结果整合阶段

结果整合阶段的主要任务是在前面3个阶段工作的基础上,将分析的结果整理成书面的文件,形成职位分析的最终结果即职位说明书,并将其结果运用于人力资源管理中。职位说明书的内容叙述要清楚明了、细致具体,以便为企业的人力资源管理决策提供有效的服务,为员工更好地完成任务提供有效的指引。合理有效地将职位分析的成果运用于人力资源管理的实践,并注重实际工作过程中的信息反馈,不断修订、完善职位说明书。同时,建立和完善相应的管理制度,将职位分析成果归档保存。

2.2 职位分析的方法

要进行完整的职位分析,必须收集足够多的有关职位的信息。获取这些信息的方法很多,职位分析的目的与内容不同,职位分析的方法也不同。常用的职位分析方法有如下几种。

2.2.1　资料分析法

为了降低职位分析的成本,应当尽量利用现有的资料,以便对每个工作的任务、责任、权利、工作负荷、任职资格等有一个大致地了解,为进一步调查奠定基础。包括企业现有的岗位责任书、员工关键事件的记录和工作日志等,均可作为参考资料。资料分析法是一种间接的分析方法。对二手资料进行分析时,需要耗费大量时间从中甄别主观性因素和无效信息,然后进行分类汇总,以获取有用信息。

2.2.2　观察法

观察法是职位分析人员通过对工作活动进行系统观察而获取工作要素信息的方法。通过系统观察,收集有关工作内容、工作时间、人与工作的关系以及工作环境、条件等方面的信息,并用文字和图表的形式记录下来,进行分析、归纳和总结。

1. 观察法的优点

(1)全面性。观察法要求职位分析人员对各种作业条件下有代表性的作业活动做普遍观察。因此,通过观察,职位分析人员能够比较全面地了解工作要求。观察法特别适用于那些主要运用体力劳动来完成的工作。

(2)手段多样,效率较高。在观察分析中,职位分析人员可以深入到工作现场,借助于感官对某些特定对象的作业活动进行直接观察,观察人员还可以借助于各种测量仪器和记录设备,如声级计、照度计、照相机、录音机、摄像机等,以提高观察的精确度和效率。

2. 观察法的缺点

(1)适用范围具有一定的局限性。适合于以外显动作为主的职位,对于脑力劳动成分比较高的职位,效用不大;适合于活动范围不大的职位,对于职位活动范围很大的职位,由于分析工作所消耗的人力、物力和时间较大,难度也较大;对于在一些特殊环境中活动的职位,难以运用观察法进行分析。

(2)难以获得任职者的合作。对于一些任职者来说,会产生心理抗拒,他们会觉得自己受到监视或威胁,同时,也可能造成动作变形。

(3)难以得到有关任职者资格要求的信息。

实务指南

观察时的注意事项

(1)注意工作样本的代表性。使用观察法时,职位分析者会观察正在工作的一个或者几个人,并且对观察结果进行记录,包括做了什么、怎么做的、用了多长时间、工作环境如何和使用了哪些工具等内容。因此,工作样本的代表性将直接影响职位分析的结果。

(2)观察前要制定详细的观察提纲。如表 2-2 所示,要事先确定观察的内容、观察时刻、观察的位置等。观察内容要全面,如工作的目标、任务、使用设备、工作时间、上下级关系、体能要求、工作环境等;观察的时刻可选用瞬时观察或定时观察;观察位置的选择要确保能够观察到对象的全部行为而又不至于影响对象的正常工作。

(3)充分考虑任职者的心理反应。在场观察者对于任职者会产生一定的心理影响,可能引起任职者形形色色的反应,如紧张、分心、预警、扮伪等,从而影响观察结果的真实性。为了能够观察和记录到真实、自然的工作活动信息,职位分析人员既可以采取隐蔽的措施,又可以采取开诚布公的态度。隐蔽的措施主要是隐蔽观察的意图或者观察者的身份,以消除任职者的预警心理和扮伪策略;开诚布公的态度是事先明确观察分析的意图和意义,以求得任职者的真诚合作。不论采取哪种措施,都应以不干扰被观察者的工作为原则。

(4)观察和思考相结合。由于上述心理因素的影响,不能过高估计观察所得到的信息的准确性。职位分析者应将观察和思考相结合,避免机械记录,应对工作信息进行比较和提炼,以提高观察的准确性。

表 2-2　职位分析观察提纲(部分)

被观察者姓名:	日期:
观察者姓名:	观察时间:
工作类型:	工作部门:
观察内容:	
1. 什么时候开始正式工作?	
2. 上午工作多少小时?	
3. 上午休息几次?	
4. 第一次休息时间从________到________。	
5. 第二次休息时间从________到________。	
6. 上午完成产品多少件?	
7. 平均多长时间完成一件产品?	
8. 与同事交谈几次?	
9. 每次交谈约多长时间?	
10. 室内温度?	
11. 上午抽了几支香烟?	
12. 上午喝了几次水?	
13. 什么时候开始午休?	
14. 出了多少次品?	
15. 搬了多少次原材料?	
16. 工作地噪音分贝是多少?	

2.2.3　访谈法

访谈法是职位分析人员通过面对面的询问而获取工作要素信息的方法。访谈法是职位分析中大量运用的方法之一,主要用于确定工作任务和责任等方面,尤其是用于管理职位的分析。访谈法的特点是能面对面地交流和沟通,能够获得其他许多方法无法获取的信息。访谈的形式可以是个别访谈,也可以是群体座谈。访谈的程序可以是标准化的,也可以是非标准化的。

职位分析人员与任职人进行面对面的交谈,主要围绕以下内容:①工作目标——企业设立该工作的目的,根据什么确定此工作的报酬;②工作内容——任职人在企业中有多大的作用,其行为对企业产生的影响有多大;③工作性质与范围(这是面谈的核心)——主要了解该工作在企业中的上下职能关系,所需的一般技术手段、管理知识以及人际关系知识,需要解决的工作问题的性质以及解决问题所使用的手段等;④所负的责任——主要说明该工作的最终结果以及任职者所要负担的责任,包括组织、战略决策、控制和执行方面的责任。

1. 访谈法的优点

(1)具体准确。一般来说,任职者对于自己工作的特征最为熟悉,也最有发言权,由任职者本人描述工作内容,具体而准确。

(2)双向沟通。访谈法是一种双向沟通,便于向任职者解释职位分析的必要性和功能,同时也有助于与任职者的沟通,消除其工作压力。

(3)详细深入。访谈过程如果能够得到访谈对象的合作,可以获得任职者的工作态度与工作动机等深层次的信息。

2. 访谈法的缺点

(1)可信度不高。由于种种因素从访谈对象那里获取的信息可能是扭曲的,可信度不够高。

(2)技巧性高。访谈者的技巧直接关系访谈的效果。访谈员要有多方面的知识和能力,需要经过专门的训练。

(3)工作成本高。访谈法比较费时,工作成本较高。

(4)整理分析较难。由于访谈的内容涉及面较宽,且开放度较大,因此,对访谈结果的整理和分析比较困难。

3. 访谈法的关键

提问是访谈的关键,提问时应该注意问题的内容和提问的方式。

(1)问题的内容。问题应该与职位分析的目的相关,不应该超出任职者的知识和经验范围,不应该涉及任职者的个人隐私,具体见表2-3。

(2)提问的方式。表达要清楚,含义要准确,语言要浅显,避免生僻的专业术语;不应带有暗示性和倾向性,避免发表个人观点和看法。除非任职者偏离正题或者表达不准确,职位分析人员一般不要加以干预和评论。不要与被访者争论,更不要偏离访谈的中心。当访谈对象的回答含糊不清、前后矛盾或回答不够完整时,应进行适当的追问。

表 2-3 工作访谈问题设计示例

1. 你所做的是一种什么样的工作?
2. 你向谁报告?谁向你报告?
3. 你在预算上所负的责任如何(包括预算金额及管理的资产价值)?
4. 你分配的工作从何而来?完成的工作送到哪里或送给谁?
5. 你工作的主要职责是什么?你又是如何做的呢?
6. 做这项工作所需具备的教育程度、工作经历、技能是怎样的?它要求你必须具有什么样的文凭或职业资格证?
7. 这种工作的职责和任务是什么?
8. 你所从事的工作的基本职责是什么?
9. 说明你工作绩效的标准有哪些?
10. 你都参与了什么活动?你的工作环境和工作条件是怎样的?
11. 工作对身体的要求是怎样的?工作对情绪和脑力的要求又是怎样的?
12. 工作对安全和健康的影响如何?在工作中你有可能会受到身体伤害吗?你在工作中会暴露于非正常的工作条件之下吗?
13. 你的工作中最具挑战性的是什么?
14. 工作之前必须完成哪些准备工作?
15. 你要怎样提高产品或服务的品质?
16. 你觉得有哪些工作是重要的或不重要的?
17. 工作过程可以怎样加以改善?可以用哪种不同的方式来工作,以降低费用或成本?
18. 在采取行动之前,有哪些决策必须请示或必须通知你的部属?
19. 你和公司内或公司外哪些人有定期性的接触?接触的原则是什么?
20. 你的接班人在知识和经验上必须具备哪些资格才能完全胜任你现在的工作?

2.2.4 问卷调查法

问卷调查法是以书面问答的方式对任职者进行调查,以获取工作要素信息的方法。一般由有关人员设计出一套职位分析的问卷,由任职者或者职位分析人员填写,在此基础上对问卷进行归纳分析,对分析结果进行量化处理,并据此进行职位描述。当所需分析的工作涉及面大,而且时间和成本又有较大的限制时,采用这种方法是比较有效的。

1. 问卷法的优点

(1)适用范围广。问卷法适用于一切职位的调查分析,当同时对很多工作者进行调查时,速度快、时效性强。

(2)形式多样。问卷的形式是多种多样的,既有适合于各种工作职位的问卷,又有针对某一特定工作职位的问卷;既有标准化的问卷,又有非标准化的问卷;既有结构性的问卷,又有非结构性的问卷。

(3)便于定量分析。可以借助于计算机对调查结果进行数据处理,便于对调查结果的定量分析。

2. 问卷法的缺点

（1）技术性要求较高。问卷涉及对问卷的总体框架、问题的形式、问卷的语句和答案的设计，技术性要求较高，设计所花费的时间、人力和物力较多。

（2）彼此配合难度大。问卷调查对被调查者的要求是真实、客观地回答问题。如果是被调查者单独填表，被调查者可能不积极配合，同时缺乏必要的指导和沟通，有时不容易获得真实有用的信息。

（3）问卷回收较困难。问卷法本身并不具有强制性，致使问卷的回收较为困难。

3. 问卷的结构

问卷方法的关键问题是问卷的设计，问卷设计首先涉及问卷的结构，一份完整的问卷结构包括以下几部分。

（1）封面信，即一封给被调查者的短信。在封面信中，首先要说明调查者的身份（调查者的身份也可以通过落款来说明）；其次要说明调查的内容和调查的目的（通常用一句话指出其内容范围）；在信的结尾处，一定要真诚地感谢被调查者的合作与帮助等。

（2）指导语。指导语集中在封面信之后，并标明"填写说明"的标题，其作用是对填写问卷的方法、要求、注意事项等做出总的说明。

（3）问题和答案。问题和答案是问卷的主体。从问题的形式看，可以分为开放式问题和封闭式问题两类。开放式问题就是不为被调查者提供具体答案，而由被调查者自由填写答案；封闭式问题是在提出问题的同时给出若干答案，要求被调查者做出选择。

（4）编码及其他资料。在较大规模的统计调查中，常常采用以封闭式问题为主的问卷，为了将被调查者的回答转换成数字，以便输入计算机进行处理和定量分析，往往需要对回答结果进行编码。所谓编码就是赋予每个问题及其答案一个数字作为它的代码。在实际调查中，研究者大多采用预编码，一般放在问卷每一页的最右边，有时还可以用一条纵线将它与问题及答案分开。除了编码以外，有些采访问卷还需要在封面上印有访问员的姓名、访问日期、审核员姓名、被调查者住地等有关资料。

4. 问卷设计

问卷设计的关键是问题的设计，包括问题题干和问题答案的设计。设计问卷时要做到：①提问要准确；②问卷表格要精练；③语言通俗易懂，问题不可模棱两可；④问卷表前面要有指导语；⑤问题排列要有逻辑。

通用的问卷设计如表 2-4 所示。

表 2-4　问卷设计示例

公司名称：　　　　所属部门：　　　　所属科室：
职务、职称：
填表指导：请详细阅读全表，并如实回答，填表后交给主管。若有疑问，请向主管询问。
1. 你的职责 （1）你每天应完成的工作活动和承担的职责是什么？ （2）短期的或临时的责任是什么？ （3）不规则且不定时承担的责任是什么？

续表

2. 监督指导 (1)多少人在你的直接监督之下(请列明职称与人数)? (2)你是否有全权指派工作、更正错误、鼓励员工、解雇员工以及答复申诉? (3)你是否对下属的工作进行指导和协调?
3. 物料、工具与设备 (1)你所使用的主要物料是什么? (2)请列出你工作中使用的主要机器与设备。 (3)请列出你工作中使用的主要工具与其他仪器器材。
4. 与其他工作的关系 (1)除直接上司及部门的同事外,你在工作中尚需与哪些人接触? (2)请列出你工作中需要与之接触的人的职称与所属部门。 (3)请说明你工作中与其他部门发生接触的性质。
5. 决策 你有哪些不必请示主管就可以自行做出决策的事项?
6. 记录及报告 (1)哪些报告和记录是你个人要准备的? (2)记录和报告的资料来源是什么?
7. 工作要求的生理条件 (1)你工作时站立的比例是________%。
(2)你工作时坐的比例是________%。 (3)你工作时走动的比例是________%。 (4)你一个人在工作时需要举起或携带的重量是________千克。 (5)在一个工作日里,你要举起或携带这一重量的时间比例是________%。 (6)你的工作是否需要特殊的生理条件?
8. 工作环境 请列举在你工作场所里影响工作或健康的燥热、噪声、烟尘、恶臭等情况。
9. 危险因素 请说明在你工作时可能出现的危险或意外。
10. 任职者的条件(以下部分由你的主管填写) (1)本工作对任职者教育程度的要求有哪些? (2)从事本工作应具备哪些经验? (3)所需经验的时间要多久? (4)一个新员工需要哪些岗前培训?请列出培训的种类、内容和时间。
主管签名:　　　　　　　　　　　　　　　　填表日期:

2.2.5 工作日志法

工作日志法也称为岗位写实法,是由岗位任职者在规定的时间周期内,通过填写工作日志表单,记录各项岗位工作内容,收集各种工作信息的方法。

1. 工作日志法的优点

(1)收集的信息可靠性比较高,可以收集到最详尽的数据。

(2)长期对工作进行全面记录,可以避免遗漏。

(3)适合对高水平和高复杂性工作进行分析,显得更为经济有效。

2. 工作日志法的缺点

(1)每日程式化的填写工作日志,员工可能会厌倦或者敷衍,甚至有些员工不会按照规定的填写时间及时填写日志,导致事后填写的信息不完整或者是“创造”的工作活动。

(2)员工可能会夸大或刻意隐藏某些活动或行为,导致信息的失真。

(3)工作人员无法对填写的过程进行有效监控,可能会导致员工填写的活动详细化程度与工作分析人员的预期有差异。

(4)信息整理量大,归纳工作烦琐。

3. 工作日志法在具体的操作过程中应该注意的事项

(1)首先对记录工作日志的员工进行培训,让他们了解一些最基本的规范和填写要求,使收集的信息尽可能地规范与完整。

(2)在工作日志填写过程中,工作分析人员需要通过各种方法来进行过程的监控,尽量降低信息的失真。

2.3　职位说明书的编写

职位分析成果的最终表现形式就是职位说明书。职位说明书又称为工作说明书、岗位说明书,是职位管理的规范性文件。职位说明书无固定格式,可以根据职位分析的目的和实际需要设计有关内容与格式,但其基本内容或核心要素是一致的。

2.3.1　职位说明书的内容

职位说明书是职位分析的结果,职位说明书中通常包括职位描述和任职资格两大部分内容。根据职位描述所提供的信息,可以用来编制任职资格。广义的职位描述概念也包括任职资格,实际上相当于职位说明书的概念。

1. 职位描述

职位描述又称岗位描述,是指一种提供有关职位的工作任务、工作职责等方面信息的文件。职位描述所提供的岗位信息应该是真实、准确的,并且能够简要地说明岗位任职者做些什么、怎么做和在什么样的情况下做等。职位描述包括以下具体内容。

(1)职位标识,又称工作标识,即职位的基本信息。包括职位的名称、职位的所属部门、直接上级、职位等级、工资水平、所辖人数、定员人数、职位编码等。

(2)职位概要,是对工作性质和任务的高度概括和简要描述。职位概要也是职位说明书的基本要素,一般用一句话对职位的工作内容进行简明扼要的描述。如企业人力资源部负责人的职位概要,可以是“为企业吸引、开发和管理人力资源”。职位概要的恰当与否,决定着一份职位说明书的质量,在叙述职位概要时,应当遵循以下几点要求:①简明扼要,尽量用一句话表达;②明确指出职位的基本目的和这样做的原因;③尽量避免将职位的具体任务、方式等细节写进去。

(3)工作职责,是说明关于一项工作最终要取得的结果陈述,换言之,为了完成本项工作的目标,任职人员应在哪些主要方面开展工作活动并必须取得什么结果。对工作职责的确定,是职位说明书的中心内容,必须详细描述。职责的界定可以从两个角度入手,一是通过行为分析,描述这一职位做什么,是一种写实性的界定;二是通过任务分析,确定企业设立这一职位的原因及具体要求,是一种规范性的界定。工作职责应逐条指明工作的主要职责、工作任务和工作权限等。

对工作职责的描述应掌握以下特征:①将工作中所有关键的表现结合起来;②工作主要职责的焦点应放在最后的结果上,而不是放在工作任务和具体的活动上,不是描述如何履行职责,而是描述工作职责是什么;③工作不变动,工作职责是无时间性的;④每一项职责应具有独特性;⑤描述工作职责的同时应提出对该职责进行衡量的方法,或提出如何决定该工作最后结果取得与否;⑥主要职责的描述一定要联系工作实际,不应涉及上级工作职责和整个企业的职责。

(4)工作联系,指任职者与企业内外其他人之间的关系。包括该工作受谁监督,此工作监督谁,此工作可晋升的职位、可转换的职位以及可迁移至此的职位,与哪些部门的职位发生联系等。

(5)工作权限。工作权限包括工作人员决策的权限和行政人事权限、对其他人员实施监督权以及审批财务经费和预算的权限等。有时,在处理权限时分为专业的权限、人事的权限与财务的权限。

(6)工作条件与工作环境。工作条件包括任职者主要应用的设备名称和运用信息资料的形式。工作环境包括工作场所、工作环境的危险性、职业病、工作时间、工作的均衡性(一年中是否有集中的时间特别繁忙或特别闲暇)、工作环境的舒适度等。

(7)绩效标准。有些职位说明书中还需包括有关绩效标准的内容,即完成某些任务所要达到的标准。具体描述见表 2-5。

表 2-5 招聘主管职位描述

职位名称:招聘主管
所属部门:人力资源部
直接上级:人力资源部经理
工作代码:XL-HR-021
工资等级:9~13
工作目的:为企业招聘优秀、合适的人才
工作要点:
(1)制定和执行企业的招聘规划
(2)制定、完善和监督执行企业的招聘制度
(3)安排应聘人员的面试工作
工作要求:认真负责、有规划性、热情周到

续表

工作责任：
(1)根据企业的发展情况，提出人员招聘计划
(2)执行企业招聘计划
(3)制定、完善和监督执行企业的招聘制度
(4)制定面试工作流程
(5)安排应聘人员的面试工作
(6)应聘人员材料的管理，应聘人员材料、证件的鉴别
(7)负责建立企业人才库
(8)完成直接上级交办的所有工作任务
衡量标准：
(1)上交的报表、报告的时效性和建设性
(2)工作档案的完整性
(3)应聘人员材料完整性
工作难点：如何提供详尽的工作报告
工作禁忌：工作粗心，不能有效向应聘者介绍企业情况
职业发展道路：招聘经理、人力资源部经理

2. 任职资格

任职资格又称工作规范，是一个人为了完成某种特定的工作所必须具备的知识、技能、能力以及其他特征的具体规定。任职资格可以单独编写，也可以写在职位说明书中。

任职资格的内容主要包括：①一般要求，包括年龄、性别、学历等；②生理要求，包括健康状况、力量与体力、运动的灵活性、感觉器官的灵敏度等，其中体力要求比较重要；③心理要求，包括观察能力、集中能力、记忆能力、理解能力、学习能力、解决问题能力、创造性、数学计算能力、语言表达能力、判断能力、决策能力、应变能力、交际能力、性格、气质，兴趣、爱好、态度、事业心、合作性和领导能力等；④工作经验和技能水平。工作经验指从事类似工作的实践体验；技能水平指工作人员从事特殊职位的专门技术，是能力与职位要求相结合的产物，通常体现为职业技能。具体规范表述见表2-6。

表2-6　招聘主管任职资格

职位名称：招聘主管
所属部门：人力资源部
直接上级：人力资源部经理
工作代码：XL-HR-021
工资等级：9~13
1. 生理要求
年龄：23岁至35岁　　性别：不限
身高：女性1.55~1.70米；男性1.60~1.85米

续表

体重:与身高成比例,在合理范围内均可
听力:正常　　视力:矫正视力正常
健康状况:无残疾、无传染病
外貌:无畸形,出众更佳
声音:普通话发音标准,语音和语速正常
2. 知识和技能要求
(1)学历要求:本科,大专以上且从事相关专业工作3年以上
(2)工作经验:3年以上大型企业工作经验
(3)专业背景要求:曾从事人事招聘工作2年以上
(4)英文水平:达到国家四级水平
(5)计算机:熟练使用Windows、Office系列
3. 特殊才能要求
(1)语言表达能力:能够准确、清晰、生动地向应聘者介绍企业情况;准确、巧妙地解答应聘者提出的各种问题
(2)文字表述能力:能够正确、快速地将希望表达的内容用文字表达出来
(3)观察能力:能够快速把握应聘者的心理
(4)逻辑处理能力:能够将相并行的事务安排得井井有条
4. 综合素质要求
(1)有良好的职业道德,能够保守企业人事秘密
(2)独立工作能力强,能够独立完成布置招聘会场、接待应聘人员、对应聘者非智力因素进行评价等工作
(3)工作认真细心,能认真保管好各类招聘相关材料
5. 其他要求
(1)能够随时准备出差
(2)不可请一个月以上的假期

2.3.2　职位说明书的编写要求

职位说明书在人力资源管理中的地位极为重要,因其不但可以帮助任职人员了解其分内的工作,明确其职责范围,还可以为管理者的某些重要决策提供参考。职位说明书是人力资源管理的基础性文件,编写时应遵循以下原则。

1. 统一、规范

职位说明书是企业人力资源管理系统的重要文件资料,其具体形式可能有多种,但其核心内容却不应该改变。对于职位说明书中的重要项目,如职位名称、职位概要、职位职责、任职资格等,必须参照典型职位说明书编写样本,建立统一的文件格式。

2. 清晰、具体、简明

职位说明书是任职者的工作依据和具体要求，内容必须清晰、具体、简明，使任职者或监督者可以理解、可以操作、可以反馈。

(1)清晰。职位说明书对工作的描述要清楚透彻，任职人员阅读以后，无须询问其他人就可以明白其工作内容、工作程序和工作要求等，应避免使用原则性的评价，特别需要注意的是，比较难以理解的专业性词汇要解释清楚。

(2)具体。职位说明书在说明职位的种类、复杂程度、任职者需具备的技能、任职者对工作各方面应负责任的程度这些问题时，应尽量使用具体的动词，如"分析""收集""召集""计划""分解""引导""运输""转交""维持""监督""推荐"等。一般来说，企业中较低职位的任务最为单一，职位说明书中的描述也应最具体。

(3)简明。职位说明书在界定职位时，要确保指明工作的范围和性质，如用"为本部门""按照经理的要求"这样的句式来说明。此外，还需要把所有重要的工作联系也包括进来。在囊括了所有基本工作要素的前提下，职位说明书的文字描述应简明扼要，语言方面应符合任职者的水平，不能让人看得云里雾里。

3. 共同参与

职位说明书的编写不能闭门造车，而应该由担任该职位的工作人员、上级主管、人力资源专家共同分析协商，只有将各方面的意见均考虑在内，制作出来的说明书才会被各方面所接受。从程序上讲，职位说明书一般需要专家共同参与撰写，岗位任职人的主管审定，人力资源部存档，从而保证文件的全面性与完整性。

职位说明书可以采用表格形式，也可以采用叙述形式。表2-7就是某公司人力资源部经理职位说明书的范例。

表2-7　人力资源部经理职位说明书

<table>
<tr><td>职位名称：人力资源部经理</td><td>职位编号：1-005</td></tr>
<tr><td>部门：人力资源部</td><td>直接主管：总经理</td></tr>
<tr><td colspan="2">工作概要：为了保证企业人力资源的持续发展，为管理者提供人力资源管理服务和支持，在国家有关企业人力资源管理的政策法规和企业人力资源政策的指导下，领导人力资源部建立和健全人力资源开发和管理体系，组织实施人力资源管理的各项工作</td></tr>
<tr><td colspan="2">工作职责：
1. 拟定人力资源管理规划和人力资源管理规范
2. 建立人力资源管理体系、机制，并组织人力资源管理各项工作的开展、实施
(1)实施工作分析，确定岗位职责与岗位编制
(2)建立人员招聘体系与人才库
(3)建立与完善绩效考核体系
(4)建立与完善薪酬福利体系
(5)建立与完善人员培训与发展体系
3. 为有关部门提供人力资源状况信息
4. 对本部门员工进行任务的分派、工作指导、监督、考核和人员调配</td></tr>
</table>

续表

<table>
<tr><td>工作权限：
1. 财务权限
(1)日常报销：对人力资源部预算内日常报销金额小于×××元进行审批，对于超过此金额或预算外的日常报销可先行报批
(2)大额资金使用：对于人力资源部预算内大额资金使用小于×××元进行审批，对于超过此金额或预算外的资金使用可先行报批
(3)办公用品申购：对人力资源部预算内办公用品申购金额小于×××元进行审批，对于超过此金额或预算外的办公用品申请购买可先行报批
2. 人事权限
(1)薪资变更：对人力资源部基层员工的薪资变更有审批权
(2)绩效考核：对人力资源部基层员工的绩效考核有审批权
(3)请假：对人力资源部内基层员工少于×天的请假申请具有审批权
3. 业务权限
对于人力资源部管理制度的执行情况实施监督</td></tr>
<tr><td>工作关系：
1. 公司内部：设一名副手，人力资源部有 6 人；直接上司为主管行政的总经理；负责各部门关系协调
2. 公司外部：政府劳动部门、人事管理部门，相关研究咨询机构</td></tr>
<tr><td>任职资格：
1. 所需知识技能
(1)人力资源管理、企业管理的有关知识与操作技能
(2)了解国家有关人事管理政策
2. 教育培训
*1)大学本科及以上学历，人力资源管理相关专业
(2)接受过有关人力资源管理的各项培训
3. 经验
(1)相关工作经验五年以上
(2)任过本部门的副职两年以上
4. 该职位的晋升、轮换和替代
(1)该职位可以晋升为副总经理，可以由人力资源主管晋升而至
(2)该职位可以由分管人力资源管理部的副总经理临时代替</td></tr>
</table>

2.4 工作设计

工作设计是一项十分重要且比较复杂的科学管理技术。工作设计是对现有工作的重新认定、变革和设计，通过满足员工需求以提高工作绩效，进而实现企业目标的管理方法。一个好的工作设计可以减少单调重复性工作的不良效应，而且还有利于建立整体性的工作系统，有利于充分调动劳动者的主动性和创造性。

2.4.1　工作设计的含义

工作设计(job design)又称为职位设计、岗位设计,是指为了有效地达到企业目标与满足个人需要而进行的关于工作内容、工作职能和工作关系的设计。也就是说,工作设计是一个根据企业和员工个人需要,规定某个职位的任务、责任、权力以及在企业中工作的关系的过程,也是一个企业、个人和环境相匹配的过程。良好的工作设计能够减少工作的单调性,能够激发员工的工作动机,增强员工的工作满意感,能使员工的目标与企业的目标保持一致,在确保实现员工的目标的同时使企业的目标得以实现。

2.4.2　影响工作设计的因素

1. 环境因素

(1)工作设计必须从现实情况出发,不能仅仅凭主观愿望,要考虑与人力资源的实际水平相一致。例如,在我国目前人力资源素质不高的情况下,工作内容的设计应相对简单,在技术的引进上也应结合人力资源的情况,否则引进的技术没有合适的人使用,反而会造成资源的浪费,影响企业的生产。

(2)社会期望是指人们希望通过工作满足些什么。不同的员工其需求层次是不同的,这就要求在进行工作设计时要人性化。

2. 组织因素

(1)专业化。就是按照所需工作时间最短、所需努力最少的原则分解工作,其结果是形成很小的工作循环。

(2)工作流程。主要是考虑在相互协作的工作团体中,需要考虑每个岗位负荷的均衡性问题,以保证不出现任何等待停留问题,确保工作的连续性。

(3)工作习惯。即在长期工作实践中形成的传统工作方式,反映工作集体的愿望,这是工作设计过程中不可忽视的制约因素。

3. 员工因素

(1)员工的个性特征。除知识、能力外,员工的个性、人格会影响其工作的积极性和责任感。一方面,企业在岗位配置时必须考虑员工的能力、素质,做到人岗匹配;另一方面,在岗位设计时也必须考虑员工的个性特征,满足并引导员工的工作兴趣和积极性。

(2)员工的个人需求。工作设计的一个主要内容就是使员工在工作中得到最大的满足。随着文化教育和经济发展水平的提高,人们的需求层次提高了,除了一定的经济收益外,他们希望在自己的工作中得到锻炼和发展,对工作质量的要求也更高了。只有重视员工的要求并开发和引导其兴趣,给他们的成长和发展创造有利条件和环境,才能激发员工的工作热情,增强企业吸引力,留住人才。否则,随着员工不满意程度的增加,带来的是员工的冷漠和生产低效,以致人才流失。因此,工作设计时要尽可能地使工作特征与要求适合员工个人特征,使员工能在工作中发挥最大的能力。

2.4.3 工作设计的主要内容

工作设计的主要内容包括以下几个方面。

1. 工作内容的设计

工作内容的设计是工作设计的关键,主要有工作的多样性、工作的层次性、工作的整体性、工作的自主性、工作的重要性等方面。

(1)工作的多样性,即工作技能的多样性,也就是工作的广度。指在完成工作任务的过程中,具有进行各种不同活动及发挥工作人员各种技能和能力的程度。要让员工感觉到有用武之地,有创造发展的可能性和前途。

(2)工作的层次性,即工作技能的层次性,也就是工作的深度。指工作设计应具有从易到难的一定层次,对员工工作的技能提出不同程度的要求,从而增加工作的挑战性,激发员工的创造力和克服困难的能力。

(3)工作的整体性,指工作所具有的完整性和各部分工作的整体性程度。要让员工感到是在完成一项具有可见成果的工作,即使是整个工作流程中的某一阶段性工作,也要具有一定的完整性。一旦员工缺少参与完整工作的机会,就会降低他们工作的责任感和成就感。

(4)工作的自主性,指工作的自主性程度,也就是工作所具有的自由度、独立性以及下级或个人在安排工作或完成任务中所具有的决定工作程序的自主权大小的程度。适当的自主权力能增加员工的工作责任感,使员工感到自己受到了信任和重视。认识到自己工作的重要性,使员工工作的责任心增强,工作的热情提高。这一要素对下级或个人的影响很大,与一个企业有无活力有很大关系。

(5)工作的重要性,指特定工作对员工的生活和工作具有实质性影响的程度。我们平时感受到的喜欢从事某种工作或不喜欢从事某种工作的心情,就说明了那项工作有无吸引力,对自己是否重要。

2. 工作职能的设计

工作职能的设计是指做每项工作的基本要求和方法的设计,包括工作责任的设计、工作权限的设计、沟通方式的设计、工作方法的设计、协作要求的设计等。

3. 工作关系的设计

工作关系的设计是指个人在工作中所发生的人与人之间的工作要求及关系等方面的设计,包括工作中部门与部门之间、人与人之间关系的设计。

4. 工作结果的设计

工作结果的设计是指对工作的成绩与效果高低的设计,包括工作绩效和工作者的反应。前者是工作任务完成所达到的数量、质量和效率等具体指标,后者是指工作者对工作的满意程度、出勤率和离职率等。

5. 工作结果反馈的设计

工作结果反馈的设计主要是指在完成工作任务过程中,下属能得到关于活动效果反馈的设计,包括两个方面:一是对工作本身的客观反馈;另一方面是上级、下级或同事对工作结果的反馈。

以上有关工作设计的五个要素是一个有机的整体,无论哪一个要素的设计上出现问题,都会影响工作设计的整体效果。

2.4.4　工作设计的主要方法

1. 工作专业化

工作专业化是指将工作划分为单一的、标准化和专业化的任务,以提高生产率的一种工作设计方式。工作专业化最早是由亚当·斯密提出的,在泰罗的科学管理方法中又得到强调。工作专业化的基本工具就是时间-动作研究,即通过分析工人的手、臂和身体其他部位的动作,工具、身体和原材料之间的物理机械关系,寻找工人的身体活动、工具和任务之间的最佳组合,实现工作的简单化和标准化,以使所有工人都能够达到预定的生产水平。

工作专业化程度高的优点是:按工作专业化思路设计出来的工作简单、可靠、安全,能够取得规范的专业分工的优势和技术操作效率。工作专业化程度高的缺点是:由于没有考虑到人的自主性、能动性和创造性,工作过度重复,容易让员工产生厌烦感,导致员工消极怠工,缺勤率和离职率增高;由于工作环节增多,不同环节之间要求有更多的协同性,物流、信息流增加,导致员工工作效率降低,工作质量下降。不过现在已有被逐渐改进的趋势。

2. 工作轮换

工作轮换是指不改变工作设计本身,为减轻工作的厌烦感,让员工先后承担不同的但内容相似的工作,定期从一个岗位转到另一个岗位的方法。

工作轮换有以下好处:一是可以给员工更多的发展机会,让员工感受到工作的新鲜感和工作的刺激;二是可以使员工掌握更多的技能,增强员工的适应能力;三是可以增强员工对自己的最终成果的认识,提高工作的自信心;四是可以增进部门与部门之间、员工与员工之间的理解,提高协作效率。

工作轮换的不足在于:首先,轮换只能限于少部分的工作,大部分工作由于专业性等原因而不能轮换;其次,轮换后由于需要熟悉工作,可能会使工作效率降低;最终,还会感到单调与厌烦。

3. 工作扩大化

工作扩大化是指通过增加工作的内容,使员工的工作变化增加,要求其具备更多的知识和技能,从而提高员工的工作兴趣。工作扩大化与工作专业化相对应,其主要好处是增加了员工的工作满意度,提高了员工的工作质量。

工作扩大化的途径主要有纵向扩大化和横向扩大化。纵向扩大化是将经营人员的部分职能转由生产者承担,工作范围沿组织形式的方向垂直扩大化,纵向发展,如生产工人参与计划制订等。工作的横向扩大化是指工作的范围拓展,如将属于分工很细的作业单位合并,由一人负责一道工序改为几个人共同负责几道工序。

当然,因工作扩大化的局限性,不可能从根本上解决工人劳动活动中单调和枯燥乏味的问题。

4. 工作丰富化

工作丰富化是一种使员工明确工作意义、取得工作自主权后运用多种技能去全面完整地完成工作任务并得到反馈,从而提高员工积极性的一种方法。它为员工创造了自我发展与成功的机会,也使员工面临新的挑战。

工作丰富化的具体设计方法有:①创造员工与产品消费者接触的机会,让员工了解并尽快满足用户的需求;②在工作设计中留出机动岗位,使员工能自行安排工作进度;③实行弹性工作制,增加灵活性,提高工作和生活的质量;④组合工作任务,使员工能从头到尾装配一个完整的产品等。

工作丰富化是工作的深化,不仅大大丰富了员工个人的工作内容,而且跳出了岗位与任务的束缚,使员工能更全面地了解整个生产流程与市场的情况,并可以提高员工的素质。但是,与单纯性的工作设计方法相比,工作丰富化要增加一定的培训费用。

管理故事

高工资为什么还要辞职?

许达是飞轮汽车公司一名十分优秀的工人。他在公司已经工作了多年,技术娴熟,经验丰富。他的产量是整个车间最高的,差错率也最低,工资为 18 元/小时(该工种的平均工资水平为 13 元/小时),在同等员工中,他的工资是最高的。但是他居然提出了辞职。

当问到他辞职的原因时,他说:"我现在每天都在做同样的事情,太没意思了。当座椅从生产线上下来之后,我就把它放进车里,跳上车,用 4 个螺栓把它们固定在车身上,用扳手将螺丝拧紧,然后跳下车,把座椅后面的两根螺丝装好。就这样,一个小时我可以装 20 辆汽车,一天 8 小时周而复始。我已经做了这么多年,如果再这样做下去,我想我会疯掉的。"

思考:许达为什么要辞职?有什么办法留住他?

2.4.5 工作设计的新趋势

1. 团队化工作方式

工作团队是指由一群技能互补的成员组成的人群结构,团队的成员致力于共同的宗旨、绩效目标和通用方法,并且共同承担责任。当工作是围绕小组而不是个人来进行设计时,就形成了工作团队。工作团队大体上有四种类型。

(1)问题解决型。一般由同一部门的员工组成,围绕工作中的某一个问题,进行调查、分析并提出意见和建议。

(2)多功能型。小组按照要求给每个成员分派具体的任务,并在任务需要时负责在成员之间协调工作。

(3)自我管理型。自我管理工作团队有权自主地决定工作分派、工间休息和质量检验方法等,甚至可以挑选自己的成员,并让成员相互评价工作成绩。

(4)虚拟工作团队。虚拟团队由一些跨地区、跨组织的,通过通信和信息技术的联结,试图完成组织共同任务的成员组成。

2. 工作辅助性设计

所谓工作辅助性设计是指不改变工作本身的内容、构成和范围等,而只是从工作时间上加以调整的设计方法。工作辅助性设计改变了员工个人工作时间的严格规定,并在实际上也产生了促进生产率的作用。目前,这种设计主要有两种:缩短工作周和弹性工作制。

(1)缩短工作周。用少于五天的时间完成一周的工作任务。缩短工作周的优点是使员工每周工作的天数减少,工作的满足感提高,缺勤率和迟到率下降,有助于经济上的节约。缩短工作周的缺点是工作日可能延长,会使工人感到疲劳并可能导致失误。缩短工作周一般是错开工作时间,使得在所有传统工作日都有员工工作。

(2)弹性工作制。弹性工作制的做法是企业要求员工在一个核心时间段内必须工作,但是上下班时间由员工自己决定,只要工作时间总量符合要求即可。弹性工作制的优点是员工可以自己掌握工作时间,降低了缺勤率和离职率,提高了工作绩效。弹性工作制的缺点是具体工作时间可能延长,会增加企业的费用,同时对企业的管理和监督提出了更高的要求。

【本章小结】

职位分析也称工作分析、岗位分析,是运用系统方法对企业中某一特定工作或职位的任务、职责、权利、隶属关系、工作条件等相关信息进行收集和分析,做出明确规定,并确认完成工作所需要的能力和资质的过程。职位分析包括职位描述和任职资格两个方面的基本内容。职位描述是获取工作要素信息、概括工作特征的直接分析。任职资格主要说明从事某项工作的人员必须具备的能力、资质和其他特性的要求。职位分析的任务也就是职位分析所要回答的基本问题,这些问题被概括为七个方面,即所谓的6W1H公式。职位分析是人力资源管理工作的基础,它为人力资源管理各项职能活动提供信息和依据。

职位分析的过程一般可以分为四个基本阶段:前期准备阶段、信息收集阶段、整理分析阶段和结果整合阶段。职位分析的方法有资料分析法、观察法、访谈法、问卷调查法等。

职位说明书通常又被称作工作说明书、岗位说明书。职位说明书是以书面的形式对企业中各个职位的工作性质、工作任务、工作职责与工作环境等所做的统一要求,它实际要描述的是任职者的工作是什么,为什么做,如何做以及在何处做等问题。同时,根据职位分析所提供的信息,拟定任职者的资格,提出任职者的个人特质、能力条件、心理素质、职业品质和身体素质等要求。

工作设计又称岗位设计,是指为了有效地达到企业目标与满足个人需要而进行的关于工作内容、工作职能和工作关系的设计。工作设计的内容包括工作内容设计、工作职能设计、工作关系设计、工作结果设计与工作结果反馈设计。影响工作设计的因素有环境因素、组织因素和员工因素。工作设计的主要方法有工作专业化、工作轮换、工作扩大化、工作丰富化等。

关键概念

职位分析　　职位描述　　任职资格　　职位说明书　　工作设计　　工作专业化

工作轮换　　工作扩大化　　工作丰富化　　工作团队

复习思考题

1. 什么是职位分析？它有什么作用？
2. 常用的获取职位分析信息的方法有哪些？各有什么优缺点？
3. 简述职位分析的基本程序。
4. 职位说明书中包括的主要内容有哪些？如何编制职位说明书？
5. 什么是工作设计？工作设计的内容主要包括哪些？
6. 工作设计主要有哪几种方法？

案例分析

A 公司职位分析为何不了了之

A 公司是我国中部省份的一家房地产开发公司。近年来，随着当地经济的迅速增长，房产需求强劲，公司有了飞速的发展，规模持续扩大，逐步发展为一家中型房地产开发公司。随着公司的发展和壮大，员工人数的大量增加，企业和人力资源管理问题也逐渐凸显出来。

首先，在公司的人员招聘方面，人力资源管理部门给出的招聘标准很含糊，招聘主管无法准确地理解，使得招来的人大都差强人意。员工的晋升以前由总经理直接决定，现在公司规模大了，总经理几乎没有时间来与基层员工和部门主管打交道，基层员工和部门主管的晋升只能根据部门经理的意见来做出，上级和下属之间的私人感情成了决定性的因素，许多优秀的员工由于看不到自己未来的前途而另谋高就。其次，在激励机制方面，公司缺乏科学的绩效考核和薪酬制度，考核中的主观性和随意性非常严重，员工的报酬不能体现其价值与能力，人力资源部经常可以听到大家对薪酬的抱怨和不满。

面对这样严峻的形势，人力资源部决定从职位分析入手。为此，他们采用问卷的方式收集职位信息，并在公司的内部网上发出了开展问卷调查的通知，要求各部门配合人力资源部的问卷调查。

但问卷下发到各部门之后，却一直搁置在各部门经理手中，很多部门是直到人力部开始催收时才把问卷发放到每个人手中。同时，由于大家都很忙，很多人在拿到问卷之后，都没有时间仔细思考，草草填写完事。还有很多人在外地出差，或者任务缠身，自己无法填写，而由同事代笔。一些较为重视这次调查的员工反映，大家都不了解这次问卷调查的意图，也不理解问卷中那些生疏的术语。因此，在回答问卷时只能凭借自己个人的理解来填写，无法把握填写的规范和标准。一个星期之后，人力资源部收回了问卷，但发现部分问卷填写不全，部分问卷答非所问，还有部分问卷根本没有收上来。辛辛苦苦调查的结果却没有发挥它应有的价值。

与此同时，人力资源部也着手选取一些职位进行访谈。但在试着谈了几个职位之后，发现访谈的效果也不好。因为在人力资源部，能够对部门经理访谈的只有人力资源部经理一人，主管和一般员工都无法与其他部门经理进行沟通。同时，由于经理们都很忙，能够把双方凑在一块实在不容易。两个星期过去之后，只访谈了两个部门经理。

人力资源部的几位主管负责对经理级以下的人员进行访谈，但访谈的效果却出乎意料。大部分时间都是被访谈的人在发牢骚，指责公司的治理问题，抱怨自己的待遇不公等。而在谈到与职位分析相关的内容时，被访谈人往往又言辞闪烁，顾左右而言他，似乎对人力资源部这次访谈不太信任。访谈结束之后，访谈人都反映对该职位的熟悉还是停留在模糊的阶段。这样持续了两个星期，访谈了大概1/3的职位。人力资源部经理认为时间不能拖延下去了，因此决定开始进入下一个阶段的工作——撰写职位说明书。

可这时，各职位的信息收集却还不完全。怎么办呢？人力资源部在无奈之中，不得不另觅他途。于是，他们通过各种途径从其他公司中收集了许多职位说明书，试图以此作为参照，结合问卷和访谈收集到的一些信息来撰写职位说明书。

在撰写阶段，人力资源部还成立了几个小组，每个小组专门负责起草某一部门的职位说明，并要求各组在两个星期内完成任务。在起草职位说明书的过程中，人力资源部的员工都颇感为难。一方面，不了解别的部门的工作，问卷和访谈提供的信息又不准确；另一方面，大家都缺乏编写职位说明书的经验，编写起来都感觉很费劲。规定的时间快到了，很多人为了交稿，不得不急急忙忙、东拼西凑了一些材料，再结合自己的判断，最后总算成稿。

职位说明书终于出台了。人力资源部将其下发到各部门，同时还下发了一份文件，要求各部门按照新的职位说明书来界定工作范围，并按照其中规定的任职条件进行人员的招聘、选拔和任用。没想到这却引起了其他部门的强烈反对，很多非人力资源部门的管理人员公开指责人力资源部，说人力资源部的职位说明书是一堆垃圾文件，完全不符合实际情况。

于是，人力资源部专门召开了一次推动职位说明书应用的会议，人力资源部遭到了各部门的一致批评。会议的最终结论是，让人力资源部重新编写职位说明书。之后，经过多次重写与修改，职位说明书始终无法令人满意。职位分析和评价的工作便不了了之。

原来雄心勃勃的人力资源部经理变得灰心丧气，一直对这次的失败耿耿于怀，对失败的原因也百思不得其解。

问题：

1. 该公司为什么决定从职位分析入手来实施变革？这样的决定正确吗？为什么？
2. 在职位分析的整个组织与实施过程中，该公司存在着哪些问题？
3. 该公司所采用的职位分析工具和方法主要存在哪些问题？
4. 如果你是人力资源部新任的经理，让你重新负责该公司的职位分析，你准备如何做？

实训设计

一、实训项目

编制职位说明书。

二、实训目的

通过本次实训，使学生了解职位说明书的主要内容，理解编制职位说明书的基本原理，学会编制内容完整、用语规范的职位说明书。

三、实训内容与要求

（一）实训内容

编制大学教师的职位说明书。

（二）实训要求

1. 理解职位说明书编制的内容、方法及格式。

2. 运用职位分析的方法，认真收集大学教师的职位信息，并参考职位说明书（范本）格式编制大学教师的职位说明书。

四、实训组织与步骤

第一步，按5~7人一组，将班上的学生进行分组，建立职位说明书撰写小组。

第二步，教师事先准备好实训所需材料，提供职位说明书范本。复习有关编制职位分析方面的知识，了解此次职位分析的实施目的。

第三步，以小组为单位，根据收集的大学教师的职位信息开展讨论。充分发表个人观点，确定大学教师的关键职位信息。

第四步，讨论结束，在规定的时间内每个小组编制出正确的职位说明书。

第五步，由老师对小组编制的职位说明书进行点评。

本项目实训时间为2周，课堂讨论以2课时为宜。

五、撰写实训报告

实训结束后，每个小组撰写实训报告。实训报告要求语言流畅、文字简练、条理清晰。报告内容主要包括实训报告封面（实训日期、小组成员姓名、专业、班级等信息）、实训项目名称、实训目的、实训内容、实训资料（实训所依据的原始资料和使用的工具、材料等）、实训过程（实训采用的方法、步骤等）、实训结果或结论、实训指导教师评价意见等。

六、实训成绩评定

（一）评定等级

实训成绩可分为优秀、良好、中等、及格、不及格五个等级。

（二）评定标准

1. 能否依据职位说明书的原理编制职位说明书。

2. 编制的职位说明书内容是否统一、规范；是否清晰、具体、简明。

3. 课堂讨论中，是否认真、积极地投入，是否体现了良好的团队协作精神。

4. 职位说明书文本、课堂讨论占综合成绩的60%，实训报告占综合成绩的40%。

第3章　人力资源规划

学习目标

1. 理解人力资源规划的含义、内容和意义。
2. 理解人力资源规划在人力资源管理中的作用。
3. 了解人力资源规划的程序。
4. 掌握人力资源需求、供给预测的方法以及人力资源供需平衡的方法。

【导入案例】

近年来，AT&T公司和许多跨国公司一样，在人力资源规划方面极其重视对所需人员，尤其是高管人员的能力要求。公司需要一种“新类型”的经理，这些人对于公司的新产品和服务有丰富的知识，有能力对收购与合并进行管理，并有能力在不确定的环境中有效地行使其职能。

AT&T重新进行了详细的人力资源规划，并重点对高层管理者的素质和技能进行了描述，借助开发和实行一套职业生涯管理系统来解决高层管理者配备的管理问题。这一系统有两方面的目的：第一，确认公司新的全球商业计划所要求的管理技能；第二，追踪所有有志于获得高层管理职位的现有经理的技能水平。这样一个系统将允许AT&T能在出现空缺时去“推荐”并最终选择就任人选。

系统中储存了有关AT&T的人员和职位的大量信息。例如，“人员档案”包括了每一位管理人员的信息，如工作历史、教育程度、优点和缺点、领导开发需要、开发计划、参加过的和计划参加的培训以及特殊技能。对于每个作为目标的高层管理职位，“职位档案”都列出了如职位头衔、就任地点、现在和未来的技能要求以及这一职位可能的继任者。

AT&T借助人力资源规划保持了其组织的高层领导的连续性，具体地说，就是描述定义对于不同的高级职位所需的领导技能，了解有资格升至某个确定职位的员工，对每个候选人进行充分的培训开发。

通过这些做法，公司掌握了一个在高层管理职位出现空缺时可以从中进行挑选的全世界的合格内部候选人的后备库。而且，规划具有相当的灵活性，允许公司突然的变化需要做出快速反应。例如，当巴黎的高层管理职位由于合并而突然出现悬而未决的情况时，这一系统会迅速地确定一名能流畅地使用法语的合格候选人。

思考：结合案例，你认为人力资源规划的核心是什么？

3.1 人力资源规划概述

凡事预则立,不预则废,人力资源规划是现代人力资源管理的一项重要职能。特别是在战略人力资源管理的背景下,人力资源管理已经从被动地满足组织的现实人力资源需求转向主动根据组织环境变化及组织战略的未来需要开展各项人力资源管理与开发活动,而科学的人力资源规划是这些活动的行动纲领。

人力资源着眼于为未来的经营活动预先准备人力,持续和系统地分析组织在不断变化的条件下对人力资源的需求,并开发制定出与组织长期效益相适应的人事政策。

3.1.1 人力资源规划的含义与意义

1. 人力资源规划的含义

20 世纪 60 年代,伴随着第二次世界大战后经济的高速增长和繁荣,充分就业条件下的人力资源稀缺问题受到关注,企业将人力供需研究提上日程,从而提出了所谓的“人力计划”。到 80 年代,“人力资源管理”取代“人事管理”成为主流,特别是伴随着人力资源管理战略的地位获得认可,人力资源规划理论及研究方法也日益完善,在实践中也获得全面的发展与应用。

人力资源规划(human resource planning,HRP)又称人力资源计划,是指组织为了实现自身的发展,完成相应的经营目标,根据组织内外环境和条件的变化,运用科学的方法对组织的人力资源的供给和需求进行预测,制定合理的政策和措施,从而使组织人力资源供给和需求达到平衡,实现人力资源的合理配置,有效激励员工的过程。人力资源规划是组织整体规划和战略的有机组织部分。

(1)人力资源规划要在企业发展战略和经营规划的基础上进行。因为人力资源管理只是企业经营管理系统的一个子系统,是为企业发展提供人力资源支持的,所以,人力资源规划必须以企业的最高战略为坐标。

(2)人力资源规划应包括两部分,一是对企业在特定时期内的人员供给和需求进行预测;二是根据预测的结果采取相应的措施进行供需平衡。在这两部分内容中,前者是后者的基础,离开了预测,将无法进行人力资源平衡;后者则是前者的目的,如果不采取措施平衡供需,进行预测就失去了意义。

(3)人力资源规划对企业人力资源供给和需求的预测要从数量和质量这两个方面来进行,企业对人力资源的需求,数量只是一个方面,更重要的是要保证质量,也就是说,供给和需求不仅要在数量上平衡,还要在结构上匹配,而对于后者,人们往往容易忽略。

通过人力资源规划能够回答或解决以下问题:

(1)企业在某一特定时期内对人力资源的需求是什么?即企业需要多少人员?这些人员的构成和要求是什么?

(2)企业在相应的时间内能得到多少人力资源的供给?这些供给必须与需求的层次和类别相对应。

(3)在这段时期内,企业人力资源供给和需求比较的结果是什么?企业应当通过什么方式来达到人力资源供需的平衡?

可以说,上述三个问题形成了人力资源规划的三个基本要素,涵盖了人力资源规划的主要方面。如果能够对这三个问题做出比较明确的回答,那么人力资源规划的主要任务就完成了。

2. 人力资源规划的意义

(1)人力资源规划有助于企业发展战略的制定。在进行人力资源规划时,要以企业的发展战略和经营规划作为依据,但是这两者之间并不仅仅是一种简单的单向关系,而是存在着一种双向的互动关系。企业的发展战略是对未来的一种规划,这种规划同样也需要将自身的人力资源状况作为一个重要的变量加以考虑。例如,如果预测的人力资源供给无法满足设定的目标,那么就要对战略和规划做出相应的调整。因此说,做好人力资源规划反过来会有利于企业战略的制定,使战略更加切实可行。

(2)人力资源规划有助于企业保持人员状况的稳定。企业的正常运转需要自身的人员状况保持相对的稳定,但是企业都是在复杂的内外部环境条件下进行生产经营活动的,而这些环境因素又处于不断发展变化之中,因此,企业为了自身的生存和发展,必须随时依据环境的变化及时做出相应的调整,如改变经营计划和变革组织结构等,这些调整往往会引起人员数量和结构的变化;此外,企业内部的人力资源自身也处于不断的变化之中,如辞职、退休等,这也会引起人员数量和结构的变化。由于人力资源的特殊性质,这些变化造成的影响往往具有一定的时滞性,因此,企业为了保证人员状况的稳定,就必须提前了解这些变化并制定相应的措施,在这种情况下,人力资源规划就显得非常有必要。

(3)人力资源规划有助于企业降低人工成本的开支。虽然人力资源对企业来说具有非常重要的意义,但是,它在为企业创造价值的同时也给企业带来了一定的成本开支,而理性的企业又是以利润最大化为目标的,追求以最小的投入实现最大的产出,因此,企业不可能使拥有的人力资源超出自己的需求,这样不仅造成了人力资源的浪费,而且还会增加人工成本的开支。通过人力资源规划,企业就可以将员工的数量和质量控制在合理的范围内,从而节省了人工成本的支出。

(4)人力资源规划还对人力资源管理的其他职能具有指导意义。这就如同人力资源规划和企业战略之间的关系一样,虽然人力资源规划目标的实现需要以人力资源管理的其他职能作为基础,但是它反过来对于这些职能也具有一定的指导意义,为它们提供了行动的信息和依据,使这些职能活动与企业的发展结合得更加紧密。

3.1.2　人力资源规划的类型和内容

1. 人力资源规划的类型

1)按照时间跨度划分

按照时间跨度可分为长期规划、中期规划和短期规划。长期规划,是5~10年的计划,比较抽象,主要确立组织的人力资源的战略。中期规划,介于长期和短期之间,一般是1年以上,5年以内,主要是根据战略规划来制定人力资源的战术规划。短期规划,一般是1年以内的执行计划，主要制定作业性的行动方案，一般而言任务清晰、目标明确，是中长期规划的贯彻和落实。

2）按照层次划分

按照层次可分为总体规划和业务规划。总体规划，指在规划期内人力资源管理和开发的总目标、总政策、实施步骤以及总预算的安排。各项业务规划，是人力资源总体规划的进一步展开和细化，包括人员补充计划、人员使用计划、晋升计划、教育培训计划、薪资计划、退休计划、劳动关系计划等。

课堂案例

伍德公司的人力资源规划预测

伍德公司创建于1921年，是目前世界上十大化学工程公司之一。伍德公司的工程设计部门有职工2100余人，承包了炼油、化肥等多方面的化学工程建设。化工工程是一个技术含量较高的行业，保持稳定的高素质人力资源存量对公司是至关重要的，因此，人力资源需求预测是该公司人事部的重要工作内容，其中最重要的是关于高等技术教育或大学程度员工的需求预测。预测涉及该公司的各个部门，如开发部、机械化部、生产部等。

伍德公司人事部每年送交各业务部门经理一份意见征询清单。征询的问题涉及有关今后4年的生产规模、技术和组织的各种变化（如集中化/分散化，制造或购买等各种决策）及业务的预期发展，并要求业务经理们将上述问题的答案转化为本部门各类职位的人力需求量预测。此外，提出的问题中，还涉及该部门现任职能人员的实际情况和职位空缺数等。这一工作已经进行了多年，目的在于了解人力供需之间可能出现的差距。基于这一调研结果做出的决策，会涉及各部门之间人员的转移、必要的人员补充、晋级或培训等措施。

对于任职资格水平较低的职位，人力资源部认为不需要进行细致的人力需求预测，因为劳动市场上相应的供给很充足，可以根据需要随时补充，且职业历程短，流动率高，供需间的匹配比较容易。

人力资源主管赫内斯认为，在人力资源供求预测工作中，如果让更多的管理人员参与意见沟通，可使预测工作进行得更好。他还认为，要想使人力资源规划工作得到改善，必须努力确定工作负荷与人员需要量之间的关系。

讨论：案例中涉及人力资源规划的哪些内容？其作用各是什么？

2. 人力资源规划的内容

1）总体规划的内容

人力资源总体规划侧重于人力资源总的、概括性的谋略以及有关重要方针、政策和原则。总体规划的主要内容包括以下几个方面。

（1）阐述在组织战略规划内组织对各种人力资源需求和各种人力资源配置的总体框架。

（2）阐述与人力资源管理方面的重要方针、政策和原则。如人才的招聘、晋升、降职、培训与开发、奖惩和福利等方面的重大方针和政策。

(3)确定人力资源投资的预算。

2)业务规划的内容

人力资源业务规划是总体规划的具体实施和人力资源管理具体业务的部署,如表3-1所示。

表3-1　人力资源业务规划的内容

规划名称	目　　标	政　　策	预　　算
人员补充规划	类型、数量、层次对人员素质结构的改善	人员的资格标准、人员的来源范围、人员的起点待遇	招聘选拔费用
人员配置规划	部门编制、人力资源结构优化、职位匹配、职位轮换	任职条件、职位轮换的范围和时间	按使用规模、类别和人员状况决定薪酬预算
人员晋升规划	后备人员数量保持、人员结构的改善	选拔标准、提升比例、未来提升人员的安置	职位变动引起的工资变动
培训与开发规划	培训的数量和类型、提供内部的供给、提高工作效率	培训计划的安排、培训时间和效果的保证	培训与开发的总成本
员工关系规划	提高工作效率、员工关系改善、离职率降低	民主管理、加强沟通	法律诉讼费用
退休解聘规划	劳动力成本降低、生产率提高	退休政策及解聘程序	安置费用

(1)人员补充规划。人员补充规划也是人事政策的具体体现,目的是合理填补组织中、长期内可能产生的职位空缺。补充规划与晋升规划是密切相关的。由于晋升规划的影响,组织内的职位空缺逐级向下移动,最终积累在较低层次的人员需求上。同时这也说明,较低层次人员的吸收录用,必须考虑若干年后的使用问题。人员补充规划的目标涉及人员的类型、数量、层次、对人员素质结构的改善等。人员补充规划的政策包括人员的资格标准、人员的来源范围、人员的起点待遇等。人员补充规划的步骤就是从制定补充人员标准到招聘、甄选和录用等一系列工作的时间安排。补充规划预算则是组织用于人员获取的总体费用。

(2)人员配置规划。人员配置规划是对中、长期内处于不同职位或工作类型的人员的安置和调配规划。组织中各个部门、职位所需要的人员都有一个合适的规模,这个规模是随着组织内外部环境和条件的变化而变化的。配置规划是要确定这个合适的规模以及与之对应的人员结构是怎样的,这是确定组织人员需求的重要依据。配置规划的目标包括部门编制、人力资源结构优化、职位匹配、职位轮换等。配置规划的政策包括确定任职条件、职位轮换的范围和时间等。配置规划的预算是按使用规模、类别和人员状况决定薪酬预算。

(3)人员晋升规划。人员晋升规划实质上是组织晋升政策的一种表达方式。对企业来说,有计划地提升有能力的人员,以满足职位对人的要求,是组织的一种重要职能。从员工个人角度看,有计划的提升会满足员工自我实现的需求。晋升规划的目标是后备人员数量的保持,人员结构的改善,组织绩效的提高。晋升规划的政策涉及制定选拔标准和资格、确定使用期限和晋升比例,一般用指标来表达,例如晋升到上一级职位的平均年限和晋升比例。晋升规划的预算是由于职位变化引起的薪酬的变化。

(4)培训与开发规划。培训与开发规划的目的是为企业中、长期所需弥补的职位空缺事先准备人员。在缺乏有目的、有计划地培训与开发规划情况下,员工自己也会培养自己,但是效果未必理想,也未必符合组织中职位的要求。把培训开发规划与晋升规划、补充规划联系在一起,培训的目的性就明确了,培训的效果也就明显提高了。培训与开发的目标是员工素质与绩效的改善、组织文化的推广、员工上岗指导等。培训开发规划需要组织制定支持员工素质与绩效的终身教育、政策、培训时间和待遇的保证政策等。培训与开发的预算包括培训投入的费用和由于脱产学习造成的间接误工费用等。

(5)员工关系规划。员工关系规划的目标是提高工作效率、改善员工关系、降低离职率。员工关系规划的政策是制定参与管理的政策和措施、对“合理化建议”奖励的政策和措施、有关团队建设和管理沟通的政策和措施等。员工关系规划的预算包括用于鼓励员工团队活动的费用支持,用于开发管理沟通的费用支出,有关奖励基金以及法律诉讼费用等。

(6)退休解聘规划。退休解聘规划的目标是降低老龄化程度,降低劳动力成本,提高劳动生产率。有关的政策是制定退休和返聘政策、制定解聘程序。涉及的预算包括安置费、人员重置费、返聘津贴等。

3.2 人力资源规划的程序

为了有效地实现目标,人力资源规划必须按照一定的程序进行。人力资源规划的程序有以下四个基本步骤,如图3-1所示。

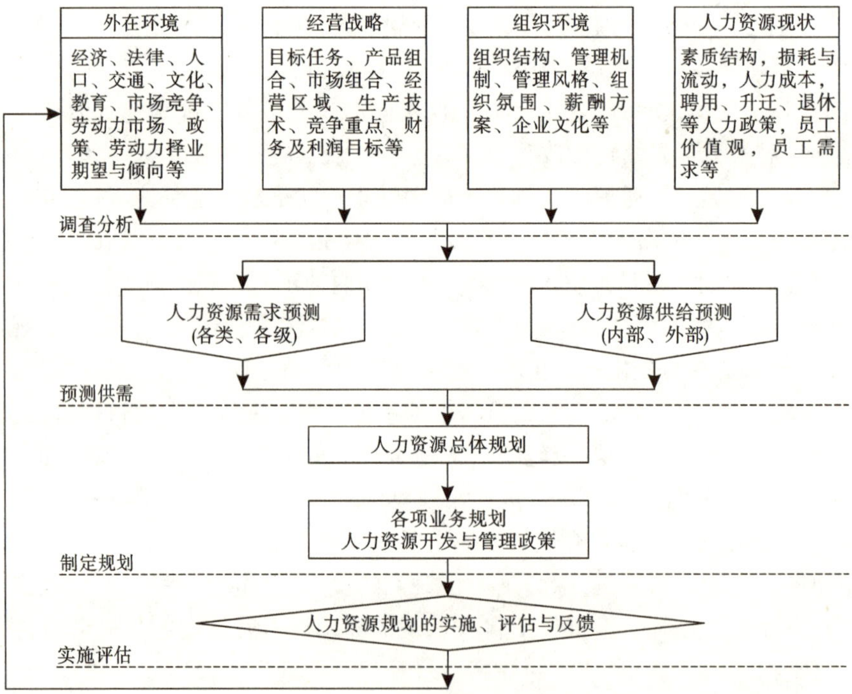

图3-1 人力资源规划的程序

3.2.1　调查分析

这一阶段的工作主要是信息收集。信息收集是制定人力资源规划的基础,通过调查、收集和整理涉及企业战略决策和经营环境的各种信息,为后续阶段的工作做好资料准备。影响人力资源规划的信息主要有组织外部环境信息和内部环境信息,具体信息如表 3-2 所示。

表 3-2　人力资源规划信息

外部环境信息	内部环境信息
宏观经济形势	组织战略规划
行业经济形势	战略规划的战术计划
技术的发展状况	战略规划的行动方案
产品市场的竞争性	组织结构
劳动力市场	组织管理机制
人口和社会发展趋势	组织文化
政府管制情况	其他部门的规划
职业价值观	人力资源现状

1. 组织外部环境信息

所谓外部环境就是影响组织正常经营的外部因素,如组织所在地的政治、经济、文化、法律、人口以及社会环境等。外部环境中最重要的因素是劳动力市场、政府相关法律法规以及劳动者的自主择业情况等。

(1)劳动力市场。劳动力市场是企业外部的一个人才“蓄水池”,它为企业提供所需的人才储备,它是时刻在发生变化的。劳动力市场的供给变化会影响企业对人力的实际“购买”,劳动力市场人才的素质也决定了企业对人员的录用。而公司员工的能力在很大程度上决定着公司能否顺利地完成自己的目标。由于可从公司外部聘用新的员工,因而会间接影响企业的用工规模。除此之外,还有很关键的一点,劳动力的价格会直接影响企业的经营成本,因此在制定人力资源规划时,这也是必须考虑的因素。

(2)行业发展状况。行业的发展状况构成企业发展的一个大背景,当行业发展不景气时,从事这个行业的企业会不可避免地受到影响,缩小公司规模,这就要求企业对其以前制定的人力资源规划进行调整。同样的,当某个行业发展快速、繁荣时,其间的企业也会乘势迅速发展、相应扩大公司规模,从而需要适当改变人力资源规划。

(3)政府政策。政府政策就好比一个调节器,它会有选择地对企业行为进行调整。当企业的某种经营行为正好是政策所提倡和鼓励的,那么此类经营行为就会比较顺利进行,它所对应的经营目标也会较快地得到实现。因此,企业会根据自身的情况,相对调整自己的战略方向、业务重心和人力资源政策。这样一来,企业人员的流动调配和人力制度就会发生变化,从而进一步推动其人力资源规划的变动。

(4)职业价值观。人们的职业观念、职业评价会直接影响着人们对职业的选择,不同的职业价值观会选择不同的就业领域或行业。某些行业或岗位社会认同度比较高,相关组织获取人力资源就容易一些,反之则困难一些。因此,组织在制定人力资源规划时,必须充分考虑人们的择业心理和职业价值观。

2. 组织内部环境信息

内部环境主要包括组织的经营战略、组织管理制度和组织的人力资源现状等。组织的经营战略是组织的宏观计划,对组织内所有的经营活动都有指导作用。组织管理主要包括组织现有的组织结构、管理体系、管理机制、管理风格、薪酬政策以及企业文化等,只有对组织现有的组织结构、管理制度、组织文化等有了充分的了解,才能预测组织未来对人力资源的需求。组织的人力资源现状包括人力资源数量、素质、年龄、工作类别、岗位等,有时也涉及员工价值观、员工潜能等。只有对现有人力资源进行充分了解和有效利用,人力资源规划才能真正实现它的价值。

3.2.2 预测供需

这一阶段的主要任务是在充分掌握信息的基础上,使用有效的预测方法,对于组织在未来某一时期的人力资源供给和需求做出预测。在预测完毕之后,对供求数据进行比较,从而采取有效的平衡措施。

1. 人力资源需求预测

人力资源需求预测包括短期预测和长期预测,总量预测和各个岗位需求预测。人力资源需求预测的典型步骤如下:①现实人力资源需求预测;②未来人力资源需求预测;③未来人力资源流失情况预测;④得出人力资源需求预测结果。

2. 人力资源供给预测

人力资源供给预测包括组织内部供给预测和组织外部供给预测。内部供给预测又称内部拥有量预测,即根据现有人力资源及其未来变动情况,预测出各规划时间点上的人员拥有量;外部人力资源供给量预测,即确定在各规划时间点上的各类人员的可供给量预测,主要考虑社会的受教育程度、本地区的劳动力的供给状况等。人力资源供给预测的典型步骤如下:①内部人力资源供给预测;②外部人力资源供给预测;③将组织内部人力资源供给预测数据和组织外部人力资源供给预测数据汇总,得出组织人力资源供给总体数据。

3. 确定人力资源净需求

在对人力资源未来的需求供给预测数据的基础上,将本组织人力资源需求的预测数与在同期内组织本身可供给的人力资源预测数进行对比分析,从比较分析中可测算出各类人员的净需求数。这里所说的"净需求"既包括人员数量,又包括人员的质量、结构,既要确定"需要多少人",又要确定"需要什么人",数量和质量要对应起来。这样就可以有针对性地进行招聘或培训,为组织制定有关人力资源的政策和措施提供了依据。

3.2.3 制定规划

人力资源规划的制定是人力资源规划程序的实质性阶段,包括制定人力资源管理目标、人力资源管理政策和人力资源规划内容。如何进行人力资源的需求和供给的预测与平衡，下一节将会详细地说明。

1. 人力资源管理目标的制定

组织的人力资源管理目标是组织经营发展战略的重要组成部分，因此它必须以组织的长期计划和运营计划为基础，从全局和长期的角度来考虑组织在人力资源方面的发展和要求，为组织长期经营发展提供人力支持。

人力资源管理目标不应该是单一的，而应该涉及人力资源管理活动的各个方面，同时在多样性的目标中，应该突出那些关键的目标，关键的目标往往与组织人力资源的主要问题相关。同时规划目标应该有具体明确的表述，一般来说，可以用人力资源管理活动的最终结果来表述，例如，“在本年度内，每个员工接受培训的时间要达到40小时”“到明年年底，将管理部门的人员精简1/3”；目标也可以用工作行为的标准来表达，例如，“通过培训，受训者应该掌握××技能”。

2. 人力资源管理政策的制定

人力资源管理政策是以开发具体的人力资源实践为目标的总体指导原则和行动准则，涉及人力资源活动的各个方面，它决定了人力资源管理活动如何开展和进行，每一个业务单位都可以实施与组织人力资源管理政策相一致的具体的人力资源实践。

影响组织人力资源管理政策的因素主要有两个方面：一方面是具体情况要素，这些要素来自组织外部环境和组织自身，如劳动力特征、经营战略和条件、管理层理念、劳动力市场、工作任务和技术、法律法规、社会文化和价值观；另一方面是利益相关者的利益因素，如股东、管理层、员工、政府、社会、工会等。

3. 人力资源规划内容的制定

人力资源规划内容的制定主要包括总体规划和业务规划。

(1)人力资源总体规划的制定。人力资源总体规划的制定一般应该包括以下几个方面：与组织的总体规划有关的人力资源规划目标任务的说明；有关人力资源管理的各项政策及有关说明；内部人力资源的供给与需求预测；外部人力资源情况与预测；人力资源“净需求”等。

(2)人力资源业务规划的制定。每一项业务规划都包括了目标、任务、政策、步骤以及预算等要素。业务规划要具体详细，具有可操作性。如一项裁员计划，应该包括对象、时间、地点；经过培训可以避免裁减人员的情况；帮助裁减对象寻找新工作的具体步骤和措施；裁员的经济补偿预算；其他相关的问题等。

3.2.4　实施评估

人力资源规划的价值在于实施，在实施过程中需要对规划进行定期或者不定期的评估。

1. 人力资源规划的实施

人力资源规划的实施是一个动态的过程，包括对计划的审核、执行、控制和反馈等步骤。

(1)审核。审核是对人力资源规划的质量、水平和可行性进行的评价工作，是计划的一个不可或缺的环节，它本身也是规划制定的一项重要工作内容。审核工作必须有组织保证，一般由一个专门的委员会(人力资源管理委员会)来进行,也可以由人力资源部门会同有关的部门经理和专家进行。审核主要围绕以下几个方面:一是对规划的客观性审核。客观性是指人力资源规划制定时所依据的信息是否属实、考虑是否周到、分析和判断是否符合实际等,客观性是规划的科学性和可行性的保证。二是对规划完整性的审核。完整性是对规划内容的覆盖面、时间进度安排、责任明确性、操作程度等方面的审核。

(2)执行。执行就是逐项落实规划的内容和要求。执行过程要注意以下几点:一是充分做好各项准备工作,包括相关资源的准备;二是按照规划的要求全面执行,也就是说要按照一切主要指标来完成规划;三是均衡有序,执行规划要遵循规划所确定的进度和各项工作的内在逻辑,注意它们之间的衔接和协调。

(3)控制。执行过程中需要有效的控制,控制的手段是检查、监督和纠正偏差。控制的对象包括人员、预算、进度、信息等,涉及人力资源管理活动的方方面面。控制的目的在于保证规划的各项具体活动和工作顺利完成,并对规划本身进行有效的调整和修正,以改进和推动企业的人力资源管理。

(4)反馈。规划的实施情况和结果要及时地反馈到相关的人员和部门。反馈可以由实施者进行,也可以由控制者进行,或者由两者共同进行。

2. 人力资源规划的评估

在实施人力资源规划的同时,要进行定期与不定期的评估与审核:①通过人力资源规划的评估和审核工作,可以对规划的执行者造成一定的压力,防止规划的实施流于形式;②在评估和审核过程中,可以广泛听取企业员工对人力资源管理工作的意见和建议,有利于人力资源规划内容的不断完善;③人力资源规划是一个长久持续的动态过程。依据企业内外因素的不断变化,对企业战略、人力资源战略以及人力资源规划的及时评估和修改,从而适应变化了的环境。

评估内容从以下三个方面进行:①是否忠实执行了本规划;②人力资源规划本身是否合理;③将实施的结果与人力资源规划进行比较,通过发现规划与现实之间的差距来指导以后的人力资源规划活动。

人力资源规划的评估包括两层含义:一是指在实施的过程中,要随时根据内外部环境的变化来修正供给和需求的预测结果,并对平衡供需的措施做出调整;二是指要对预测的结果以及制定的措施进行评估,对预测的准确性和措施的有效性做出衡量,找出其中存在的问题以及有益的经验,为以后的规划提供借鉴和帮助。

3.3 人力资源需求、供给的预测与平衡

要保证人力资源规划的正确性,必须进行人力资源的预测。所谓预测,是指利用预测对象本身历史和现状的信息,采用科学的方法和手段,对预测对象尚未发生的未来发展演变规律预先做出科学的判断。信息的不确定性注定了预测的困难及其不完美性。

企业的人力资源预测是组织在评估和预测的基础上,对未来一定时期内人力资源状况的假设,这种假设有助于人力资源需求预测技术和人力资源供给预测技术,只有将两者结合起来,才能确定组织各类人员的需求和供给的实际情况,才能有效地进行人力资源规划。供

需预测是一项技术性较强的工作,其准确程度直接决定了人力资源规划的效果和成败。因此,这一阶段的工作是整个人力资源规划中最为困难也是最为关键的工作。

3.3.1　人力资源需求的预测

1. 人力资源需求预测的含义

人力资源需求包括总量需求和个量需求,也包括数量、质量和结构等方面的需求。

所谓人力资源需求预测是指对组织未来一段时间内所需人力资源的数量、质量和结构等进行的事先估计活动。

2. 影响人力资源需求预测的因素

企业的人力资源需求预测不仅受到企业内部经营状况和已有人力资源状况等诸多内部因素的影响,还要受到政治、经济、文化、科技、教育等诸多不可控的企业外部因素的影响。

1)社会因素

社会因素主要包括经济形势、产业结构、技术水平、政府政策、劳动力市场的供求情况、顾客需求。

2)企业因素

企业自身的因素直接影响了人力资源的个量需求。这些因素概括起来有以下五点。

(1)财务资源。企业对人力资源的需求受到企业财务资源的约束,企业可以根据未来人力资源总成本来推算人力资源需求的最大量。

(2)发展规划。企业的发展规划和未来的生产经营任务,对人力资源的数量、质量和结构提出了要求,根据企业目标任务和生产因素可能的变动会带来人力资源需求的变动。

(3)工作负荷。员工的工作情况、定额和职位工作量等,都会对人力资源需求产生影响。

(4)员工流动率。预期员工流动率,包括由辞退、解聘和退休引起的职位空缺,也会影响人力资源的需求。

(5)生产规模。企业扩大经营领域或扩大生产规模或改变经营领域等,同样会引起人力资源需求的变化。

3. 人力资源需求预测的步骤

人力资源需求预测的步骤包括以下几个环节。

1)现实人力资源预测

对于现实人力资源预测的步骤包括根据职位分析的结果,确定职位编制和人员配置;进行人力资源盘点,统计人员的超编、缺编情况及是否符合任职资格条件;将上述统计结果与部门主管进行讨论,审视和修正统计结果。

2)未来人力资源需求预测

对于未来人力资源需求预测的步骤包括根据企业的发展规划,预测各部门的工作量;根据工作量的增长情况,确定各部门需要增加的职位数和任职人数,并进行统计汇总,从而得出未来的人力资源预测。

3)未来流失人力资源需求预测

对于未来流失人力资源需求预测的步骤包括对预测期内的退休人员进行统计;根据历

史数据对未来可能的离职率进行预测;将统计和预测结果进行汇总,得出来可能流失人力资源需求。

4)企业整体人力资源需求预测

将现实人力资源需求、未来人力资源需求和未来流失的人力资源需求的结果进行汇总,得出企业整体人力资源需求预测。

4. 人力资源需求预测的主要方法

人力资源需求预测的方法很多,概括起来有定性预测法和定量预测法两大类。定性方法是由预测人员运用自身的智慧、经验和直觉进行预测和判断。定量的方法是运用数学模型的预测方法。

1)定性预测法

(1)管理人员判断法。这是最为简单的一种方法,是由管理人员凭借自己以往工作的经验和直觉,对未来所需要的人力资源做出预测。这种方法主要是凭借经验来进行的,因此它主要用于短期的预测,并且适用于那些规模较小或者经营环境稳定、人员流动不大的企业;同时,在使用这种方法时,还要求管理人员必须具有丰富的经验,这样预测的结果才会比较准确。

这种方法的第一步是企业组织要求下属各个部门、单位根据各自的生产任务、技术设备等变化的情况,对本单位将来对各种人员的需求进行预测,在此基础上,把下属各部门的预测数进行综合平衡,从中预测出整个组织将来某一时期内对各种人员的需求总数。

(2)德尔菲法。德尔菲法又名专家预测法,是 20 世纪 40 年代末在美国兰德公司的“思想库”中发展出来的一种主观预测方法。它是有步骤地使用专家的意见去解决问题,比较适合于长期预测。首先,企业必须设定预测的问题,并将之细分为不同的组成部分。再从有关方面收集相关的资料和不同的分析角度,然后通过中间人整合所有参与专家的意见。中间人将背景资料和问题,以问卷形式个别传递给参与的专家,再将专家所做出的预测整理后,分别传递给参与的专家,让他们做出新的预测,如此反复数次,直至专家的意见渐趋一致而得出结论。这种方式的特点是故意将专家分开以扩大预测的幅度。

具体做法如下所述:

第一,拟订主题,设计调查表,并附上背景资料。

第二,选择与预测课题相关的专家。

第三,寄发调查表,并在规定时间回收。

第四,对第一轮调查进行综合整理,汇总成新的调查表,再寄发给专家征求意见。这样,专家在了解其他专家意见的基础上(匿名方式),做出新的判断。如此反复几轮(一般 3~5 轮),便可形成比较集中的意见,从而获得预测的结果。

德尔菲法的优点如下:①它吸取和综合了众多专家的意见,避免了个人预测的片面性;②它不采用集体讨论的方式,而且还是匿名进行,也就是说采取“背靠背”的方式来进行,这样就使专家们可以独立地做出判断,避免了从众的行为;③它采用多轮预测的方式,经过几轮的反复,专家们的意见趋于一致,具有较高的准确性。

运用德尔菲法时要注意提供充分的信息,使专家能够做出正确的判断。提出的问题应该是专家可以回答的问题,如果难度太大或无法给出足够信息,就不能使用德尔菲法,以免得出不正确的结论。在进行咨询之前，应由主管就有关事项向各位专家进行一次正式的说明，强调工作的重要性以及注意事项，以取得他们的合作。

2）定量预测法

（1）劳动定额法。劳动定额法是对劳动者在单位时间内完成的工作量进行规定。它的具体操作办法是：企业（组织）依据以往的历史数据，先计算出某一工作在单位时间（如每天）内每人的劳动定额（如产量），再根据未来的生产量目标计算出要完成的总工作量，然后根据前一标准折算出所需要的人力资源数量。

【例1】假设某厂生产一件产品需要0.25小时，计划每天要生产3200件产品，每人每天工作8小时，按3%的平均缺勤率计算，那么，该厂需要多少工人？

$$每人每天生产：8\div 0.25=32(件)$$

$$3200\div 32=100(人)$$

$$100\div(1-3\%)=104(人)$$

若企业劳动生产率提高，则运用该方法进行人力资源需求预测时，需添加一个变量，此时，劳动定额法的计算公式应为

$$N=W/q(1+R)$$

式中，N——人力资源需求总量；

W——企业总的任务量；

q——企业该任务的额定标准；

R——人力资源规划期间劳动生产率的变动系数。$R=R_1+R_2-R_3$（R_1 表示企业技术进步引起的劳动生产率提高系数，R_2 表示经验积累产生的生产率提高系数，R_3 表示由劳动者及某些因素引起的生产率降低的系数）。

（2）成本分析法。成本分析法主要是从成本的角度进行人力资源需求的预测，其公式为

$$\mathrm{NHR}=\mathrm{TB}/[(S+\mathrm{BN}+W+O)\times(1+a\%\times T)]$$

式中，NHR——未来一段时间内需要的人力资源数量；

TB——未来一段时间内需要的人力资源的预算总额；

S——目前企业员工的平均工资；

BN——目前企业员工的平均奖金；

W——目前企业的平均福利；

O——目前企业员工的平均其他支出；

$a\%$——企业计划每个人力资源成本增加的百分数；

T——未来一段时间的年限。

【例2】某公司3年后的人力资源预算总额是300万元/月。目前企业每人的平均工资是2000元/月，平均奖金是500元/月，平均福利是800元/月，平均其他支出是100元/月。公司计划人力资源成本平均每年增加5%，则公司3年后需要的人力资源总量是多少？

$$\mathrm{NHR}=3\,000\,000/[(2000+500+800+100)\times(1+5\%\times 3)]=768(人)$$

（3）比率分析法。比率分析法是通过特殊的关键因素和所需人员数量之间的一个比率来确定未来人力资源需求的方法。该方法主要是根据经验，将企业未来的业务活动水平转化为对人力资源的需要。该方法的主要步骤如下。

第一,根据需要预测的人员类别选择关键因素。

第二,根据历史数据,计算出关键因素与所需人员数量之间的比例。

第三,预测未来关键因素的可能数值。

第四,根据预测的关键因素数值和比例,计算未来需要的人员数量。

【例 3】假设某商学院在 2015 年有 MBA 学生 1500 人,在 2016 年计划招生增加 150 人,目前平均每个教师承担 15 名学生的工作量,生产率保持不变,那么,2016 年该商学院需要教师数为:

2016 年教师需求量=(1500+150) ÷15=110(人)

如果生产率提高 10%,则需求量变为:

2016 年教师需求量=(1500+150) ÷[15×(1+10%)]=100(人)

需要指出的是,这种预测方法存在着两个缺陷:一是进行估计时需要对计划期的业务增长量、目前人均业务量和生产率的增长率进行精确的估计;二是这种预测方法只考虑了员工需求的总量,没有说明其中不同类别人员需求的差异。

若考虑到不同类别人员,其具体做法是先根据过去的业务活动水平,计算出每一业务活动增量所需的人员相应增量,再把对实现未来目标的业务活动增量按计算出的比例关系,折算成总的人员需求增量,然后把总的人员需求量按比例折成各类人员的需求量。

(4)回归分析法。回归分析法是研究自变量与因变量之间变动关系的一种数理统计方法,根据观测到的数据,通过回归分析得到回归方程,即得到自变量与因变量之间的关系式。回归分析预测法的关键是要建立一个科学的回归方程式,用以反映变量和变量之间的关系。根据这种回归方程式,就可以便捷地在了解一个或一系列变量的基础上预测出另外一个变量的数值。回归分析预测法可以有一元回归分析预测法和多元回归分析预测法之分:预测的回归方程式中只有一个自变量和一个因变量的,被称为一元回归分析预测法;有多个自变量和一个因变量的,被称为多元回归分析预测法。

一元线性回归分析法是根据企业或企业各部门过去的人事记录,找出过去若干年的员工数量的变动趋势,并绘制出趋势曲线,从而对未来企业整体或各部门的人员需求状况做出预测。这种方法比较简单,易于操作。但这种方法有效的前提是企业人力资源变动的趋势在过去和未来保持一致。实际上,影响人力资源需求的因素如技术、劳动生产率、销售量等是不断变化的。如果仍然采用原有的趋势曲线进行预测,显然难以保证结果的正确性。

【例 4】假设一个学校的数量影响最大的因素是学生的数量,经过若干年的积累,得到以下统计数据(表 3-3)。

表 3-3　某学校学生数量与教师数量统计数据

学生数量	200	240	300	360	390	450	520	550	590	620	680	740	800
教师数量	17	19	27	30	33	42	50	51	56	62	69	73	80

设学生数量是 X,教师数量是 Y,假设两者之间线性相关,回归方程为

$$Y=a+bX$$

则系数 a 和 b 的计算公式分别为

代入本例中得:$a=-6.32$,$b=0.11$,则回归方程为

$$Y=-6.32+0.11X$$

所以如果预测未来学生数量增长为1000人时，教师的需求量为

$$Y=-6.32+0.11\times1000=103.68\approx104(\text{人})$$

多元回归预测法的预测结果较为准确，但使用相当复杂。在实际预测时，通常可以借助于计算机软件，这样要方便许多。

为了发现一些人才流动中的隐藏问题，我们曾用一个月的时间观察某个人才交流中心，如同上班一样，几乎天天按时“报到”。不久，我注意到一个面无表情的经理，因为他每周有固定的两天出现在固定的招聘展位上，并总是挂出相同的招聘广告。为了解开这个谜，我主动找他聊天。当知道我的来意后，他反倒热情起来，希望我能帮他解决这个难题。

他是一家民营电子企业的人力资源经理，持续不断的招聘已让他感到厌倦，但是企业似乎一直缺人。企业的环境和待遇都不错，也没有扩张，他始终不明白为什么企业一直处在缺人和招人的怪圈中。这是一件有意思的事情，我很乐意帮他思考。先是受邀走访了他们企业，后来又在人才交流中心碰到十几位曾在这家企业工作过的员工。经过近半个月的调查，答案渐渐清晰。

“你们企业预测过人力资源需求吗？”“没有，从来没有。”这个经理显然觉得我的问题可笑，因为他们现在的需求都没满足过，何须考虑未来。然而问题就出于此，在这家企业工作或曾工作过的人反映了四个主要问题：第一，招聘目的不明确，许多人在进入企业后的相当一段时间内不知道自己应该做什么；第二，没有计划的招聘损害了企业形象，员工认为自己没有受到应有的重视；第三，不断吸纳新员工，给老员工造成巨大压力；第四，频繁流入必然导致频繁流出，在职员工没有安全感和忠诚感，暗自寻找跳槽机会。

这位经理开始认同，后悔自己浪费了太多的时间在没有计划的招聘桌上。或许他缺的不仅仅是一份人力资源需求预测，但这是改进的第一步。

讨论：这家企业该如何改进人力资源管理工作？

3.3.2　人力资源供给的预测

1. 人力资源供给预测的含义

人力资源的供给预测就是指对未来某一特定时期内能够供给组织的人力资源的数量、质量以及结构进行的估计。人力资源供给分为外部供给和内部供给两方面。其中，外部供给是指外部劳动力市场对组织的人力资源供给，内部供给是指组织内部对未来企业人力资源的供给。

2. 人力资源供给预测

1）外部供给分析

影响外部供给的因素有很多，如人口变动、经济发展状况、人员的教育文化水平、对专门技能的要求、政府政策以及社会失业率等。一般来说，主要有外部劳动力市场、人们的就业意识、企业的吸引力等。

(1)外部劳动力市场的状况。外部劳动力市场紧张，外部供给的数量就会减少；相反，外部劳动力市场宽松，供给的数量就会增多。

(2)人们的就业意识。如果企业所在的行业是人们择业时的首选行业,那么人力资源的外部供给量自然就会多,反之就比较少。

(3)企业的吸引力。如果企业对人们有吸引力的话,人们就愿意到这里来工作,这样企业的外部人力资源供给量就会比较多,反之如果企业不具有吸引力的话,供给量就会比较少。

2)内部供给分析

内部供给的分析主要是对组织现有人力资源的数量、质量的分析。具体的预测分析主要在以下几个方面。

(1)人员数量的自然变化分析。它主要是对员工的年龄结构、性别以及员工身体状况进行分析。

(2)人员流动状况的分析。人员流动主要包括由企业流出和人员在企业内部的流动两种,流动的原因是多方面的。

(3)人员质量的分析。质量的变动主要表现为生产率的变化,生产效率提高,内部的人力资源供给相应就会增加;反之生产效率降低,内部的人力资源供给则会减少。

课堂案例

一家大型制造公司下属的一家新的工厂准备开工,分析专家认定其新产品的需求是长期的、大量的。资金已经到位,设备也准备就绪,可是过了两年,工厂还是没有开工。为什么呢?工厂管理者经过反复分析总结,发现犯了一个致命的错误:他们研究了人力资源需求,但是没有研究人力资源供给。在当地劳动力市场上,没有开办新工厂所需要的合格工人。工人们在开始新工作之前不得不接受全面的培训。

思考:这一案例说明了什么?它给了我们怎样的启示?

3. 人力资源供给预测的步骤

1)人力资源供给预测

组织内部人力资源供给预测的步骤包括以下内容。

(1)人力资源盘点,了解企业员工现状。

(2)分析企业的职位调整政策和员工调整历史数据,统计出员工调整的比例。

(3)向各部门的人事决策人了解可能出现的人事调整情况。

(4)将上述情况汇总,得出企业内部人力资源供给预测。

2)外部人力资源供给预测

组织外部人力资源供给预测的步骤包括以下内容。

(1)分析影响外部人力资源供给的地域性因素包括:公司所在地的人力资源整体现状;公司所在地的有效人力资源的供求现状;公司所在地对人才的吸引程度;公司薪酬对所在地人才的吸引程度;公司能够提供的各种福利对当地人才的吸引程度;公司本身对人才的吸引程度。

(2)分析影响外部人力资源供给的全国性因素,包括:全国相关专业的大学生毕业人数及分配情况;国家在就业方面的法规和政策;该行业全国范围的人才供需状况;全国范围从业人员的薪酬水平和差异。

3)整体人力资源供给预测

将企业内部人力资源供给预测和企业外部人力资源供给预测汇总,得出企业人力资源供给预测。

4)确定人员“净需求”

根据人力资源供给预测的结果,结合人力资源需求预测的情况,测试出组织规划期内各类人力资源的余缺情况,从而得到“净需求”的数据。

4. 人力资源供给预测的方法

1)内部人力资源供给预测的方法

(1)技能清单。技能清单是一个用来反映员工工作能力特征的列表,这些特征包括员工的培训背景、工作经历、持有的资格证书以及工作能力的评价等内容。技能清单是对员工竞争力的一个反映,可以用来帮助人力资源部门估计现有员工调换工作岗位可能性的大小,决定有哪些员工可以补充组织当前的空缺,帮助预测潜在的人力资源供给。技能清单如表3-4所示。

表3-4 某企业技能清单表

<table>
<tr><td>姓名</td><td></td><td>职位</td><td></td><td>部门</td><td></td></tr>
<tr><td>出生年月</td><td></td><td>婚姻状况</td><td></td><td>到职日期</td><td></td></tr>
<tr><td rowspan="4">教育背景</td><td>类别</td><td>学校</td><td>毕业日期</td><td>主修科目</td><td></td></tr>
<tr><td>本科</td><td></td><td></td><td></td><td></td></tr>
<tr><td>硕士</td><td></td><td></td><td></td><td></td></tr>
<tr><td>博士</td><td></td><td></td><td></td><td></td></tr>
<tr><td>技能</td><td colspan="2">技能种类</td><td colspan="3">所获证书</td></tr>
<tr><td rowspan="2">训练背景</td><td>训练主题</td><td colspan="2">训练机构</td><td colspan="2">训练时间</td></tr>
<tr><td></td><td colspan="2"></td><td colspan="2"></td></tr>
<tr><td rowspan="4">个人意向</td><td colspan="3">你是否愿意承担其他类型的工作</td><td colspan="2">是□ 否□</td></tr>
<tr><td colspan="3">你是否愿意调换到其他部门工作</td><td colspan="2">是□ 否□</td></tr>
<tr><td colspan="3">你是否愿意接受工作轮换以丰富工作经验</td><td colspan="2">是□ 否□</td></tr>
<tr><td colspan="3">如有可能,你愿承担哪种工作</td><td colspan="2"></td></tr>
<tr><td colspan="2" rowspan="2">你认为目前最需要的培训是什么</td><td colspan="4">改善目前的技能和绩效</td></tr>
<tr><td colspan="4">晋升所需要的经验和能力</td></tr>
<tr><td colspan="6">你认为自己现在可以接受哪种工作指派</td></tr>
</table>

由于员工的工作兴趣、发展目标、绩效水平是不断变化的。因此,在首次收集资料的基础上,应每年进行一定的更新和补充。

(2)管理人员替换法。管理人员替换法也称职位置换法。它通过对组织中各类管理人员的绩效考核及晋升可能性的分析,确定组织中各个关键职位的接替人选,然后评价接替人选目前的潜质,确定其职业发展的需要,考察其职业目标与组织目标的契合度,最终目的是确保组织未来有足够的、合格的管理人员。其典型步骤如下:

首先,确定人力资源规划所涉及的工作职能范围。

其次,确定每一个关键职位上的接替人选。

再次,评价接替人选的工作情况以及是否达到晋升的要求。

最后,接替人选的职业发展需要,并引导其将个人的职业目标与组织目标结合起来。

人员替换法是一种专门对组织中的中、高层管理人员的供给进行有效预测的方法。如图 3-2 所示,这是通过一张人员替代图来预测组织内的人力资源供给情况。在人员替换图中,要给出部门、职业名称、在职员工姓名、职位、员工绩效与潜力等各种信息。这种方法多用于组织内重要职位人力资源供给的分析。大体做法如下所示。

第一,制定一份组织各层次部门管理人员职位的继任计划。

第二,每一个管理职位确定 1~3 名候选人,候选人通常从下一级现职管理人员中物色。

第三,每年对现职管理人员和继任候选人做一次鉴定,并排出候选人的候选次序。

第四,当管理职位出现空缺时,由具备晋升条件的继任候选人替补。

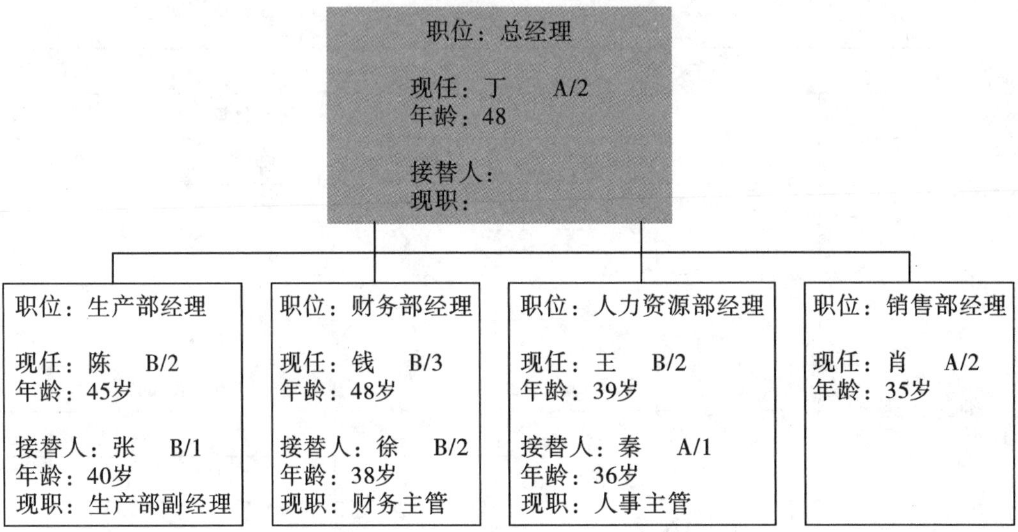

图 3-2 人员替换法实例

注:A. 现在就可提升;B. 还需要一定的开发; C. 现职位不很合适

1. 绩效突出;2. 优秀;3. 一般; 4. 较差

【背景说明】现任总经理“丁”因为年龄原因要离开现职,请问谁是“丁”的最佳接替人?

【结论】最佳接替人为人力资源部经理“王”。

【分析】首先,不能选择销售部经理“肖”,因为他没有接替人。

其次,不能选择财务部经理“钱”,因为他的能力和水平为“B/3”,低于生产部经理“陈”和人力资源部经理“王”,而且年龄偏大(48 岁)。

最后,选择人力资源部经理“王”。一是“王”的年龄(39 岁)比“陈”的年龄(45 岁)小;二是“王”的接替人“秦”现在就可以提升,而“陈”的接替人“张”还需要一定的开发才可以提升,而且"秦"的年龄(36岁)比"张"的年龄(40岁)小。

(3)人力资源"水池"模型。人力资源"水池"模型是在预测企业内部人员流动的基础上来预测人力资源的内部供给,该模型是从职位出发进行分析,预测的是未来某一时间现实的供给。这种方法一般要针对具体的部门、职位层次或职位类别来进行,它可以使用以下公式来预测每一层次职位的人员流动情况:

$$未来供给量=现有人员的数量+流入人员的数量-流出人员的数量 \tag{3-1}$$

对每一职位来说,人员流入的原因有平行调入、向下降职和向上晋升;人员流出的原因有向上晋升、向下降职、平行调出和离职,如图3-3所示。

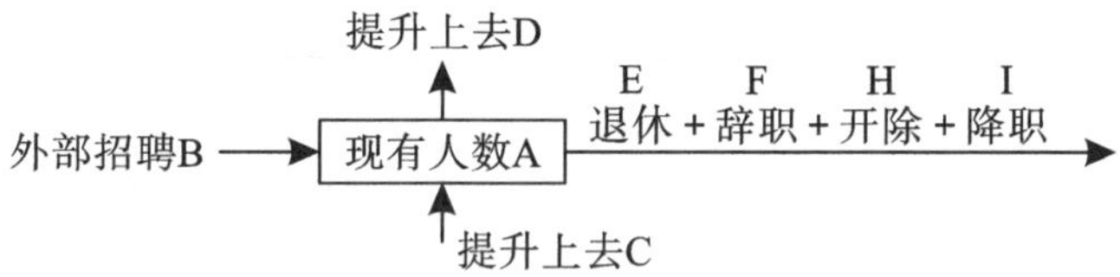

图3-3 每一层职位的人员流动情况

则由式(3-1)可得:

某职位的内部人员的供给量=A+B+C-D-E-F-H-I

在分析完所有层次的职位后,将它们合并在一张图中,就可以得出企业未来各个层次职位的内部供给量以及总的供给量,如图3-4所示。

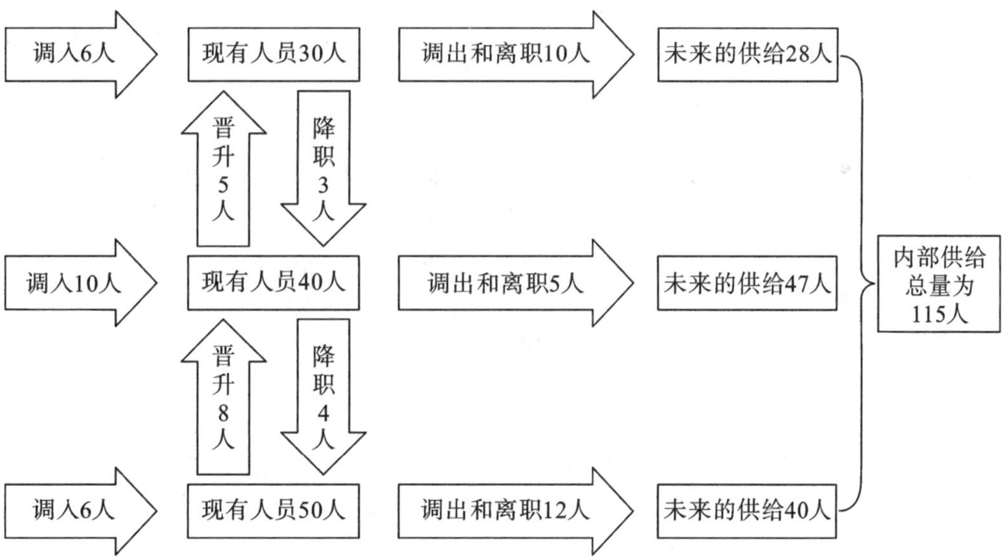

图3-4 各个层次职位的内部供给量以及总的供给量

(4)马尔科夫模型。马尔科夫模型是用来预测等时间间隔点上(一般为一年)各类人员分布状况的一种动态预测技术,是用于内部人力资源供给预测的定量方法。该方法的基本思想是找出过去人力资源流动的比例,以此来预测未来人力资源供给的情况。

马尔科夫模型的基本假设:在给定的时间段内,各类人员都有规律地从低一级向高一级职位转移,转移率是一个固定的比例,或者根据组织职位转移变化的历史分析推算。

马尔科夫模型步骤如下:根据历史数据推算各类人员的转移率,列出转移率的转移矩阵;统计作为初始时刻点的各类人员分布状况;建立马尔科夫模型,预测未来各类人员供给状况。

下面举例说明它是如何具体运用的。

假设某企业有四类职位,从高到低依次是A、B、C、D,各类人员的分布情况见表3-5,请预测一下未来人员的分布情况。

表3-5 企业人员的分布情况表

职位	A	B	C	D
人数	20	40	60	80

在预测时,首先我们要确定出各类职位的人员转移率,这一转移率可以表示为一个矩阵变动表,见表3-6。

表3-6 人员转换率矩阵表

职位	A	B	C	D	离职率
高层管理人员(A)	0. 8				0. 2
基层管理人员(B)	0. 1	0. 7			0. 2
高级技工(C)		0. 05	0. 85	0. 05	0. 05
一般技工(D)			0.15	0.7	0.15

表3-6中的每一个数字都表示,在固定的时期(通常为1年)内,两类职位之间转移的员工数量。例如,表3-6表示在任何一年内,A类职位的人有80%留在公司;B类职位中的80%留在公司,其中10%转移到A类职位,70%留在原来的职位。这样有了各类人员的原始人数和转移率,就可以预测出未来的人力资源供给状况,将初期的人数与每类的转移率相乘,然后纵向相加,就得到每类职位第二年的供应量,见表3-7。

表3-7 第二年企业人员的分布情况

职位	初期人员数量	A	B	C	D	离职数量
高层管理人员(A)	20	16				4
基层管理人员(B)	40	4	28			8
高级技工(C)	60		3	51	3	3
一般技工(D)	80			12	56	12
预测人供给数量		20	31	63	59	27

由表3-7可以看出,在第二年中,A类职位的供给量为20,B类职位的供给量为31,C类职位的供给量为63,D类职位的供给量为59,整个企业的供给量为173,将这一供给的预测与需求预测比较,就可以得出企业在明年的净需求。如果要对第三年进行预测,只需要将第二年预测的数据作为期初数据就可以了。

使用马尔科夫模型进行人力资源供给预测的关键是确定出人员转移率矩阵表,而在实际预测时,由于受各种因素的影响,人员转移率是很难准确确定出来的,往往都是一种大致的估计,这也就会影响预测结果的准确性。

2. 外部人力资源供给预测的方法

外部人力资源供给预测的方法主要有以下几种。

(1)文献法。外部人力资源预测一般是根据国家的统计数字或者有关权威机构的统计资料以及社会的总需求量来进行分析的。组织可以通过互联网以及国家和地区的统计部门、劳动和人事部门发布的一些统计数据,及时了解人才市场信息。组织也应该及关注国家和地区有关政策和法律的变化情况。

(2)直接调查。组织可以就自身所关注的人力资源状况进行调查。除了与猎头公司、人才中介公司等专门机构建立并保持长期的、紧密的联系外,还可以与各类院校建立并保持合作关系,密切跟踪目标生源的情况,及时了解可能为组织提供的目标人才的情况。

(3)应聘人员进行分析。组织可以对应聘人员和已经雇用的人员进行分析,从分析比较中得出未来人力资源供给的相关信息,如应聘人员的数量、来源、学历层次、专业背景以及职业目标等。

3.3.3 人力资源供需的平衡

人力资源规划就是要根据企业人力资源供求预测结果制定相应的政策措施,使企业的人力资源供求实现平衡。因此,企业人力资源供求达到平衡(包括数量、质量和结构)是人力资源规划的目的。组织人力资源的供需失衡是一种必然现象,在组织的管理实践过程中,人力资源供需完全平衡是很少出现的,即使出现也是暂时的,不可能存在长期的均衡,这是由组织的动态性和复杂性决定的。例如,在企业发展的不同阶段,人力资源的状态是不同的,见表3-8。人力资源供需失衡一般有3种情况:人力资源总量平衡,结构失衡;人力资源供小于求,企业设备闲置,固定资产利用率低,也是一种浪费;人力资源供大于求,结果是导致组织内部人浮于事,内耗严重,生产或工作效率低下。

表3-8 企业不同发展阶段的人力资源状态

企业发展阶段	现象	人力资源状态
扩张阶段	需求旺盛	供不应求
稳定阶段	量上均衡	结构失衡
衰退阶段	需求不足	供过于求

人力资源供需失衡一般有3种不同的状态,对不同状态应采取不同的平衡方法。

1. 总量平衡,结构失衡

企业人力资源供求完全平衡这种情况极为少见,甚至不可能,即使是供求总量上达到平衡,也会在层次、结构上发生不平衡,具体可采取以下平衡措施。

(1)进行人员内部的重新配置,包括晋升、调动、降职等,来弥补那些空缺的职位,满足这部分的人力资源需求。

(2)对人员进行有针对性的专门培训,使他们能够从事有空缺职位的工作。

(3)进行人员的置换,释放企业不需要的人员,补充企业需要的人员,以调整人员的结构。

2. 供小于求

当预测企业的人力资源在未来可能发生短缺时,要根据具体情况选择不同方案以避免短缺现象的发生。

(1)从外部招聘人员,包括返聘退休人员、聘用临时工、小时工等。

(2)提高现有员工的工作效率。

(3)降低员工离职率,减少员工流失,进行内部调配。

(4)将企业的某些业务外包。

总之,以上这些措施,虽然是解决组织人力资源短缺的有效途径,但最为有效的方法是通过科学的激励机制以及培训提高员工生产业务技能、改进工艺设计等方式,来调动员工积极性,提高劳动生产率,减少对人力资源的需求。

3. 供大于求

企业人力资源过剩是我国企业现在面临的主要问题,也是人力资源规划的难点问题。解决企业人力资源过剩的常用方法有以下几种。

(1)扩大经营规模,或者开拓新的增长点。

(2)永久性的裁员或是辞退员工。

(3)鼓励提前退休。

(4)对富余员工进行培训,为企业扩大再生产准备人力资本。

(5)缩短员工的工作时间,随之降低工资水平。

(6)冻结招聘。

在制定平衡人力资源供求的政策措施过程中,不可能是单一的供大于求、供小于求,往往最可出现的是某些部门人力资源供过于求,而另几个部门可能供不应求,也许是高层次人员供不应求,而低层次人员供给却远远超过需求量。所以,应具体情况具体分析,制定出相应的人力资源部门或业务规划,使各部门人力资源在数量、质量、结构、层次等方面达到协调平衡。

3.4 人力资源规划的编制与执行

在市场竞争日益激烈的今天,人力资源逐渐成为组织最富竞争力的核心要素,人力资源部门在组织中日益彰显出其地位的重要性。其原因在于人力资源规划工作与组织战略发展目标的实现是联系在一起的,为组织发展目标的实现提供人力资源方面的保障,因此组织越来越重视人力资源规划的编制工作,在组织发展过程中的各个阶段制定相应的人力资源规划,以实现该阶段的战略目标。

在完成了人力资源供需预测之后,接下来就要编制人力资源规划。参与人力资源规划编制的成员主要包括人力资源管理部门以及其他相关部门,彼此需要相互配合、通力合作,才能保证人力资源规划的科学性和合理性,保证人力资源规划和各项方案在组织内的顺利实施。根据组织战略目标及本组织员工的净需求量,编制人力资源规划,包括总体规划和各项业务计划。同时要注意总体规划和各项业务计划及各项业务计划之间的衔接和平衡,提出调整供给和需求的具体政策和措施。

3.4.1 人力资源规划的编制原则

1. 全面性原则

人力资源规划要全面地考虑公司各个部门人力资源情况及人力资源的发展、培训及需求等情况。

2. 客观公正性原则

制定人力资源规划时,对各个部门的实际情况和人力资源情况进行客观、公正的评价和考虑。

3. 协作性原则

制定人力资源规划时需要各个部门密切配合,人力资源部要协调好与各方部门的关系和工作。

4. 发展性原则

组织在制定人力资源规划时要考虑组织的长远发展方向,以组织获得可持续发展的生命力为目标,协调好各种关系,为组织培养、再造所需人才。

5. 动态性原则

组织的人力资源规划并非是一成不变的。当组织的内外部环境发生变化时,组织的战略目标也会随之进行调整,这时人力资源规划也要相应进行修改和完善,保持与组织整体发展状况的动态适应。

3.4.2 人力资源规划编制的一般步骤

1. 编制总体规划

总体规划主要阐述人力资源规划的总原则、总方针和总目标。

2. 编制职位计划

企业发展过程中,除原有的职位外,还会逐渐有新的职位诞生,因此,在编制人力资源计划时,不能忽视职位计划。编制职位计划要充分做好职位分析,根据企业的发展规划,综合职位分析报告的内容,详细陈述企业的组织结构、职位设置、职位描述和任职资格要求等内容,为企业描述未来的人力资源发展需要、规模和模式。

3. 编制人员配置计划

根据企业的发展规划,结合企业各部门的人力资源需求报告进行盘点,确定人力资源的大致情况。根据企业现有人员及职位情况、职位可能出现的变动和职位的空缺数量等编制相应的配置计划。人员配置计划描述了企业每个职位的人员数量、人员的职位变动、职位空缺数量及补充办法。

4. 编制人员需求计划

在人员配置计划和职位计划的基础上,使用前面所讲的人力资源需求预测的方法,合理预测各部门的人员需求状况,在此基础上编制人员需求计划。在做人员需求预测时,应注意将预测中需求的职位名称、人员数量、希望到岗时间等详细列出,形成一个标明有员工数量、招聘成本、技能要求、工作类别以及为完成组织目标的管理人员数量和层次的分列表,依据该表有目的地实施日后的人员补充计划。

5. 编制人员供给计划

人员供给计划是人员需求的对策性计划。它是在人力资源需求预测和供给预测的基础上,平衡组织人员需求与人员供给,选择人员供给的方式,如外部招聘、内部招聘、晋升等。人员供给计划主要包括招聘计划、人员晋升计划和人员内部调整计划等。

6. 编制人员培训计划

在确定人员供给方式的基础上,为了使员工适应工作岗位的需要必须制订相应的培训计划。培训计划针对的对象主要是内部晋升人选和新进员工。培训计划应包括培训政策、培训需求、培训内容、培训形式和培训考核等内容。

7. 编制费用预算计划

为了控制人力资源的成本,提高投入产出的比例,必须对人员的费用进行预算管理。预算包括招聘费用、员工培训费用、薪酬福利费用和奖励费用等。详细的费用预算能够让公司决策层知道本部门的每一笔钱花在什么地方,才更容易得到相应的费用,实现人力资源调整计划。

8. 编制人力资源管理政策调整计划

为了确保人力资源管理工作能够主动地适应组织的发展需要,必须编制人力资源政策的调整计划,使人力资源管理工作能够与组织的发展相协调。计划中要明确计划期内人力资源政策调整的原因、调整步骤和调整范围等。人力资源调整是一个牵涉面很广的内容,包括招聘政策调整、绩效考核制度调整、薪酬和福利调整、激励制度调整和员工管理制度调整等。

3.4.3 人力资源规划的执行

1. 人力资源规划执行的承担者

现代的人力资源管理工作不仅仅是人力资源部门的责任,也是各层管理者的责任。因此,人力资源规划的承担者也就不仅仅是人力资源部门,也需要各部门密切配合,共同承担责任,其承担者如图 3-5 所示。

2. 人力资源规划执行的层次

人力资源规划的执行主要涉及 3 个层次:组织层次、跨部门层次及部门层次。

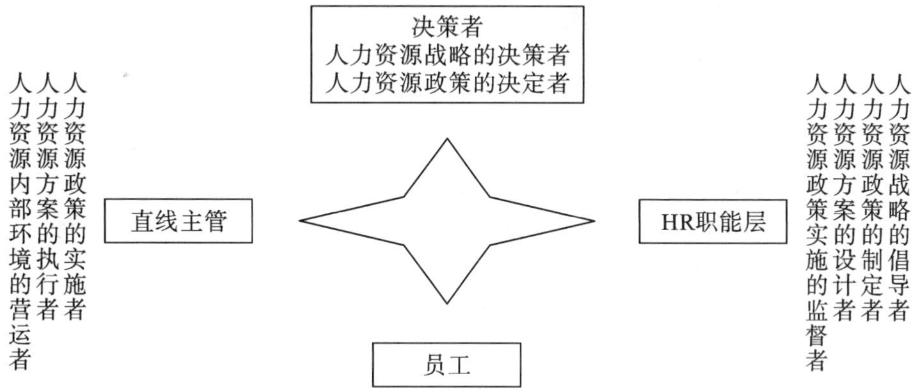

图 3-5　人力资源规划执行的承担者

(1)组织层次。在组织层次上的人力资源规划需要组织最高管理者的亲自参与,这是因为组织经营战略对人力资源规划的影响,人力资源规划对人力资源管理各个体系的影响以及人力资源管理的指导方针、政策,必须由组织的高层管理者进行决策。

(2)跨部门层次。跨部门层次上的人力资源规划需要组织副总裁级别的管理者执行,即对各个部门人力资源规划的执行情况进行协调和监督,并对人力资源规划的实施进行评估。

(3)部门层次。部门层次上的人力资源规划的执行分为两种情况。

①人力资源部门。人力资源部门不但要完成本部门的人力资源规划工作,还要指导组织内的其他部门的人力资源规划工作的顺利进行。有的组织将人力资源部门经理改为人力资源客户经理,要求持续提供面向客户的人力资源产品的服务。在进行人力资源战略规划时,人力资源客户经理就会为各个部门提供人力资源规划的系统解决方案,并为各类人才尤其是核心人才提供个性化服务。

②其他部门。人力资源规划工作应该是组织每个部门经理工作的重要组成部分,制定、执行好人力资源规划并实现其目标,需要非人力资源部门积极参与和相互配合。

【本章小结】

人力资源规划(HRP)是指组织为了实现自身的发展战略,完成相应的经营目标,根据组织内外环境和条件的变化,运用科学的方法对企业人力资源的需求和供给进行预测,制定合理的政策和措施,从而使组织人力资源供给和需求达到平衡,实现人力资源的合理配置,有效激励员工的过程。人力资源规划是企业战略的重要组成部分,其实质是实现人力资源供给和需求的平衡。

人力资源总体规划侧重于人力资源总的概括性的谋略以及有关重要方针、政策和原则。人力资源业务规划,是总体规划的具体实施和人力资源管理具体业务的部署,包括人员补充计划、人员使用规划、人员晋升规划、培训开发规划、劳动关系规划和退休与解聘规划等。

人力资源规划的程序包括4个基本步骤。一是准备阶段,其主要工作是收集信息;二是预测比较阶段,这一阶段的主要任务就是在充分掌握信息的基础上,使用有效的预测方法,对于组织在未来某一时期的人力资源供给和需求做出预测;三是制定阶段,这是人力资源规划程序的实质性阶段,包括制定人力资源管理目标、人力资源管理政策和人力资源规划内容;四是实施和评估阶段,评估主要是对规划实施效果的评估。根据审核评估进行及时的反馈和适时的修正,使其更符合实际,更好地促进组织目标的实现。

人力资源规划的核心是进行人力资源需求和供给的预测。需求预测的主要方法有主观判断法、德尔菲法、劳动定额法、成本分析法、趋势分析法、回归预测法、比率分析法以及计算机模拟预测法等。常见的内部人力资源供给预测方法有技能清单、人员替换法、人力资源水池模型和马尔科夫模型等。外部人力资源供给预测的主要方法有文献法、直接调查和对应聘人员进行分析等。在人力资源供需预测的基础上,要进行人力资源的综合平衡。

关键概念

人力资源规划　需求预测　供给预测　管理人员判断法　德尔菲法
回归预测法　技能清单　员工替换法　马尔科夫模型　人力资源水池模型

复习思考题

1. 人力资源规划的内容有哪些?
2. 什么是人力资源需求预测?怎样进行人力资源需求预测?
3. 什么是人力资源供给预测?怎样进行人力资源供给预测?
4. 如何进行科学合理的人力资源规划?

案例分析

五金制品公司的人力资源规划

冯如生几天前才调到五金制品公司的人力资源部当助理,就接受了一项紧迫的任务,要求他在10天内提交一份本公司5年的人力资源规划。虽然老冯从事人力资源管理工作已经多年,但面对桌上那一大堆文件、报表,不免一筹莫展。经过几天的整理和苦思,他觉得要编制好这个规划,必须考虑下列各项关键因素:首先是本公司现状。公司共有生产与维修工人825人,行政和文秘性白领职员143人,基层与中层管理干部79人,工作技术人员38人,销售员23人。其次,据统计,近5年来职工的平均离职率为4%,没理由预计会有什么改变。不过,不同类别的职工的离职率并不一样,生产工人离职率高达8%,而技术人员和管理干部则只有3%。

按照既定的扩产计划,白领职员和销售员要新增10%~15%,工程技术人员要增加5%~6%,中、基层干部不增也不减,而生产与维修的蓝领工人要增加5%。有一点特殊情况要考虑:最近当地政府颁布了一项政策,要求当地企业招收新职工时,要优先照顾妇女和下岗职工。该公司一直未曾有意排斥妇女或下岗职工,只要他们来申请,就会按同一种标准进行选拔,并无歧视,但也未予特殊照顾。如今的事实却是,销售员除一人是女性外全是男性;中、基层管理干部除两人是女性外,其余也都是男性;工程师里只有三人是女性;蓝领工人中约有11%为女性或下岗职工,而且都集中在最底层的劳动岗位上。

冯如生还有5天就得交出计划,其中包括各类干部和职工的人数、从外界招收的各类人员的人数以及如何贯彻市政府关于照顾妇女与下岗人员政策的计划。此外，五金制品公司刚开发出几种有吸引力的新产品，所以预计公司销售额5年内会翻一番，冯如生还得提出一项应变计划以备应付这类快速增长。

问题：

1. 冯如生在编制人力资源规划时要考虑哪些情况和因素？
2. 冯如生该制定一项什么样的招工方案？
3. 在预测公司人力资源需求时，冯如生可以采用哪些技术？

实训设计

一、实训项目

为某市一家医院预测需要增加的护士人数。

二、实训目的

通过本次实训，使学生掌握人力资源供给预测的方法，并能够熟练应用。

三、实训内容与要求

（一）实训内容

本实训需要的背景材料如下：

某市一家医院现有病床300个，由于近期住院人数上升，医院现有的病床数量已不能满足病人的需要，因此院领导决定增加病床数150个。通常每个护士平均照顾1.5个床位数，其中由于工作经验积累，护士的平均生产率提高系数为10%，请问，如果这样计算，该医院相应的应该增加多少名护士？

利用所提供资料，对影响组织人力资源需求的主要因素进行分析，并进行初步预测。

（二）实训要求

1. 要求学生掌握影响组织人力资源需求的主要因素、人力资源需求预测的方法等基本理论，做好实训前的知识准备，如收集理论依据、相关书籍、真实案例等。

2. 要求学生运用所学知识，结合背景资料，具体分析组织人力资源需求的相关情况。

3. 要求学生针对分析结论，选择适当的方法对背景资料中组织的人力资源需求进行初步预测。

4. 要求教师在实训过程中做好组织工作，给予必要的、合理的指导，使学生加深对理论知识的理解，提高分析、操作的能力。

四、实训组织与步骤

第一步，将学生划分成若干小组，5~7人为一组。

第二步，每组学生根据课前准备的背景资料和相关的理论书籍，结合医院的现有病床数和护士的数量，找出病床数与护士的比例关系。

第三步，学生根据分析的结果，确定采取哪几种方法对医院护士需求进行预测。

第四步，调动学生积极思考和发言，让学生进行充分的分析和讨论，并在小组内形成统一的结论，由小组代表在全班发表看法。

第五步，教师对各种观点进行分析、归纳和总结提炼，提出指导意见，帮助学生完善自己的结论。

第六步,每个小组根据讨论的结果编撰实训报告。

本项目实训时间为 1 周,课堂讨论以两课时为宜。

五、撰写实训报告

实训结束后,每个小组撰写实训报告。实训报告要求语言流畅、文字简练、条理清晰;报告内容主要包括实训报告封面(实训日期、小组成员姓名、专业、班级等信息)、实训项目名称、实训目的、实训内容、实训资料(实训所依据的原始资料和使用的工具、材料等)、实训过程(实训采用的方法、步骤等)、实训结果或结论、实训指导教师评价意见等。

六、实训成绩评定

(一)评定等级

实训成绩可分为优秀、良好、中等、及格、不及格 5 个等级。

(二)评定标准

1. 是否理解人力资源规划的内涵和重要意义。
2. 是否掌握影响人力资源需求的主要因素。
3. 是否掌握人力资源需求预测方法和程序,能否完成人力资源需求分析与预测工作。
4. 能否结合案例提出自己的观点,列出影响企业人力资源需求的主要因素并进行分析。
5. 是否记录了完整的实训内容,做到文字简练、准确,叙述通畅、清晰。
6. 课程模拟、讨论、分析占总成绩的 60%,实训报告占总成绩的 40%。

第4章　人力资源招聘

学习目标

1. 理解人力资源招聘的含义。
2. 了解影响招聘工作的因素。
3. 了解人力资源招聘的流程。
4. 了解人力资源招聘的渠道与方法。
5. 掌握心理测试、纸笔测试、面试、评价中心等人力资源甄选方法。

【导入案例】

宏志机械有限公司最近几年在物色中层管理干部上遇到了一些两难的困境。宏志机械有限公司是生产高精度自动机床的企业，高层管理者认为各个部门经理有必要了解生产线和生产过程，因为许多管理决策需在此基础上做出。因此公司一直严格遵循部门经理从内部提升的制度，但后来发现，这些从基层提拔上来的部门经理都缺乏相应的适应新职位的知识和技能。因而公司决定从外部招聘，通过一个职业招聘机构，公司招到了许多有良好工商管理专业训练的毕业生。公司先把他们安置在基层管理岗位，准备经过一段时间锻炼后予以提拔，但在两年之中，所有的这些人都离开了公司。

公司只好又回到以前的策略，从内部提拔，但又碰到了过去同样的老问题。不久就有几个重要职位的部门经理将退休，急待有称职的后继者来填补这些空缺。面对这一问题，公司想请些咨询专家来提供帮助。

思考：你认为造成公司招聘中出现困难的原因是什么？如果你是咨询专家，你会给公司提出怎样的建议？

4.1　人力资源招聘概述

人力资源招聘是企业获取优秀人才的主要渠道，能否招聘合适的员工，使得企业拥有富于竞争能力的人力资源，是一个企业兴衰存亡的关键。因此，做好人力资源招聘工作已经成为关系企业长远健康发展的前提和保障。

4.1.1　人力资源招聘的含义及意义

1. 人力资源招聘的含义

所谓人力资源招聘，是指企业根据人力资源规划和工作分析的要求，通过一定的程序和方法，把具有一定技巧、能力的人吸收到企业空缺的岗位上，以满足企业的人力资源需求的过程。招聘工作作为人力资源管理的源头，直接影响企业人力资源管理其他环节的开展。

2. 人力资源招聘的意义

1)招聘工作是企业获取人力资源的重要手段

招聘的直接目的就是获得企业需要的人才。招聘工作的质量直接决定着人力资源输入的质量。企业的竞争说到底是人才的竞争，企业只有通过人员招聘，才能获得优秀的人力资源，才能保证各项工作的正常开展和企业的长远发展。

2)招聘工作影响着人力资源的流动

企业人员流动会受到多种因素的影响，招聘活动是其中重要的一个因素。招聘时，招聘人员应和应聘者之间有充分的沟通。一方面，企业要了解应聘者的求职动机，选出和企业价值观、企业文化相吻合的员工；另一方面，应聘者要了解企业的战略目标、经营状况、价值观和文化等，双方如果能沟通充分，就能有效降低人力资源的流动率。

3)招聘工作是企业树立社会形象的重要渠道

招聘工作需要有严密的策划。招聘时，企业要和人力资源中介机构、新闻媒体、高等院校和政府部门等多方联系，招聘人员素质的高低和招聘活动的成功与否都会影响外界对企业形象的评价。企业利用精心策划的招聘活动，向应聘人员展示企业的实力和发展前景，同时表明企业对优秀人才的渴望，因此，成功的招聘工作，将使企业在求职者心中留下美好的印象。

4.1.2 人力资源招聘的原则

为把招聘工作做好，真正选到企业所需的人员，在招聘工作中必须按照人力资源管理的客观规律办事，遵循反映这些客观规律的科学原则去开展工作。这些原则如下所述。

1. 因事择人原则

所谓因事择人，就是员工的选聘应以实际工作的需要和职位的空缺情况为出发点，根据职位对任职者的资格要求选用人员。

2. 能级匹配原则

招聘应该本着因职选人、因能量级的原则，既不可过度追求低成本，造成小材大用，也不可盲目攀比，造成大材小用。小材大用会导致贻误工作，而大材小用则会导致学历虚高或是人才高消费。能级匹配原则要求在招聘中“不求最好，但求合适”，即在合适的基础上要给岗位胜任度留有一定的空间，挑选既能较大程度满足岗位能力需求，又能具备一定的提升空间和培养潜力的人才，使其“永远有差距，永远有追求”。坚持能级匹配原则可以有效提高人员稳定性，减少新员工流失率。

3. 德才兼备原则

人才招聘中必须注重应聘人员的品德修养，在此基础上考察应聘者的才能，做到以德为先、德才兼备。

4. 用人所长原则

所谓用人所长，是指在用人时不能够求全责备，管理者应注重发挥人的长处。完全意义上的“通才”“全才”是不存在的，即使存在，企业也不一定非要选择这种“通才”，而应该选择最适合空缺职位要求的候选人。

管理故事

佛祖用人

去过寺庙的人都知道，一进庙门，首先是弥勒佛，笑脸迎客，而在他的北面，则是黑口黑脸的韦驮。但相传在很久以前，他们并不在同一庙里，而分别掌管不同的寺庙。弥勒佛热情快乐，所以来的人非常多，但他什么都不在乎，丢三落四，没有好好地管理账务，依然入不敷出。而韦驮虽然管账是一把好手，但成天阴着个脸，太过严肃，导致来寺庙的人越来越少，最后香火断绝。佛祖查香火的时候发现了这个问题，就将他们俩放在同一个庙里，由弥勒佛负责公关，笑迎八方客，于是香火大旺。而韦驮铁面无私，锱铢必较，佛祖就让他负责财务，严格把关。在两人的分工合作下，庙里呈现出一派欣欣向荣的景象。其实在用人大师的眼里，没有废人，正如武功高手，不需名贵宝剑，摘花飞叶即可伤人，关键看如何运用。

5. “宁缺毋滥”原则

可招可不招时尽量不招，可少招可多招时尽量少招。招聘来的人不一定能充分发挥其作用，而企业则是创造效益的集合体。因而，制定招聘决策时一定要树立“宁缺毋滥”的原则，一个岗位宁可暂时空缺，也不要让不合适的人占据。

4.1.3　影响招聘工作的因素

影响招聘的因素虽然有很多，但从来源看不外乎企业外部、企业内部和求职者个人三方面，这些因素制约和影响着企业招聘人员的来源、招聘方法、招聘标准和招聘效率等。

1. 外部因素

1) 国家的政策法规

国家的法律法规和政策规范会制约企业的招聘活动，从客观上界定了企业人力资源招聘对象的选择。例如，我国《劳动法》明确规定了劳动者平等就业和选择就业的权利。法律规定，凡是具有劳动能力和劳动愿望的劳动者，不分民族、性别和宗教信仰等，享有平等的就业权，劳动者有权根据自己的专长和兴趣爱好自愿参加用人单位的招聘，并自愿协商劳动合同期限；企业的招聘信息中不能涉及性别、种族和年龄的特殊规定，除非证明这些是职位所必需的。因此，国家的法律规定对企业的招聘活动起着限制和约束作用。

2) 劳动力市场的状况

劳动力市场的人才供求状况在很大程度上影响了企业招聘的效果。当劳动力比较富足、处于供大于求的状况下，企业在招聘时选择的余地就会比较大，成功的概率也比较高；相反，如果人才比较紧缺，则招聘的难度就会增大。另外，劳动力市场的发展状态对招聘也有很大影响。一般而言，一个国家和地区的劳动力市场越发达，市场对人才的配置作用越强，企业外部招聘成功的可能性就越高。

3)竞争对手的政策

应聘者在求职时通常会进行行业和企业的多方面的比较,在权衡待遇、发展前景和企业文化等因素后才做出最终决策。如果竞争对手的招聘政策更具有竞争力,则会客观上增大招聘的难度,影响招聘的效果。因此,要了解竞争对手的招聘政策,在企业自身可承受的能力范围内取得对竞争对手的比较优势。

4)技术进步的状况

技术进步对招聘的影响,主要体现在以下3个方面:一是技术进步引起招聘职位分布以及职位技能技巧要求的变化;二是技术进步对招聘数量变化的影响;三是技术进步对应聘者素质的影响。随着技术进步,行业、产业等的分布和就业职位需求的分布也会发生相应的改变。

2. 内部因素

1)企业的实力和形象

良好的企业形象能够对应聘者产生积极的影像,激发他们对空缺职位的兴趣。因此,企业在公众中的声望越高,就越容易吸引大批的求职者。大型的跨国企业、知名的品牌大公司,都能凭借自己的实力和声望吸引大量的求职者。实力较强的企业,能够给员工提供较好的物质待遇和完善的福利保障,以及培训学习的机会和良好的自我发展空间,这也是吸引人才的重要因素。

2)企业的用人政策

企业的用人政策对招聘有着直接的影响。有些企业注重员工的能力,认为能力比专业知识更重要,不拘一格录用人才;而有些企业则强调员工的价值观,认为只有和企业价值观一致的人才,才能真正融入企业。企业的高层决策者还决定了企业在招聘时是选择内部渠道还是外部渠道。有些企业倾向于外部招聘,认为只有从外界不断补充优秀人才,才能激发现有员工的工作积极性;有些企业倾向于内部招聘,认为现有员工更加可靠,能更快地适应新的工作岗位。

3)招聘的预算

招聘要兼顾成本和效益两个方面,既要保证企业在规定的时间内招到合适的人才,又要尽量降低招聘的成本。因此,招聘的预算直接影响招聘的效果。如果企业的招聘资金很充足,发布招聘信息时就可以选择影响力更大的媒体。相反,有限的招聘资金会使招聘渠道和方法的选择大大减少,从而影响招聘的效果。

3. 求职者个人因素

1)求职者的教育背景和家庭背景

毋庸置疑,求职者的教育背景对求职者的择业有着重要的影响,进而影响企业的招聘。这种影响表现在:①求职者所学的专业是其选择职业的主要影响因素;②教育程度的高低是其职业择业期望值的重要影响因素。教育程度越高,应聘者越趋向于选择较高的职位,很难"低就";反之,求职者对职位的期望值就较低。

求职者的家庭背景对求职者择业的影响表现在求职者家庭成员的职业、家庭的经济状况、家庭教育等对求职者的影响上。例如,我们经常可以见到的"教师之家""艺术世家"等,都证明了家庭背景对求职者择业的影响。

2)求职者的经济压力

求职者的求职动机与经济压力之间成正比关系,在职人员求职动机远比没有工作的人要弱,因为他们的经济压力相对较小。除了求职者是否有工作之外,求职者的个人经历和家庭条件等也决定经济压力的大小,进而影响企业的招聘。

3)求职者的工作经验

从企业方面来看,招聘有经验的人员可以在短时间内给企业带来效益,用人单位也不必花费高成本从技能方面重新培养人才,节约了企业经营成本。接受过多种专业训练或有着多年相关工作经验的求职者,对职位的要求会高于没有相关经历和技能的求职者。

4)求职者的职业期望

每一个求职者都有自己的职业期望,有的人期望高一些,有的人期望低一些;有的人胸怀大志,有的人不求上进;有的人好高骛远,不切实际,有的人脚踏实地。但不管怎样,这些期望都会影响求职者的择业,进而影响企业的招聘。

4.2　人力资源招聘流程与渠道

4.2.1　人力资源招聘的流程

人力资源招聘的流程是指企业内出现职位空缺到候选人正式到岗的整个过程。招聘工作同时涉及人力资源管理部门和用人部门,其流程包括招聘需求分析、制订招聘计划、确定招聘策略、招聘实施、招聘评估。图 4-1 是完整的招聘流程图。

图 4-1　招聘流程图

1. 招聘需求分析

分析职位空缺、确定招聘需求是整个招聘活动的起点,只有明确了空缺职位的数量、类型和具体要求,企业才能开始制订招聘计划。人力资源需求通常是由用人部门根据本部门的人员配置情况提出的。由于招聘需求往往受制于企业的人员预算,因此,用人部门应该和人力资源部门根据企业战略发展和实际业务的变化来确定人员的预算,并以人力资源规划、职位分析为基础,最终确定职位的空缺情况。

2. 制订招聘计划

招聘计划是企业招聘的依据,也是人力资源业务规划的重要组成部分。通过定期或不定期地招聘企业所需要的各类人才,为企业人力资源系统提供可靠的保证。招聘计划的主要内容包括如下几方面。

1)招聘的标准

人力资源部门和用人部门要进行充分的交流,通过查阅职位说明书,明确所需人员的录用标准和资格条件，这些可以从与工作相关的知识背景、工作技能、工作经验、个性品质、价值观和身体素质等方面的情况进行确定。在明确每个方面的具体标准时，还应该进一步区分哪些素质是职位要求所必需的，哪些是希望应聘者具有的，只有明确了招聘的标准，才能使招聘的人员符合实际需要。

2）招聘的范围

招聘的范围是指企业在多大范围内开展招聘工作。招聘范围越大，效果越好，但招聘成本也越会增加。因此，招聘范围应该适度。确定招聘范围需考虑两个主要因素：首先是空缺职位的类型和企业当地劳动力市场状况。一般来说，在招聘较高层次和特殊性职位的人才时，就需要在较大范围内进行，而基层工作人员可以在当地招聘。其次，要考虑劳动力市场的供求关系。如果当地相关职位的供给比较充足，在本地招聘就可以满足需求。如果供给比较紧张，则要考虑扩大招聘的范围。

3）招聘的规模

招聘的规模是指企业准备通过招聘活动吸引多少数量的应聘者。招聘计划应该确定招聘录用人数以及达到规定录用率所需要的人员。招聘活动吸引的人数既不能太多，也不能太少，太多会增加招聘的成本和甄选的难度，太少则会限制挑选的范围，影响招聘质量。所以，应该控制在一个合理的范围内。

在实际工作中，常用“招聘金字塔”来确定招聘的人数，如图 4-2 所示。

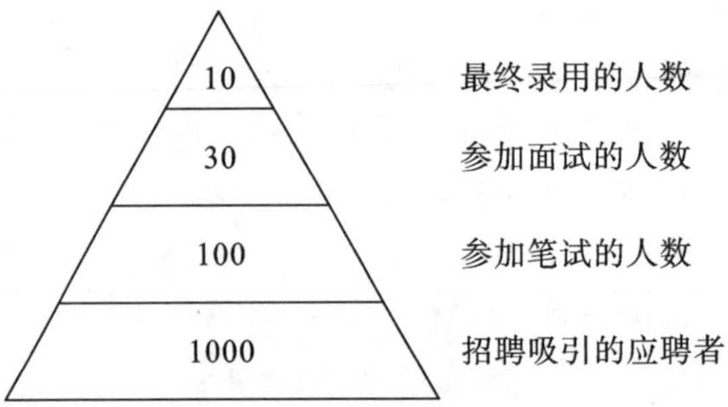

图 4-2　招聘金字塔模型

4）招聘的预算

一般来讲，录用一个人所需要的费用可以用招聘总费用除以雇用人数得出。除此之外，下列的成本计算也是必不可少的：①人工费用，如招聘人员的工资、福利、差旅费和加班费等；②业务费用，如电话费、服务费、资料费、信息服务费、广告费和物资及邮资费用等；③一般管理费用，如设备折旧费、水电费和办公用具等费用。

3. 确定招聘策略

1）招聘渠道的确定

在招聘需求获得批准以后，需要选择合适的渠道和方法来获取职位候选人。招聘工作的效果在很大程度上取决于有多少合格的应聘者前来应聘，来应聘的人越多，企业选择到合适人才的可能性就越大。对招聘渠道的选择决定了招聘对象的来源、范围、整体质量和数量等。

2)招聘人员的确定

在招聘过程中,直接和求职者接触的是负责招聘的人员。因此,从某种意义上说,招聘人员的素质高低对招聘工作有非常大的影响。招聘人员应由人力资源部工作人员、用人单位的负责人、专家等共同组成,企业可视具体招聘职位而定。

总的来说,招聘人员应具备以下4个条件:①良好的品德和个人修养;②相关的专业知识;③掌握一定的面试技巧;④面试时应持公平、公正、客观的态度去评价所有的应聘者。

3)招聘时间、地点的确定

从确定职位空缺到最终甄选录用需要一定的时间,为了避免因为人员缺位影响企业正常工作的运行,招聘计划应准确估计从候选人应聘到录用之间的时间间隔,合理确定招聘时间,以保证职位空缺的及时填补。

招聘的地点要根据招聘的具体情况而定。一方面要考虑所招人员的数量和质量,另一方面要考虑招聘的成本。

4. 招聘实施

1)人力资源招募

人力资源招募是指企业采取适当的方式寻找或吸引胜任的求职者前来应聘的工作过程。人力资源招募主要有两项任务:一是选择合适的招聘渠道发布招聘信息;二是接受应聘者的咨询,收集求职材料。

企业应当根据不同的招聘岗位,选择不同的信息发布渠道。如果是内部招聘,一般采取内部公告或部门推荐的方式进行。如果是外部招聘,就要分析各种信息发布渠道的效果。信息发布的选择要考虑兼具覆盖面广和针对性强两个方面。覆盖面广,接受招聘信息的人数多,“人才蓄水池”就大,找到合格人选的概率就加大;针对性强,可以使符合特定岗位的特定人群接收到信息,有助于提高招聘的效率和效益。企业应该综合考虑招聘岗位的特点(工作内容、职位要求、应负责任、任职资格等)、招聘时间和地点以及招聘成本等因素,统筹考虑,精心安排,采取最有效的方法来发布企业的招聘信息。招聘人员要及时整理应聘人员信息,如发现应聘者数量不足或质量不高,则应及时改变信息发布的渠道和方法。在求职者提交了求职资料后,招聘人员还要及时收集和整理求职资料,以便为下一步开展甄选工作做准备。

2)人力资源甄选

人力资源甄选是指采用科学的方法,对应聘人员的知识、能力、个性特征、品质和动机等进行全面了解,从中选出最符合空缺岗位要求的人选的过程。一般要经过初步筛选、甄选测试、面试和背景调查、体格和体能检查以及录用决策等环节。甄选程序部署不是绝对的,要看企业规模、岗位性质和工作要求的不同而决定甄选的程序。甄选内容必须是测试应聘者未来工作表现优劣的有关内容,应该尽量避免一些与工作无关的私人问题。甄选环节是整个招聘工作中最复杂、最艰难的一个阶段,直接决定了企业招聘工作的效率和效果。有关具体的甄选测试,我们将在下一节讲述。

3)人力资源录用

人力资源录用是招聘活动中最重要的阶段,它是企业经过层层筛选之后做出的慎重决策。人力资源录用工作的主要任务就是录用决策,根据录用决策的结果,通知录用人员报到,安排上岗前的培训,签订劳动合同或聘任合同,并安排一定期限的试用期对录用人员进行实际考察,其中企业还要对录用文件进行制作和妥善管理。

5. 招聘评估

招聘评估是指企业按照一定的标准,采用科学的方法,对招聘活动的过程及结果进行检查和评定,总结经验,发现问题,在此基础上不断改进招聘方式,提升招聘效率的过程。招聘评估主要包括招聘成本评估和投资收益评估两个方面。

招聘评估是招聘程序中最后一个环节,也是最容易被忽视的环节。任何一次招聘都会存在这样或那样的问题,如招聘渠道、招聘方法选择不当,招聘地点不当,选人标准过高或过低等,都会影响招聘成本和招聘效果。在招聘活动结束后对招聘做一次全面、深入、科学和合理的评估,可以及时发现问题并加以解决,同时为改进今后的招聘工作提供了依据。

以上介绍了企业招聘工作过程的 5 个阶段及各个阶段应完成的主要任务。当然,这个程序也不是固定不变的。企业在招聘的具体操作过程中,可以根据实际情况的需要,对其中的一两个环节进行变通,灵活安排,以节省招聘成本,提高招聘效率。

4.2.2 招聘的渠道和方法

1. 内部招聘

内部招聘就是从企业内部现有的员工中选拔合适的人才来补充空缺或新增的职位,这实际上是企业内部的一种人员调整。在进行人力资源招聘工作时,企业内部调整应先于企业外部招聘,尤其对于高级职位或重要职位的人员招聘工作更应如此。

1)内部招聘适用的条件

内部招聘有其自身的特殊性,因此,企业要根据自身的实际情况和岗位的实际需求来决定是否采取内部招聘。一般说来,企业要进行内部招聘要基本具备以下条件。

(1)企业内有充足的人力资源储备。企业如果能够在平时注重人才的积累和储备,有自己的人才蓄水池,一旦发生岗位空缺,就能够有足够的人员迅速补充上来,从而减少因人才流失带来的损失。

(2)内部的人力资源质量能够满足企业发展的需要。一方面要有充足的人才储备,即要有数量上的保证;另一方面,能力也能达到企业的要求,即要有质量上的保证。

(3)要有完善的内部选拔机制。公平、公正的内部招聘机制可以帮助企业选拔出符合实际需要的员工,激发现有员工的工作积极性。

2)内部招聘的优势

通过内部渠道选拔合适的人才,可以调动和发挥企业中现有人员的工作积极性,同时也加速人员的岗位适应性,简化了程序,减少了招聘、录用时的人力、财力等资源支出,也缩短了培训期,减少了培训费用。当一个企业注重从内部招聘和提升人员时,其员工就有了为取得更好的工作机会而努力的动力。具体来说,内部渠道的优势可以体现在以下几个方面。

(1)内部招聘可以节省时间和成本。

(2)内部招聘的员工相对更加可靠。

(3)内部招聘有助于提高效率。

(4)内部招聘有利于激励员工。

3)内部招聘的不足

内部招聘的不足之处主要表现在以下几个方面。

(1)容易“近亲繁殖”,不利于企业的内部竞争和长期发展。

(2)可能影响团结,甚至因为竞争和其他员工产生矛盾。

(3)不利于创新,容易产生“群体思维”“长官意志”现象。

(4)可能因领导好恶而导致优秀人才外流或被埋没,也可能出现“裙带关系”,滋生企业中的“小帮派”“小团体”,进而削弱企业效能。

4)内部招聘的主要方法

(1)内部晋升和工作轮换。内部晋升是指企业从内部提拔员工补充到高一级的空缺职位。晋升是企业内部招聘的重要方法,能够促进企业人力资源的垂直流动,激发企业内其他员工的士气,保持企业的工作效率不断提高。工作轮换主要是企业内人员的横向流动,一般是指职务级别不变的情况下,在企业内轮换工作岗位。工作轮换有助于员工拓展自己的知识面,获得更多实际经验。

内部晋升和工作轮换是建立在系统有序基础上的内部职位空缺补充的方法。实行内部招聘时,首先要建立一套完整的职位体系,明确不同职位的关键职责、职位级别以及职位的晋升与轮换关系,指明哪些职位可以晋升到哪些职位,哪些职位之间可以轮换;其次,要在对员工绩效考核的基础上建立员工的职业生涯管理体系,建立员工的发展档案,了解员工的职业发展愿望,帮助员工建立个人的职业发展规划,根据员工的发展愿望和发展可能性进行有序的岗位轮换。

(2)工作告示法。工作告示法是最常见的内部招聘方法,它是一种向员工通报现有工作岗位空缺的方法。在企业内部,通过布告栏、内部报刊、内部网站等渠道公布招聘信息。工作告示的内容包括工作内容、空缺职位的资格要求、薪酬情况、直接上司和工作时间等情况。

(3)内部推荐。内部推荐是指当员工了解到企业出现职位空缺时,向企业推荐其熟悉的内部人员并进行考核的一种方法。这种方法的优点是员工对任职资格比较了解,推荐的人也是比较符合要求的。另外,出于对引荐者的尊重,被推荐者一般不会轻易辞职。

(4)人才库和继任计划。许多企业都有一个相对完善的人才库,当出现职位空缺时,企业可以利用人才库中的档案信息进行招聘。大型的企业还会有继任计划,为企业中的一些重要岗位培养接班人。

2. 外部招聘

外部招聘是从企业外部获得所需的人员。当企业的产品和技术更新换代较快,来不及培养内部人才适应新的技术需要,企业内出现职位空缺而没有合适的内部应聘者,或内部人员不能满足招聘人数时,就需要向企业外部招聘。

1)外部招聘适用的条件

(1)企业为了获取内部员工不具备的技术、技能等。

(2)企业出现职位空缺,内部员工数量不足,需要尽快补充。

(3)企业需要能够提供新思想、新观念的创新型员工。

(4)企业为了建立自己的人才库。

(5)和竞争对手竞争一些具有特殊性、战略性的人才。

2)外部招聘的优势

(1)可为企业带来不同的价值观和新观点、新思路、新方法。新鲜血液有利于企业拓宽视野,能够加快企业技术革新步伐。同时,外聘的优秀技术人才、营销专家和管理专家,他们将带给企业技术知识、客户群体和管理技能,这些关系资源和技术资源对企业的发展来说是至关重要的。

(2)能激发现有员工的积极性。外聘人才可以在无形当中给企业原有员工施加压力,形成危机意识,激发斗志和潜能,从而激活企业的肌体,使企业肌体保持活力。

(3)外部招聘比内部培养更快捷、更廉价、更高效。外部渠道广阔,挑选的余地大。能招聘到许多优秀人才,尤其是一些稀缺的复合型人才,这样还可以节省大量内部培养和培训的费用,促进人才的合理流动。

(4)外部招聘受现有企业人际关系的影响相对较小。

3)外部招聘的不足

外部招聘也不可避免地存在着不足,具体有以下表现。

(1)人才的获取成本高。

(2)外部招聘的人员可能出现"水土不服"的现象,不能适应该职务或无法融入企业文化之中。

(3)新员工需要较长时间的适应和调整。

(4)可能导致内部未被选拔人员士气低落,挫伤有上进心、有事业心的内部员工的积极性和自信心,或者引发内外部人才之间的冲突。

(5)可能使企业沦为外聘员工的"跳板",甚至会泄露企业的一些商业机密等。

4)外部招聘的主要方法

(1)广告招聘。广告招聘是指通过广播、报纸、杂志和电视等新闻媒体向社会大众传播招聘信息,以详细的工作职责和任职资格的介绍吸引潜在的符合条件的应聘者。不同的广告媒体具有不同的特点。报纸、杂志等广告招聘的特点是信息传播范围广、速度快,应聘人员数量大、层次丰富,企业的选择余地大,同时有广泛的宣传效果,可以展示企业实力,树立企业形象。但广告招聘有时候表现为低效,因为它们不能传达到最适合的候选人——目前并不是正在寻找新工作的优秀人士。此外,广告费用不菲,且由于应聘者较多,招聘成本也随之增加。

(2)人才招聘会。人才招聘会是一种比较传统也是最常用的招聘方式。招聘会搭建了求职者和用人单位沟通的桥梁,通过这种直接见面交流的方式,实现了人才和用人单位的双向选择。招聘会一般分为两类;一类是专场招聘会,专场招聘会是企业面向特定群体或者需要招聘大量人员而举办的;另一类是非专场招聘会,这类招聘会往往是由某些中介机构企业(如人才交流中心等)及用人单位参加的招聘会。

企业参加非专场招聘会,需要了解招聘会的档次、对象、企业影响力等信息。这种方法的优点是避免了信息传递过程中的失真现象,达到了初步了解的目的;不足之处在于费用比较高,需要投入大量的人力、物力和财力,也要受到招聘会召开时间的限制。

(3)校园招聘。对于大多数企业来说,面向校园招聘员工也是一种普遍的招聘方法。大专院校和各类职业学校日益成为各用人单位招聘足够数量的高素质人才的广阔市场。在校园招聘的过程中，大型企业可以通过举办大型专场招聘会的方式进行招聘，而一般企业会选择校园广播、网络、公告栏或学院推荐等方式进行招聘。校园招聘的不足主要表现在：一是招聘受时间的限制，一般一年只能招聘一次，当企业急需人才时，这种方法难以满足；二是学生普遍缺乏实际的工作经验。一般来说，校园招聘的对象主要是应届毕业生，他们在学校学习主要以书本的理论知识为主，缺乏实践环节的培养，需要经过一定的培训才能真正发挥作用。

(4)猎头公司招聘。猎头公司是指为企业寻找高级人才的服务机构。猎头公司一方面为企业搜寻有经验和特殊才能的高级人才信息，另一方面也为各类高级人才寻找合适的工作。猎头公司一般都拥有自己的人才数据库，他们掌握求职和招聘的信息，熟悉各类企业对特殊人才的需求，因此，利用猎头公司进行招聘的成功率较高。猎头公司在接受客户委托以后会主动接触候选人，对候选人进行面谈或其他方式的测评，并通过各种途径对候选人进行背景调查，向客户提供候选人的评价报告。猎头公司主要是为企业服务的，无论企业最终是否聘用猎头公司所提供的候选人，企业均需支付相应的费用。猎头公司的收费通常能达到所推荐人才年薪的 20%~30%。

猎头公司在中国还是一个新兴的行业，还有许多地方需要进一步规范和完善。企业在选择猎头公司进行招聘时一定要小心谨慎。要注意考察猎头公司的资质，要明确双方的责任和义务。

(5)网络招聘。随着网络的普及和计算机技术的发展，利用网络进行招聘已经越来越广泛地被企业采用。同时，互联网不仅仅是一个在网上发布招聘广告的媒体，而且是一个具有多种功能的招聘服务系统。用这种招聘方法传递的信息快捷而准确，影响的范围很广，费用低廉。通过互联网招聘的途径有以下两种。①专业招聘网站。专业招聘网站同时为企业和个人服务，提供大量的招聘信息，并且提供网上的招聘管理和个人求职管理服务。②企业网站的招聘专栏。无论从效益还是从费用的角度，企业在自己的网站上制作精美的招聘网页，都是极具优势的。企业的网站应该成为企业与人才互动交流的窗口。

4.3 人力资源甄选

4.3.1 人力资源甄选的含义

人力资源甄选，即人力资源选拔，是指通过运用一定的工具和手段对已经招募到的求职者进行鉴别和考察，对应聘人员的知识、能力、个性特征、品质和动机等进行全面了解，从中选出最符合空缺岗位要求的人选的过程。为了对应聘者的知识水平、能力、专业兴趣和个性特征等多方面的情况有比较全面和深入的了解，企业应该借助于不同的方式来甄选合适的人选。有效的人员甄选可以降低人力资源招聘的风险，有利于人力资源的配置与管理。

4.3.2 人力资源甄选的程序

人力资源甄选通常由人力资源部门和用人部门共同完成,人力资源甄选主要包括以下环节。首先,对求职者的求职材料进行审核。根据录用标准,排除明显不合适的人选,确定需要进一步面试的人选,并发出面试通知。其次,按照预定的笔试或面试流程和方案对应试者进行一系列的遴选测试,选出最合适的人选。最后,将筛选结果送交用人部门和主管部门进行审核决定是否录用。

实务指南

简历筛选要点

(1)简历的内容是否完整。一份完整的简历一般要包括个人基本信息、受教育的经历、工作经历、工作业绩、性格特征和求职意向等。

(2)简历中个人的信息是否满足职位的要求。要重点考察应聘者的专业背景和工作经历是否和空缺职位相吻合。

(3)简历是否存在有疑问的地方。有些求职者为了得到工作的机会,会在简历中虚夸自己的工作业绩,虚构自己的工作经历,或者回避一些关键性的问题。

(4)简历的结构是否合理、设计是否美观。这些都能反映求职者的性格和习惯。

4.3.3 人力资源甄选的方法

1. 心理测试

1)心理测试的含义

心理测试是指运用心理学的相关理论和方法,通过科学、客观、标准的测量手段对应聘者的智力水平和个性特征进行测量、分析、评价,据以预测被测试者与拟任职位的符合程度,以达到甄选的目的。

个体的心理活动和心理特征是很难用直接测量的手段来度量的,我们只有通过对心理特征的外显结果——行为进行测量,才能推知个体内部的心理活动状态和心理特征。因此,心理测量的对象实际上是行为样本,而不是心理状态。这种由行为表现到心理状态的推论并不是主观随意的,它必须在成熟的心理学理论的基础上,采用客观、科学的方法进行推断。

在测试中要注意测试的信度与效度。信度是指测试结果的可靠性和一致性的程度,也就是说,用同样的测试方式或者类似的测试方式,在不同的时间对同一个人进行测试的结果一致的程度。效度也叫有效性或正确性,是指测试方法测量出的所需要测量内容的程度,也就是说,它在多大程度上能测量出想要测试的内容。为了保证甄选录用的效果,测试方法必须同时具有较高的信度和效度。

2）常用的心理测试方法

（1）自陈量表法，又称问卷法。即依据事先编制好的人格量表（若干问题），由应试者本人挑选适合于个人人格特质的答案，然后从量表上汇聚分数，来判断应试者人格类型的一种方法。

自陈量表中最盛行的是明尼苏达多项人格测试（MMPI）。它列出 550 个涉及 26 个方面的问题，例如：我渴望获得成就，我常常不信任他人，我常常怀疑白己的能力，我不喜欢主动与别人交往，我常常容易激动，我有时也说谎，我常常做噩梦，等等。被试者对这些问题按“是”“不是”来回答，根据他的回答对被试者的人格特征做出评价。

（2）投射测试法。投射测试法是指把那些无意义的、模糊的和不确定的图形、句子、故事、动画片、录音、哑剧等呈现在被测试者面前，不给任何提示、说明或要求，然后问被测试者看到、听到或想到什么。投射测试源于临床心理学和精神病治疗法，作为诱导被试者内心思想情感的一个手段，每当不宜直接提问或不宜暴露真正的研究目的时，便可以采用投射测试。

投射测试的最大优点在于主试者的意图藏而不露，这样创造了一个比较客观的外界条件，使测试的结果比较真实，可以深入了解被试着的心理活动。它的缺点是其过程分析比较困难，需要有经过专门培训的主试。因此，在员工招聘中运用投射测试比较少，只有在招聘高层次的管理人员时才考虑运用。

最著名的投射测试法是罗夏墨迹法和主题理解测试法，可参考相关资料。

（3）心理实验法。心理实验法是指有目的控制或者创造一定条件以引起个体心理活动的产生，来进行测量的一种科学方法。心理实验法可以分为两种：一种实验室实验法，另外一种叫情景实验法。

实验法的优点是比较客观，针对性强，但是它设计困难，费用相对比较高。

3）心理测试的种类

（1）认知能力测试。认知能力测试包括一般能力测试和能力倾向测试。一般能力测试即智力测试。一般能力包括思维能力、想象能力、语言能力、推理能力、判断能力和协调能力等。一般通过词汇、相似、相反、算术计算和推理等类型的问题进行评价。

（2）能力倾向测试。能力倾向测试是测定被测试者从事某种特殊工作所具备的能力的一种心理测试。人才选拔中的能力倾向测试主要包括语言理解能力、数量关系能力、逻辑推理能力、综合分析能力、知觉速度和准确性等。

（3）成就测试。成就测试又称为熟练性测试或学绩测试，它通常是对人员在接受了一定的教育或训练之后而进行的测试，测试目的是考察人员在多大程度上掌握了那些对于从事某种具体的工作而言非常重要的知识或技能。

知识拓展

认知能力测试和成就测试的测量对象都属于认知性特质。但认知能力测试的主要功能是预测一个人在未来的教育、训练或工作中的可能表现，通常是在接受教育或训练之前进行的测试，用来考察一个人是否有能力接受某种课程或专业技能训练。而成就测试则是要评估一个人在接受教育或训练之后获得的学习成果，它往往是一种事后的评估。成就测试要注重内容效度，而认知能力测试则必须有较高的预测效度。

(4)人格测试。人格测试也称个性测试,人格测试主要用于测量性格、气质、兴趣、态度、品德、情绪、动机、信念、价值观等方面的个性心理特征,其目的是为了了解应试者的个性心理特征。人格对工作成就的影响是极为重要的,不同气质、性格的人适合于不同种类的工作。对于一些重要的工作岗位如主要领导岗位,为选择合适的人才,则需进行人格测试。

2. 纸笔测试

纸笔测试是指以书面形式的测试工具,主要侧重于评定学生在知识方面学习成就高低或在认知能力方面发展强弱的一种评价方式。这类评价方式包括:传统的考试、教师自编成就测试、标准化成就测试或其他作为教学评价辅助工具用的各种心理测试等。

在人事测量中,标准化的纸笔测试的应用最为广泛。标准化的纸笔测试一般有事前确定好的测试题目和答卷,以及详细的答题说明,测试题目往往以客观题居多,但也有不少是主观自陈评价题。有的测题限定时间,有的则不限定时间。被试的任务一般很简单,只需按照测试的指示语回答问题即可。一个标准的纸笔测试系统还包括客观的记分系统、解释系统、良好的常模,以及值得信服的信度、效度和项目分析数据。

纸笔测试实施方便,既经济又省时,评分也较为客观、迅速,是一种有效的资料收集方式。受测试的形式所制约,它无法对被测者实际的行为表现进行测量,如言语表达能力、操作能力等。纸笔形式测试并不能完全避免考试技巧和猜测因素的影响,也往往无法完全解决应试者掩饰自己的真实情况的问题。

3. 面试

面试是一种经过精心设计,在特定场景下,以面对面的交谈与观察为主要手段,以便了解被测试者的心理素质和潜在能力的一种测试方法。面试是招聘甄选的一个重要环节,也是企业最常用的一种甄选方法。通过面对面的交流和沟通,使双方都能加深了解,并能获得更多真实的信息。

1)面试的主要内容

面试的内容需要根据具体的岗位来确定,但一般来说,面试大致有以下一些内容。

(1)工作兴趣。如申请工作的动机,对该职位的了解程度,现具备哪些资格条件等。

(2)当前的工作状况。如现在的职务;为什么申请新的工作;如果被录用,何时能到岗等。

(3)工作经历。如最近的工作单位、地点、职务和职责等;曾经在哪些公司担任过何职、主要职责、待遇、离职的原因等。

(4)教育背景。如接受过何种教育、培训等。

(5)特长爱好。

(6)个人问题。如是否喜欢出差、自己的优缺点等。

2)面试的种类

按照不同的划分方法,面试主要有以下几类。

(1)按照面试的结构划分。一是结构化面试。结构化面试是指提前准备好各种问题和可能的答案,要求应聘者在问卷上选择答案。结构化面试的优点是对于所有的被面试者都回答同样的问题,有统一的评分标准,便于分析和比较,一般适用于初次面试。结构化面试的缺点是缺乏灵活性,局限了谈话的深度,很难做到因人而异。二是非结构化面试。非结构化面试是指没有固定的格式,没有统一的评分标准,所提问题因人而异,根据现场情景设计开放性问题的一种面试方法。其优点是可以根据应聘者的陈述内容灵活地提问和面谈,有利于更加全面地了解应聘者的情况;缺点是主观性较强,没有统一的标准,可能会影响面试的信度和效度。三是半结构化面试。半结构化面试是介于结构化面试和非结构化面试之间的一种面试方法。主要特征是提问和回答可以不按固定的格式和程序进行,一部分问题是可以探讨的非固定问题,一部分则是事先设计的一系列固定的问题。

(2)按照面试的组织方式划分。一是一对一面试。这是一种比较常用的面试方法,面试考官和应聘者两个人单独进行面谈,一个人口头提问,一个人进行回答。二是小组面试。当应聘者较多时,可将其分为若干小组,就一些问题展开讨论。主考官可在一旁就应聘者的表达能力、领导能力、逻辑思维能力、环境控制能力等进行观察评价。这种方法有助于了解应聘者在参加小组活动时的人际关系能力,也可以节省面试的时间。三是主试团面试。主试团面试是由几个面试考官同时对一个应聘者进行面试。主试团面试的优点是为参与录用决策的人员提供了同等的机会审查被面试者,每位面试考官可以从不同的角度提问,节省了系列面试时所花费的时间和精力。主试团面试的缺点是给被面试者带来额外的压力,可能会妨碍被面试者水平的发挥。

(3)根据压力的大小划分。一是压力面试。压力面试是指考官故意制造紧张的气氛,以了解应试者在有外界压力的环境下的反应,考官会问一些让应试者比较难堪的问题或者针对应试者不愿回答的某一问题做一连串的发问,直到应试者无法回答。这种办法主要是考察应试者的灵活应变能力、情绪控制能力及心理素质。而是非压力面试。

3)面试的过程

(1)面试前的准备阶段。首先,确定面试者。根据条件和要求,面试者一般由人力资源部门和用人部门共同组成。其次,回顾职位说明书。面试前,要了解的信息是职位的主要职责以及任职者在知识、能力、经验、个性特点、职业兴趣取向等方面的要求,尤其是要了解胜任这个职位的关键条件。同时了解该职位在工作中的汇报关系、环境因素、晋升和发展机会、薪酬福利等信息。再次,阅读应聘材料和简历。一是熟悉被面试者的背景、经验和资格并将其与职位要求和工作职责相对照,对被面试者的胜任程度做出初步的判断;二是发现被面试者的应聘材料和简历中的问题,供面试时讨论。最后,明确面试的时间和场所。提前明确面试时间,可以让应聘者做好充分的准备,也可避免和企业的其他工作时间相冲突,保证面试的顺利进行。面试地点应该尽量安排在应聘者方便寻找的地方。面试场所应当宽敞、安静、整洁,给应聘者提供一个舒适的环境。

(2)营造适宜气氛。为了营造一种轻松、融洽的面试氛围,面试者和应聘者可以先进行一些与面试内容无关的寒暄,以缓解面试紧张的气氛,帮助应聘者尽快进入面试状态,发挥其正常的水平。

(3)正式面试阶段。提问是面试的主要环节,通过提问、倾听和观察,面试者要着重收集应聘者能够胜任应聘岗位的能力方面的关键信息,并依据这些信息做出基本的判断。一般的提问方式有以下几种。

封闭式提问。封闭式提问是指让应聘者对问题做出明确的答复,以“是”或“不是”来做出简单的回答。这种提问方法只是为了明确某些不太确实的信息。

开放式提问。这是一种鼓励应聘者自由发挥的提问方式,让应聘者自由发表观点和看法,以获取相关信息。根据应聘者的表现,就其逻辑思维能力、语言表达能力等进行综合评价。

假设性提问。这是一种虚拟的提问方式,鼓励应聘者从不同的角度思考问题,充分发挥自己的主观想象力,以考察应聘者的应变能力、思维能力和解决实际问题的能力。

压迫性提问。主要是考察应聘者在压力下的反应和心理承受能力。提问可以从应聘者前后矛盾的谈话中引出,给应聘者造成一种困境和压力。

引导式提问。当涉及工资、福利、工作安排等方面的问题时,通过引导式提问可以征询到应聘者的意向、需要等方面的信息。

连串式提问。通过一连串的提问考察应聘者的反应能力、逻辑思维性、条理性和情绪稳定性。

(4)面试评价反馈阶段。面试结束后,要将面试结果通知应聘者本人,对录用人员发布“试录用通知”,对没有被接受的应聘者发出“辞谢书”。另外,要注意将面试资料存档备案,以备查询。

4)面试的技巧

(1)抓住行为性问题提问。行为性问题是指与过去行为有关的问题。面试提问时多问行为性问题,应该让应聘者必须用其行为实例来回答,避免提出那些直接让应聘者描述自己的能力、特点、个性的题目,如图 4-3 所示。因为一个人过去的行为最能预示其未来的行为,抓住行为性问题提问可以获取有价值的、真实的相关信息。

与行为有关的问法	与行为无关的问法
· 举一个当你……的例子。	· 你对……有何看法?
· 讲述一下你……的具体例子。	· 如果……你会怎样做?
· 你有过……的经历,讲述一下这样的经历。	· 如果是你,你也许会怎样做?

图 4-3　行为性问题和非行为性问题的问法

知识拓展

行为面试法

行为面试法就是对职位所需的关键胜任特质进行清晰地界定,然后在应聘者过去的经历中探测与这些关键胜任特质有关的行为,对应聘者做出评价。面试时要不断地盯着应聘者的过去行为表现。面试考官可以根据应聘者过去干的工作,预见他到公司后会干得怎样。

行为面试法步骤如下所述。首先,要了解应聘者工作业绩取得的背景(situation)。通过不断提问与工作业绩有关的背景问题,可以全面了解该应聘者取得优秀业绩的前提,从而获知所取得的业绩有多少是与应聘者个人有关,多少是和市场状况、行业特点有关。其次,要详细了解应聘者为了完成业务工作,都有哪些工作任务(task),每项任务的具体内容是什么样的。通过这些可以了解应聘者的工作经历和经验,以确定他所从事的工作与获得的经验是否适合现在所空缺的职位。再次,继续了解该应聘者为了完成这些任务所采取的行动(action),即了解他是如何完成工作的,都采取了哪些行动,所采取的行动是如何帮助他完成工作的。通过这些,可以进一步了解他的工作方式、思维方式和行为方式。最后,关注结果(result),每项任务在采取行动之后的结果是什么,是好还是不好,好是因为什么,不好又是因为什么。

例如:最近三年中,由你负责或参与的,最令自己满意的事情是什么?请你举例具体说明。

追问:当时的具体情况是怎样的?你的具体角色和任务是什么?你是怎样完成的?最后结果怎样?

(2)积极有效地倾听。面试者在面试过程中除了善于有效地运用各种问题之外,还必须做一个好的听众。为了做到积极有效的倾听,必须注意以下几点。

少说,多听。在面试的过程中,面试者讲话的时间应该不超过30%,在这段时间内,面试者可以向被面试者提问,了解被面试者的工作经历与能力,澄清某些疑问,向被面试者提供关于企业和职位的信息,回答被面试者提出的问题。而被面试者讲话的时间应该占70%,在这段时间里,面试者应该积极倾听。

善于听取要点。在被面试者讲话的时候,面试者也没必要一字一句地记下来,而是要善于听出被面试者讲话中与工作相关的信息。特别是有的被面试者语言表达能力不强,回答问题总是不能切中要领,就更需要从他的回答中提取有关内容。

及时总结和确认。由于被面试者常常不能一次性地提供一个问题的全部答案,或者经常从一个问题跳到另一个问题,因此面试者要想得到一个问题的完整信息,就必须善于对被面试者回答进行总结和确认。

排除各种干扰。在面试过程中可能会遇到一些干扰,无论发生什么样的情况,面试者都应该控制自己,积极倾听被面试者的谈话。

不带个人偏见。作为一名面试者,最忌讳的就是在面试的时候带有个人偏见。例如,不喜欢被面试者的长相和穿着或觉得被面试者的声音比较怪等。这些个人的偏见都会影响你对所获得信息的加工。

倾听并注意思考。有效的倾听者绝不是在听的时候只使用自己的耳朵,而是同时在进行思考。科学研究表明,人的思考速度大约是每分钟400个字,而说话的速度则是每分钟100个字。这就说明想比说快得多,因此在被面试者讲话时,面试者有足够的时间进行思考。

(3)注意非语言信息。在面试中,传递的除了语言信息外,也在传递非语言信息。在非语言信息沟通中要把握好眼神、手势与姿态语言,并结合到具体的环境中,考虑这些手势和姿态表达了什么样的意义。

作为考官要用好非语言暗示。如适当的眼神接触,亲切地看着应聘者;身子往前倾,表示我尊重你、我在听;适当点头且微笑,表示真心赞许;手心向上,表示鼓励他继续讲;手心向下按压,暗示他停下来。最忌讳的是双手抱着,放在胸前,表示我拒绝。

4. 评价中心测试

评价中心是一种包含多种测评方法和技术的综合测评系统。一般而言,它总是针对特定的职位来设计、实施相应的测评方法与技术。通过对目标职位的工作分析,在了解岗位的工作内容与任职要求的基础上,事先创设一系列与工作高度相关的模拟情景,然后将被试纳入该模拟情景中,要求其完成多种典型的管理工作,如主持会议、处理公文、商务谈判、处理突发事件等。在被试按照情景角色要求处理或解决问题的过程中,主试观察和分析被试在模拟的各种情境景力下的心理、行为表现,测量和评价被试的能力、个性等特征。

1)评价中心的优缺点

评价中心测试的优点表现在以下几个方面。

第一,可靠性。评价中心测试综合使用了多种测评技术,如心理测试、能力测试、面试等,并由多个评价者进行评价。不仅能很好地反映被评价者的实际工作能力,还可以测评其他方面的各种能力和素质。能够对被评价者进行较为可靠的观察和评价。

第二,动态性。将被评价者置于动态的模拟工作情景中,模拟实际管理工作中瞬息万变的情况,不断对被评价者发出各种随机变化的信息,要求被评价者在一定时间和一定情景压力下做出决策,在动态环境中充分展示自己的能力和素质。

第三,现实性。评价中心测试注重发现被评价者对新工作岗位的适应能力,而不太看中其以往的工作经历;更多地测量被评价者实际解决问题的能力,而不是他们的观念和知识。

第四,客观性。评价中心法所采取的手段很多是真实情景的模拟,被评价者的活动都与拟任的工作岗位有关,被评价者的表现比较接近于真实情况,作伪的可能性极低。

当然,评价中心测试也存在一些明显的不足,它的主要缺点表现在以下几方面。

第一,成本较高。实施评价中心测试的时间成本和费用成本都比较高,一般只适用于选拔和物色较高层次的管理者。

第二,主观程度较强。在评价中心测试所采用的情景性测试中,制定统一的评价标准比较困难,因此评价的主观性程度较高。

第三,实施较为困难。评价中心测试由于模拟情景的复杂程度较高,对任务的设计和实施中的要求也比较高,因此实施起来相对较难。

2)评价中心测试的主要形式

(1)公文筐测试。公文筐测试是一种针对管理职位实施的测试方法,模拟了管理人员日常进行的公文处理情景,设计出一系列管理者所处真实环境中需要处理的各类文件,如通知、报告、请示、待审批签发的文件及各种抱怨投诉等,要求被测试者扮演某一管理人员的角色,并在规定的时间内处理完成。处理完成后还要填写行为理由。这种测评方法具有较高的信度和效度,可以考察被测试者的计划、组织、判断、分析、决策和文字能力。

(2)无领导小组讨论。无领导小组讨论就是把几个应聘者组成一个小组,给他们一个议题,事先并不指定主持人,让他们在规定的时间内展开讨论以解决这个问题。

无领导小组讨论是评价中心法中经常采用的一种测评技术。在实施过程中,招聘方不布置会议议程,不提出具体要求,不参加讨论,主试人只是观察和评估测评试者在讨论中的表现。被测评者根据主试人提出的真实或假设的材料,如有关文件、资料、会议记录、统计报表等,就某一指定题目进行自由讨论,如业务问题、财务问题或人事安排问题,或社会热点问题等。最后要求小组能形成一致意见,并以书面形式汇报。

(3)角色扮演。角色扮演是一种比较复杂的测评方法,它再现了企业中的真实情景,要求被测评者扮演一定的角色,模拟实际工作情景中的一些活动。通过对被测试者在不同角色情景中表现出来的行为的观察和记录，评价被测试者在模拟情景中的行为表现与企业预期的行为模式和职位的要求之间是否吻合。这种方法主要用于评价被测试者的人际关系处理能力、应变能力、情绪的稳定程度和控制能力以及处理各种问题的方法和技巧。

除此之外，管理游戏、演讲和案例分析等也是经常被用到评价中心测试的技术。

3）应用评价中心技术的关键环节

国内引入评价技术的时间比较短，但近年，许多组织已经开始积极运用这一技术手段，并初见成效。应用评价中心技术的关键环节如下。

（1）明确目标职位的素质要求。测评之前要针对具体企业的目标职位进行分析，确定该职位的能力、知识和动机等素质要求，并界定素质维度定义，作为测评的标准。

（2）精心设计测试方案。首先，选择和完善测试工具。其次，设计素质评价矩阵。最后，制定评价行动计划，包括设计测评流程和测试的时间进度表，并做好测评师的培训工作。

（3）报告和反馈评价结果。测试结束后，测评师要将观察纪录进行归类、评估，然后多个测评师一起对每位候选人在不同测试中的表现进行分析整合，并撰写测评报告，适当反馈给应聘者，同时追踪收集相关资料，衡量评价中心结果的信度和效度，进一步改进评价中心的流程。

管理故事

小动物招聘

有一个农场，因捕鼠科科长离职而造成农场内鼠患成灾，农场总经理命令人力资源部经理，五天之内要聘用一个捕鼠科科长回来，否则人力资源部经理也得走人。人力资源部经理接到这个指示后，回去赶紧就写了一张小红纸条，贴在了农场的大门口，上面这样写着："本农场欲招捕鼠科科长一位，待遇优，福利好，有意者请来面试。"

第二天，农场门口来了这么七位应聘者——鸡、鸭、羊、狗、猪、猫、猫头鹰。

第一轮筛选是学历筛选。鸡、鸭都是名牌大学的优秀毕业生，当然过关；羊和狗是大专毕业，也过关；猫和猫头鹰是高中毕业，人力资源部经理皱了皱眉头，也过关了，结果，第一关淘汰下来只有一位，那就是只读到小学二年级的猪先生。

第二轮是笔试。这当然难不倒名牌大学毕业的鸡和鸭；羊因为平时勤勉，也勉强过关了；狗呢，上学的时候不太认真，碰到这些题目有些为难，可是它在这么短短的一会儿时间内，已经给主考官鞠了六个躬，点了九次头，所以也过关了；猫头鹰本来是不会做的，可是它眼力好，偷看到了，所以也就抄过了关。只有猫因为坚持原则，不会做就是不会做，所以，这一轮被淘汰的只有猫。

第三轮是答辩。总经理、农场主和人力资源部经理三个人坐在那里，应聘者一个接一个地进来。第一个是鸡，它一进来就说："我在学校时是学捕鼠专业的，曾经就如何掌握鼠的习性与行动方式写过一篇著作。"三个人一碰头，这个好，留下了。第二个进来的是鸭，它说："我没有发表过什么著作，但是在大学期间，我一共发表了18篇有关鼠的论文，对于鼠的各个种类，我是了如指掌。"这个也不错，也留下了。第三个进来的是羊，羊说："我没有那么高的学历，也没有发表过什么论文、著作。但是我有一颗持之以恒的心和坚硬的蹄子。你们只要帮我找到老鼠洞口，然后我就站在那里，高举着我的前蹄，看到有老鼠出来我就踩下去，十次当中应该会有两三次可以踩死，只要我坚持下去，相信有一天我会消灭老鼠的！”三个主考官被羊的这种精神感动了，于是也录取了。第四个进来的是狗，狗一进来就点头哈腰地说：“瞧三位慈眉善目的，一定都是十分优秀的成功人士……”一顿马屁狂拍，三个人被拍得晕晕乎乎的，最终也录用了。

最后一个是猫头鹰，没有高学历，没有什么论文著作，唯一的成绩就是从事捕鼠一年多抓了五六百只田鼠，但是不会拍马屁，又长得恶形恶脸的，一点都不讨人喜欢，所以就被淘汰了。

至此，整个招聘活动结束了，大家可以看到的是，真正会捕鼠的猫、猫头鹰都被淘汰了。这个招聘是结束了，但是结果呢？当然是失败的……

4.4 录用与评估

4.4.1 录用的程序

企业根据职位的要求，运用心理测试、面试和评价中心测试等多种方法对职位候选人进行甄选评价之后，就得到了他们的职位胜任素质的信息，根据这些信息就可以做出初步的录用决策。

1. 录用决策

在许多企业中，录用决策一般是由人力资源管理部门具体负责决定，他们常常为用人部门提供经过筛选的候选人名单，由用人部门最终做出录用决策。

在做录用决策时，首先应该考虑能岗匹配，最合适的就是最好的，而最好的不一定是最合适的。另外，还要注意以下几点：一是要系统化地对候选人的胜任素质进行评估和比较。如果缺乏系统性的方法，招聘者在做决策时往往只能看到候选人表现比较突出的几个方面，而不能全面地关注候选人的所有胜任特征。二是录用标准不要设得太高、太全，录用标准应根据岗位的要求有所侧重。三是初步录用的人选名单要多于实际录用的人数。因为在随后的背景调查、健康检查、人员试用过程中，可能会有一些候选者不能满足企业的要求，或是有些人有了更理想的选择而放弃这次就业机会。

2. 背景调查

背景调查是选拔应聘者最后的一个程序。背景调查也称材料核实，就是核实求职者申请材料和个人简历等与实际是否相符，以获得求职者更全面可靠的信息。

1）调查的内容

背景调查的内容包括：①应聘资料的真实性。如学历的真实性、资格证书的有效性。②工作经历的相关性。侧重了解工作时间、担任职位和承担的主要职责、工作变动情况、薪酬水平、与工作说明书要求相关的工作经验、技能和业绩等问题。③人际关系的客观性。了解求职者如何处理在工作过程中与上级、下级、同级和客户之间的关系，是否善于与人沟通，为人是否诚信，是否善于团队合作等。

2）调查的方法

背景调查主要是通过电话、暗访、信件等方式进行。一般来说，调查的职位越重要，选择调查的方法就应该越慎重，为了调查结果的客观性，有时还可以采取多种方法同时进行。

3）调查的实施

可以委托中介机构进行，提出需要调查的项目和时限要求即可。如果工作量较小，也可以由人力资源部门操作，要求相关的企业协助调查，例如被调查人所在的学校、以前和当前的任职单位、档案管理部门等。

3. 健康检查

身体健康是开展工作的基础，进行录用前的体检主要有以下 4 个方面的作用。

（1）确定求职者是否符合岗位的身体要求。

（2）建立求职者的健康记录，为未来的保险或员工的赔偿要求提供依据。

（3）降低缺勤率和事故，发现员工可能不知道的传染性疾病。

（4）体检资料还可以用于研究员工的某些体力、能力特性是否与绩效水平相联系。

4. 正式录用

1）通知应聘者

当应聘者通过了上述所有程序，人力资源管理部门就会给其发出录用通知，对不被录用者发出辞谢通知。录用通知一般要以信函的方式及时发出，在录用通知书中，要说明报到的起止时间、报到的地点以及报到的程序等内容，同时对被录用者表示欢迎。辞谢通知可以用信函的方式，也可以通过电话的方式。委婉礼貌的辞谢通知有助于树立良好的企业形象，也有利于今后招聘工作的开展。具体示例如下。

录用通知示例

尊敬的____________先生/女士：

我们现在很高兴地通知您，我们企业向您提供____________岗位。接受该岗位的工作意味着您应该完成下列的工作职责____________，并对____________负责。您的基本工资将是每月____________元。

我们很希望您能够接受该岗位的工作。我们会为您提供较好的发展机会、良好的工作环境和优厚的报酬。我们希望您能在______月______日之前答复我们。如果您还有什么疑问，请尽快与×××联系，联系电话是×××-×××。期望尽快得到您的答复。

人力资源部经理

年　月　日

辞谢信示例

尊敬的____________先生/女士：

十分感谢您对我们公司____________职位的兴趣。您在应聘中的良好表现，给我们留下了深刻的印象。但是由于名额有限，这次我们只能割爱。我们已经将您的有关资料备案，并会保留半年。

一旦有了新的职位空缺,我们会优先考虑您。

希望您能够理解我们的决定,并再次感谢您对我们公司的信任和支持!

此致

人力资源部

年 月 日

2)录用面谈

录用面谈对于企业、个人都有着非常重要的意义。录用面谈一方面可以加深企业对新员工的进一步了解。通过面谈可以了解到新员工的家庭、兴趣、个性特征、个人的理想和规划,以及在实际生活中是否有困难等在招聘时无法了解的信息;另一方面,也可以加深新员工对企业的了解。在录用面谈时,气氛比较轻松、融洽,新员工可以进一步询问自己感兴趣的问题,如薪酬待遇、培训机会、福利等,可以进一步了解企业的文化和制度。

录用面谈的执行者要根据录用职位的高低来确定,高层管理者一般由董事长、总经理亲自执行;中层的管理人员由分管业务的副总来谈;一般的基层员工则由部门负责人或人力资源主管来谈。

3)签订劳动合同

被录用者到用人单位人力资源管理部门报到,完成人事档案的转移,填写新员工档案登记表,经试用期考察合格后即与用人单位签订劳动合同。

4.4.2 招聘评估

招聘评估是招聘过程中必不可少的一个环节。为了更精确地评估招聘的吸引力和有效性,改进招聘的甄选方法,降低招聘成本,提高新聘员工的质量,企业越来越关注招聘评估。招聘评估包括招聘成本效益评估、录用数量与质量评估和招聘方法的成效评估。

1. 成本效益评估

招聘成本效益评估是指对招聘中的费用进行调查、核实,并对照预算进行评价的过程。招聘成本效益评估是鉴定招聘效率的一个重要指标。

1)招聘成本

招聘成本分为招聘总成本与招聘单位成本。招聘总成本即人力资源的获取成本,招聘单位成本是招聘总成本与实际录用人数之比。如果招聘实际费用少,录用人数多,意味着招聘单位成本低;反之,则意味着招聘单位成本高。

2)成本效用评估

成本效用评估是对招聘成本所产生的效果进行的分析。主要包括招聘总成本效用分析、人力资源招募成本效用分析、人力资源甄选成本效用分析和人力资源录用成本效用分析等。计算方法是:

总成本效用=录用人数/招聘总成本

人力资源招募成本效用=应聘人数/招募期间的费用

人力资源甄选成本效用=被选中人数/甄选期间的费用

人力资源录用效用=正式录用的人数/录用期间的费用

3)招聘收益成本比

招聘收益成本比既是一项经济评价指标,同时也是对招聘工作的有效性进行考核的一项指标。招聘收益成本越高,则说明招聘工作越有效。

招聘收益成本比=所有新员工为企业创造的总价值/招聘总成本

2. 数量与质量评估

1)数量评估

录用员工数目的评估是对招聘工作有效性检验的一个重要方面。通过数量评估,分析在数量上满足或不满足需求的原因,有利于找出各招聘环节上的薄弱之处,改进招聘工作;同时,通过录用人员数量与招聘计划数量的比较,为人力资源规划的修订提供依据。判断招聘数量的一个直接方法就是看职位空缺是否得到满足、录用率是否真正符合招聘计划的设计。

录用人员数量评估主要从录用比、招聘完成比和应聘比三方面进行。其计算公式为:

录用比=录用人数/应聘人数×100%

招聘完成比=录用人数/计划招聘人数×100%

应聘比=应聘人数/计划招聘人数×100%

2)质量评估

录用员工质量的评估是对员工的工作绩效行为、实际能力、工作潜力的评估,它是对招聘的工作成果与方法的有效性检验的另一个重要方面。录用人员的质量评估实际上是对录用人员在人力资源选拔过程中对其能力、潜力、素质等进行的各种测试与考核的延续,也可根据招聘的要求或工作分析中得出的结论,对录用人员进行等级排列来确定其质量,其方法与绩效考核方法相似。当然,录用比和应聘比这两个数据也在一定程度上反映了录用人员的质量。

3. 招聘方法的成效评估

招聘方法的成效评估主要是评估招聘方法的信度和效度。

【本章小结】

招聘是指企业根据人力资源规划和工作分析的要求,通过一定的程序和方法,把具有一定技巧、能力的人吸收到企业空缺的岗位上,以满足企业人力资源需求的过程。企业招聘的流程包括提出招聘需求、制订招聘计划、招聘实施、招聘评估 4 个阶段。

员工招聘的流程是指企业内出现职位空缺到候选人正式到岗的整个过程。招聘工作同时涉及人力资源管理部门和用人部门,其流程包括提出招聘需求、制订招聘计划、招聘策略、招聘实施、招聘评估。招聘的渠道主要有内部招聘和外部招聘两种。内部招聘就是从企业内部选拔合适的人才来补充空缺或新增的职位,主要途径和方法包括内部晋升或岗位轮换、工作告示等。外部招聘是通过外部获得企业所需要的人员,外部招聘的方法包括媒体广告、举办或参加人才招聘会、利用职业中介招聘、利用猎头公司、网络招聘和校园招聘等。

人力资源甄选是指通过运用一定的工具和手段对已经招募到的求职者进行鉴别和考

察，对应聘人员的知识、能力、个性特征、品质和动机等进行全面了解，从中选出最符合空缺岗位要求的人选的过程。有效的人员甄选可以降低人力资源招聘的风险，有利于人力资源的配置与管理。人力资源甄选的方法包括心理测试、成就测试、面试和评价中心测试。

招聘评估是招聘过程中必不可少的一个环节。招聘评估包括招聘结果的成效评估和招聘方法的成效评估。

关键概念

招聘　外部招聘　内部招聘　心理测试　成就测试　面试　评价中心　无领导小组讨论　文件筐测试

复习思考题

1. 简述人力资源招聘的原则。
2. 简述人力资源招聘的流程。
3. 人力资源招聘有哪些渠道？简述各种招聘渠道的优缺点。
4. 常用的人力资源甄选的方法有哪些？
5. 评价中心测试的主要形式有哪些？
6. 如何评估招聘活动？

案例分析

R公司的人力资源招聘和选拔计划

R公司是一个业务蒸蒸日上的投资咨询公司，该公司依靠政府背景和5位高素质核心员工的努力，年业务量以200%的速度增长。公司总裁杜克先生因而成为众多商学院毕业生的偶像和楷模。但是，作为一名工商管理硕士毕业生，杜克先生清楚地知道，在公司高速发展时期，加快人力资源开发的必要。因此，杜克先生决定委派一位得力干将罗翔先生——一名人力资源管理硕士，专门负责R公司的人事管理。

罗翔先生是一个精明、学识渊博的年轻人，在被任命为R公司人力资源部的总经理后，他就立即投入到人力资源部的筹建活动中去了。杜克先生答应每年将公司营业额的1%作为人力资源部的运行经费，并认为人力资源部的员工选择一般的公司内部职员即可担当，不必花费太多的时间选择。而罗翔则认为人力资源部相对于一个投资咨询公司而言，是一个极其重要的部门，糟糕的人力资源部门会毁掉公司的前程。如果现在公司招聘了一批低素质的人，过一段时间他们会渗透到公司的各个部门，再过一段时间这些人又要为公司招进素质更低的人。所以，人力资源的部门的地位必须要重点加强。罗翔因此建议杜克总裁将人力资源部门的运行费用从1%提高到5%；同时，罗翔还认为公司必须改变目前在招聘工作中的随意性和主观性，罗翔运用所学的关于人力资源管理的知识，还专门请教了以前的几位恩师，最后设计出了一整套颇为复杂的甄选和面试新员工的方案。财务主管张鸿极力反对这套方案，认为这将大大提高目前公司的招聘成本。而罗翔则认为执行这套方案，将给公司带来无法估量的收益。杜克先生处于矛盾之中,于是决定在下周召开高层管理会议,讨论罗翔先生的方案以及将来人力资源部门在公司中的地位等诸多问题。

首先,罗翔认为,公司的业务发展很快,提升内部员工应该是填补空缺职务的首选,这种策略的吸引人之处在于:①为事业发展创造了机遇;②如执行严格,可掌握候选人的可靠资料;③节省新员工适应的时间;④节省外招的费用。当然,提升内部员工也有不足之处,那些几乎完全依靠内部提升的公司容易自满而检查不到漏洞,过分注重“谁正确”,而不是“什么正确”,那些循规蹈矩、没有犯过错的员工受到重用,而那些有识之士则因不适应而被轻视或开除。

因此,罗翔认为60%的晋升机会从内部获取、40%的职位从外部招聘,则可能达到令人满意的效果。罗翔决定从以下途径寻找潜在人力资源:①大学招聘委员会;②学校;③专业团体;④政府机构;⑤人力资源中介机构。

其次,关于发布招聘信息。罗翔认为R公司信誉很高,尽管无须做招聘广告便不断有人找上门来,但为了吸引最具才华的人才加入,罗翔决定定期发布招聘广告,并且精心设计了信息登记表,希望借此建立公司的备选人才库。

为此,罗翔也提出了详细的招聘方案。罗翔决定采用四轮招聘法。第一轮是人力资源部的初步筛选,分为结构化面试和非结构化面试两种方式;第二轮是在初步筛选后,再由人力资源部门企业进行能力倾向和心理测试;第三轮是由业务部门进行相关业务的考察和专业知识技能测试;第四轮是由相应招聘职位的最高层经理和人事招聘部门共同参与,选出个人需求与公司需求最适合的人选。

1. 初步面试

通常,初步面试由公司的人力资源部主管主持进行,通过双向沟通,使公司方面获得应聘者有关学业成绩、相关培训、工作经历、兴趣爱好、职业期望等信息;同时,也使应聘人员对公司目前情况及公司对应聘者的未来希望有个大致的了解。罗翔设计出以下几种常见的问题:①你离开大学后主要从事过什么工作;②你认为你在工作中的主要成就是什么;③哪些事你认为做得不太好,而这些事可能是指向你进一步发展的机会;④你在自己的工作中学到了什么;⑤你认为工作上的哪些方面最有刺激性,最令人满意;⑥你在工作中期待的是哪些东西;⑦你对将来是怎么想的,从现在起5~10年你想干什么岗位。面试结束后,人力资源部要对每位应聘人员进行评价,以确定下一轮应试人员的名单。罗翔罗列的具体项目是:①就应聘者的外表、兴趣、经验/背景、期望、职务能力、教育/培训、是否能马上上任、过去工作的稳定性等项目,从低(1分)到高(10分)打分;②就职务应考虑的优缺点,如对以前职位的态度、对前任上级的态度、对有关的职责、对职业的期望等做具体评议。所有应聘者提供的书面材料也供评价参考。

2. 能力倾向和心理测试

罗翔从公司外聘请了三名心理专家从事这项工作。通过该项测试,可以进一步了解应聘人员的基本素质和个性特征,包括人的基本智力、认识思维方式、内在驱动力等,也包括管理意识、管理能力。罗翔认为这些测试能够较全面、客观地反映被测评者是否具有胜任管理岗位的基本素质。三名心理学家提供了一系列标准化的测试方法,如《16种人格因素问卷》《明苏达多项人格测试》《管理者行为风险测试》《霍兰德职业与兴趣表》《适应能力测验》

《温得立人事测验》《魏斯曼人事分类测验》《罗夏克测验》等。罗翔认为应该进行至少两项测试,然后按其加权平均计值。

3. 专业技能测试

罗翔认为在专业技能测试过程中,进行评价中心测试是行之有效的一个办法。其具体做法是,应聘者以小组为单位,根据工作中常常碰到的问题,由小组成员轮流担任不同角色以测试其处理实际问题的能力。整个过程由专家和公司内部的高级主管组成专家团监督进行,一般历时 2 天左右,最后对每一个应试者做出综合评价,提出录用意见。评价中心测试的最大特点是应聘者的“智商”和“情商”都集中表现出来,能客观反映应聘者的综合能力,使企业避免在选择管理人员时“感情用事”。评价中心测试由三个环节组成。

一是文件处理练习。秘书给每个应聘人员一个文件筐,文件筐里有典型的难题、一般例行问题和经理们从休假回来工作时常见的指示,应聘人员必须在规定的时间内处理这些问题以表现他们在实际工作中处理类似问题的能力。

二是无领导小组讨论。应聘人员被分成一个小组一起讨论几个业务上的具体问题,在会议进行过程中,评价人员仔细观察每一个参加者和其他人员是如何作为的,以考评被测试者的能力和态度,包括说服人的能力、领导能力、组织决策能力、时间应用能力、创造力、容忍力及敏感度、诚实、自信等品性。

三是紧张演习,主要是测试应聘人员应付压力的素质和能力。它由一系列苛刻的问题组成,以火烧眉毛的进程,不友好的方式推出,其紧张情景通常是应聘职务可能涉及的场景。

4. 最高层参与决定人选

最后一轮面试实际上是以上三轮面试结果的最后确定。罗翔认为最高主管的参与至关重要。最高主管将就各个岗位和职业发展方向做出进一步的说明,与求职者进一步进行双向沟通,以确保员工能够在指定的时间投入工作。

上述四轮面试计划,将耗费一个半月左右的时间,再加上前期的准备工作,整个一轮甄选人才的时间有可能是 3 个月。按照罗翔的估计,一年将举行 2~3 次的招聘面试,那么,仅招聘和甄选将耗用半年的时间,再加上日常的工作分析、绩效评估等工作,若要进行全面的人力资源管理,罗翔迫切需要人手和经费的支持。杜克先生也开始有些困惑,公司对人力资源开发如此巨大的投入,是否会带来想象中的巨大回报?建立以人力资源管理为中心的管理体系,是否会使公司迷失方向?

问题:

1. 你认为 R 公司在人力资源开发方面投入巨资是否有必要?谈谈原因。
2. 请你对罗翔先生的招聘方案进行评价。
3. 针对 R 公司这样一家投资咨询公司,请你谈谈各种甄选工具的有效性及应用策略。

实训设计

一、实训项目

模拟招聘。

二、实训目的

通过本章的实践教学活动，使学生初步掌握人力资源招聘的基本流程和方法，重点培养学生运用面试的方法招聘合适的“员工”，并学会总结与修正招聘方案。

三、实训内容与要求

（一）实训内容

制定某企业的面试方案，分组开展课堂模拟招聘。

（二）实训要求

1. 在正式开展课堂模拟活动之前，至少提前一周给学生布置任务；为了培养学生的创造精神，应该鼓励学生创造性地开展工作。

2. 教师要密切注意课堂模拟的整个过程，并给予及时的指导，同时做好学生表现的考核。

四、实训组织与步骤

第一步，分组并进行角色分工。学生组成招聘方和应聘方，招聘方再进行具体角色分工。

第二步，招聘方制定招聘方案，尤其是设计面试题目；应聘方进行应聘准备，如制作简历、准备面试等。

第三步，进行面试模拟。

第四步，教师对整个过程进行总结点评。

本项目实训时间为2周。

五、撰写实训报告

实训结束后，每个小组撰写实训报告。实训报告要求语言流畅、文字简练、条理清晰。报告内容主要包括实训报告封面（实训日期、小组成员姓名、专业、班级等信息）、实训项目名称、实训目的、实训内容、实训资料（实训所依据的原始资料和使用的工具、材料等）、实训过程（实训采用的方法、步骤等）、实训结果或结论、实训指导教师评价意见等。

六、实训成绩评定

（一）评定等级

实训成绩可分为优秀、良好、中等、及格、不及格5个等级。

（二）评定标准

1. 是否了解招聘流程，是否掌握招聘面试的基本方法。

2. 是否积极认真地进行模拟招聘的课前准备。

3. 面试模拟中，是否认真、积极地投入，是否体现了良好的团队协作精神。

4. 招聘方案、简历、课堂模拟占总成绩的60%，实训报告占总成绩的40%。

第 5 章 培训与开发

学习目标

1. 理解培训与开发的含义、目的和意义。
2. 了解培训与开发的流程。
3. 掌握培训需求分析内容与方法。
4. 掌握培训计划的制订和培训的方法。
5. 了解培训效果评估的标准。

【导入案例】

迪斯尼乐园的清洁工培训

到东京迪斯尼去游玩，人们不大可能碰到迪斯尼的经理，门口卖票和剪票的也许只会碰到一次，碰到最多的还是扫地的清洁工。所以东京迪斯尼对清洁员工非常重视，将更多的训练和教育大多集中在他们的身上。

东京迪斯尼扫地的有些员工，他们是暑假工作的学生，虽然他们只扫两个月时间，但是培训他们扫地要花 3 天时间。

学扫地

第一天上午要培训如何扫地。扫地有 3 种扫把：一种是用来扒树叶的；一种是用来刮纸屑的；一种是用来掸灰尘的，这三种扫把的形状都不一样。怎样扫树叶，才不会让树叶飞起来？怎样刮纸屑，才能把纸屑刮的很好？怎样掸灰，才不会让灰尘飘起来？这些看似简单的动作却都应严格培训。而且扫地时还另有规定：开门时、关门时、中午吃饭时、距离客人 15 米以内等情况下都不能扫。这些规范都要认真培训，严格遵守。

学照相

第一天下午学照相。十几台世界最先进的数码相机摆在一起，各种不同的品牌，每台都要学，因为客人会叫员工帮忙照相，可能会带世界上最新的照相机，来这里度蜜月、旅行。如果员工不会照相，不知道这是什么东西，就不能照顾好顾客，所以学照相要学一个下午。

学包尿布

第二天上午学怎么给小孩子包尿布。孩子的妈妈可能会叫员工帮忙抱一下小孩，但如果员工不会抱小孩，动作不规范，不但不能给顾客帮忙，反而增添顾客的麻烦。抱小孩的正确动作是：右手要扶住臀部，左手要托住背，左手食指要顶住颈椎，以防闪了小孩的腰，或弄伤颈椎。不但要会抱小孩，还要会替小孩换尿布。给小孩换尿布时要注意方向和姿势，应该把手摆在底下，尿布折成十字形，最后在尿布上面别上别针，这些地方都要认真培训，严格规范。

学辨识方向

第二天下午学辨识方向。有人要上洗手间,“右前方,约50米,第三号景点东,那个红色的房子”;有人要喝可乐,“左前方,约150米,第七号景点东,那个灰色的房子”;有人要买邮票,“前面约20米,第十一号景点,那个蓝条相间的房子”……顾客会问各种各样的问题,所以每一名员工要把整个迪斯尼的地图都熟记在脑子里,对迪斯尼的每一个方向和位置都要非常清楚。

学怎样与小孩讲话

游迪斯尼有很多小孩,这些小孩要跟大人讲话。迪斯尼的员工碰到小孩在问话,统统都要蹲下,蹲下后员工的眼睛跟小孩的眼睛要保持一个高度,不要让小孩子抬着头去跟员工讲话。因为那个是未来的顾客,将来都会再回来的,所以要特别重视。

思考:“顾客站在最上面,员工去面对客户,经理人站在员工的底下来支持员工,员工比经理重要,客户比员工又更重要”。结合案例,谈谈你对此段话的理解。

5.1 培训与开发概述

培训与开发是人力资源管理的一项重要职能和手段。英国管理学家科普认为,培训与开发不是可有可无的选择性事件,而是人力资源管理的重要组成部分,是对人力的投资。作为人力资本内涵扩张的有效途径,培训与开发已成为现代企业组织获取竞争优势的有力武器。

5.1.1 培训与开发的含义

1. 培训与开发的含义

培训与开发是人力资源管理的一项重要内容。人力资源的培训与开发都是指为了满足企业不断发展的需要,为了提高员工的知识,改善员工的工作态度,使员工能胜任本职工作并不断有所创新,在综合考虑组织的发展目标和员工个人发展目标的基础上,对员工进行的一系列有计划、有组织的学习与训练活动。所以,有时统称为人力资源开发(human resource development,HRD)。但是,培训与开发也是有区别的,它们的差异取决于目标的指向。培训是一种相对目标更明确的活动,它的目的是帮助员工完成当前的工作,主要是培养员工与当前工作或特定任务相关的能力。而开发则是以提高员工的适应能力为导向,其中心问题是使个体能够适应预期的变化或者复杂的工作环境。

具体来说,培训就是有计划地帮助员工学习与工作相关的基本能力的过程。培训的目的在于使员工的知识、技能、态度以及行为得到改进,从而使其发挥最大潜力以提高工作绩效。如今,越来越多的企业认识到,要想通过培训获取竞争优势,培训就不能仅仅局限于基本技能的开发。培训还要提供范围更广阔的技能,在竞争日益激烈的今天,仅仅能胜任工作是不够的,对员工的培训还要关注他们分析和解决工作中发生的问题的能力,满足现代企业对速度和灵活性的要求。另外，培训还要从单纯地向员工传授具体的技能转变为创造一种知识和谐共享的氛围，使员工能够自发地分享知识，创造性地应用知识来满足客户的需求。开发是指有助于员工为未来工作做好准备的正规教育、工作实践、人际互动以及人格和能力评价等各种活动。开发侧重于使员工获得既可用于当前工作又为未来职业生涯所需的知识和技能，主要是通过提高他们的能力以使他们能够为未来的职位、技术或工作的变化做好准备。由于开发是以未来为导向的，它有助于员工跟上组织的变化和发展。由上面的论述可以看出，由于现代企业的培训越来越重视同企业发展和经营战略的契合，培训与开发之间的界限已经变得越来越模糊。

2. 培训的特点

（1）实用性。企业培训不是花拳绣腿，企业也不需要形式上的培训，培训需要成本，而企业投入成本是希望通过培训实现收益。让员工成长进步，从而满足企业生产经营的需求，最终将培训成果转化为提高企业的实际绩效。

（2）广泛性。广泛性是指培训对象和培训内容的广泛性。培训对象广泛性包括决策层、管理层、基层员工；培训内容广泛性是指不仅涉及一般管理知识，计划、组织、协调、控制等，也包括财务、营销、生产、技术等具体经营环节的专业知识和技能，甚至新知识、新技能。

（3）系统性。培训是个系统工程，组织应该根据战略发展的需要详细设计、规划和实施培训工作。

（4）全员参与性。要把所有员工都纳入培训管理中，企业不存在不需要培训的人，包括决策层和人力资源管理者本人。

（5）科学计划性。培训不能盲目进行，培训实施前要做科学的培训需求分析，在培训需求分析基础上制订培训计划或实施方案，然后认真执行，否则无法保证培训的价值和意义。

培养人才——LG造就企业与员工“双赢”

在世界500强企业中，LG既以高科技著称，也以重视培训闻名。2012年10月，LG建立了韩国业界首个韩国劳工部认证和支持的大学——LG电子大学。该大学设有数字家电服务、双赢增长业务行政管理、金属成型、质量工程和全球营销等15门课程，将人才培养模式进一步整合深化。据悉，每年有1600位LG和合作伙伴员工在这里学习，第一批学员已顺利毕业并投入到工作岗位中。

除了为员工提供深入学习的机会，LG还要求员工制定自己的“职业发展计划”和年度绩效目标。根据该计划，员工与管理人员进行“一对一”面谈，从中选择自己的职业路线并找出所需的工作经验和培训，并根据职业发展线路制订详细的行动计划。员工根据各自的职业发展计划接受相关培训，培训所得学分将上报人力资源系统并反映在晋升当中，从而推动企业发展与人才培养的“双赢”模式。

对于海外员工，LG制定了国内事务员工（ISE）标准培训体系，并在美国、法国、中国、阿联酋、巴拿马、印尼、印度等13个区域培训中心提供领导力、职能培训，为海外员工提供更多深造的机会。

LG电子在全公司设定了统一的标准化流程用于管理面向员工的评估和奖励体系。这套基于绩效的员工评价体系采用“相对评价”以便于根据绩效进行精确衡量和公平奖励，LG尽量简化这套绩效和能力评估体系，让员工更容易理解。根据评估结果就改进点(绩效和职业能力)向员工提供清晰的反馈，从而促进员工的长期发展和对组织绩效的贡献。根据评估结果，LG电子会通过加薪、发放奖金和晋升等手段对表现优异者进行奖励，激发员工创造力。

值得一提的是，进入中国市场20年的LG已形成了本土化的内部人才培训机制。通过不同职级的培训课程、网上培训等人才培育机制，在98%以上的本地职员构成中，培养了大批本土管理层人才，维持了高速的发展和增长。

如今，LG电子已成为全球最具有品牌号召力的电子品牌之一。毫无疑问，这是“重人才”的智慧和企业技术创造力双重作用的结果。通过劳动力的优化配置和人力资源的内部整合，从根本上激发了员工的创造力，为企业发展带来无穷动力，也成为LG勇往直前的有力保障。

5.1.2 培训的类型

培训从不同的角度可以划分为不同的类型。

1. 按照培训的内容不同划分

根据培训内容的不同，可以将培训分为基本技能培训、专业知识培训和工作态度培训。基本技能培训是通过培训使员工掌握从事职务工作必备的技能；专业知识培训是通过培训使员工掌握完成本职工作所需要的业务知识；员工态度培训是通过培训改善员工的工作态度，使员工与组织之间建立起互相信任的关系，使员工更加忠诚于组织。这三类培训对于员工个人和组织绩效的改善都具有非常重要的意义。因此，在培训中应予以足够的重视。

2. 按照培训的对象不同划分

按照培训的对象不同，可以将培训分为新员工培训和在职员工培训。新员工培训又称向导性培训或岗前培训，是指对新员工的培训，主要是让新员工了解组织的工作环境、工作程序、人际关系等；在职员工培训是对组织中已有的人员的培训，主要是为了提高现有员工的工作绩效。

3. 按照培训的目的不同划分

按照培训的目的不同，可以将培训分为应急性培训和发展性培训。应急性培训是组织急需什么知识、技能就培训什么。例如，企业计划新购一台高精度的仪器，而目前又没有员工能够操作，就需要进行针对此仪器的应急性培训；发展性培训是从组织长远的发展需要出发而进行的培训。

5.1.3 培训的目的

一般认为培训的目的在于让员工掌握培训项目中所强调的知识、技能和行为，进一步讲，是让员工提高自我意识、转变态度和动机，改善员工工作绩效并提升组织的整体绩效。

这是组织进行培训的初衷和根本原因,也是衡量培训工作成败的根本性标准,如果不能实现这一目标,培训工作就是不成功的。

概括来说,培训的目的主要表现在以下 4 个方面。

(1)实现组织经营战略目标的需要。

(2)实现员工个人目标的需要。

(3)选拔人才的需要。

(4)留住人才的需要。

5.1.4 培训的意义

随着科学技术的发展和社会的进步,事对人的要求越来越高、越来越新,人与事的结合常常处在动态的矛盾之中。人与事的不协调是绝对的,解决这一矛盾的方法之一是进行员工培训。所以,组织越来越重视培训工作。具体而言,培训的意义主要表现在以下几个方面。

1. 培训有助于提高组织的应变能力

现代社会科技日新月异,竞争日益激烈,只有增强组织的应变能力、构筑自己的竞争优势,才能在竞争中谋求生存和发展。组织的每项变革的成功实施,每一项新技术的成功研发,都离不开员工的知识和技能。因此,组织只有在人员的培训上保持持久的竞争优势,才能不断适应市场的变化与发展。

2. 培训有助于提高企业的绩效

组织绩效的实现是以员工个人绩效的实现为前提和基础的,有效的培训工作能帮助员工提高他们的知识、技能,改变他们的态度,增进他们对企业战略、经营目标、规章制度、工作标准等的理解,不断提高工作积极性,从而有助于改善他们的工作绩效,进而改善企业的绩效,这可以说是培训最重要的意义。

3. 培训有助于强化员工的忠诚度

许多员工认为,培训是组织提供的最好的福利,是组织关心员工个人成长和发展的体现。每个员工都有追求自身发展的欲望,当员工无法有效地完成自己的工作时,就会形成工作压力,并在各方面表现出来。如果组织不能给员工提供有效的培训,满足员工培训的欲望,就会导致员工工作激情的下降,甚至会导致优秀员工的流失。成功的培训能提高员工的知识技能,有效地减少工作压力并增加工作的乐趣。同时,通过培训来减少员工的流动率和流失率,既有助于强化员工的敬业精神和对企业的忠诚度,又有助于降低劳动力成本和管理成本。

就企业而言,对员工培训得越充分,对员工越具有吸引力,越能发挥人力资源的高增值性,从而为企业创造更多的效益。有资料显示,百事可乐公司对深圳 270 名员工中的 100 名进行一次调查,这些人几乎全部参加过培训。其中 80%的员工对自己从事的工作表示满意,87%的员工愿意继续留在公司工作。培训不仅提高了职工的技能,而且提高了职工对自身价值的认识,对工作目标有了更好的理解。

4. 培训有助于激发员工的积极性

员工培训是一项重要的人力资本投资,同时也是一种有效的激励方式。如果员工通过培训感受到自己的价值得到了组织的认可,并在工作中受到重用,就会大大增强他的工作责任感、成就感和信心。受训后的员工会感激组织为他们提供个人成长、发展和在工作中取得更大成就的机会,会对工作充满热情,对自己充满信心,也就会更加主动应用和发挥所学知识并施展其创造力,为企业做出更大贡献。

5. 培训有助于培养组织文化

组织文化是企业的灵魂,它是一种以价值观为核心对全体职工进行企业意识教育的微观文化体系。良好的组织文化将会对员工有着强大的吸引、导向和激励作用。组织文化是组织成员共同遵守的价值观念和行为准则,需要得到全体人员的认可和宣传,而培训就是一种很有效的学习和宣传手段。将组织文化和组织形象的建设转化为具体的学习活动,通过培训造就训练有素、德才兼备的员工,能使顾客满意度提高,并让顾客透过员工良好的行为表现去感受优秀的组织文化。

6. 培训有利于打造学习型组织

学习型组织是致力于知识的获取和创造,并以知识作为发展的动力和基础的组织。学习型组织在许多方面都显示出无比的优越性,如解决系统化的问题、富有创新性的工作、学习自己和他人过去的经验、快速而有效地将知识转变为生产力等。未来唯一可以持久的优势是有能力比你的竞争对手学习得更快、更好。经常开展培训活动能培养更多的学习者,营造组织共同的学习环境,打造学习型组织。

正是因为员工培训对组织而言有如此重要的意义,越来越多的企业从战略发展的角度,把培训作为企业最重要的投资方向之一,同时,员工也把是否能够得到足够的培训和发展机会作为衡量组织优劣的重要指标之一。

知识拓展

员工培训中的五大误区

既然员工培训对企业来讲是如此重要,为何许多企业的管理者并不十分重视培训呢?这是因为很多管理者都陷入了一些认识上的误区,主要误区有以下5种。

1. 新进员工自然而然会胜任工作

一些管理者错误地认为:新进员工随着时间推延都会逐渐适应环境而胜任工作。因此,一些企业忽视对新进员工进行培训。据相关部门统计,有80%的企业没有对新进员工进行有效的培训,就立即分配到正式工作岗位上去。以后新员工的成功与否,基本上取决于员工本身的适应能力以及所处的小环境了。企业不进行新进员工培训,或只敷衍了事的培训,往往会使新进员工在较长时间内绩效不高。同时,往往会使员工缺勤率、离职率居高不下。

2. 流行什么就培训什么

据调查,一些企业的管理者喜欢赶潮流:最近流行推广整体营销,马上办一期“整体营销培训班”;报纸上在宣传知识经济,就立即组织“知识经济研讨会”。于是,资产重组培训班、精益生产培训班、ISO 9000研讨会、外贸短训班、办公室自动化培训班等,办了一期又一期,从表面上看,企业培训工作开展得轰轰烈烈,其实是无的放矢,效果并不一定理想。

国际著名心理学家班杜拉教授一针见血地指出:“人是不会让自己去做自己认为做不到的事情的。”因此,改变员工的内心愿望、目标、抱负和标准,进而使员工的素质得到提高,这便需要企业有目的、有步骤、系统地进行培训。而东一榔头西一棒槌地组织低效率的培训,结果只能是浪费人力、物力、财力。

3. 高层管理人员缺乏相应培训

一些企业的高层管理人员认为,培训只是针对基层的管理人员和员工的,高层管理人员本身就是经验丰富的人才,根本不需要培训。其实这是一种错误的观点。高层管理人员是企业组织中的主导力量,在组织中的一切活动中处于领导地位,高层管理人员素质的高低直接决定着企业经营活动的成败。目前许多中小企业在培训过程中只对中层和基层员工进行培训,忽视了对企业高层管理者和决策人员的培训,使得企业的高层管理者实际上缺少相应的管理知识和必备技能。

4. 忽视培训的潜在价值,培训经费投入不足

目前我国很多中小企业在培训方面投入很少,当企业经济效益不好时就以资金不足为理由减少培训基金或者干脆取消培训,更谈不上开发。这主要是因为这些企业的管理者错误地认为培训是一种成本,企业当然应该降低成本来提高效益。而实际上,培训是对人力资源这一核心力进行开发的投入,属于企业的间接投资,高素质的培训能够给企业带来丰厚的回报。目前很多企业经营不好的一个重要原因就是不重视培训,以至形成不培训—经营不好—更不培训—经营更不好的恶性循环。现代人力资源开发与管理的理论与实践反复向人们指出:培训是一项回报率极高的投资。美国布兰卡德训练中心总裁布兰卡德举例:一家汽车公司经过一年的培训,花去培训费 20 万美元,但当年就节省成本支出 200 万美元,第二年,这家汽车公司又节省成本 300 万美元。可以这样说,任何设备的功能都是有限的,而人的潜力是无限的。在同样条件下,通过培训,改善人力资源从而使企业效益成倍增长是可以做到的。

5. 培训方式与方法不合理,培训过程缺乏必要的监督手段

许多企业的培训仍然采取传统的学习方式,即“老师讲、学生听、考试测”,员工兴趣不高,培训效果不好。当前企业培训的目标既有知识的学习,同时有技能的培养和态度的转变,需要开发员工的创新能力,因此应针对不同培训采取不同方式。而当培训进入实施阶段时,便很少再有人过问,最后的培训效果往往也按照传统采取考试的形式。考试成绩只能作为衡量培训成绩的一个参考,员工处理问题及解决问题的能力是否得到提高很难测量,因此在培训过中应采取必要的监督手段。

5.1.5 培训的原则

为了取得良好的培训效果,组织在培训中应遵循以下几项原则。

1. 战略原则

组织培训要服从组织的整体发展战略,最终目的是为了实现组织的发展目标。因此应

以战略的眼光去组织培训,不能只局限于某一个培训或某一项培训需求,而是要立足长远的发展,从未来发展的角度出发进行培训,这样才能保证培训工作的主动性,而不是仅仅充当临时“救火员”的角色。

2. 目标原则

为了保证培训的效果,在培训的过程中要贯彻目标原则。在培训前,要设置清晰的培训目标,使受训人员能够清晰自己的努力方向,并具有一定的学习压力。目标的设置要结合培训课程和员工的个人实际情况,目标要清晰、明确、适度,是员工通过学习可以达到但是又要付出一定的努力的。

3. 激励原则

为了更好地调动员工的积极性和学习热情,使他们能够主动、自觉地参与到培训中,提高培训的效果,培训过程中要坚持激励的原则。例如,培训前,领导要充分重视培训工作,积极向员工宣传培训对于个人和组织的重要性;培训过程中,要及时反馈培训的效果,密切关注员工的培训过程;培训结束后要进行考核,考核结果应与员工的直接利益挂钩,考核优秀者要给予一定的奖励,考核成绩较差者要进行相应的惩罚。

4. 实效原则

企业组织员工培训的目的在于通过培训让员工掌握必要的知识技能,以完成规定的工作,提高员工个人的绩效,进而提高整个组织的整体绩效。因此,在培训项目实施中,应注重培训内容,而不要追求培训的形式,要把培训内容和培训后的使用衔接起来。

5. 效益原则

员工培训是企业一种投资行为,和其他投资一样,也要从投入产出的角度考虑效益大小及远期效益、近期效益问题。

6. 差异性原则

差异性包括两方面:培训内容的差异性和培训对象的差异性。

(1)培训内容的差异性。由于培训的目的是改善个人的业绩,培训的内容要和员工的工作相关。在组织中每个人的分工是不同的,因此,培训内容也有所差异。在培训中,要结合员工的职位不同和实际水平的差异确定培训。

(2)培训对象的差异性。全员教育培训,就是有计划、有步骤地对所有在职员工进行教育和训练,它的对象应包括企业所有员工,重点教育培训对企业的发展起着关键作用的领导人才、管理人才和工作骨干,优先教育培训急需人才。

知识拓展

西门子公司长久不衰的奥秘是什么?

150年来,西门子的名字早已超出其产品品牌本身的含义,成为一个成功的标志。是什么造就了西门子150多年的辉煌?高质量的产品、完善的售后服务、不断地创新以及高效的员工培训被认为是西门子成功的关键。

在员工培训方面,西门子创造了独具特色的培训体系。西门子对员工进行培训的根本目标是使他们能够从容应付来自各方面的挑战。为此,西门子为员工设计了各种各样的有效培训。

(1)新员工培训。新员工培训又称第一职业培训。西门子公司在这一方面投入甚丰,以保证企业发展有足够的一流技术工人。在第一职业培训期间,学生要接受双轨制教育:一周中3天在企业接受工作培训,另外2天在职业学校学习知识。这样,学生不仅可以在工厂学到基本的熟练技巧和技术,而且可以在职业学校受到相关基础知识教育。西门子早在1992年就拨专款设立了专门用于培训工人的"学徒基金"。现在,公司在全球拥有60多个培训场所,如在公司总部慕尼黑设有西门子学院,在爱尔兰设有技术助理学院,它们都配备了最先进的设备。目前共有1万名学徒在西门子公司接受新员工培训,大约占员工总数的5%。

新员工培训保证了员工进入公司后具有很高的技术水平和职业素养,为西门子的长期发展奠定了坚实的基础。

(2)大学精英培训。西门子平均每年接收全球大学毕业生3000名左右,并为他们制定了专门的培训计划。进入西门子的大学毕业生首先要接受综合考核。考核内容既包括专业知识,也包括实际工作能力和团队精神。公司根据考核的结果安排适当的工作岗位。在此过程中,西门子从每批大学生中选出30名尖子进行专门培训,培养他们的领导能力,培训时间为10个月,分3个阶段进行。

第一阶段,让他们全面熟悉企业的情况,学会从互联网上获取信息。

第二阶段,让他们进入一些商务领域工作,全面熟悉本企业的产品,并加强他们的团队精神。

第三阶段,将他们安排到下属企业(包括境外企业)承担具体工作,在实际工作中获取实践经验和知识技能。

目前,西门子拥有400多名这样的"精英分子",有1/4正在接受海外培训或在国外工作。大学精英培训计划为西门子储备了大量的管理人员。

(3)员工在职培训。西门子努力塑造"学习型企业"。为此,西门子特别重视员工的在职培训,在每年投入的培训费用中,有60%用于员工在职培训。在西门子员工的在职培训中,管理教程培训尤为独特和有效。西门子员工管理教程分为五个级别,各级培训都以前一级别培训为基础,从第五级别到第一级别所获技能依次提高。

通过参加西门子管理教程培训,增强了企业和员工的竞争力,达到了开发员工管理潜能、培养公司管理人才的目的。

西门子的员工培训计划涵盖了业务技能、交流能力和管理能力的广泛领域,为公司储备了大量的生产、技术和管理人才,从而提高了公司整体竞争力,成为西门子公司不败的重要保证。

5.2 培训的流程

组织培训工作要做到行之有效,首先必须建立一套比较完善的培训流程。一般来说,完整培训流程包括培训需求分析、培训计划制订、培训活动实施、培训效果评价四个阶段,每个阶段都有各自不同的内容和任务,如图 5-1 所示。

图 5-1　培训流程图

5.2.1　培训需求分析

培训需求分析作为现代培训教育的首要环节,是指通过对组织及其成员的目标、技能、知识、态度等的分析,来确定个体现有状况与应有状况的差距以及组织与个体的未来状况。因此,现代培训需求分析有三大层次:个体分析、组织分析、战略分析,它们共同构成现代培训需求分析的内容。

1. 培训需求分析的层次

1)培训需求分析的个体层次

培训需求分析的个体层次是以员工个体作为分析的对象,主要分析员工个体现有状况与应有状况之间的差距,在此基础上确定谁需要和应该接受培训及培训的内容。

对员工个体进行分析包括两个方面:一是个体绩效分析。它往往是通过绩效评估的方式进行的。通过对工作人员绩效的分析,可以发现工作人员绩效水平的高低,从而进一步寻找绩效水平较低的原因:知识技能问题、组织体制问题、士气问题等,以决定是否需要通过培训来解决问题。二是知识、技能和能力分析。首先要确定一个分析标准,即员工从事某一工作所必需的知识、技能和能力,我们拿这些标准同员工现有的知识、技能和能力进行比较,寻找它们的差距,以此为依据来决定谁需要参加培训及培训的内容。

(1)培训部门对个体的分析。在培训需求分析中,培训部门应同组织领导人员、人事部门、工作人员等加强联系,相互指导、帮助和鼓励。培训部门可以通过散发广告、布告、通知、传单等,同个体工作人员讨论各项培训选择;通过同面临各种问题的领导者一起工作,来决定培训需要解决的问题。组织健全的培训部门都有针对每一个工作人员的培训详细目录,该目录记录了每一个工作人员曾经参加的培训,并指出未来培训与开发的可能性。这对确定工作人员的培训需要是非常重要的。

(2)组织人事部门的分析。组织人事部门在组织中的特殊地位及其与员工的关系,决定了它也是确定谁需要及谁会获得培训的关键参与者。组织人事部门一般也是通过绩效评估的方式来了解员工的实际表现。

(3)员工对自身的分析。员工个体对自身的分析主要通过两种方式进行:一是通过制定个人职业发展规划的方式进行。明确职业发展目标以及实现发展目标所需要的知识、技能、能力等方面的要求,以作为确定培训需求的依据;二是通过工作总结的方式进行,即通过自我总结、反省,发现自己的差距与不足,从而决定通过适当的培训类型来解决自身存在的问题。

员工进行自我需求分析与组织的培训需求可能有冲突,同时员工的自我需要分析有时也有一定的局限性。如作为机构和组织,它往往更多的是从组织需要和角度来确定和衡量人员的个体培训需求,因而个人的培训意愿可能与组织的培训需求不一致;员工有时可"当局者迷",不能觉察到自己可以利用的各种培训选择,往往需要其他人员的指导和帮助。但是培训需求分析中没有员工的参与对于培训计划的确定以及培训目标的最终实现也是不利的。一般情况下,只有员工最了解自己的培训需要,最了解自己的缺失与不足。没有员工的自我分析,可能会造成培训与培训需要的脱节。同时,如果一个员工对组织分配的培训没有积极性,那么他就会想方设法逃避培训责任;如果一个员工没有完全理解培训的益处,那么他很难被激励起来;如果员工对派出参加培训感到不满意,那么他往往表现出缺乏培训热情,并且在培训过程中会因不能积极投入而影响最终培训效果。因此,在培训过程中,如果没有员工的自我需求分析,不但培训很难顺利进行,培训效果也很难保证。

2)培训需求分析的组织层次

培训需求的组织分析有广义与狭义之分。从广义上讲,培训需求的组织分析主要是指通过对影响培训规划设计和组织绩效的组织目标、资源、环境等因素的系统分析,准确找出组织存在的问题,并确定培训是否是解决此类问题的最有效的方法及组织最需要的培训类型等。从狭义上讲培训需求的组织分析主要是指通过对完成组织任务所需要的知识、技能状况同现有状况的差距的分析,确定组织的培训需要及内容。本教材采用的是广义的概念。

(1)组织目标的分析。组织目标作为一定时期内组织及其成员的行为动力和前进方向,既对组织的发展起决定性作用,也对培训规划的设计与执行起决定性作用。一般来说,组织目标决定培训目标,培训目标为组织目标的实现服务。有什么样的组织目标,就会有什么样的培训目标,组织目标与培训目标具有内在的一致性。当组织目标不清晰、不明确时,培训目标便难以确定,培训规划也难以设计与执行,也不可能详细说明培训过程中应用的标准。因而在培训需求分析中,详细说明组织目标显得尤为重要。

既然明确、清晰的组织目标有助于培训目标的确定、培训规划的设计与执行,那么当组织目标不清晰而组织绩效低下时,应如何处理呢?在这种情况下,对于组织来说,应通过组织变革等方式首先确定组织目标,然后再决定是否是培训问题。

(2)组织气候的分析。所谓组织气候是指在组织内存在的,能够影响培训效果的诸因素的总称,包括价值观、人际关系状况、态度、制度构成、领导水平等。一般情况下,培训与组织气候的关系是辩证的,一方面,组织气候决定、影响和制约培训效果,组织气候的变化必然导致培训效果的变化;另一方面,培训效果对组织气候具有反作用。

很多研究表明组织气候对于培训具有重要作用。有研究者指出,当培训规划与工作现场的价值不一致时,培训效果将很难保证;有研究者警告说,培训部门对知识、技能的获得投入了大量的精力,而对培训后将要发生的情况考虑不足;还有研究者认为,如果受训者同事的行为方式同受训者在培训中学习到的行为方式相一致,那么受训者在工作中将会被“提醒”而运用所学到的行为方式。上述几种观点都说明了组织气候的重要性。

(3)组织资源分析。组织资源分析主要包括组织人员的安排、设备类型、财政资源的描述,其中最重要的是人力资源分析。人力资源分析主要是对组织内现有人力资源状况的分析,它往往涉及组织工作人员的数量、质量、结构等方面。一般来说,由于人们调离原单位到其他不同的组织工作,退休,在组织内部获得晋升,生产结构、工艺流程的改变导致的人员下岗以及组织内产生新任务等,都会造成人力资源不足。这就促使组织想方设法弥补人力资源的不足;或者到组织外重新雇用一批人员,或者是迅速设计培训规划为现有工作人员提供指导,为新工作任务做准备。这些工作都必须建立在人力资源分析基础之上。

3)培训需求分析的战略层次

所谓战略分析是指组织未来的发展方向和发展战略的分析。传统上,人们习惯于把培训需求分析集中在个体与组织方面,并以此作为设计培训规划的依据。一般来说,集中于个体与组织的需求分析,对组织的过去和现在的需求比较敏感。但是如果组织发生了重大变化怎么办?这就要求在注重过去与现在需求分析的同时,还应该重视组织及其成员未来的需求分析,即战略分析。

在战略分析中,有三个领域必须考虑到:组织优先权的改革、人事预测、组织态度,它们是战略分析的主要工具。

(1)组织优先权的改变。一般来说,组织优先权是指组织当前的工作重心,或组织当前必须优先考虑的问题。随着外界环境的变化,组织优先权也不断发生变化。组织优先权的改变说明了这样一种观点:培训部门不能仅仅考虑现在的需要和建立在过去倾向基础上的服务提供,它必须具有一定的前瞻性;必须分析组织的未来需要,并尽量为组织未来的可能变化做准备,这就需要提前制订培训规划。

引起组织优先权改变的因素包括新技术的引进,财政上的约束,组织的撤销、分割或合并重组,领导人的意向,各种临时性、突发性的事件等。

(2)人事预测。人事预测是对组织未来人力资源状况的一种预先分析,主要包括需求预测和供给预测两部分内容。需求预测主要考查一个组织所需的人员数量及这些人员必须掌握的技能。供给预测不但要考虑可能参加工作的人员数量,而且也要考查这些人员所具有的技能状况。例如,通过需求预测,运输部门可能预测到需要增加一部分工程技术人员。而通过供给预测,运输部门就可以发现全国,尤其是一些关键地区和部门工程技术人员的短缺状况。运输部门就可以利用这些信息制订一个包括培训、工资待遇、职务晋升、新员工录用的计划,以保证所需人员的雇用、培训和再培训。

(3)组织态度。在培训需求的战略分析中,收集全体人员对其工作、工资、晋升、同事等的态度和满意程度的信息是非常重要的。这主要是因为,首先,对态度和满意程度的调查能帮助了解组织内最需要培训的领域;其次,对态度与满意程度的调查不仅可以表明是否需要培训以外的方法,而且也能确认那些阻碍改革和反对改革的领域。

必须明确的是,培训需求分析的三大层次并不是独立的,而是相互关联、互有交叉。具体表现为:个体分析是组织分析和战略分析的基础,无论是组织分析,还是战略分析,最终均体现为工作人员个体的培训需要的确定;战略分析是个体分析和组织分析的延伸和深化,个体分析和组织分析集中于组织及其成员的现有培训需要,战略分析集中于组织及其成员的未来培训需要,都是对组织及其成员培训需要的分析。因此,在进行培训需求分析时,应把三个层次综合起来,同时进行,以保证培训需求分析的有效性。

2. 培训需求分析的方法

可以用来进行培训需求分析的方法有许多种,下面主要介绍四种可供选择使用的培训需求分析方法。

1)访谈法

这是一种大家都了解的方法,就是通过与被访谈人进行面对面的交谈来获取培训需求信息。应用过程中,可以与企业管理层面谈,以了解组织对人员的期望;也可以与有关部门的负责人面谈，以便从专业和工作角度分析培训需求。一般来讲，在访谈之前，要求先确定到底需要何种信息，然后准备访谈提纲。访谈中提出的问题可以是封闭性的，也可以是开放性的。封闭式的访谈结果比较容易分析，但开放式的访谈常常能发现意外的更能说明问题的事实。访谈可以是结构式的，即以标准的模式向所有被访者提出同样的问题；也可以是非结构式的，即针对不同对象提出不同的开放式问题。一般情况下是把两种方式结合起来使用，并以结构式访谈为主，非结构式访谈为辅。

采用访谈法了解培训需求，应注意以下几点。

(1)确定访谈的目标，明确"什么信息是最有价值的、必须了解到的"。

(2)准备完备的访谈提纲。这对于启发、引导被访谈人讨论相关问题、防止访谈中心转移是十分重要的。

(3)建立融洽的、相互信任的访谈气氛。在访谈中，访谈人员需要首先取得被访谈人的信任，以避免产生敌意或抵制情绪。这对于保证收集到的信息具有正确性与准确性非常重要。

另外，访谈法还可以与问卷调查法结合起来使用，通过访谈来补充或核实调查问卷的内容，讨论填写不清楚的地方，探索比较深层次的问题和原因。

2)问卷调查法

这也是一种为大家所熟知的方法。它是以标准化的问卷形式列出一组问题，要求调查对象就问题进行打分或做是非选择。当需要进行培训需求分析的人较多，并且时间较为紧急时，就可以精心准备一份问卷，以电子邮件、传真或直接发放的方式让对方填写，也可以在进行面谈和电话访谈时由调查人自己填写。在进行问卷调查时，问卷的编写尤为重要。

编写一份好的问卷通常需要遵循以下步骤。

(1)列出希望了解的事项清单。

(2)一份问卷可以由封闭式问题和开放式问题组成，两者应视情况各占一定比例。

(3)对问卷进行编辑，并最终形成文件。

(4)请他人检查问卷，并加以评价。

(5)在小范围内对问卷进行模拟测试，并对结果进行评估。

(6)对问卷进行必要的修改。

(7)实施调查。

3)绩效分析法

培训的最终目的是改进工作绩效，减少或消除实际绩效与期望绩效之间的差距。因此，对个人或团队的绩效进行考核可以作为分析培训需求的一种方法。

运用绩效分析法需要注意把握以下四个方面。

(1)将明确规定并得到一致同意的标准作为考核的基线。

(2)集中注意那些希望达到的关键业绩指标。

(3)确定未达到理想业绩水平的原因。

(4)确定通过培训能否达到的业绩水平。

4)胜任能力分析法

胜任能力是指员工胜任某一工作所应具备的知识、技能、态度和价值观等。现在，许多公司都在依据经营战略建立各岗位的胜任能力模型，为公司员工招聘与甄选、培训、绩效考评和薪酬管理提供依据。

基于胜任能力的培训需求分析有两个主要步骤。

(1)职位描述:描述出该职位的任职者必须具备的知识、技能、态度和价值。

(2)能力现状评估:依据任职能力要求来评估任职者目前的能力水平。

使用这一方法的企业或培训经理普遍认为,当职位应具备的能力和个人满足职务的实际能力得到界定后,确定培训需求就变得容易了。

最后,要注意的是,运用这些方法分析培训需求时,需要慎重考虑每一种被使用的方法的具体使用效果:其中的一些方法本身就可能无法得出“全面客观”的结果;而其中的另一些方法则需要“用到位”才可能产生“全面客观”的结果。

5.2.2　培训计划制订

在明确了培训需求以后,就可以确定培训的目的和计划了。培训计划的制订则可以使培训目标变为现实。所谓培训计划是根据组织的近期、中期、远期的发展目标,对企业员工培训需求进行预测,然后制订培训活动方案的过程。培训计划主要包括确定培训目标、培训内容、培训形式、培训人员以及培训预算等工作。

1. 培训目标

要制订明确的培训计划,首先要有明确的培训目标。培训目标是一定时间内希望达到的培训,是培训者检查培训活动是否达到培训要求的尺度。它是描述培训的结果,而不是过程。一般来说,培训的目标分为以下三大类。

1)技能的培养

技能的培养目标在较低层次的员工中,主要是具体的操作;在高层管理中,主要是以培养思维活动为主,包含少量的技巧训练。通过技能的培养,使员工掌握完成职位工作所必备的技术和能力,如沟通能力、谈判能力、分析能力等。

2)知识的传授

知识的传授通常包括概念和理论的理解和把握,知识的灌输与接受,认识的建立和改变等。通过培训使员工具体完成职位工作所必需的基本业务知识,了解组织的基本情况。

3)态度的转变

通过培训使员工具备完成职位工作所需要的工作态度,如积极性、参与性和服务意识等。

在设置这些具体目标时,要注意的问题是首先是组织期望员工做哪些事情,也就是培训的内容;其次是组织希望员工以什么样的标准来做这件事;最后是在什么条件下要达到这样的标准。

2. 培训内容

培训的内容包括开发员工的专业技术、技能和知识,改变工作态度的企业文化教育,改善工作意愿等,可依照培训人员的对象不同而分别确定。

在拟订培训内容以前,应先进行培训需求的分析调查,了解企业及员工的培训需要,研究员工所担任的职务,明确每项职务应达到的任职标准,然后再考察员工个人的工作业绩、能力、态度等,并与岗位任职标准相互比较,如果某员工尚未达到该职位规定的任职标准时,不足部分的知识或技能便是应培训的内容,通过企业的内部培训,给予迅速的补足。

知识拓展

沃尔玛的另类培训

与世界上其他任何一个企业都不相同的是,在沃尔玛没有"员工"这个称谓,即使是沃尔玛的创始人沃尔顿在称呼他的下属的时候,也是称呼"同事",所以,他们只对"同事"进行培训,不对"员工"进行培训。沃尔玛对职员的尊重,由此可见一斑。"同事一直被视为公司最大的财富。零售业的竞争,归根到底是人才的竞争。"这是沃尔玛中国有限公司高级人力资源总监谭少熙对记者说的一番话,"尊重,这是我们整个培训的基础"。

与世界上任何一个企业的培训都不相同的是,在沃尔玛,没有所谓的"经验",没有"先例",没有"教条",他们所有的培训看起来都有些"另类"。

沃尔玛有一整套健全的培训体系,这套完整的培训体系奠定了沃尔玛作为世界上零售业龙头老大的基础。这个培训体系大致包括以下几个方面的内容。

1. 新人入职培训:90 天定乾坤

沃尔玛的"新人",90 天定乾坤。随着公司在国际上的大举扩张——现在在全世界的员工总数大约为 110 万人,确保有才能的同事取得成就、得到承认,并为他们提供脱颖而出的机会,就成了留住人才的关键。为此,公司将注意力集中在帮助新同事在入职 90 天内适应公司环境,如分配老同事给他们当师傅;分别在 30 天、60 天和 90 天时,对他们的进步加以评估等。这些努力降低了 25%的人员流动,也为公司的进一步发展赋予了新的动力。

2. 6 个月培训后即可被提拔

在一般零售公司,没有 10 年以上工作经验的人根本不会被考虑提升为经理,而在沃尔玛,经过 6 个月的训练后,如果表现良好,且有管理好同事、管理好商品销售的潜力,公司就会给他们一试身手的机会,先做经理助理,或去协助开设新店,如果干得不错,就会有机会单独管理一个分店。因此,今天沃尔玛公司的绝大多数经理人员产生于公司的管理培训计划,是从公司内部提拔起来的。

3. 海外培训:利用股东大会培训

在美国沃尔玛总部设有沃尔玛零售学院,不定期地从世界各地的沃尔玛公司选拔工作表现优秀、有发展潜力的管理人员前往接受培训,培训内容涉及零售学、商场运作及管理、高级领导技术培养等。培训时间从数周至数月不等。另外一年一度的股东大会,更是为全世界的沃尔玛人提供了相互沟通、交流、学习的机会。

4. 专业技能培训标准化:"露出八颗牙"微笑

如果有企业说"面对顾客要微笑",它能说出微笑的标准和程度吗?沃尔玛就能做到这一点。沃尔玛中国有限公司副总裁李成杰说,他们微笑服务的标准是"露出八颗牙",是想让员工笑得开朗一些。有些员工的微笑过于含蓄,露出八颗牙可以确保他笑得很开朗,类似的标准还有很多。如"三米原则":当顾客走近时,向他微笑,主动提供服务，主要是为了让顾客有宾至如归的感觉；“日落原则”：在太阳下山前也就是下班之前把当天的问题解决，不要拖到第二天等。

所有的不同和所有的另类，造就了这个企业的最大不同——世界第一，因为第一永远只有一个。

3. 培训对象

人力资源开发的培训对象，可依照阶层级别（垂直的）及职能级别（水平的）加以区分。阶层级别大致可分为普通操作员级、主管级及中、高层管理级；而职能级别的培训又可分为生产系统、营销系统、质量管理系统、财务系统、行政人事系统等项目。在组织、策划培训项目时，首先应该决定培训人员的对象，然后再决定培训内容、时间期限、培训场地以及授课讲师。培训学员的选定可由各部门推荐，或自行报名再经甄选程序而决定。

4. 培训形式

培训形式有岗前培训、在职培训、脱产培训等，培训形式选择的恰当与否对于培训的实施和培训的效果具有非常重要的影响。在下一节将对这些方法做详细的介绍。

5. 培训预算

培训是需要经费做支撑的，因此，在培训计划中还应该编制培训预算。这里的培训预算一般只计算直接发生的费用，包括培训的教材费、培训的授课费、场地租用费和培训设备费等。做好培训预算，可以保证获得充足的资金，进而保证培训的顺利实施。

5.2.3　培训活动实施

培养计划明确了培训的目标，确定了培训的范围、方法、组织管理等工作，为培训的实施提供了依据。组织的培训计划制订好后，就可以实施培训活动了，它包括选择培训机构、培训讲师、培训教材、培训设施、培训地点和时间等工作。

1. 培训机构

培训的实施机构主要有内部培训和外部培训两种。组织内部培训是指使用组织内部的资源包括场地、培训讲师等进行的培训。组织外部培训是指利用外部培训机构对员工进行培训，包括组织付费的学历教育。外部培训实施过程中组织的相关管理者也要参与到计划的制订与实施中。无论是内部培训还是外部培训，都有各自的优缺点，如何选择要根据组织的具体情况而定。表5-1是对内外培训优缺点的简单比较。

表5-1　内外培训优缺点比较

培训实施机构	优点	缺点
内部培训	费用较低； 实施方便； 培训讲师比较了解组织情况	培训讲师不专业； 创新性不强； 培训的实施容易受阻

续表

培训实施机构	优点	缺点
外部培训	培训比较专业； 不受组织的束缚； 观点比较新颖，形式更加多样	费用较高； 创新性不强； 内容的实用性难以保证

2. 培训讲师

组织在选择培训讲师时要十分慎重，因为培训讲师水平的高低直接影响培训的效果。培训讲师既要有广博的知识，又要有丰富的实践经验；既要有扎实的技能水平，又要有良好的道德品质。具体来说，可以从三个方面进行考察：广博的知识、强烈的责任心和良好的沟通能力。

3. 培训教材

培训教材一般由培训讲师参与确定。培训教材的选用要与培训目标一致，所选教材的范围、深度、结构能够与受训者的实际相匹配。

4. 培训设施

在培训计划中要清楚地列出培训所需的设备，如投影机、白板、音响和文具等，要从视觉效果、教室大小、座位安排以及辅助的教学设备等方面搞好培训环境的布置，特别是需要特殊设备的培训活动，一定要事先做好充分的准备，并注意要提前测试设备，保证设备的正常运转。

5. 培训地点

培训地点就是培训在哪里进行，合适的培训地点有利于培训的顺利进行，增强培训的效果。为了保证培训的顺利进行，事先需要选好培训地点，需要考虑的因素有培训内容、培训方式、培训费用及受训者交通是否便利等。培训场地一般可分为利用内部培训场地及利用外面专业培训机构和场地两种。内部培训场地的优点是组织方便、费用少，缺点是培训形式较为单一，且受外部环境影响较大；外部专业培训机构和场地的优点是可利用特定的设施，可离开工作岗位专心接受训练，且应用的培训技巧亦较内部培训多样化，缺点是组织较为困难，且费用较高。

6. 培训的时间和期限

一般而言，培训的时间和期限可以根据培训的目的、培训的场地、培训讲师、受训者的能力及上班时间等因素而决定。一般新入职人员的培训（不管是操作员还是管理人员），可在实际从事工作前实施，培训时间可以是一周至十天，甚至一个月；在职员工的培训，则可以培训者的工作能力、经验为标准来决定培训期限的长短。培训时间的选定以尽可能不影响工作为宜。

5.2.4 培训效果评估

培训的某一项目或某一课程结束后，一般要对培训的效果进行评价和反馈，以便找出受训者和组织从培训中获得的收益。对于员工来讲，收益意味着学到了新的知识和技能，个人得到了成长和提高。对于组织来说,则是带来了整体绩效的提高、顾客满意度的增加。

评估培训效果是指针对培训结果,运用一定的方法或测量标准检验培训是否有效的过程。培训效果评估是一个完整的培训流程的最后环节,它既是对整个培训活动实施成效的评价与总结,同时评估结果又为下一个培训活动确定培训需求提供了重要信息。

有关培训效果评估的最著名的模型是由柯克帕特里克提出的。从评估的深度和难度看,柯克帕特里克的模型包括反应层、学习层、行为层和结果层四个层次(表5-2),这也是培训效果评估的主要内容。

表5-2　柯克帕特里克的四个层次评估标准框架

层次	标准	重点
1	反应	受训者满意程度
2	学习	知识、技能、态度、行为方式等方面的收获
3	行为	受训者在工作中行为的改进
4	结果	受训者在培训后获得的绩效

1. 反应层

反应层评估是指受训人员对培训项目的看法,包括对老师、设施、方法和内容等的喜好程度,这些反应可以作为评估培训效果依据。如果评价的信息显示大多数受训者都喜欢培训项目,则说明他们对培训的内容是可以接受的。否则,受训者将没有兴趣来参加培训,也没有积极的学习动机。反应评估可以提供改进培训的建议,让受训者感觉到培训教师对于他们意见的尊重以及今后培训的绩效标准提供参考。

反应层评估的主要方法是问卷调查。问卷调查是在培训项目结束时,收集受训人员对于培训项目的效果和有用性的反应,受训人员的反应对于重新设计或后续培训至关重要。

2. 学习层

学习层评估是目前最常见、也是最常用到的一种评价方式。它是测量受训人员对原理、事实、技术和技能的掌握程度。学习层评估的方法包括笔试、技能操练和工作模拟等。笔试是了解知识掌握程度的最直接的方法,而对一些技术工作,则可以通过绩效考核来了解他们技术掌握和提高的程度。强调对学习效果的评价,有利于增强受训人员的学习动机。

3. 行为层

行为层的评估往往发生在培训结束后的一段时间,由上级、同事或客户观察受训人员的行为在培训前后是否有差别,他们是否在工作中运用了培训中学到的知识,行为是否有所改变。这个层次的评估可以采取问卷调查或实际考核的方式进行,当然也包括受训人员的自我评价。

4. 结果层

结果层的评估则是评估培训项目给组织带来了什么样的结果或变化,对受训者或组织的绩效有什么改善。培训结果相对组织而言,可以通过一些指标来衡量,如事故率、生产率、员工流动率、质量、员工士气以及企业对客户的服务等。通过对这样一些组织指标的分析,企业能够了解培训带来的收益。当然,培训的结果也不能简单地用一些数据来考量。

5. 培训效果评估的方法

培训效果评估的方法有很多，在进行具体的评估时应当根据评估的内容来选择合适的方法。进行反应层评估时常常采用问卷调查法、访谈法等。进行学习层评估时常采用考试法、演讲法、讨论法和演示法等。进行行为层和结果层评估时，更多是采用实际考核和分析总结的评价方法。

知识拓展

肯德基培训结硕果

百胜集团旗下的肯德基，在中国的经营有声有色。2002年，肯德基在中国餐厅总数达到902家，单店年均营业收入达到800万元，远远超过竞争对手麦当劳。这一切的取得与肯德基提供给员工的优质培训是分不开的。

当一名新的见习助理进入餐厅，适合每一阶段发展的全套培训科目就已在等待着他。第一步他将要学习进入肯德基每一个工作岗位所需要的基本操作技能、常识以及管理技巧，随着他管理能力的提高和职位的升迁，公司会再次安排不同的培训课程。当一名普通的餐厅服务人员经历多年的努力成长为管理数家肯德基餐厅的区经理时，他不但要学习领导入门的分区管理手册，同时还要接受公司的高级知识技能培训，并具备获得被送往其他国家接受新观念及拓展思路的机会。除此之外，这些餐厅管理人员还要不定期地观摩录像资料，进行管理技能考核竞赛等。

肯德基的内部培训体系分为职能部门专业培训、餐厅员工岗位基础培训以及餐厅管理技能培训。

(1)职能部门专业培训。每位职员进入公司之后要去肯德基餐厅实习7天，以了解餐厅运营和公司企业文化的内涵。职员一旦接受相应的管理工作，公司还开设了传递企业文化的培训课程，一方面提高了员工的工作能力，培养了合适的管理人才；另一方面使员工对公司的企业文化也有了深刻的了解，从而实现公司和员工的共同成长。

(2)餐厅员工岗位基础培训。作为直接面对顾客的“窗口”——餐厅员工，从进店的第一天开始，每个人就都要严格学习工作基本的操作技能。从不会到能够胜任每一项操作，新进员工会接受公司安排的近200个工作小时的培训，并通过考试升级取得结业证书。从见习助理、二级助理、餐厅经理到区经理，随后每一阶段的晋升，都要进入这里学习5天的课程。根据粗略估计，光是培训一名经理，肯德基就要花费好几万元。

(3)餐厅管理技能培训。针对不同的管理职位，肯德基都配有不同的学习课程，学习与成长的相辅相成，是肯德基管理技能培训的一个特点。

肯德基在中国特别建有适用于当地餐厅管理的专业训练系统及教育基地——教育发展中心。中心大约每两年会对旧有教材进行重新审定和编写。培训课程包括品质管理、产品品质评估、服务沟通、有效管理时间、领导风格、人力成本管理和团队精神等。据了解，肯德基最初的培训课程来自国际标准的范本，但最主要的是来自当地自身员工的言传身教及工作经验的总结。因此，教材的审定和重新编写主要是补充一线员工在实践中能够获得的新知识、新方法。

在肯德基，见习服务员、服务员、训练员以及餐厅管理组人员，全部是根据员工个人对工作岗位要求的熟练程度，实现职位的提升和工资水平的上涨。在这样的管理体制下，年龄、性别、教育背景等都不会对其未来在公司的发展产生任何直接影响。

讨论：

1. 肯德基的优质培训有哪些特色？
2. 通过全员培训，肯德基获得了哪些益处？

5.3 培训的形式和方法

人力资源培训是一项非常复杂的活动，要想达到预期的效果，必须结合组织的具体情况选择合理有效的培训形式和方法。

5.3.1 培训的形式

有关培训的形式目前较多学者将它划分为两类，即在职培训和脱产培训，但笔者认为，入职培训应单独作为有别于在职培训和脱产培训的一种培训方式。

1. 入职培训

入职培训也称岗前培训或引导培训，是指员工为了适应工作需要而进行的各种训练活动。入职培训的内容主要侧重于两个方面：组织文化和岗位业务培训。

组织文化培训包括组织的规章制度、组织的概况、行为规范、发展战略和共同的价值观等。通过组织文化的培训，使员工形成一种与组织文化相一致的心理素质，使员工尽快适应组织，以便在工作中与组织的价值观相协调。

岗前培训包括业务知识、技能和管理实务的培训。业务知识是指除专业知识外，从事某项工作所需要的知识；技能是指从事某项工作所需要的特殊技能；管理实务是指某项工作的程序、方法和标准等。

2. 在职培训

在职培训是指员工不离开自己的职位，在实际工作岗位和工作场地进行的培训。在职培训一般来说要在知识更新、技能拓展、观念转变、思维技巧、心态转变和潜能开发五个方面取得成效。

在组织培训中，对在职员工的培训约占整个组织培训工作量的80%~90%。在职员工不仅人数众多、培训需求千差万别、现有水平参差不齐，而且这种培训需要长期持续不断、逐步深入地进行。因此，组织在职人员培训是做好组织培训工作的关键。它强调紧密结合职位实际，以员工任职资格和能力为出发点，着眼员工整体素质的提高，按需施教，学以致用。

这种方式的优势在于员工的正常工作不会受很大的影响，可以边工作边培训；培训的实际效果好，因为在工作的过程中能够及时地运用培训所学的知识和技能；成本比较低，不需要另外购买培训设备。缺点是培训的过程容易受外界环境的干扰，影响培训的效果；局限性较大，一般只适用于能够通过在实际工作中观察、学习到的知识和技能的培训；可能会影响正常的工作,导致工作效率低下。

3. 脱产培训

脱产培训是指员工离开自己的工作岗位专门参加的培训,即员工暂时离开现职,脱产到高校、科研机构或其他有关组织参加为期较长的培训。这种培训方式主要用来培养组织所紧缺的人才,或为了引进新设备、新工艺、新产品,或为了开办新业务,由组织挑选员工进行脱产集中学习。

脱产培训的优点是能够使受训者集中精力和时间接受培训,免受工作等其他事情干扰,因而有助于受训者获得更多的知识和技能,从而有助于增强培训效果,提高培训质量。缺点在于受训者离开工作岗位会使工作受到影响,进而可能影响组织的绩效。同时,脱产培训的成本较高。成本包括两方面,一是机会成本,即受训者放弃工作使组织受到损失;二是直接成本,即受训者的学费、差旅费和伙食补贴等直接费用支出。

5.3.2 培训的方法

随着组织员工培训理论的不断发展和深入,组织对员工培训的方法也变得日趋多样和成熟,主要的培训方法有授课法、研讨法、案例法、工作轮换法、户外拓展法和视听教学法等。企业培训方式的选择对培训效果有直接的影响,因此,对不同的培训对象和培训内容,必须选择不同的培训方法,才能达到企业员工培训的目的。

1. 授课法

授课是最普遍的员工培训方法,通过讲师的讲授和演示,向员工传授知识和技能的一种培训方法。授课法具有实施方便、效率高的特点。在实施授课法时,企业员工培训的内容要符合企业和员工的需求,并考虑员工的接受能力。讲师的选择也是关键,要选择专业的、经验丰富的授课老师。

2. 研讨法

研讨法是员工培训的重要方法之一,是一种围绕某一专题鼓励员工就所学知识提问、探讨的一种培训方法。通过员工之间的交流来解决学习和生产中存在的问题,有助于巩固理解学习的知识,培养员工的综合能力和解决问题的实际应用能力。

3. 案例法

案例法源自国外大学的教学模式,是研讨教学法的延伸。这种培训方法是指培训过程围绕一定的培训目的,把实际工作中的真实情景加以典型化处理,形成供学员思考分析和决断的案例,让学员以独立研究和相互讨论的方式,提高其分析问题和解决问题的能力的培训方法。主要优点是鼓励员工认真思考、主动参与,并发表个人见解和体会,可以培养员工的表达能力、合作精神。案例法的重点在于如何提高员工培训效果,难点在于教学案例的开发。

知识拓展

哈佛大学的案例研究

目前世界上最著名的案例设计来自哈佛大学。1980 年,哈佛大学法学院教授克里斯托弗·朗戴尔(Christoper Langdell)发明了个案研究法,将法院的判例作为个案。后来这种方法逐渐发展到医学、商业和社会工作等方面。

现在,哈佛大学的案例研究法的做法是:讲师先对故事做简要的介绍,并描述问题发生所需要的条件或可能的状况,学生自行思考过后,再看资料。这样有利于激发学生的想象力,然后由学生个人从个案中去寻找答案,或者通过团体的训练方式学习。由于每个学生的想法不同,可能提出许多不同形式的解决方法,学员在训练中可以互相观摩学习。

4. 工作轮换法

工作轮换又称轮岗,是指通过调动员工工作职位的方式进行培训的方法。通过职位的变化可以丰富员工的工作经验,扩展他们的知识和技能,使他们能够了解其他职位的工作内容。工作轮换的优点是丰富培训对象的工作经历、增进部门之间的了解与合作;缺点是工作的连续性和深度可能会受到影响,在职位轮换的过程中,由于时间有限,员工不可能深入地了解各个职位详细的工作内容。总体来看,工作轮换有助于组织培养通用型管理人员,有助于年轻管理人员或者预备管理人员扩展其管理知识和技能,了解整个组织的情况。

5. 户外拓展法

户外拓展,是指利用有组织的户外活动来培训团队协作能力的一种培训方法。这种方法最适用于培训与团队效率有关的技能,如自我意识、问题解决、冲突管理和风险承担。户外拓展培训的方式一般是团体性的体育活动或游戏,如登山、野外行军、攀岩、走木桩、翻越障碍及各种专门设计的游戏。企业员工培训方案如果采取户外拓展的方法,一定要有针对性,通过活动来达到培训员工的目的,这一点很重要。

6. 视听教学法

视听教学法是指利用幻灯片、电影、录像、录音、电脑等视听器材进行培训的一种方法。视听教学的优点是课程的重点内容可以很方便地重复;内容丰富、直观,适用于传授不易用语言表达清楚的内容;当参加培训的员工较多时,单位成本较低。但是视听设备的一次性购置成本较高,对培训场地也有一定的要求。

【本章小结】

培训是指组织根据自身发展和业务需要,通过学习、训练等手段进行旨在改变员工的价值观、工作态度和工作行为,提高员工的知识水平、业务技能和工作技能,并最终实现组织整体绩效提高的一种有计划、有组织的培养训练活动。

培训的目的在于让员工掌握培训项目中所强调的知识、技能和行为,进一步讲,是让员工提高自我意识、转变态度和动机,改善员工工作绩效并提升组织的整体绩效。

组织之所以越来越重视培训的工作,是因为它对个人和组织都具有非常重要的意义。培训有助于提高组织的应变能力,提高组织的绩效,强化员工的忠诚度,激发员工的工作积极性,培养组织文化,有利于打造学习型组织。

培训的流程分为四个步骤:首先进行培训的需求分析,其次制订培训计划,接下来实施培训活动,最后评估培训效果。

培训需求分析是开展培训活动的第一步,也是培训活动的基础。培训需求分析就是采用科学的方法弄清谁最需要培训、为什么要培训、培训什么内容等问题,并进行深入探索研究的过程。培训需求分析有三大层次:个体分析、组织分析、战略分析,它们共同构成培训需求分析的内容。

培训需求确定后,就可以制订培训计划。培训计划的制订可以使培训目标变为现实。所谓培训计划是根据组织的近期、中期、远期的发展目标,对企业员工培训需求进行预测,然后制定培训活动方案的过程。培训计划主要包括确定培训目标、培训内容、培训形式、培训人员以及培训计划的调整方式和组织管理等工作。

评估培训效果是指针对培训结果,运用一定的方法或测量标准检验培训是否有效的过程。培训效果评估是一个完整的培训流程的最后环节,它既是对整个培训活动实施成效的评估与总结,同时评估结果又为下一个培训活动确定培训需求提供了重要信息。评估培训效果的标准我们常常运用柯克柏特里克的模型。此模型包括反应层、学习层、行为层和结果层四大层次的评估。

培训的形式一般有岗前培训、在职培训和脱产培训。常用的培训方法有授课法、研讨法、案例法、工作轮换法、户外拓展法和视听教学法等。

关键概念

培训　培训需求分析　培训目标　人员分析　组织分析　战略分析
授课法　研讨法　案例法　工作轮换法　户外拓展法　视听教学法

复习思考题

1. 什么是员工培训?为什么要进行员工培训?
2. 试述员工培训的目的和作用。
3. 试述员工培训的流程。
4. 试述员工培训的形式。
5. 如何在新形势下发挥员工培训的作用,从而提升企业的竞争力?

案例分析

快活林快餐公司的培训计划

快活林快餐公司开办不足3年,生意发展得很快,从开业时的两家店面到现在已是由多家分店组成的连锁企业了。

不过,公司分管人员培训工作的副总经理张慕廷却发现,直接寄到公司和由“消费者协会”转来的顾客投诉越来越多,一季度竟达80多封,这不能不引起他的不安和关注。

这些投诉并没什么大问题,大多是抱怨菜及主食的品种、味道、卫生不好、价格太贵等;但更多是有关服务员的服务质量的,不仅指态度不热情、上菜太慢、卫生打扫不彻底、语言不文明,而且业务知识差,顾客有关食品的问题,如菜的原料规格、烹制程序等常一问三不知。而且,有的顾客抱怨店规不合理,服务员听了非但不予接受,反而粗暴反驳;再如有的顾客发现饭菜不太熟时，服务员拒绝退换，强调饭菜已经被动过了等。

张慕廷分析，服务员业务素质差、知识不足、态度不好是因为生意扩展快，大量招入新职工，草草做半天或一天的岗前集训，有的甚至未培训就上岗干活了，自然影响了服务质量。

于是张慕廷指示人事科杨科长拟订一个计划，对全体服务员进行两周业余培训，每天3小时。开设的课既有"公共关系实践""烹饪知识与技巧""本店特色菜肴""营养学常识""餐馆服务员操作技巧训练"等务实的硬性课程，也有"公司文化""敬业精神"等务虚的软性课程。张副总还准备亲自去讲"公司文化"课，并指示杨科长制定"服务态度奖励细则"并予宣布。

培训效果显著，以后连续两季度，投诉信分别减至32封和25封。

问题：

1. 你认为这项培训计划如何？你有何理论或内容增删的建议？
2. 你觉得这次培训奏效，起主要作用的是哪些内容？
3. 你会采用什么样的教学方法？为什么？

实训设计

一、实训项目

模拟进行某皮具厂新员工培训项目的设计。

二、实训目的

本实训针对企业目前面临的实际问题，通过现场练习、模拟等活动让学生将员工培训内容的理论与实际相联系，真正掌握员工培训的流程、内容、方法及评估设计。

三、实训内容与要求

（一）实训内容

小组在调研的基础上，为某培训项目编制一套完备的培训项目计划与实施系统方案（要求包括培训需求分析、确定培训目的、制订培训计划、计划实施过程、培训效果评估）。

（二）实训要求

1. 要求学生掌握培训需求调查的相关方法。

2. 要求学生应用访谈法、问卷调查法对皮具厂各部门经理进行调查，得出他们的培训需求，并整理成需求分析报告。

四、实训组织与步骤

第一步，教师向学生说明实训要求及实训步骤。

第二步，将学生划分成若干小组，5~7人为一组，各自负责访谈不同的部门经理。

第三步，各组成员将调查结果整理成分析报告，递交皮具厂。

第四步，调动学生积极思考和发言，让学生进行充分的分析和讨论，并在小组内形成统一的结论，由小组代表在全班发表看法。

第五步，由皮具厂培训负责人对报告给予评价。

第六步，教师对各种观点进行分析、归纳和总结提炼，提出指导意见，帮助学生完善自己的结论。

第七步，每个小组根据讨论的结果编写实训报告。

本项目实训时间为 1 周，课堂讨论以两课时为宜。

五、撰写实训报告

实训结束后，每个小组撰写实训报告。实训报告要求语言流畅、文字简练、条理清晰；报告内容主要包括实训报告封面（实训日期、小组成员姓名、专业、班级等信息）、实训项目名称、实训目的、实训内容、实训资料（实训所依据的原始资料和使用的工具、材料等）、实训过程（实训采用的方法、步骤等）、实训结果或结论、实训指导教师评价意见等。

六、实训成绩评定

（一）评定等级

实训成绩可分为优秀、良好、中等、及格、不及格五个等级。

（二）评定标准

1. 分成若干小组进行讨论，选出代表进行演讲，由其他小组进行评议，最后由老师总结并核定成绩。

2. 课程讨论、分析占总成绩的 60%，实训报告占总成绩的 40%。

第 6 章　绩效管理

学习目标

1. 理解绩效与绩效管理的含义。
2. 理解绩效管理的流程。
3. 掌握常见的绩效考核方法。
4. 了解绩效考核模式。

【导入案例】

宏扬公司主要生产和销售办公设备。由于近来公司经营情况欠佳,公司总经理 M 先生要求人力资源部对本公司部门经理及其以上的干部实施绩效考核。

到了月末,公司生产部经理 L 先生收到一份绩效考核表要其填写。于是,L 先生便在“工作内容”一栏里,将自己一个月里所做的事情做了一个简要的小结,并将自己觉得完成得不错的工作列在了前面。在“自评”一栏里有“出色完成、较好完成、一般完成、基本完成、没有完成”五个档次,由于公司产品质量问题一直上不去,L 先生担心考核结果会对自己不利,斟酌了一下便选了“一般完成”。到了“原因分析”一栏,填了“物料部进料质量太差,生产时间又太紧张”。L 先生填好后将考核表交给负责自己部门的副总经理 B 先生。B 先生因为日常工作已经非常烦琐,认为所谓绩效考核不过是无谓的文字工作,况且 B 先生也不愿得罪人,便在“直属领导考评”一栏中对所有下属都千篇一律地写上“同意自评意见”。然后,B 先生再将考核表交给人力资源部的经理 G 女士。G 女士在汇总时,留意看了看“原因分析”一栏,其中物料部工作欠佳的主要原因是“财务部资金供给不足,使得工作被动”,财务部的理由又是“销售部应收账款太多,致使资金周转不灵”,而销售部写的是“产品质量不好,应收款难以收回”。最后,G 女士对绩效考核表只是做了一个简要汇总后就把考核资料归档整齐地放在了文件柜中,也未采取其他的措施,这次考核就这样草草收场。

思考:宏扬公司的绩效考核存在哪些问题? 对此,你有何建议?

6.1　绩效管理概述

6.1.1　绩效的含义与特点

1. 绩效的含义

绩效(performance),是指员工在工作过程中所表现出来的与企业目标相关的并且能够被考核的工作业绩、工作能力和工作态度。其中,工作业绩是指工作的结果,工作能力和工作态度则是指工作的行为。广义的绩效包括两个层次的含义:一是指整个企业的绩效,二是指员工的工作绩效。我们这里主要研究的是后者,即员工的工作绩效。

对于绩效的含义,学者们通常有两个不同的理解。一种是从工作的结果角度出发理解绩效。如伯纳迪恩(Bernadin)认为"绩效应该定义为工作的结果,因为这些工作结果与企业的战略目标、顾客满意度及所投资金最密切"。凯恩(Kane)认为"绩效是一个人留下的东西,这种东西与目的相对独立存在"。该观点认为绩效是工作所达到的结果。另一种是从工作行为的角度理解"绩效"。默菲(Murphy)认为"绩效是与一个人在其中工作的企业或企业单位的目标有关的一组行为"。坎贝尔(Campbell)认为"绩效是行为,应该与结果区分开,因为结果会受系统因素的影响"。

综合不同学者的看法,绩效的含义应该包括为实现企业预定目标所采取的有效工作行为和有效工作成果两个方面。

2. 绩效的特点

绩效具有多因性、多维性、动态性三个主要的特点。

(1)多因性是指员工绩效的好坏不是由哪一个单一因素决定的,而是受主、客观多种因素的共同影响,既包括员工个体的知识和能力,也包括外在的环境和机会。如图 6-1 所示。

绩效和影响绩效的因素之间的关系可以用如下公式表示:$P=F(S,O,M,E)$。在这个关系式中:

· F 表示一种函数关系。

· P(performance),就是"绩效"。

· S(skill),就是"技能",指员工的工作技巧和具备的能力。

· O(opportunity),就是"机会",主要由外部环境的变化提供。

· M(motivation),就是"激励",指员工在工作过程中所受的激励,它是推动取得绩效的主要因素。

· E(environment),就是"环境",指员工进行工作的客观条件,包括物质条件、制度条件、人际关系条件等。

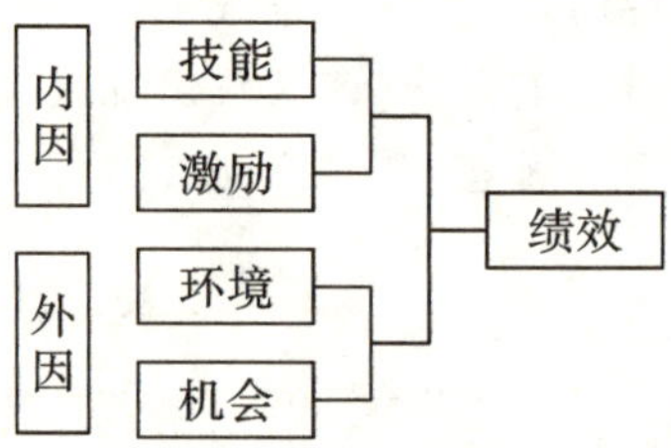

图 6-1 绩效模型

从影响绩效的因素来看,技能和激励是绩效的内部制约因素,企业应该以科学的方法提高员工的技能水平和调动他们的积极性。环境和机会是绩效的外部制约因素,企业也要尽可能为员工创造良好的条件,制定公平、公正的人力资源管理政策。

(2)多维性是指员工的绩效往往是体现在多个方面的,例如一名操作工人的绩效,其表现除了生产产品的数量、质量外,还要考虑原材料的消耗、能耗。另外,员工的出勤情况、工作纪律及在团队合作中的表现等也需要综合加以考虑。再如一位生产部经理,他的工作绩效好坏不仅表现在他所管理部门的经营指标上,而且跟他对部下的指导、监督及他在工作中的创新等方面相关。因此,只有从多方面对员工的绩效进行考核,才能做出全面的、恰如其分的评价。

(3)动态性是指一个员工的绩效好坏并不是长期固定不变的,会随着主客观条件的变化而发生变动。绩效往往是针对某一特定时期而言的,在不同的考核周期里,考核者要注意工作任务实现的难易程度、外部环境的好坏程度等给予员工正确的评价。另外,在考核员工时,应以发展的眼光看待员工的绩效。

6.1.2　绩效管理

1. 绩效管理

绩效管理是指通过制定员工的绩效目标,收集与绩效有关的信息,定期对员工的绩效目标完成情况做出考核和反馈,以确保员工的工作活动和工作产出与企业保持一致,从而使企业目标得以实现的过程与方法。绩效管理的核心是进行绩效考核,绩效管理的目的是通过提高员工的绩效水平来提高企业的绩效。

绩效管理是在确保员工的工作行为和工作结果与企业目标一致的前提下,管理者和员工就绩效问题所进行双向沟通并促进个人与企业共同发展的持续过程。具体而言,它包括以下三层含义。

(1)绩效管理是建立共识的过程。企业首先把自身的目标与关键的成功因素具体化为工作绩效指标,然后通过沟通,让员工理解绩效标准是什么,通过什么途径、方式能达到这种标准。这些标准可以是一系列任务、目标或结果,也可以是一系列行为,但必须明晰并使员工能够接受,这样员工才能明确努力的方向。

(2)绩效管理是一个持续的管理过程。它不仅仅是一套表格、一个年度考核结果以及奖励计划,更是融入员工的日常行为之中,以期改进和提高绩效的持续管理过程。

(3)绩效管理的最终目的是最大可能地取得个人和企业的成功。企业领导者通过持续的管理过程,为员工建立清晰的目标并提供支持,和员工之间不断沟通和反馈,认可员工的努力,促进个人绩效不断改进和提高,从而确保企业目标的实现。

2. 绩效考核

绩效考核又称为绩效评估,是指通过系统的方法来评估员工在其工作岗位上的工作行为和工作结果方面信息的过程。

绩效考核是对前一段时间的工作总结,同时,考核结果为相关人事决策(晋升、解雇、加薪、发放奖金、培训开发等)提供依据。绩效考核是对员工的绩效进行管理的主要手段,也是管理人员承担的一项重要管理活动。

3. 绩效管理与绩效考核

绩效管理与绩效考核有着紧密的联系。绩效考核是绩效管理的重要组成部分,通过绩效考核可以为企业的绩效管理提供资料,帮助企业提高绩效管理的有效性。绩效考核成功与否不仅取决于考核本身,而且在很大程度上取决于与考核相关联的整个绩效管理过程,有效的绩效考核有赖于整个绩效管理活动的成功开展。

然而,绩效管理和绩效考核并不是等同的,绩效考核只是绩效管理中的一个核心环节,远非绩效管理的全部。绩效管理是一个完整的管理过程,侧重于信息沟通与绩效提升,强调事先沟通与承诺,它伴随着管理活动的全过程;而绩效考核则是管理过程中的局部环节和手段,侧重于判断和评估,强调事后的考核。两者具体的区别如表 6-1。

表 6-1　绩效管理与绩效考核的主要区别

绩效管理	绩效考核
一个完整的系统	系统中的一部分
伴随管理活动的全过程	只出现在管理过程中的局部环节
前瞻性,有效规划未来	回顾过去的一个阶段性成果
有完善的计划、监督、控制手段	提取绩效信息的一个手段
侧重于信息沟通与绩效提高	侧重于判断和评估
事先的沟通与承诺	事后的考核
建立管理者和员工之间的绩效合作伙伴关系	容易使管理者与员工形成对立,制造紧张气氛

绩效管理并不仅仅是对员工的绩效和行为做出考核,它还应确保员工的工作活动以及工作产出能够与企业的目标保持一致。绩效管理强调从整体、战略角度出发,为企业战略目标服务。

6.1.3　绩效管理的作用

1. 为企业实施战略提供支持

绩效管理的首要目的是把员工的工作行为与企业的战略目标结合起来,通过员工的工作行为帮助企业实现战略。为实现这一目的,企业必须建立起完整的绩效管理系统,使员工的行为与企业的战略目标达成一致,通过建立共同愿景,增强企业吸引力和凝聚力,从而提高企业的竞争能力。

2. 为员工进行培训开发提供条件

绩效管理可以为员工提供反馈信息,帮助员工认识自己在知识、技能、素质等方面的长处与不足、优势与劣势,管理者通过绩效沟通和反馈,和员工一起探讨绩效不好的原因并指导员工进行改进,促进员工把工作做得更好。企业可以针对员工目前的表现、员工素质特征与其所在岗位要求的差距,合理地确定培训目标和培训内容,选择相应的培训方法。

3. 为人力资源管理决策提供依据

绩效管理所获得的信息,常常用于人力资源管理的有关决策。特别是绩效考核的结果,是确定员工奖惩和薪酬发放的重要依据,是决定员工升降和调配的基本前提。

6.2　绩效管理流程

绩效管理流程包括绩效计划、绩效实施、绩效考核和绩效反馈四个环节，这四个环节构成了一个封闭的循环，通过循环促使企业绩效管理不断提升，如图 6-2 所示。

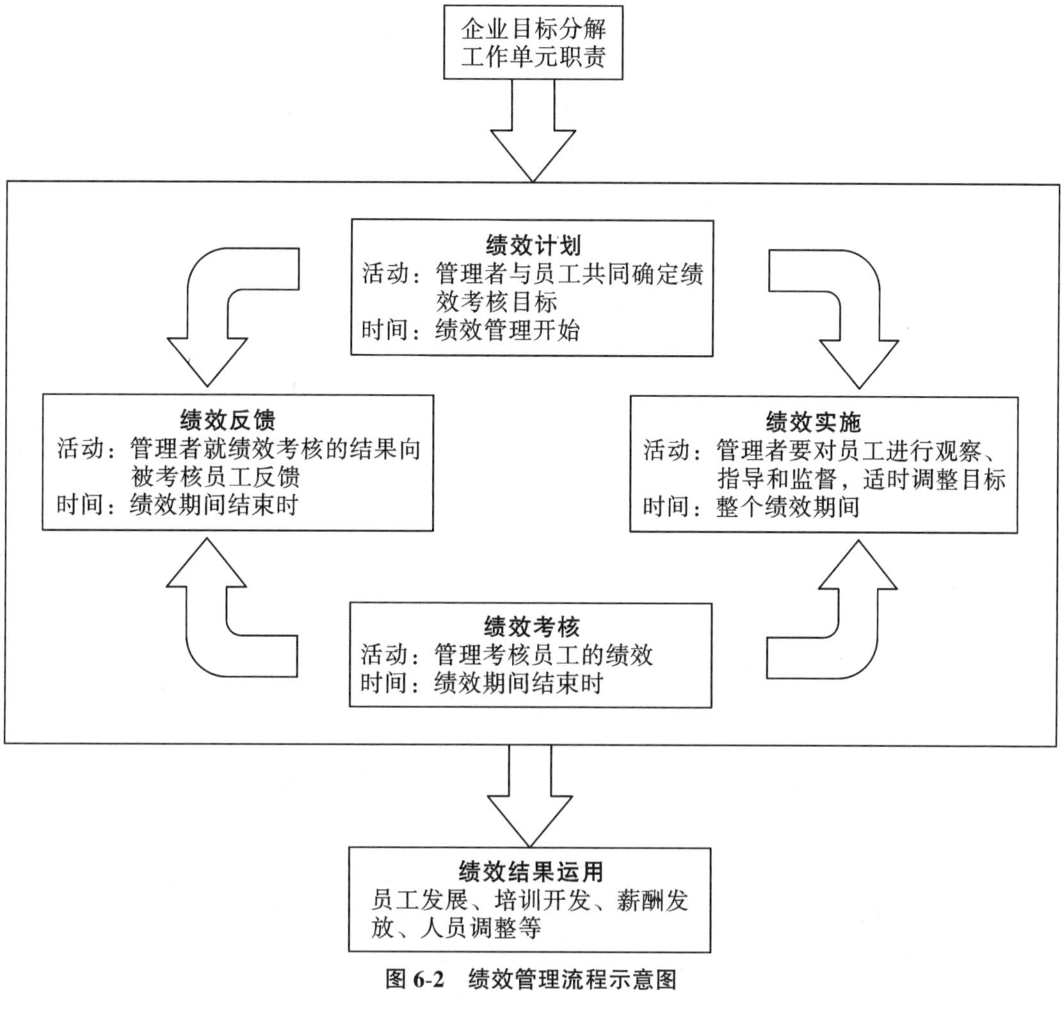

图 6-2　绩效管理流程示意图

6.2.1　绩效计划

绩效计划是管理人员与员工共同讨论以确定员工考核期内应该完成哪些工作和达到怎样的绩效水平的过程。绩效计划是绩效管理的起点，通过它可以在公司内建立起一种科学合理的管理机制，可以帮助管理人员和员工明确目标和努力的方向，能有机地将股东的利益和员工的个人利益整合在一起。

1. 绩效计划的准备

绩效计划通常是通过管理人员与员工双向沟通的绩效计划会议得到的,那么为了使绩效计划会议取得预期的效果,事先必须准备好相应的信息。这些信息主要可以分为三种类型。

(1)企业的信息。为了使员工的绩效计划能够与企业的目标结合在一起,管理人员与员工将在绩效计划会议中就企业的战略目标、公司的年度经营计划进行沟通。

(2)部门的信息。每个部门的目标是根据企业的整体目标逐渐分解而来的。不但经营的指标可以分解到生产、销售等业务部门,而且对于财务、人力资源部等业务支持性部门,其工作目标也与整个企业的经营目标紧密相连。

(3)个人的信息。关于被评估者个人的信息中主要有工作描述的信息和上一个绩效期间的评估结果的信息。以工作描述中的工作职责为出发点设定工作目标可以保证个人的工作目标与职位的要求联系起来。

2. 绩效计划的沟通

绩效计划是双向沟通的过程,绩效计划的沟通阶段也是整个绩效计划的核心阶段。在这个阶段,管理人员与员工必须经过充分的交流,对员工在本次绩效期间内的工作目标和计划达成共识。管理人员和员工在设定目标的时候要注意使每个目标尽可能具体,并将每个目标同工作或结果联系起来,明确规定出结果的时限和资源使用的限制,使每个目标简短、明确和直接。

实务指南

绩效指标的“明智”(SMART)原则:

第一,绩效指标必须是具体的(specific),应该用容易理解的语言准确描述要实现的目标,以保证其明确的牵引性。

第二,绩效指标必须是可衡量的(measurable),必须有明确的衡量指标。

第三,绩效指标必须是可以达到的(attainable),即绩效指标应具有挑战性但可实现,有一定难度但经过努力可以达到,否则很容易使员工产生挫折感。

第四,绩效指标必须是相关的(relevant),它必须与企业的战略目标、部门的任务及职责相联系。

第五,绩效指标必须是以时间为基础的(time-based),即必须有明确的时间要求。

3. 绩效计划的审定和确认

对计划的审定和确认是最后一个步骤。当绩效计划结束时,应达到以下的结果:员工的工作目标与企业的总体目标紧密相连,并且员工清楚地知道自己的工作目标与企业的整体目标之间的关系;员工的工作职责和描述已经按照现有的企业环境进行了修改,可以反映本绩效期内主要的工作内容;管理人员和员工对员工的主要工作任务,各项工作任务的重要程度,完成任务的标准,员工在完成任务过程中享有的权限都已经达成了共识;管理人员和员工都十分清楚在完成工作目标的过程中可能遇到的困难和障碍,并且明确管理人员所能提供的支持和帮助;形成了一个经过双方协商讨论的文档,并且管理人员和员工双方要在该文档上签字确认。

管理故事

大花猫养老鼠

有个人买来一只大花猫,叫它好好看管粮囤里的粮食,捉到老鼠给赏。第一次,大花猫捉来一只小老鼠。这人丢根鱼骨头给它,说:“大老鼠糟蹋的粮食多,小老鼠糟蹋的粮食少,捉十只小老鼠也比不上捉一只大老鼠的贡献大,论功行赏嘛,你只能吃这个!”第二次,大花猫又捉住了一只小老鼠。它想,交这只小老鼠上去实在不顶用,便把它养了起来。等老鼠吃得又肥又大的时候,大花猫才捉去见主人,说:“这家伙吃掉了半囤子粮食啦!”这人见老鼠比大花猫还要大,糟蹋粮食又如此多,非常高兴,立即赏了它两尾大鲤鱼,并鼓励它说:“你的贡献太大啦,希望你捉更多这样的大老鼠来!”

6.2.2　绩效实施

在制订了绩效计划以后,就应按照计划开展工作,管理者要对员工的工作进行观察、指导和监督,对发现的问题及时予以解决,并根据实际情况对绩效计划进行调整。

1. 绩效信息收集

绩效信息收集是一种系统地收集有关员工工作活动和企业绩效的方法,绩效管理离不开绩效信息的收集。

(1)绩效信息收集的目的。提供员工的工作情况记录,为绩效考核及相关决策提供依据,让管理者及时发现员工存在的问题,纠正绩效偏差。

(2)绩效信息收集的内容。主要收集与绩效有关的信息,包括工作目标或任务完成情况的信息、来自客户积极和消极的反馈信息、工作绩效突出的行为表现、绩效有问题的行为表现等。

(3)绩效信息收集的方法。绩效信息收集的方法包括观察法、工作记录法、他人反馈法等。要全面了解员工绩效的信息,需要综合运用各种方法。

2. 绩效沟通

1)绩效沟通的目的

绩效沟通是指在整个考核周期内,上级就绩效问题持续不断地与员工进行交流和沟通,给予员工必要的指导和建议,帮助员工实现确定的绩效目标。

在整个绩效实施期间,都需要管理者不断地对员工进行指导和反馈,即进行持续的绩效沟通。持续的绩效沟通能保证管理者及时对计划进行适应性调整。

员工在绩效沟通过程中需要了解两类信息:希望获得相应的资源和帮助,及时解决工作中遇到的困难和障碍;希望在工作中能不断得到关于自己绩效的反馈信息。在达成绩效目标的过程中,管理者提供工作所需要的资源、支持和帮助,并根据绩效计划对工作进度情况进行跟踪辅导,一方面能够帮助个体绩效目标的实现,另一方面能实现有效的管理和控制,及时纠偏,从而推动企业的绩效实现。

2)绩效沟通的内容

究竟需要沟通哪些信息,这取决于管理者和员工关注什么。管理者应该思考的是:作为管理者要完成什么职责,必须从员工那里得到什么信息,而员工要更好地完成工作的话,需要向他们提供什么信息。从这个基本点出发,管理者和员工可以在绩效实施的过程中,试图就下列问题进行持续而有效的沟通。

(1)工作进展情况怎么样?

(2)员工和团队是否在正确的达成目标和绩效标准的轨道上运行?

(3)如果有偏离方向的趋势,应该采取什么样的行动扭转这种局面?

(4)哪些方面的工作进行得好?

(5)哪些方面遇到了困难或障碍?

(6)面对目前的情况,要对工作目标和达成目标的行动做出哪些调整?

(7)经理人员可以采取哪些行动来支持员工?

3)绩效沟通的方式

绩效沟通的方式分为正式沟通和非正式沟通。正式沟通可以分为书面报告、管理者参与的全体会议或小组会议、管理者与员工的面谈等。

书面报告是绩效管理中比较常用的一种正式沟通的方式。它是指员工使用文字或图表的形式(如工作日志、周报、月报、季报、年报等)向管理者报告工作的进展情况,可以是定期的,也可以是不定期的。在采用书面报告时,通常可以辅之以面谈,使信息传递更为丰富和准确。

知识拓展

非正式沟通形式

①走动式沟通——主管人员在员工工作期间不定期地到员工附近走动,与员工进行交流,或者解决员工提出的问题。②开放式办公——主管人员的办公室随时向员工开放,只要没有客人在办公室里或正在开会的时候,员工随时都可以进入办公室与主管人员讨论问题。③工作间歇时的沟通——利用各种各样的工作间歇(如共进午餐)与员工进行沟通。④非正式活动——如联欢会、生日晚会等各种非正式团队活动的形式进行沟通。

6.2.3 绩效考核

1. 绩效考核的主体

绩效考核的主体是指对员工的绩效进行考核的实施人员。合格的考核主体应当满足:一是了解被考核者职位的性质、工作内容、要求及考核标准与企业政策;二是熟悉被考核者本人的工作表现，尤其是在本考核周期，最好直接近距离观察其工作的具体表现；三是要客观公正，没有偏见。

考核主体一般包括五类：直接上级、同事、直接下属、员工本人和外部考核者。

（1）直接上级。这是最主要的考核主体。被考核者的工作目标主要是在与直接上级进行沟通之后设立的，因此员工的直接上级最有责任和权力对被考核者的目标达成情况进行评估。直接上级考核是实现管理的监督和控制职能的重要途径，同时直接上级通过绩效管理帮助被考核者提高工作能力，提高工作绩效。这种考核的缺点是信息来源单一，容易产生个人偏见。为了弥补这一不足，许多企业在上级考核之外，还要求上级的上级进行审核，另外还建立了被考核者的申诉制度。

（2）同事。包括本部门的同事和其接触密切的部门的同事。一般而言，员工的同事能够观察到上司无法观察到的某些方面，特别是员工的工作场所与上司分离，或者工作内容经常变动时，同事就成了一个重要的考核源。此外，在以工作团队为主的企业中，同事的考核就显得尤为重要。同事考核的缺点是他们与被考核者之间的关系可能造成考核的偏差。当绩效考核的结果被用作薪酬、晋升等人事管理决策时，可能会引起员工之间的矛盾，进而影响员工之间的团结和人际关系。

（3）直接下属。在对管理者进行考核时，其直接下属是一种特别有价值的绩效信息来源，下属是最有权力考核其直接上级是如何管理或领导他们的。这种绩效考核的方式对上级主管的潜能开发特别有价值。管理者可以通过下属的反馈，清楚地知道自己管理能力的欠缺之处，若自己对自己的考核与部属的考核之间有很大落差，则主管亦可针对这个落差，深入了解其中的原因。下属考核的缺点是：由于顾及上级的反应，往往不敢真实地反映情况。

（4）员工本人。虽然自我评估并不是经常作为绩效考核信息的唯一来源，但也非常有价值。被考核者自己来评估其在工作期间的绩效表现，有利于据此设定未来的绩效目标，有利于反省自己的不足，进而强化自我完善、自我开发和自我约束的意识。其缺点是自我评估往往容易偏高。

（5）外部考核者。外部考核者包括专家和客户。专家考核的优点是有绩效考核方面的技术和经验，与被考核者没有瓜葛，较易做到公正客观。缺点是外部专家可能对企业业务不熟悉，必须有内部人员协助。此外，聘请外部专家的成本较高。通过客户考核可以使被考核者更加关注自己的工作结果，提高工作质量。其缺点是客户会因为担心产品和服务质量受到影响而给予相对较高的评价。另外，客户考核只适用于和客户有直接或者间接接触的岗位。

2. 确定绩效考核周期和考核方法

绩效考核周期，是指多长时间对员工进行一次考核。由于绩效考核需要耗费一定的人力、物力，因此考核周期过短，会增加管理成本的开支；但是，考核周期过长，又会降低绩效考核的准确性，不利于员工绩效的改进，从而影响绩效管理的效果。绩效考核可根据具体情况和实际需要进行月考核、季考核、半年考核和年度考核，也可以在一项特殊的任务或项目完工之后进行。

企业需要根据自身的条件和管理经验来选择合适的考核方法。具体考核方法详见后面章节。

3. 绩效考核的误差

在现实中许多员工常常怀疑绩效考核的结果是否公正、合理。事实上，在绩效考核中，由于各种主客观因素的影响，往往使考核结果发生误差。绩效考核的误差主要表现如下。

（1）信息压力误差。信息压力误差是考核人担心考核的结果会影响被考核人的某些利益而产生的误差，或担心会影响被考核人的薪酬或职务变更，或担心在绩效沟通时受到被考核人的责难，因而考核人可能会做出偏高的评价。

（2）考核标准理解误差。围绕着考核标准而出现的误差，可能是两方面的原因：一是考核标准不明确，有模糊性而引起的误差；二是由于考核者对考核指标理解的差异而造成的误差。

（3）晕轮效应。晕轮效应也称光环效应，当一个人有一个显著的优点时，人们会误以为他在其他方面也很优秀，而可能对其弱点视而不见，即一好百好、一俊遮百丑。考核人在对被考核人进行考核时，把工作中的某一方面甚至与绩效无关的方面看得过重，会影响考核的真实性和准确性，导致过高或过低的考核。

（4）第一印象。考核者根据最初短期内得到的第一印象常常会对最终结论产生比较大的影响。对人和事物的第一印象往往最为深刻，尽管这种直觉印象可能是片面的、存在较大的误差，但一旦形成也很难改变。

（5）刻板印象。由于考核者对被考核者进行评价时，往往受到对后者所属社会群体类型印象的左右，即用某一群体的类型特征衡量该群体中的具体成员的特征。如认为妇女的工作能力、工作效率不如男性；认为年纪较大的人开拓性不够，比较保守等。

（6）类己效应。类己效应是指考核者对被考核者进行评价时，常常根据本人的偏好打分而出现的误差。例如，考核者对自己喜欢、熟悉的人或与自己兴趣相同、个性相近的人考核时，通常会倾向于夸大或提高被考核者的成绩，掩饰或淡化他们工作中的不足。

（7）近因效应。一般来说，人们对近期发生的事情印象比较深刻，在绩效考核人对被考核者某一阶段的工作绩效进行考核时，只注重近期的印象来代替整个考核阶段的表现和业绩，因而造成考核的误差。

（8）对比效应。考核者将被考核者与其周围的人进行比较后，根据比较结果给予考核分数，而不是根据考核标准和实际绩效做出判断。

（9）居中趋势误差。即考核者倾向于将被考核者的考核结果放置在中间的位置，使考核失去价值。主要的原因有：一是由于考核者害怕承担责任；二是对被考核者不熟悉；三是为了不得罪人，采取“老好人”的做法。

（10）宽大或严格误差。考核者因为个人的主观理解，在考核时形成过于极端的结果而导致的误差。在考核中或是考核过宽，人人得高分；或是考核过严，几乎无人合格。一旦多人执行考核操作，则可能因不同考核者的宽严程度掌握不同，而对同样绩效者得出不同的考核结论，从而导致评价不公平。

由于绩效考核误差的原因，除了那些无法左右的外部影响因素外，考核人员、考核标准和考核方法是影响考核的主要因素。其中，标准不明确、不具体是进行绩效考核时最容易出现的问题。受考核中这些因素的影响，绩效考核的信度和效度也会大打折扣。

实务指南

考核如何进行？

第一，应当尽可能采用客观的、量化的、多维的尺度，让考核标准更加明晰、更加准确。这样可以让考核人能够更加准确地进行考核，对员工业绩进行合理准确的衡量。第二，应当对绩效考核人员进行必要的专业指导，还要考虑对考核者进行足够的监督。第三，在整个考核工作中，要建立和健全考核工作的申诉、反馈、监控机制，选择信度和效度较高的考核技术和工具，完善实际使用的具体考核方法和措施。

6.2.4 绩效反馈

绩效考核的结果应该向被考核员工反馈，通过绩效反馈，使员工了解自己的绩效状况，了解企业对自己的期望，认识自己在绩效方面存在的问题。同时，考核者尤其是主管要和员工进行充分沟通并达成共识，分析绩效目标未实现的原因，并一起制订出绩效改进计划。

1. 绩效反馈的准备

绩效反馈前，要做好充分的准备，具体内容包括：①选择适宜的时间。选择管理者和员工双方都有空闲的时间。应该注意，这个时间一定要和员工一起商定而不要由管理者单方面来决定，而且保证这段时间不受干扰。②选择最佳场所。通常，可以选择管理者的办公室、小型会议室或类似咖啡厅等休闲场所。场所要舒适，使双方都感觉轻松。要确定面谈时没有电话也没有访客，让面谈在容易控制的情况下进行。③收集、整理面谈所需要的信息资料。要充分了解被面谈员工的情况，包括教育背景、家庭环境、工作经历、性格特点及业绩状况等。④计划面谈程序。如面谈的内容、面谈的程序等。⑤通知被面谈者准备事宜。让员工事先知道面谈时间、地点、目的等。

2. 绩效反馈的内容

将绩效考核的结果明确而委婉地表达给员工，其内容大致包括：对于上一个绩效周期内完成的目标和好的行为，要加以表扬和肯定，并鼓励员工在今后的工作中继续保持和自我突破。对于上一个绩效周期内未完成的目标和不好的行为，需要管理者和员工共同分析原因，是因为企业内部制度问题还是员工能力不足、经验不够等，找到影响员工业绩提高的瓶颈，并就实现下一目标拟采取的措施和相应的支持条件形成统一意见。

管理故事

张晓的苦恼

张晓在一家公司做基层主管已有3年。年初，公司开始推行绩效考核制度，员工们也陆陆续续知道了一些关于绩效管理的问题。在年终考核时，张晓的上司要同他谈话，张晓很是不安，虽然他对一年来的工作很满意，但不知上司对此怎么看。张晓是一个比较内向的人，除了工作上的问题，他很少跟上司来往。在谈话中，上司对张晓的表现总体来说是肯定的，同时，也指出了他在工作中需要改进的地方。张晓也同意那些看法，他知道自己有一些缺点，整个谈话过程是令人愉快的。但是，当张晓拿到上司给他的年终考核书面报告时，感到非常震惊，并且难以置信。报告中写了很多关于他的问题、缺点等负面的内容，而他的成绩、优点却只有一点点。张晓觉得这样的结果有点“不可理喻”。张晓知道，考核报告是要长期存档的，对他今后在公司的影响很大。张晓感到很是不安和苦恼。

讨论：请你分析一下张晓为什么会感到不安和苦恼？

3. 绩效反馈应注意的问题

为了保证绩效反馈的效果，在反馈时应当注意以下几个问题。①绩效反馈应当及时；②绩效反馈要指出具体的问题；③绩效反馈要指出问题出现的原因；④绩效反馈不能针对人；⑤注意绩效反馈时说话的技巧。

实务指南

“三明治”式的绩效反馈

绩效反馈是管理者与员工就员工的绩效问题进行直接面谈，可能引起员工紧张甚至冲突，因而可采取“三明治”式的沟通法：第一层先要充分肯定对方的成绩，第二层再说哪些地方还需要改进，第三层进行鼓励并提供必要的条件和指导。

6.2.5 绩效结果应用

绩效考核的结果有三个方面的应用，一是对绩效考核的结果进行分析，用于绩效工作的改进；二是根据绩效考核结果做出人事决策；三是用于引导员工发展。

1. 改进绩效工作

改进绩效工作是考核结果最重要的应用方式。为此，需要确认员工实际工作表现与绩效目标的差距，分析造成差距的原因并制订相应的绩效改进计划。

(1)绩效诊断与分析。绩效诊断与分析是绩效改进过程的第一步，也是绩效改进最基本的环节。绩效诊断与分析有两个关键步骤。

第一步，通过分析考核结果，找出关键绩效问题。关键绩效问题是通过实际绩效与绩效标准的对比得出来的。

第二步，分析问题产生的原因。在绩效考核中，判断绩效问题的依据在于确认问题不是产生于客观原因，而是产生于主观原因。

在绩效问题原因分析中，要特别注意员工不负责任的情况。其典型表现有：不努力保证合理品质；影响其他员工态度；违反企业伦理或工作规则；不认同公司价值观；其他行为不当的情况，如经常迟到、缺席等。对于这类员工，要采取断然措施甚至辞退等。

(2)绩效改进措施。在进行绩效诊断分析的时候，重点在于帮助员工改进绩效。通常采取以下几个步骤。

第一步,管理人员与员工进行充分沟通。让员工认识到绩效问题的存在及其影响以及不解决绩效问题所产生的后果。其目的是使管理者和员工在绩效问题上达成共识。

第二步,分析绩效问题的原因。员工问题的原因是多方面的,可能是能力的问题,也可能是态度问题或客观条件问题。

第三步,确定绩效改进目标,并落实到下一阶段的绩效目标中。

第四步,共同探讨可能的解决途径。主管人员和员工要商定如何推进绩效改进过程,让员工了解必须对自己的行为负责。

第五步,鼓励员工已经取得的成绩和进步。任何改善都是渐进的过程,行为有所改善时,主管人员应及时予以认可和称赞。

2. 用于人事决策

作为人力资源管理职能中的核心环节,绩效考核与各人力资源管理职能之间存在着非常密切的关系。绩效考核的结果对于招聘甄选、培训、职位变动、解雇退休和薪酬福利等都会产生影响。

(1)用于薪酬的分配和调整。这是绩效考核结果最常见的一种用途。绩效考核最初的目的就是更好地考核员工对团队或企业绩效的贡献,以便更好地在薪酬分配的过程中体现公平性原则。随着绩效管理理论和实践的不断发展,绩效管理的战略目的和开发目的受到越来越多的重视,人们开始倾向于弱化绩效考核在员工薪酬管理中的作用。

(2)用于职位变动。绩效考核结果也可以为职位变动提供信息,将合适的人放在合适的岗位上,实现人力资源的有效调配是企业人力资源管理的最高境界。员工调配可以是纵向的升迁或降职,也可以是横向的工作轮换。如果员工在某方面的绩效不够好,也可能是其所从事的职位并不适合,可以通过职位调整使其从事更加适合的职位。运用绩效考核结果,应结合员工胜任素质评估,因为如果员工在目前的职位上绩效优秀,并不代表他一定能够胜任更高的职位,还必须看他在新职位上的潜力如何。对于那些绩效成绩优秀并在潜力考核中体现出特殊管理才能的员工,则可以进行积极的培养和大胆的提拔。

(3)用于招聘决策。当企业通过分析绩效考核结果发现,员工在工作能力或工作态度上存在欠缺而又无法通过及时有效的培训解决问题时,企业就可能需要以此作为重要依据制订相应的招聘计划。

(4)用于员工培训开发。企业的培训开发活动是一种有明确目标的活动,其确定的依据主要有:一是职位分析的结果,即职位说明书对工作活动所进行的描述,它包括员工所要完成的工作任务和完成这些任务所需要的知识、技能和能力;二是员工绩效考核的结果,通过绩效考核能够发现员工身上存在的不足之处,就能够对员工进行有针对性的培训。

(5)用于衡量甄选和培训的有效性。绩效考核的结果在很大程度上决定了人力资源管理各职能是否取得了预期的效果。如果选拔出来的员工的确能够很好地胜任新的工作,那么就说明选拔是有效的;如果培训真的能够有效地提高员工的工作业绩,那就说明培训是有效的。

3. 引导员工发展

作为人力资源管理的最终目的,绩效管理要引导员工发展。企业应制订合理的员工发展计划。员工发展计划是根据员工特点制订的能力与素质改进计划,是绩效改进的重要途径。员工发展计划通常在主管人员帮助下由员工自己制订,并与主管人员讨论达成一致意见。员工发展计划包括发展的项目、期望达到的水平、具体实施方案。主管人员应承诺提供员工实现计划所需的可能帮助。

6.3 绩效考核的方法

6.3.1 结果导向型考核方法

1. 比较排序法

比较排序法是根据员工的工作行为对员工进行主观考核的一种方法,其特征是在对员工进行相互比较的基础上对员工进行排序,提供一个员工工作的相对优劣的考核结果。排序的主要方法包括简单排序法、交替排序法。

简单排序法是考核者将员工按照工作的总体情况从最好到最差进行排序。这种方法所需要的时间成本很少,简便易行,一般适应于员工数量比较少的情况。

交替排序法是考核者在所有需要考核的员工中首先挑选出最好的员工,再选择出最差的员工,将他们分别列为第一名和最后一名。然后在余下的员工中再选择出最好的员工作为整个序列的第二名,选择出最差的员工作为整个序列的倒数第二名。依次类推,直到将所有员工排列完毕,就可以得到对所有员工的一个完整的排序。

2. 配对比较法

配对比较法也称相对比较法,该方法是对若干被考核者的同一考核内容采用“两两比较”的方法决定其优劣,即在被考核者之间分别比较,从每一对被考核者中比较出哪个优、哪个劣,最后汇总和计算出整体的比较考核结果。

配对比较法的实施方法为:第一步,根据同一个考核内容,如考核“开拓能力”项目,把5个考核对象的姓名分别配对并填写在1张卡片上;第二步,对每张卡片上两个人的“开拓能力”进行比较,评出优劣,优者为1分、劣者为0分;第三步,将每一对比较结果计入表格,在表格中填写评比结果时,用字母行与数字行相比,当字母行的项目比数字行项目优时记1分,字母行比数字行劣时记0分;第四步,累加字母行被考核者的得优次数,计入考核表的最右边“得分总数”一栏,得优次数最多即得分最高者就是成绩最好者,相反为最差者,示例见表6-2。

表6-2 配对比较法示例

姓名	1. 张建华	2. 孙明明	3. 李刚	4. 陈华	5. 吴小强	得分总数	比较结果
A. 张建华	-	1	0	1	1	3	第二
B. 孙明明	0	-	0	0	1	1	第四
C. 李　刚	1	1	-	1	1	4	第一
D. 陈　华	0	1	0	-	1	2	第三
E. 吴小强	0	0	0	0	-	0	第五

在本例中,张建华、孙明明、李刚、陈华、吴小强5人的获优次数分别为3、1、4、2、0。可见,李刚的得分最高、成绩最好,共获优4次,吴小强的成绩最差,每一次的比较得分都是0。由此,从优到劣依次排队,这5个考核对象的配对比较结果为李刚、张建华、陈华、孙明明、吴小强。对于需要考核的其他项目,也依此法多次进行两两比较,分别得出结果。最后,综合各个项目的结果,填写在汇总表格中,从而得出最终的成绩。

3. 强制分布法

强制分布法实际上也是将员工进行相互比较的一种员工排序方法,只不过它是对员工按照组别进行排序,而不是将员工个人进行排序。这一方法的理论依据是数理统计中的正态分布概念,认为员工的业绩水平遵从正态分布,因此可以将所有员工分为杰出的、高于一般的、一般的、低于一般的和不合格的五种情况,其分布的典型形式如表6-3所示。在实践中,实行强制分布的企业通常对设定的分布形式做一定程度的变通,使员工业绩水平的分布形式呈现为某种偏态分布。

强制分布的优点是可以克服考核者过分宽容或过分严厉的结果,也可以克服所有员工不分优劣的平均主义。但是其缺点是如果员工的业绩水平事实上不遵从所设定的分布样式,那么按照考核者的设想对员工进行强制分布容易引起员工的不满。一般而言,当被考核的员工人数比较多,而且考核者又不只一人时,用强制分布法可能比较有效。

表6-3　强制分布法示例　　单位:人

员工总数	分布				
	优秀(10%)	良好(15%)	一般(50%)	较差(15%)	很差(10%)
100	10	15	50	15	10

6.3.2　行为导向型考核方法

1. 关键事件法

关键事件法是客观考核体系中最简单的一种形式。在应用这种考核方法时,负责考核的主管人员把员工在完成工作任务时所表现出来的特别有效的行为和特别无效的行为记录下来,形成一份书面报告。考核者在对员工的优点、缺点和潜在能力进行评论的基础上提出改进工作绩效的意见。如果考核者能够长期观察员工的工作行为,对员工的工作情况十分了解,同时也很公正和坦率,那么这种考核报告是很有效的。这一方法有助于为培训工作提供基础,也有助于考核评定面谈。但是,由于书面报告是对不同员工的不同工作侧面进行描述,无法在员工之间、团队之间和部门之间进行工作情况的比较。还有,考核者用自己制定的标准来衡量员工,员工没有参与的机会,因此不适合于进行人事决策。关键事件法可以在绝大多数绩效管理方法中同其他方法结合使用。

2. 等级鉴定法

等级鉴定法是一种历史最悠久也是应用最广泛的员工绩效考核方法。在应用这种考核方法时,考核者首先确定绩效管理的标准,然后对每个考核项目列出几种行为程度供考核者选择，如表 6-4 所示。这种方法所需要花费的成本比较低，容易使用。员工业绩的考核结果可以加总为用数字来表示的结果，可以进行员工之间的横向比较。等级鉴定法在考核内容的深度方面不如关键事件法，它的主要优点是适应性强，相对比较容易操作和成本比较低。

表 6-4　等级鉴定法示例

<table>
<tr><th>考核内容</th><th>考核项目</th><th>说明</th><th colspan="5">评定</th></tr>
<tr><td rowspan="2">基本能力</td><td rowspan="2">知识</td><td rowspan="2">是否具备现任职务的基础理论知识和实际业务知识</td><td>A</td><td>B</td><td>C</td><td>D</td><td>E</td></tr>
<tr><td>10</td><td>8</td><td>6</td><td>4</td><td>2</td></tr>
<tr><td rowspan="2">业务能力</td><td rowspan="2">理解力</td><td rowspan="2">能否充分理解上级指示，干脆利落地完成本职工作任务，不需要反复指示上级</td><td>A</td><td>B</td><td>C</td><td>D</td><td>E</td></tr>
<tr><td>10</td><td>8</td><td>6</td><td>4</td><td>2</td></tr>
<tr><td rowspan="2">工作态度</td><td rowspan="2">协作性</td><td rowspan="2">在工作中是否充分考虑别人的处境，是否主动协助上级、同事做好工作</td><td>A</td><td>B</td><td>C</td><td>D</td><td>E</td></tr>
<tr><td>10</td><td>8</td><td>6</td><td>4</td><td>2</td></tr>
<tr><td colspan="2" rowspan="2">评定标准：
A. 非常优秀，理想状态
B. 优秀，满足要求
C. 基本满足要求
D. 略有不足
E. 不满足要求</td><td rowspan="2">分数换算：
A. 64 分以上
B. 48～63 分
C. 47 分以下</td><td colspan="5">合计分：</td></tr>
<tr><td colspan="5">等级：</td></tr>
</table>

3. 行为锚定考核法

行为锚定考核法是由等级鉴定法演变而来的，行为锚定考核法的最大优点是明确定义每一考核项目，同时使用关键事件法对不同水平的工作要求进行描述。因此，行为锚定考核法为考核者提供了明确而客观的考核标准。其主要缺点是设计和实施成本比较高，经常需要聘请人力资源管理专家帮助设计，而且在实施以前要进行多次测试和修改，因此需要花费许多时间和金钱。

设计行为锚定考核法的步骤如下。

第一，主管人员确定工作所包含的活动类别或者绩效指标。

第二，主管人员为各种绩效指标撰写一组关键事件。

第三，由一组处于中间立场的管理人员为每一个考核指标选择关键事件，并确定每一个绩效等级与关键事件的对应关系。

第四，将每个考核指标中包含的关键事件从好到坏进行排列，建立行为锚定法考核体系。

表 6-5 是为一个学生宿舍的舍监老师建立的行为锚定考核法中“关心学生”指标的考核标准实例。

表 6-5　行为锚定考核法示例

<table>
<tr><td colspan="5">考核指标:关心学生
指标定义:积极结识住宿的学生,发现他们的需要并真诚地对他们的需要做出反应
考核等级:</td></tr>
<tr><td>最好 1</td><td>较好 2</td><td>好 3</td><td>较差 4</td><td>最差 5</td></tr>
<tr><td>当学生面有难色时上前询问对方是否有问题需要一起讨论</td><td>为住宿学生提供一些关于所修课程的学习方法上的建议</td><td>发现住宿学生时上前打招呼</td><td>友好地对待住宿学生,与他们讨论困难,但是随后不能跟踪解决困难</td><td>批评住宿学生,不能解决自己遇到的困难</td></tr>
</table>

4. 行为观察考核法

行为观察考核法与行为锚定考核法有一些相似,但它在工作绩效考核的角度方面能比后者提供更加明确的标准。在使用这种考核方法时,需要首先确定衡量业绩水平的角度,如工作的质量、人际沟通技能、工作的可靠性等。每个角度都细分为若干个具体的标准,并设计一个考核表。考核者将员工的工作行为同考核标准进行比照,每个衡量角度的所有具体科目的得分构成员工在这一方面的得分,将员工在所有考核方面的得分加总,就可以得到员工的考核总分,如表 6-6 所示。

表 6-6　行为观察考核法

<table>
<tr><td colspan="5">克服变革的阻力</td></tr>
<tr><td colspan="5">1. 向下属描述变革的细节</td></tr>
<tr><td colspan="5">几乎没有　1　2　3　4　5　几乎总是</td></tr>
<tr><td colspan="5">2. 解释为什么必须进行变革</td></tr>
<tr><td colspan="5">几乎没有　1　2　3　4　5　几乎总是</td></tr>
<tr><td colspan="5">3. 与员工讨论变革会给员工带来何种影响</td></tr>
<tr><td colspan="5">几乎没有　1　2　3　4　5　几乎总是</td></tr>
<tr><td colspan="5">4. 倾听员工的心声</td></tr>
<tr><td colspan="5">几乎没有　1　2　3　4　5　几乎总是</td></tr>
<tr><td colspan="5">5. 在使变革成功的过程中请求员工的帮助</td></tr>
<tr><td colspan="5">几乎没有　1　2　3　4　5　几乎总是</td></tr>
<tr><td colspan="5">6. 如果有必要,会就员工关心的问题商定一个具体的日期来进行变革之后的跟踪会谈</td></tr>
<tr><td colspan="5">几乎没有　1　2　3　4　5　几乎总是</td></tr>
<tr><td colspan="5">总分数=</td></tr>
<tr><td>很差</td><td>差</td><td>满意</td><td>好</td><td>很好</td></tr>
<tr><td>10 分以下</td><td>11~12 分</td><td>16~20 分</td><td>21~25 分</td><td>26~30 分</td></tr>
</table>

6.4 考核模式

6.4.1 目标管理法

1. 目标管理法的含义

所谓目标管理法(management by objective,MBO),就是让企业中的主管人员和员工一起协商,根据企业的使命确定一定时期内企业的总目标,由此决定各级的责任和分目标,并把这些目标作为企业绩效考核标准的一种管理制度或方法。

目标管理法的特点是共同参与、系统导向、自我控制、授权导向、结果导向。在进行目标制定时,上级与下级共同参与确定各对应层次的目标,是一个双向互动的过程。一旦目标被确定下来,就必须严格地执行,并按照目标的要求进行定期考核和互相督促。如果出现意外变动,双方应立即进行沟通,以便根据实际情况对目标进行调整。目标管理法既是计划的方法,也是绩效考核的方法。

2. 目标管理法的优缺点

目标管理法的优点是任务很明确,能形成激励、能有效自我管理、能有效控制;目标管理法的不足之处是目标设置过程困难、过分强调短期目标、在实施目标过程中无法权变等。

3. 目标管理法实施

在执行目标管理过程中,应注意以下几个方面的问题。

1)目标的设置

员工的绩效目标不是凭空产生的,必须依据企业的战略目标及相应的部门目标确定。目标确定时应当考虑员工的能力、素质和以往业绩,必须历史地考察,不可孤立判断。上级和下级就实现各项目标所需的条件以及实现目标后的奖惩事宜达成协议。目标的数目不宜太多,应当有针对性。一般而言,应符合以下要求:①目标数目控制在5~6个左右;②目标是可以衡量和比较的;③目标是成果导向型的。

2)实现目标过程的管理

目标管理重视结果,强调自主、自治和自觉,并不等于领导可以放手不管,而是在目标实施过程中要定期进行检查,要帮助下级解决工作中出现的困难问题。如出现了不能克服的变化,上下级之间可以进行沟通,对目标适度调整。目标管理过程中,关键是要激发员工的积极主动性。为此,反馈和沟通的渠道必须畅通。

3)正确实施目标考核

针对目标进行考核,关键要看目标的落实情况。对于员工的成果,找出完成任务的成功原因或者没有达到目标的失败原因,为下一次制定目标奠定基础。在目标管理工作中,往往需要一些具体的操作工具,如目标、目标责任书、绩效考核表、业绩考核表等。

6.4.2　平衡记分卡法

1. 平衡记分卡的含义

平衡计分卡(the balanced score card,BSC)是从财务、客户、内部运营、学习与成长四个角度,将企业的战略落实为可操作的衡量指标和目标值的一种新型绩效管理体系。设计平衡计分卡的目的就是要建立"实现战略制导"的绩效管理系统,从而保证企业战略得到有效的执行。平衡记分卡的核心思想就是通过财务、客户、内部经营过程、学习与成长四个方面指标之间相互驱动的因果关系展现企业的战略轨迹,实现绩效考核、绩效改进以及战略实施、战略修正的目标。平衡记分卡中每一项指标都是一系列因果关系中的一环,通过它们把相关部门的目标同企业的战略联系在一起;而"驱动关系"一方面是指记分卡的各方面指标必须代表业绩结果与业绩驱动因素双重含义,另一方面,记分卡本身必须是包含业绩结果与业绩驱动因素双重指标的绩效考核系统(图 6-3)。之所以称此方法为平衡记分卡,是因为这种方法通过财务与非财务考核手段之间的相互补充"平衡",不仅使绩效考核的地位上升到企业的战略层面,使之成为企业战略的实施工具,同时也是在定量评价与定性评价之间、客观评价与主观评价之间、指标的前馈指导与后馈控制之间、企业的短期增长与长期发展之间、企业的各个利益相关者的期望之间寻求"平衡"的基础上完成的绩效考核与战略实施过程。

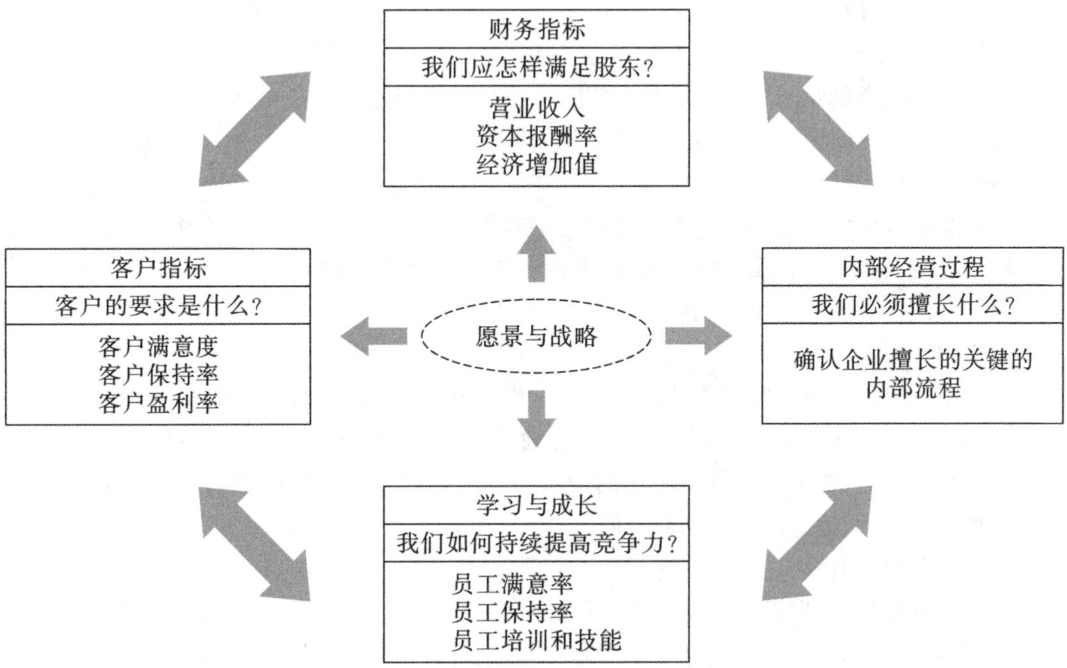

图 6-3　平衡记分卡

知识拓展

平衡计分卡所包含的五项平衡

(1)财务指标和非财务指标的平衡。企业考核的一般是财务指标,而对非财务指标(客户、内部经营过程、学习与成长)的考核很少,即使有对非财务指标的考核,也只是定性的说明,缺乏量化的考核,缺乏系统性和全面性。

(2)企业的长期目标和短期目标的平衡。平衡计分卡是一套战略执行的管理系统,如果以系统的观点来看平衡计分卡的实施过程,则战略是输入,财务是输出。

(3)结果性指标与动因性指标之间的平衡。平衡计分卡以有效完成战略为动因,以可衡量的指标为目标管理的结果,寻求结果性指标与动因性指标之间的平衡。

(4)企业内部群体与外部群体的平衡。平衡计分卡中,股东与客户为外部群体,员工和内部经营过程是内部群体,平衡计分卡可以发挥在有效执行战略的过程中平衡这些群体间利益的重要性。

(5)领先指标与滞后指标之间的平衡。财务指标就是一个滞后指标,它只能反映公司上一年度发生的情况,不能告诉企业如何改善业绩和可持续发展。客户、内部经营过程、学习与成长是领先指标,而对这三项领先指标的关注,使企业达到了领先指标和滞后指标之间的平衡。

2. 平衡记分卡的设计

平衡记分卡的设计包括四个方面:财务角度、客户角度、内部经营流程、学习和成长。这几个方面分别代表企业三个主要的利益相关者:股东、客户、员工,每个角度的重要性取决于角度的本身和指标的选择是否与公司战略相一致。

1)财务角度

财务业绩指标可以显示企业的战略及其实施和执行是否对改善企业盈利做出贡献。财务目标通常与获利能力有关,其衡量指标有营业收入、资本报酬率、经济增加值等,也可能是销售额的迅速提高或创造现金流量。

2)客户角度

客户角度是指管理者确立了其业务单位将要竞争的客户和市场以及业务单位在这些目标客户和市场中的衡量指标。客户角度指标通常包括客户满意度、客户保持率、客户获得率、客户盈利率以及在目标市场中所占的份额。客户角度使业务单位的管理者能够阐明客户和市场战略,从而创造出优秀的财务回报。

3)内部经营过程

在这一过程中,管理者要确认企业擅长的关键的内部流程,这些流程帮助业务单位提供价值主张,以吸引和留住目标细分市场的客户,并满足股东对财务回报的期望。

4)学习与成长

学习与成长确立了企业要创造长期的成长就必须建立的基础框架,确立了未来成功的关键因素。平衡记分卡的前三个层面一般会揭示企业的实际能力与实现突破性业绩所必需的能力之间的差距,为了弥补这个差距,企业必须投资于员工技术的再造、企业程序和日常工作的理顺，这些都是平衡记分卡学习与成长方面追求的目标，如员工满意度、员工保持率、员工培训和技能等以及这些指标的驱动因素。

3. 平衡记分卡的实施流程

(1)以企业的共同愿景与战略为内核，运用综合与平衡的哲学思想，依据企业结构，将公司的愿景与战略转化为下属各责任部门(如各事业部)在财务、客户、内部经营过程、学习与成长等四个方面的系列具体目标(即成功的因素)，并设置相应的四张计分卡，其基本框架如图 6-3 所示。

(2)依据各责任部门分别在财务、客户、内部经营过程、学习与成长四方面设置可具体操作的目标及对应的绩效考核指标体系，这些指标不仅与公司战略目标高度相关，而且是以先行与滞后两种形式，同时兼顾和平衡公司长期和短期目标、内部与外部利益，综合反映战略管理绩效的财务与非财务信息。

(3)由各主管部门与责任部门共同商定各项指标的具体评分规则。一般是将各项指标的预算值与实际值进行比较，对应不同范围的差异率，设定不同的评分值。以综合评分的形式，定期(通常是一个季度)考核各责任部门在财务、客户、内部经营流程、学习与成长四个方面的目标执行情况，及时反馈，适时调整战略偏差，或修正原定目标和考核指标，确保公司战略得以顺利与正确地实行。

【本章小结】

绩效，是指员工在工作过程中所表现出来的与企业目标相关的并且能够被考核的工作业绩、工作能力和工作态度。绩效具有多因性、多维性、动态性三个主要的特点。绩效管理是指通过制定员工的绩效目标，收集与绩效有关的信息，定期对员工的绩效目标完成情况做出考核和反馈，以确保员工的工作活动和工作产出与企业保持一致，从而使企业目标得以实现的过程与方法。绩效管理的核心是进行绩效考核，绩效管理的目的是通过提高员工的绩效水平来提高企业的绩效。

绩效管理流程包括绩效计划、绩效实施、绩效考核和绩效反馈四个环节，这四个环节构成了一个封闭的循环，通过循环促使企业绩效管理不断提高上升。绩效考核主体一般包括五类：直接上级、同事、直接下属、员工本人和外部考核者，绩效考核会受到一些主观因素的影响，如晕轮效应、第一印象、近因效应、刻板印象、感情效应误差等，绩效考核的结果应该向被考核员工反馈，并尽量做好相关沟通工作。

常用的绩效考核方法有比较排序法、配对比较法、强制分布法、关键事件法、等级鉴定法、行为锚定考核法和行为观察考核法。在设计绩效管理方案时要灵活选用不同的考核方法。

绩效考核模式有目标管理法、平衡记分卡法等。

关键概念

绩效　　绩效管理　　绩效考核　　比较排序法　　关键事件法　　行为锚定考核法
目标管理法　　平衡记分卡法

复习思考题

1. 什么是绩效？如何理解绩效的特点？
2. 绩效管理与绩效考核有何联系？
3. 简述绩效管理的流程。
4. 如何进行绩效反馈面谈？
5. 什么是目标管理法？什么是平衡积分卡法？
6. 如果你是企业的绩效经理，谈谈你的工作程序与工作方法。

案例分析

长福公司的绩效管理

在长福公司总部的会议室里，余总经理正在认真听取关于上年度公司绩效考核执行情况的汇报，其中有两项决策让他左右为难。一是经过年度考核成绩排序，成绩排在最后的几名却是在公司干活最多的人。这些人是否按照原先的考核方案降职和降薪，下一阶段考核方案如何调整才能更加有效？另一个是人力资源部提出上一套人力资源管理软件来提高统计工作效率的建议，但一套软件能否真正起到支持绩效提高的效果？

长福公司成立仅四年，为了更好地进行各级人员的考评和激励，长福公司在引入市场化的用人机制的同时，建立了一整套绩效管理的制度。对于这套方案，用人力资源部经理的话说，是细化传统的德、能、勤、绩几项指标，同时突出工作业绩的一套新的考核办法。其设计的重点是将德、能、勤、绩几个方面内容细化延展成考核的10项指标，并把每个指标都量化为5个等级，同时定性描述等级定义。考核时考核者只须将被考核人的实际行为与描述的等级相对应，就可按照相应考核指标的成绩累计相加得出总的成绩。

但考核中却发现了一个奇怪的现象：原先工作比较出色和积极的职工，考核成绩却常常排在多数人后面，一些工作业绩并不出色的人和出错误很少的人却都排在前面。还有一些管理干部对考核结果大排队的方法不理解和有抵触心理。但是综合各方面的情况，目前的绩效考核还是取得了一定的成果，各部门都能够很好地完成，唯一需要确定的是，对于考核排序在最后的人员如何落实处罚措施。另外，对于这些人的降职和降薪无疑会伤害一批像他们一样认真工作的人，但是不落实却容易破坏考核制度的严肃性和连续性。另一个问题是，在本次考核中，统计成绩工具比较原始，考核成绩统计工作量太大，人力资源部就三个人，却要统计总部200多人的考核成绩，平均每个人有14份表格，统计、计算、平均、排序发布，最后还要和这些人分别谈话，在整个考核的一个半月中，人力资源部几乎都在做这个事情，其他事情都耽搁了。

余总经理决定亲自请车辆设备部、财务部和工程部的负责人到办公室深入了解一些实际情况。

车辆设备部李经理、财务部王经理，来到了总经理办公室，当总经理简要地说明了原因之后，车辆设备部的李经理首先快人快语回答道：我认为本次考核方案需要尽快调整，因为它不能真实反映我们的实际工作。例如我们车辆设备部主要负责公司电力机车设备的维护管理工作,总共只有20个人,却管理着公司总共近60台电力机车。为了确保它们安全无故障地行驶在600千米的铁路线上,我们的主要工作就是按计划到基层各个点上检查和抽查设备维护的情况。在日常工作中,我们不能有一次违规和失误,因为任何一次失误都是致命的,也会造成重大损失,但是在考核业绩中有允许出现"工作业绩差的情况",因此,我们的考核就是合格和不合格之说,不存在分数等级多少的问题。

财务部王经理紧接着说道:对于我们财务部门,工作基本上都是按照规范和标准来完成的,平常填报表和记账等都要求万无一失,这些如何体现出创新的最好一级标准?如果我们没有这项内容,评估时我们是按照最高成绩打分还是按照最低成绩打分?还有一个问题,我认为应该重视,在本次考核中我们沿用了传统的民主评议的方式,我对部门内部人员评估没有意见,但是实际上让其他人员打分是否恰当?因为我们财务的工作经常会得罪人,让被得罪的人来评估我们财务人员,这样公正吗?

听完大家的各种反馈,余总想:难道公司的绩效管理体系本身设计就有问题?那么问题到底在哪里?考核内容指标体系如何设计才能适应不同性质岗位的要求?公司是否同意人力资源部门提出购买软件方案?能否有一个最有效的方法解决目前的问题?总经理陷入了深深的思考中。

问题:

1. 绩效考核与绩效管理有何联系和区别?
2. 请指出长福公司的绩效管理存在哪些问题?应如何改进?

实训设计

一、实训项目

制定绩效考核方案。

二、实训目的

通过本次实训,使学生了解绩效考核方案的制定方法和流程,在制定绩效考核方案时能够选用合理的绩效考核方法。

三、实训内容与要求

(一)实训内容

依据教师事先为学生提供相关企业的背景材料,制定该企业的绩效考核方案。

(二)实训要求

1. 收集已有的企业绩效考核方案。
2. 对收集的考核方案进行分析,找出其优点和不足。
3. 选择几种考核方案,分析、确定适合所选企业的绩效考核方法。
4. 确定考核指标,并为各指标分配权重。

四、实训组织与步骤

第一步,教师向学生讲明实训内容及考核方案制定的方法。

第二步,按5~7人一组,将班上的学生进行分组,模拟成立一个公司。

第三步,确定考核指标。指标是绩效考核的核心和基础,包括业绩指标和行为指标。

第四步,为每种指标进行考核评定说明。

第五步,为每一项指标分配权重。

第六步,要求教师在实训过程中做好企业工作,给予必要的、合理的指导。

第七步,将讨论结果整理成书面文件,制定出一套企业的绩效考核方案。

本项目实训时间为 1 周,课堂讨论以两课时为宜。

五、撰写实训报告

实训结束后,每个小组需撰写实训报告。实训报告要求语言流畅、文字简练、条理清晰;报告内容主要包括:实训报告封面(实训日期、小组成员姓名、专业、班级等信息)、实训项目名称、实训目的、实训内容、实训资料(实训所依据的原始资料和使用的工具、材料等)、实训过程(实训采用的方法、步骤等)、实训结果或结论、实训指导教师评价意见等。

六、实训成绩评定

(一)评定等级

实训成绩可分为优秀、良好、中等、及格、不及格 5 个等级。

(二)评定标准

1. 能否依据绩效管理的原理编制企业绩效方案。

2. 编制的绩效方案的考核内容是否全面、考核指标是否可行、指标权重是否合理、考核方案是否完整等。

3. 课堂讨论中,是否认真、积极地投入,是否体现了良好的团队协作精神。

4. 课堂讨论和绩效方案占总成绩的 60%,实训报告占总成绩的 40%。

第7章　薪酬管理

学习目标

1. 理解薪酬的含义、构成及功能。
2. 理解薪酬管理的含义、了解薪酬管理的原则。
3. 了解基本薪酬体系的类型。
4. 掌握职位薪酬体系设计的流程。
5. 理解激励薪酬与福利的含义，了解激励薪酬与福利的类型。

【导入案例】

某房产销售公司的房产销售越多，做文员的小姑娘就越不高兴，因为要办按揭、办房产证的工作量增加了，但她的工资还是一样的，于是老拖着事情不办。老板一看这样不行，就做了一个新的薪酬方案，给这个小姑娘增加了提成，按房产销售额的比例来提成。刚开始还行，时间一长又出问题了，这小姑娘光顾着办别墅、大户型的房产证，不愿意办理那些小户型的手续。老板想这样也不行，又对薪酬方案进行了调整，按销售套数来提成。事实上，每套房手续办理的工作量都是差不多的，这样就公平了，小姑娘做事有积极性了，企业的工作也有效率了。

思考：薪酬对员工行为有何影响？管理者应该如何设计薪酬体系来有效地激励员工？

薪酬管理在企业保持竞争优势和实现战略目标的过程中具有十分关键的作用。薪酬体系的设计和实施是整个人力资源管理中最复杂的工作。良好的薪酬设计既能满足员工的各种需要，又能起到激励员工积极性和留住优秀人才的作用。

7.1　薪酬管理概述

7.1.1　薪酬与报酬

报酬(reward)是指员工因被雇佣而从企业那里获得的各种有价值的东西，报酬可以分为经济性报酬和非经济性报酬两大类。经济性报酬是指能够直接或间接地以金钱形式来衡量和表现的与经济有关的各类报酬，即通常所说的薪酬，包括直接报酬和间接报酬。非经济性报酬包括工作本身、工作环境所带来的效用，这些非经济性的心理效用是影响人们进行工作选择和职业选择的重要因素,并成为企业吸引人才、保留人才的重要工具和手段。报酬还可以根据对劳动者所产生的激励是外部刺激还是发自内心的心理激励分为外在报酬和内在报酬两大类。外在报酬包括经济性报酬以及与工作环境和条件有关的非经济性报酬,内在报酬则主要是指与工作本身有关的,如工作的趣味性、参与决策的权利等。在本书中,我们重点研究经济性报酬。报酬体系如图 7-1 所示。

所谓薪酬(compensation),就是指员工因为雇佣关系的存在而从雇主那里获得的各种直接和间接的经济收入。

在企业中,员工的薪酬构成主要包括基本薪酬、激励薪酬、福利薪酬等几种基本形式。

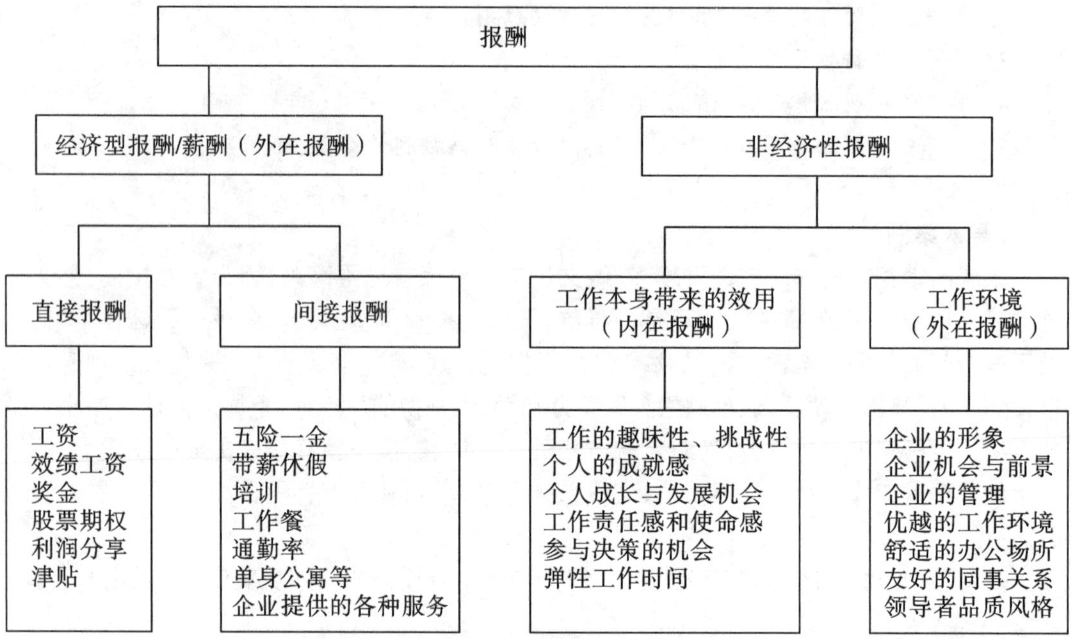

图 7-1　报酬体系

1. 基本薪酬

基本薪酬(工资)是指企业根据员工所承担的工作或者所具备的技能而支付给他们的较为稳定的经济性报酬,是员工收入的主要部分。在我国大多数企业中,提供给员工的基本薪酬往往以月薪为主,即每月按时向员工发放固定工资。

2. 激励薪酬

激励薪酬是薪酬系统中直接与绩效挂钩的部分,有时也被称为浮动薪酬或可变薪酬。设置激励薪酬的目的是在绩效和薪酬之间建立起一种直接的联系,而这种绩效既可以是员工个人的绩效,也可以是企业中某一业务单位、员工群体、团队甚至整个公司的绩效。激励薪酬可以分为短期激励薪酬和长期激励薪酬。由于在绩效和薪酬之间建立起了直接的联系,因此,对员工具有很强的激励性,对企业绩效目标的达成起着非常积极的作用。

3. 福利薪酬

与基本薪酬和激励薪酬不同,福利薪酬的支付与员工个人的工作和绩效并没有直接的关系,往往具有普遍性,通俗地讲就是“人人都有份”。一般情况下,福利的费用是由用人单位全部支付的,但有时也要求员工承担其中的一部分。

4. 津贴

津贴是对劳动者在特殊条件下的额外劳动消耗或额外费用支出给予补偿的一种薪酬形式。津贴发放的唯一依据是劳动所处的环境和条件的优劣,而不与劳动者劳动的技术业务水平及劳动成果直接对应和联系。津贴的主要形式有:地区津贴、野外作业津贴、井下津贴、夜班津贴、流动施工津贴、冬季取暖津贴、高温津贴、职务津贴、放射性或有毒气体津贴。

7.1.2 薪酬的功能

薪酬的功能可以从企业和员工两个层面来认识。

1. 企业层面的功能

(1)提升企业竞争能力。薪酬水平是企业综合实力的最直接体现,企业为了不断提高在劳动力市场上的竞争优势,需要保持一种相对较高的薪酬水平,用以企业吸引和保留员工。

(2)改善经营绩效。薪酬实际上是企业向员工传递的一种特别强烈的信号,通过这种信号,企业可以让员工了解什么样的行为、态度以及绩效是受到鼓励的,从而引导员工的工作行为和工作态度以及最终的绩效朝着企业期望的方向发展。相反,不合理和不公正的薪酬则会引导员工采取不符合企业利益的行为,从而导致企业经营目标难以达成。

(3)塑造和强化企业文化。薪酬影响员工的工作行为和态度,一项薪酬制度可能促进企业塑造良好的文化氛围,也可能与企业现有的价值观形成冲突。因此,这就要求企业必须建立科学合理的薪酬制度,以对企业文化的塑造起到积极的强化作用。

2. 员工层面的功能

(1)经济保障功能。薪酬是员工以自己的付出为企业创造价值而从企业获得的经济上的回报,薪酬对于劳动者及其家庭所起到的保障作用,是其他任何保障手段所无法替代的。

对员工来说,必须通过薪酬换取生活必需的物质、生活资料,另外,为满足员工在娱乐、教育和自我开发等方面的需求,也需有一定的薪酬做保障。员工薪酬水平的高低对于员工及其家庭的影响是非常大的。

(2)心理激励功能。员工对于薪酬状况的感知会影响员工的工作行为、工作态度以及工作绩效,从而产生激励作用。经验表明,在其他条件相同的情况下,不能满足员工合理薪酬期望的企业很容易出现员工满意度低和流动率高的现象。

(3)价值实现功能。薪酬可以反映一个人在企业内部的价值和层次,薪酬的提升在一定程度上反映了员工在企业中的地位的提高,这种价值的实现有助于激发员工的工作热情。

7.1.3 影响薪酬水平的因素

薪酬水平指企业内部各类职位以及企业整体平均薪酬的高低状况,它反映了企业支付薪酬的外部竞争性。

1. 外部因素

(1)国家的法律和政策。在市场经济条件下,政府一般运用法律手段和经济手段,必要时也会采用行政手段来调控市场的工资水平。法律法规对于企业的行为具有强制性。例如,对员工最低工资的规定;员工所得税比例;员工的退休、养老、医疗保险等方面的规定,会影响到薪酬水平、薪酬结构等薪酬管理制度。

(2)当地经济发展状况。当地经济发展处在一个较高水平时,企业员工的薪酬较高,反之,企业员工的薪酬则较低。

(3)人力资源市场供求状况。当人力资源市场紧张造成供给减少时,企业的薪酬水平就应当提高;反之,企业就可以维持甚至降低薪酬水平。

(4)物价水平。当地的生活指数较高时,企业内员工的薪酬也会相应提高。反之,当地的生活指数较低时,企业内员工的薪酬也会相应降低。当整个社会的物价水平上涨时,为了保证员工的生活水平不变,支付给他们的名义薪酬相应也要增加。

(5)其他企业的薪酬状况。当其他企业,尤其是竞争对手的薪酬水平提高时,为了保证外部的公平性,企业也要相应地提高自己的薪酬水平,否则就会造成员工的不满甚至流失。

2. 内部因素

(1)企业的经营状况与财务实力。处于不同的发展阶段,企业薪酬政策也会不同。企业良好的财务实力,是薪酬管理各项决策得以实现的物质基础,可以保证薪酬水平的竞争力和薪酬支付的及时性。

(2)企业文化。薪酬设计与企业文化紧密联系。例如,有的企业推崇个人英雄主义,薪酬差别就很大;有的企业提倡集体主义,薪酬差别就比较小。

(3)工会。企业中工会的一项主要作用是代表员工与管理方进行集体谈判,保护工人的合法权益,工会力量的强弱会影响薪酬设计。

(4)员工所处的岗位。岗位不同,承担的责任不同,其薪酬也是不同的。例如,销售岗位往往工资低,但奖金高;财务经理往往工资高,但奖金低。

(5)员工的个人因素。员工的学历、工龄、能力等对个人薪酬起决定性作用。

7.1.4 薪酬管理

薪酬管理是指在企业总体发展战略的指导下,综合考虑内外各种因素的影响,确定一个企业的薪酬水平、薪酬结构和薪酬形式的过程。在这个过程中,企业还要持续不断地制定薪酬计划,拟定薪酬预算,就薪酬管理问题与员工进行沟通,同时对薪酬系统的有效性做出评价而后不断予以完善。

全面理解薪酬管理的含义,必须把握以下三点。

(1)薪酬管理要在企业经营战略的指导下来进行,作为人力资源管理的一项重要职能,薪酬管理必须服从和服务于企业的经营战略,要为企业战略的实现提供有力的支持。

(2)薪酬管理的内容不仅是及时准确地给员工发放薪酬,还涉及确定薪酬水平、薪酬结构和薪酬形式等一系列的决策,是一项非常复杂的活动。

(3)薪酬管理的目的不仅是让员工获得一定的经济收入,而且还要引导员工的工作行为,激发员工的工作热情,不断提高他们的工作绩效。

知识拓展

年功序列工资制

年功就是年龄愈大,在企业内的工龄愈长,功劳就愈大,序列就是等级的意思。年功序列工资制就是依据员工的工龄长短确定其工资水平的做法,工龄越长,工资也越高,职务晋升的可能性也越大。这里所说的工龄,均指在同一企业内连续工作的年数,而在不同企业的工龄不能连续计算。

年功序列工资制是日本企业的传统工资制度,其基本思路是员工的业务能力和技术熟练程度与员工企业工龄成正比,本人企业工龄越长,对企业的贡献也愈大,功劳也愈高,因此,员工的工资也要逐年增加;同时考虑到随着员工年龄的增长,生活开支也会有所增加,所以员工的工资和生活补贴也要每年增加。

年功序列工资制增强了企业对职工的吸引力,比较有效地防止了熟练工人和技术骨干的流失。

7.1.5 薪酬管理的原则

1. 公平原则

公平原则包括内在公平和外在公平两个方面。

(1)内在公平。内在公平是指企业内部员工的一种心理感受,企业的薪酬制度制定以后,首先要让企业内部员工对其表示认可,让他们觉得与企业内部其他员工相比,其所得薪酬是公平的。

(2)外在公平。这是企业在人才市场加强竞争力的需要,它是指与同行业内其他企业特别是带有竞争性质的企业相比,企业所提供的薪酬是具有竞争力的,只有这样才能保证在人才市场上招聘到优秀的人才,也才能留住现有的优秀员工。

2. 竞争原则

根据调查,高薪对优秀人才具有不可替代的吸引力,因此企业在市场上提供较高的薪酬水平,无疑会增加企业对人才的吸引力。但是企业的薪酬标准在市场上处于一个什么位置,要视该企业的财力、所需人才的可获得性等具体条件而定。竞争力是一个综合指标,有的企业凭借良好的声誉和社会形象,在薪酬方面只要满足外在公平性的要求也能吸引一部分优秀人才。

3. 经济原则

如果用高薪吸引了优秀人才,但创造不出同等级的绩效,对企业也就失去了意义。因此薪酬设计要遵循经济原则,要计算人力成本的投入产出比率,把人力成本控制在一个合理的范围内。

4. 激励原则

要根据员工的能力和贡献大小适当拉开收入差距,让贡献大者获得较高的薪酬,以充分调动他们的积极性。

5. 合法原则

薪酬设计当然要遵守国家法律和政策。如国家有关最低工资的规定、有关员工加班加点的工资支付问题等,企业必须严格遵守。

6. 战略原则

战略原则在薪酬设计诸原则中的地位和作用逐步加强。这一原则要求我们一方面在进行薪酬设计过程中,要时刻关注企业的战略需求,要通过薪酬设计反映企业的战略,反映企业提倡什么、鼓励什么、肯定什么、支持什么;另一方面要把实现企业战略转化为对员工的期望和要求,然后把对员工的期望和要求转化为对员工的薪酬激励,体现在企业的薪酬设计中。

7.1.6 薪酬管理的内容

1. 确立薪酬管理政策

确立薪酬管理政策,也就是为企业的薪酬管理确立目标和思路。所以,薪酬管理政策必须体现企业文化价值观念、企业经营理念和方针、企业发展目标和战略,以服务于企业核心竞争力打造,保证企业持续快速发展。

2. 确立企业的薪酬水平

薪酬水平要满足内部一致性和外部竞争性的要求,并根据员工绩效、能力特征和行为态度进行动态调整,包括确定管理团队、技术团队和营销团队薪酬水平,确定跨国公司各子公司和外派员工的薪酬水平,确定稀缺人才的薪酬水平以及确定与竞争对手相比的薪酬水平。

3. 选择确定薪酬的结构

管理薪酬结构即正确划分合理的薪级和薪等,正确确定合理的级差和等差,还包括如何适应组织结构扁平化和员工岗位大规模轮换的需要,合理地确定薪资宽带。

4. 选择确定薪酬体系

薪酬体系,包括基本薪酬体系、激励薪酬体系和福利薪酬体系。选择确定薪酬体系,也就是选择确定各种薪酬体系的核定方法、核定依据和核定过程。目的在于提升薪酬核定的科学性、公开性、透明度,充分发挥薪酬的激励作用。

5. 确定薪酬调整的方法和操作程序

薪酬调整包括工龄性调整、生活指数性调整、奖励性调整等。企业薪酬体系运行一段时间后,随着企业发展战略的变化,现行的薪酬体系就需要重新做出调整。薪酬调整是保持薪酬动态平衡、实现企业薪酬目标的重要手段,也是薪酬管理的日常工作之一。增加薪酬调整工作的科学性、公开性、透明度,使薪酬调整也具有充分的激励作用。

7.2 基本薪酬体系设计

企业需要建立一套科学有效的薪酬体系,因此掌握一些薪酬设计方法和技巧,对于薪酬管理者来说是十分必要的。薪酬体系设计的要点在于“对内具有公平性,对外具有竞争力”。在企业的薪酬体系中,基本薪酬是最基础的部分。

7.2.1 基本薪酬体系的类型

目前比较通行的基本薪酬体系主要有三种：基于职位的薪酬体系、基于技能的薪酬体系和基于能力的薪酬体系，三者的主要差别在于企业在确定员工的基本薪酬水平时，是依据员工从事的工作本身的价值，还是依据员工自身的技能水平或依据员工所具备的胜任能力。

1. 基于职位的薪酬体系

1）职位薪酬体系的含义

职位薪酬体系，就是首先对职位本身的价值做出客观的评价，然后根据评价的结果来赋予承担这一职位工作的人与该职位的价值相当薪酬的一种基本薪酬制度。

职位薪酬体系是一种传统的基本薪酬制度，其最大的特点是员工担任什么样的职位就得到什么样的薪酬，在确定基本薪酬的时候，基本上只考虑职位本身的因素，很少考虑人的因素。

2）职位薪酬体系的优点

（1）实现了真正意义上的同工同酬，因此可以说是一种真正的按劳分配体制。

（2）有利于按照职位系列进行薪酬管理，操作比较简单，管理成本较低。

（3）晋升和基本薪酬增加之间的连带性加大了员工提高自身技能和能力的动力。

3）职位薪酬体系的缺点

（1）由于薪酬与职位直接挂钩，因此当员工晋升无望时就没有机会获得较大幅度的加薪，其工作积极性必然会受挫乃至出现消极怠工或者离职的现象。

（2）有些员工个人的能力可能会大大超过其所担任的职位本身所要求的技术或资格水平，但是在职位没有变动的情况下，他们也只能得到与当前工作内容相对等的薪酬水平，因此不利于及时地激励员工。

2. 基于技能/能力的薪酬体系

1）技能/能力薪酬体系的含义

技能/能力薪酬体系是指企业根据一个人所掌握的与工作有关的技能、能力以及知识的深度和广度支付基本薪酬的一种薪酬制度。这种薪酬制度通常适用于所从事的工作比较具体而且能够被界定出来的操作人员、技术人员、办公室工作人员或管理人员。这种薪酬体系特点是员工所获得的薪酬是与知识、一种或多种技能以及能力联系在一起的。

2）技能/能力薪酬体系的优点

（1）技能/能力薪酬体系有助于员工关注自身发展和不断提高技能，它激励员工不断开发新的知识和技能，提高员工在完成同水平层次以及垂直层次的工作任务方面具有更大的灵活性和多功能性，从而有利于员工和企业适应市场上快速的技术变革。

（2）技能/能力薪酬体系有助于达到较高技能水平的员工实现对企业更为全面的理解。这是因为，员工掌握的技能越多，他们越能够成为一种弹性的资源——不仅能够扮演多种角色，而且能够建立起对整个工作流程的一种更好的全方位理解，从而更好地理解自己对于企业所做出贡献的重要性，那么他们就会更好地提供客户服务，更努力地去帮助企业去实现其战略目标。

(3)技能/能力薪酬体系在员工配置方面为企业提供了更大的灵活性。这是因为员工的技能区域扩大使得他们能够在自己的同伴缺勤的情况下替代他们的工作,而不是被动等待。同时,基于技能/能力薪酬向员工所获得的新的知识和技能支付薪酬,因此,技能/能力薪酬体系对于新技术的引进非常有利。

3)技能/能力薪酬体系的缺点

(1)技能/能力薪酬体系要求企业在培训方面付出更多的投资,如果企业不能通过管理使得这种人力资本投资转化为实际的生产力,则企业可能因此无法获得必要的利润。

(2)技能/能力薪酬体系的设计和管理都要比职位薪酬体系更为复杂,因此它会要求企业有一个更为复杂的管理结构,至少需要对每一位员工在技能的不同层级上所取得的进步加以记录。

事实上,企业采用何种薪酬制度最终还是取决于管理层对于员工的看法。职位薪酬体系与技能/能力薪酬体系的区别如表 7-1 所示。

表 7-1 职位薪酬体系和技能/能力薪酬体系的比较

项目	职位薪酬体系	技能/能力薪酬体系
薪酬基础	以员工承担的工作为基础	以员工掌握的技能/能力为基础
价值决定	以员工担任的职位的价值为依据	以员工掌握的技能/能力的价值为依据
管理者关注的重点	工作对应薪酬,员工与工作匹配	员工对应薪酬,员工与技能/能力相连
员工关注的重点	追求职位晋升,以获得更高报酬	寻求技能/能力的增多或提升,以获得更高报酬
程序	职位分析、职位评价	技能/能力分析,评价技能/能力
工作变动	薪酬随着职位变动	薪酬保持不变
培训作用	是工作需要而不是员工意愿	是增强工作适应性和增加报酬的基础
员工晋升	需要职位空缺	不需要职位空缺,只要通过技能/能力测试
优点	清晰的期望,进步的感觉	鼓励员工持续学习,便于人员流动
缺点	潜在的官僚主义,灵活性不足	对成本控制能力的要求较高

管理故事

替身演员的高额报酬

主演全球著名音乐剧《猫》的演员有两类:一类是正式演员,必须参加每周定量的排练和演出,比如在百老汇每周必须演出 20 场,从而每周获得 2000 美元的报酬;另一类是替身演员,每场演出都在后台静坐待命。替身演员并不一定会上台表演,但他们却被要求学会该剧中五个不同角色的表演,一旦某位正式演员受伤不能演出了,他们就得登台救场。在报酬上,他们每周无论是否登台演出 20 场,都可以得到 2500 美元。

为什么替身演员能更轻松地拿到更多的报酬?其实,能够扮演 5 种角色是一种很高的技能要求,剧组正是基于这种技能要求来为替身演员付酬的。这正是一种典型的基于技能/能力来支付薪酬的方式。

7.2.2　职位薪酬体系的设计流程

在实际运作中,基于职位的薪酬体系是一种运用最为广泛的基本薪酬制度。职位薪酬体系的设计主要有以下几个步骤:①职位分析。进行科学的职位分析,形成清晰的企业结构图和职位说明书体系,是做好薪酬设计的基础和前提。关于职位分析,我们已在本书第 3 章做了详细介绍,这里不再赘述。②职位评价。职位分析反映了企业对各个岗位的期望和要求,但并不能揭示各项工作之间的相互关系,因此要通过职位评价来对各个职位进行分析和比较,并准确评估各职位对企业的相对价值,得出职位等级序列及象征性薪酬额度。③薪酬调查。为了保证企业薪酬制度的外部公平性,还要进行市场薪酬调查,了解本地区、本行业的薪酬状况,尤其是竞争对手的薪酬情况,从而为薪酬水平定位和薪酬结构设计提供参考数据。④薪酬水平定位。这主要是指企业薪酬水平在行业内的位置。通过薪酬定位,可以将企业薪酬水平和结构在行业内寻找到一种合适的位置,为企业的人才战略和发展战略服务。⑤薪酬结构设计。这是薪酬设计的核心环节之一,在职位评价和薪酬调查的基础之上,对具体职位的薪酬结构进行制定,包括薪酬结构线、薪酬等级和薪酬变动范围进行统筹安排。企业关注点的不同就会形成不同的薪酬结构。⑥薪酬方案的实施与完善。在实施薪酬方案过程中要不断修正偏差,使方案更加合理和完善。另外要建立薪酬管理的动态机制,要根据企业经营环境的变化和企业战略的调整对薪酬方案适时地进行调整。具体流程如图 7-2 所示。

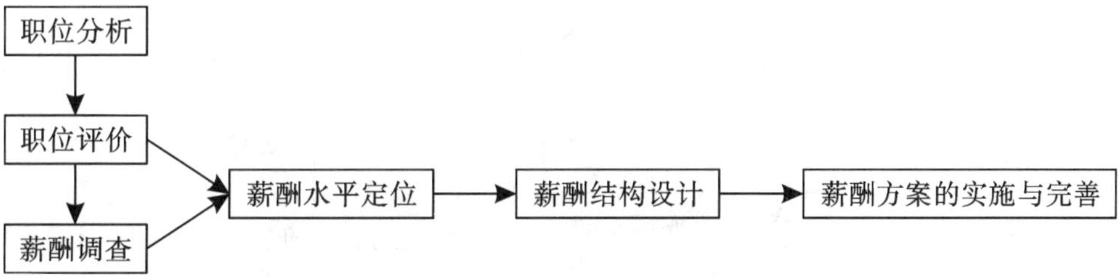

图 7-2　职位薪酬体系的设计流程

7.2.3　职位评价

职位评价是通过采用一整套标准化、系统化的评价指标体系,对企业内部各职位之间的相对价值进行评价,得到各职位的评价点值,以此作为该职位薪酬水平的主要依据。职位评价是薪酬设计流程的一个重要环节。职位评价的方法一般有四种,分别是排序法、归类法、要素比较法和要素计点法(表 7-2),在实践中最常用的是要素计点法。

表 7-2　职位评价的四种方法

评价时的参照系	方法的性质	
	非量化方法	量化方法
其他的职位	排序法	要素比较法
既定的尺度	归类法	要素计点法

1. 排序法

排序法即按照各个职位的价值大小进行排序。由于没有客观的评价尺度,评价的主观性较大,而且各职位之间确切的差距也不清楚。

2. 归类法

归类法是一种将各种职位放入事先确定好的不同职位等级之中的一种职位评价方法。使用该方法时,首先要确定合适的职位等级数量。通常情况下,企业中的职位类型越多,职位之间的差异越大,则所需要的职位等级就会越多,反之,就会比较少。然后,编写每一职位等级的定义。等级定义通常是对职位内涵的一种较为宽泛的描述,目的是指明可以被分配到本等级中来的职位所承担的责任的性质、所承担职责的复杂程度以及从事本等级中的这些职位工作所需要的技能,如表 7-3 所示。最后,根据职位等级定义对职位进行等级分类。

将每一个职位的完整的职位说明书或者工作描述与上述的相关职位等级定义加以对照,然后将这些职位分配到一个与该职位的总体情况最为贴切的职位等级之中去。如此类推,直至所有的职位都被分配到相应的等级中去。

表 7-3　某工程公司的职位分类系统(归类法职位评价)

<table>
<tr><th>工作等级</th><th>各工作等级中的工作类型</th><th>等级分类定义举例</th></tr>
<tr><td>8</td><td>首席执行官</td><td rowspan="12">1 级:办公室的一般支持性职位。一般情况下,办公室一般支持职位向主管人员或者是部门管理人员汇报工作。这些职位通过完成以下任务对其他职位提供综合性支持服务:操纵办公室中的一些常规设备(如传真机、复印机、装订机等);文件存档以及邮件的归类和传递。这些职位日常要遵守标准的办事程序,同时处理一些日常的事务。一些非常规性的事件以及问题往往交给主管人员或者相关人员来处理,要求从事这些工作的人具备基本的办公设备知识,并且了解一般性的办事程序</td></tr>
<tr><td>7</td><td>副总裁、高级经理</td></tr>
<tr><td>6</td><td>中层经理</td></tr>
<tr><td rowspan="2">5</td><td>技术 4 级</td></tr>
<tr><td>主管级职位</td></tr>
<tr><td rowspan="2">4</td><td>技术 3 级</td></tr>
<tr><td>职员 3 级、行政事务</td></tr>
<tr><td rowspan="2">3</td><td>技术 2 级</td></tr>
<tr><td>职员 2 级</td></tr>
<tr><td rowspan="2">2</td><td>技术 1 级</td></tr>
<tr><td>职员 1 级</td></tr>
<tr><td>1</td><td>办公室的一般支持性职位</td></tr>
</table>

3. 要素比较法

要素比较法是一种量化的职位评价技术,它需要用到的薪酬要素比其他方法更多,是一种比较复杂的排序法。要素比较法要多次选择薪酬要素,并据此分别对职位进行多次排序。例如,第一次可能是根据“技术复杂程度”这个要素对职位进行排序,第二次则可能是根据职位的“心理要求”来对职位进行排序等。最后把每个职位在各个薪酬要素上的得分通过加权得出一个总分,然后得到一个总体职位序列分。在职位排序的时候,要素比较法已不再是单纯地比较职位之间的相对价值,而是把薪酬的因素也考虑进来。因此,尽管要素比较法客观明确,但是操作起来却非常复杂。

4. 要素计点法

它主要是根据各个职位在薪酬要素上的点值来确定它们的相对价值的一种方法。其操作步骤如下。

第一,选取合适的薪酬要素,并划分每个薪酬要素的等级。薪酬要素是指一个企业认为在多种不同的职位中包括的一些对其有价值的特征。在实际操作中,最为常见的薪酬要素主要是责任、技能、努力以及工作条件四大类别,每一要素类别可以设置多个要素指标。薪酬管理人员也可以根据实际情况增加或减少薪酬要素类别以及指标。在确定了薪酬要素指标以后,可以再根据重要程度将每个要素指标划分为若干等级。等级的划分取决于企业内部各职位在该要素指标划分方面的差异程度,差异程度越大,划分的等级就越多。表7-4就是一个有关指导监督责任的例子。

表7-4　指导监督责任的等级划分及含义界定

要素编号:A03 要素名称:指导监督责任 要素类别:工作责任 要素定义:指任职者在正常的权力范围内所承担的正式指导、监督、评价等方面的责任。责任的大小根据任职者直接指导和监督的人数及层次来划分	
等级	等级说明
1	不监督任何人,只对自己的工作负责
2	指导、监督4名以下第一级别人员
3	指导、监督5~10名第一级别人员或1~3名第二级别人员
4	指导、监督4~6名第二级别人员或1~3名第三级别人员
5	指导、监督4~6名第三级别人员或1~3名第四级别人员

第二,确定每个薪酬要素在职位评价体系中所占的"权重"或者相对价值。薪酬要素在总体薪酬要素体系中所占的权重是以百分比的形式表示的,它代表了不同的薪酬要素对于总体职位评价结果的贡献程度或者是所扮演角色的重要性程度。

第三,确定每一种薪酬要素在内部不同等级或水平上的点值。在各种薪酬要素所占的权重确定下来以后,企业还需要为即将使用的职位评价体系确定总点数或总分。通常情况下,如果被评价的职位数量比较多,而且价值差异比较大,那么,需要使用的总点数就应该比较高一些,反之,总点数可以相对小一点。在不同薪酬要素的总点值确定下来之后,企业还必须确定每一种薪酬要素在内部不同等级上的点值。表7-5就是一个点数分配的例子。我们假定总点数为800分,四个大类平均分配,因而分配给工作职责的点数就是200分。然后,依据工作职责各要素指标以及各个等级的权重,再将大类总分分配到各个薪酬指标及等级上去。

第四,评价企业内每一职位的点值。前面的步骤仅是对职位评价所做的前期准备,即为职位评价提供一套依据、标准或者说是尺度。真正的职位评价实际上在这一步才开始。在进行实际的职位评价时,评价者需要考虑将被评价职位在每一个既定的薪酬要素上实际处于哪一个等级，然后根据这种等级所代表的点数确定被评价职位在该薪酬要素上的点数，当被评价职位在所有薪酬要素上的应得点数都得到之后，将此职位在所有薪酬要素上的得分进行加总即可得到该职位的最终评价点数。表 7-6 是对某职位评价的举例。我们选择企业中的职位 A 和职位 B 进行评价。同时为简便，我们仅对工作责任这个大类的薪酬指标和等级进行较详细的评价，其他大类可以用类似方法进行评价。

表 7-5　工作职责要素指标及其等级的评价点数

编号	要素名称	要素类别	权重	最高点数	等级划分	等级点数
A01	实现战略责任	工作责任	40%	80	1	16
					2	32
					3	48
					4	64
					5	80
A02	控制风险责任	工作责任	30%	60	1	12
					2	24
					3	36
					4	48
					5	60
A03	指导监督责任	工作责任	30%	60	1	12
					2	24
					3	36
					4	48
					5	60
合计			100%	200		

表 7-6　职位评价结果

薪酬要素			职位名称计点值			
			职位 A		职位 B	
要素编号	要素名称	要素大类	所处等级	对应点数	所处等级	对应点数
A01	实现战略责任	工作责任	5	80	3	48
A02	控制风险责任	工作责任	4	48	3	36
A03	指导监督责任	工作责任	3	36	3	36
工作责任点数合计				164		120
工作技能点数合计				180		130
努力程度点数合计				180		160
工作条件点数合计				120		150
点数合计				644		560

7.2.4　薪酬调查

1. 薪酬调查的含义

薪酬调查就是通过各种调查手段,来获取相关企业和本企业各职位的薪酬水平和薪酬结构的信息。企业要吸引和留住员工,不但要保证企业薪酬制度的内在公平性,而且要保证企业薪酬制度的外在公平性,因此要组织力量开展薪酬调查。了解和掌握本地区、本行业的薪酬水平状况,并参照这些及时制定和调整本企业对应职位的薪酬水平及企业的薪酬结构,确保企业薪酬制度外在公平性的实现。

2. 薪酬调查的要点

在进行薪酬调查之前,人力资源部必须事先确定拟调查的区域、调查的行业、调查的公司、调查的职位。调查的内容应包括薪酬水平、薪酬结构和相关的薪酬政策等。

3. 薪酬调查的步骤

(1)选定相关行业和职位。选定相关行业和职位是薪酬调查的首要步骤。不同的行业可能有很多种不同的薪酬结构,即使是相同的职位名称,其工作内容和职责也会有很大的区别。例如,总经理办公室秘书一职,在有些公司中相当于总经理助理,可以帮助总经理统揽公司管理的一个或几个方面,甚至在总经理外出时,可以代总经理行使其职责;而在有些公司,只相当于打字员,负责总经理的文件打印和接待工作。所以,行业和职位的选择要恰当。

(2)确定调查范围。调查范围包括要调查的公司的类型和数目。具体情况要根据调查的目的而定,一般情况下要选择那些处于同一行业、并且在同一个劳动力市场上有竞争可能、实力等于或大于自己的公司。

(3)进行实际调查。准备工作做好后就可以进行实际的调查了。为保证调查的效果,人力资源部应事先拟定好调查提纲,设计好调查表格,并着手调查。

(4)整理和分析调整数据。薪酬调查的数据主要包括薪酬水平、薪酬结构和薪酬政策等。薪酬调查结束之后,要对收集到的数据进行整理和分析。在整理中要注意将不同岗位和不同调查内容的信息进行分类,并在整理的过程中注意识别是否有错误的信息。最后,根据调查的目的,有针对性地对数据进行分析,形成最终的调查结果。

7.2.5　薪酬水平定位

薪酬水平是指企业内部各类职位和人员平均薪酬水平的高低状况,它反映了企业薪酬的外部竞争性。企业是否完全按照市场薪酬线来确定实际的薪酬水平,取决于企业的薪酬策略,即企业在薪酬水平上的市场定位。企业可以结合自己的薪酬战略,制定企业的薪酬策略,确定企业内各职位的实际薪酬水平。

1. 市场领先策略

采取市场领先策略的企业给员工的报酬高于市场上大多数的竞争者,从而使企业更具有竞争优势。这些企业的薪酬水平在市场工资线的上方。通常具有这样的特征:投资回报率较高、薪酬成本在企业经营总成本中所占的比率较低、产品市场上的竞争者少。

采用市场领先策略的优势在于:①能够很快为企业吸引来大批可供选择的求职者;②较高的薪酬水平提高了员工离职的机会成本,有助于改进员工的工作绩效,从而降低员工的离职率以及减少对员工工作过程进行监督而产生的费用;③较高的薪酬水平使得企业不必跟随市场薪酬水平经常性地为员工加薪,从而节省薪酬管理的成本;④较高的薪酬有利于提高企业的形象和知名度。市场领先策略适合于采取差异化战略的企业,如世界500强企业华为公司运用市场领先策略,通过为员工提供有竞争性的薪酬,吸纳了大量优秀的人才。

2. 市场跟随策略

市场跟随策略是指企业根据市场工资线来确定工资水平,其薪酬水平刚好处于市场的平均水平上。这些公司往往既希望确保自己的薪酬成本与产品竞争对手的成本保持基本一致,从而不至于在产品市场上陷入不利地位,又希望自己能够吸引和保留员工,不至于在劳动力市场上输给竞争对手。

市场跟随策略对企业来说是一种安全的、风险可能是最小的办法,它能够吸引到足够数量的员工为其工作,只不过在吸引那些非常优秀的求职者方面没有什么优势。但是企业可以用节约的资金来满足其昂贵的经营资本的需要——如研究设备和实验室。采用这种薪酬水平策略的企业需要注意随时根据外部市场的变化调整薪酬水平,以保证与市场薪酬水平的一致性。

3. 市场滞后策略

市场滞后策略是指企业提供的薪酬水平低于其他竞争者,薪酬水平在市场工资线的下方。这些企业大多处于竞争性产品市场上,边际利润率比较低,成本承受能力很弱。受产品市场上较低的利润率所限,没有能力为员工提供高水平的薪酬,是企业实施滞后策略的一个主要原因。

实施市场滞后策略的企业可能很难招到和保留高素质员工,而且过于频繁的人员流失会降低企业有效经营和及时向市场提供产品和服务的能力。尽管滞后策略会削弱企业吸引和保留潜在员工的能力,但是如果采用滞后策略是以提高未来收益作为补偿的,则这种策略反而有助于提高员工对企业的组织承诺度,培养他们的团队意识,进而改善绩效。例如,在一些高科技企业中,企业支付给员工的基本薪酬可能会低于市场水平,但是员工可以获得企业的股票或者股票期权,这种将滞后薪酬水平策略和未来的较高收入结合在一起的薪酬组合不但不会影响企业吸引和保留员工的能力,反而有助于增强员工的工作积极性和责任感。

7.2.6 薪酬结构设计

1. 薪酬结构线

薪酬结构指企业内部各个职位之间薪酬的相互关系,它反映了企业支付薪酬的内部一致性,这种关系通常用“薪酬结构线”来表示。职位评价的结果,各职位的相对价值就是员工付出的反映。因此,绘制薪酬结构线各点的斜率应该相等,薪酬结构线呈直线。典型的薪酬结构线如图7-3所示。

一般来说,薪酬调查的结果和职位评价的结果,即外部公平性和内部公平性是一致的,也就是说内部市场薪酬水平和评价点数或序列等级确定的薪酬点都分布在薪酬结构线的周围。但是,有时也会出现不一致的情况,这时薪酬点就会明显地偏离薪酬结构线。如图 7-3 中 A,B 两点,就表明内部公平性和外部公平性之间出现了矛盾。例如,A 点就表示该职位按照内部公平性确定的薪酬水平要高于市场平均水平。当内部公平性和外部公平性不一致时,通常要按照外部公平性优先的原则来调整这些职位薪酬水平,否则,要么就是这些职位的薪酬水平过低,无法招聘到合适人员;要么就是薪酬水平过高,企业承担了过高的成本。

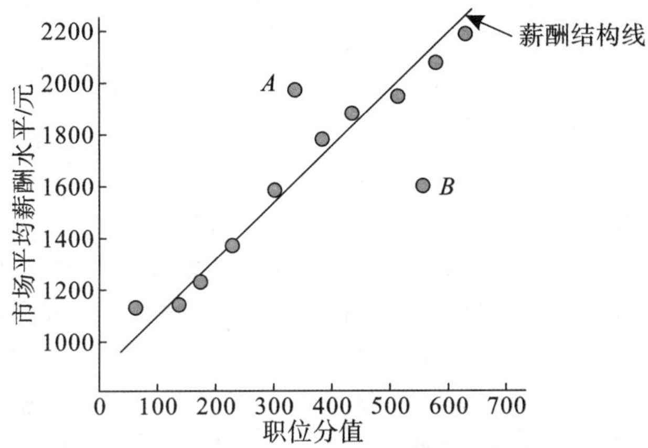

图 7-3　薪酬结构线

2. 薪酬等级及变动幅度

根据既定的薪酬结构线,需进一步确定不同薪酬等级及其变动幅度,如图 7-4 所示。薪酬等级是按照职位评价结果,将评价分值相近的职位进行合并而形成的。薪酬等级数因企业规模和机构特点而不同。薪酬等级的变动幅度,简称薪幅,又称“带宽”,即一个职位等级内薪酬变化的范围,其下线一般称为等级起薪点,中间薪酬结构线穿越的为中点,上限为顶薪点。薪幅大小与薪酬等级数多少直接相关,一般情况下,等级数越多,薪幅就会较小些,反之就较大些。薪幅差一般在 10%～120%,其中,初级职位一般在 10%～35%;中级职位一般在 35%～60%之间;高级职位一般在 60%～120%。

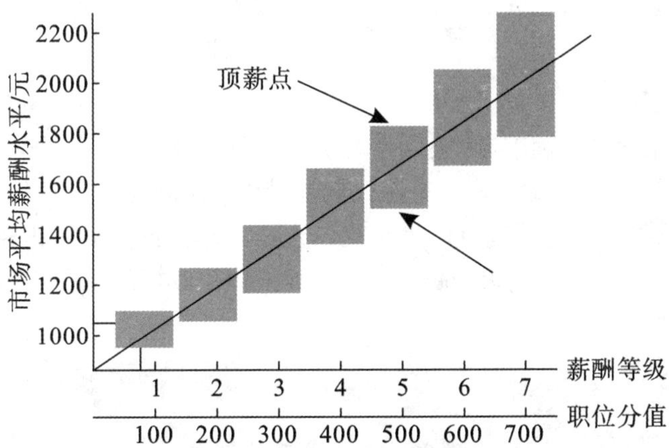

图 7-4　薪酬等级与薪幅

知识拓展

宽带薪酬

宽带薪酬是对传统薪酬结构中多个薪酬等级或狭窄薪酬范围进行整合,变成薪酬及等级相对较少但薪酬范围相对较宽的薪酬结构形式。宽带薪酬通过减少垂直的等级层次,但同时将每一薪酬级别所对应的薪酬浮动范围拉大,从而形成一种新的薪酬管理系统及操作流程。目前国内很多企业实行的都是窄带薪酬管理模式。

在宽带薪酬体系设计中,员工不是沿着企业中唯一的薪酬等级层次垂直往上走,相反,他们在自己职业生涯的大部分或者所有时间里可能都只是处于同一个薪酬宽带之中。随着能力的提高,他们将承担新的责任,只要在原有的岗位上不断改善自己的绩效,就能获得更高的薪酬。

与传统的等级薪酬模式相比,宽带薪酬模式具有以下特征。

(1)打破了传统薪酬结构所维护和强化的等级观念,减少了职位之间的等级差别,有利于企业提高效率以及创造学习型的企业文化,同时有助于企业保持自身组织结构的灵活性和有效地适应外部环境的能力。

(2)引导员工重视个人技能的增长和能力的提高。在传统等级薪酬结构下,员工的薪酬增长往往取决于个人职务的提升而不是能力提高,因为即使能力达到了较高水平,但在企业中如果没有出现职位空缺,员工仍然无法获得较高的薪酬。而在宽带薪酬模式下,即使是在同一职位上,企业为员工所提供的薪酬变动范围可能会比升职后薪酬变动的范围还要大,这样,员工就不需要去斤斤计较职位晋升方面的问题,而只要注意发展企业所需要的技术和能力就可以获得相应的薪酬回报。

(3)有利于职位轮换,促进职业能力增加。在传统的等级薪酬结构中,员工的薪酬水平是与其所担任的职位意义对应的。由于同一职位级别的变动并不能带来薪酬水平的变化,但是这种变化使得员工不得不学习新的东西,从而工作的难度增加,这样,员工就不愿意接受职位的同级轮换。

(4)有利于提升企业的核心竞争优势和企业的整体绩效。在宽带薪酬体系中,上级对下级员工的薪酬有更大的决策权,从而增强组织的灵活性和创新性思想的出现,有利于提高企业适应外部环境的能力。

3. 薪酬等级重叠

在实际职位薪幅设计中,相邻等级的薪幅大多数情况下是有一定重叠的。这就意味着较低等级的薪酬水平有可能高于较高等级的薪酬水平,薪酬等级间的绝对差额相对较小。此外,在各工作职位类别间的薪幅可以是相同的,也可以是变化的,一般情况下是设计成递增型的(图 7-4)。这是因为职位级别越高,其劳动性质和工作价值差别就越大,所以薪酬变化幅度也应该拉大些。

知识拓展

薪酬设计时应注意的细节

(1)基本薪酬、激励薪酬、津贴和福利等薪酬构成要合理。

(2)薪酬水平要有竞争力。

(3)同级别和层次的员工岗位工作量、工作难易程度、岗位职责要一致,保证同工同酬。

(4)绩效考评公正、公平,调薪有依据。

(5)薪酬计算准确,发放及时。

(6)公司利润要与员工适当分享。

7.3　激励薪酬

7.3.1　激励薪酬的含义

激励薪酬是指以工作绩效为依据而支付的一种报酬形式。激励薪酬的目的是为了激发员工的积极性和创造性。激励薪酬也称作可变薪酬,即这种薪酬直接与员工的工作成果挂钩,随其实际工作绩效的变化而上下浮动。由于激励薪酬是额外的薪酬给付,不具有普遍性,因此,相对于基本薪酬而言,激励薪酬更具有激励作用。激励薪酬是有效留住企业核心人才、构建企业竞争优势、实现企业战略目标的重要手段。

激励薪酬一般可分为个人激励薪酬和群体激励薪酬两种类型。

7.3.2　个人激励薪酬

个人激励薪酬是指主要以员工个人的绩效表现为基础而支付的薪酬,这种支付方式有助于员工不断地提高自己的绩效水平,但是由于它支付的基础是个人,因此不利于团队的相互合作。个人激励薪酬主要有以下几种形式。

1. 计件制

计件制是最常见的一种激励薪酬形式,它是根据员工的产出水平和工资率来支付相应的薪酬。包括简单计件制和差别计件制两种形式。

(1)简单计件制。即员工所得工资是单件产品的报酬和生产数量的乘积,不管生产多少,每一件的报酬不变。因而容易计算,而且可以准确预算出劳动力成本。

(2)差别计件制。即指员工产量在一定标准内支付统一的单位报酬,而超出标准的,则每单位支付较高的报酬。

例如,假设工人的标准定额为每天300件,每件14元,而超过300件则为每件20元,由此可以算出这个工人一天生产400件所得的报酬:300×1.4+100×2.0=620(元)。当然这两种激励制度可以结合使用,由公司的具体情况来决定。

计件制的激励效果比较明显,比较适用于产出数量容易计量、质量标准明晰的工作,如生产加工人员等。而对于管理岗位、技术人员、市场研发人员等,则相对较难实行计件制。

2. 标准工时制

标准工时制就是首先确定完成某项工作的标准时间，当员工在标准时间内完成工作任务时，依然按照标准工作时间来支付薪酬，由于员工的工作时间缩短了，这就相当于工资提高了。

在实践中，员工因为节约工作时间而形成的收益是要在员工和企业之间进行分配的，不可能全部都给予员工，因此标准工时制也有两种变形，一是平均分享制，就是指通过节约工作时间而形成的收益在企业和员工之间按 50∶50 平均分享；二是比率分享制，就是指员工分享的收益根据其节约时间的比率来确定，例如，某项工作的标准工作时间是 5 小时，员工只用了 4 小时就完成了工作，那么因工作时间节约而形成的收益，员工就可以分享到 20%。

标准工时制比较适用于产品数量标准难以测量和分辨、产品质量难以控制、生产规模小、便于监督管理的工作。

3. 绩效工资

绩效工资就是指根据员工的绩效考核结果来支付相应的薪酬。由于有些职位的工作结果很难用数量和时间进行量化，不太适用上述的两种方法，因此就要借助绩效考核的结果来支付激励薪酬。绩效工资有两种主要的形式：一是绩效调薪；二是绩效奖金。

（1）绩效调薪。绩效调薪是指根据员工的绩效考核结果对其基本薪酬进行调整。调薪的周期一般按年来进行，而且调薪的比例根据绩效考核结果的不同也应当有所区别，绩效考核结果越高，调薪的比例相应就越高，如表 7-7 所示。

表 7-7　绩效调薪举例

绩效考核等级	S	A	B	C	D
等级说明	非常优秀	优秀	合格	存在不足	有很大差距
绩效调薪幅度	6%	4%	0	-1%	-3%

进行绩效调薪时，有两个问题需要注意：一是调薪不仅包括加薪，而且也包括减薪，这样才会更具有激励性。例如，在上例中，当员工的绩效等级处于 D 档时，基本薪酬要下调 3%。二是调薪要在该职位或该员工所处的薪酬等级所对应的薪酬区间进行，也就是说员工基本薪酬增长或减少不能超出该薪酬区间的最大值或最小值。

（2）绩效奖金。绩效奖金是指根据员工的绩效考核结果给予一次性奖励，奖励方式与绩效调薪方式有些类似，不同之处是对于绩效不良者不会进行处罚。

虽然绩效奖金支付的依据也是员工的绩效考核结果和基本薪酬，但它与绩效调薪还是存在着明显的不同。首先，绩效调薪是对基本薪酬的调整，而绩效奖金则不会影响基本薪酬。其次，支付的周期不同。由于绩效调薪是对基本薪酬的调整，因此不可能过于频繁，否则会增加管理的成本和负担，而绩效奖金则不同，由于它不涉及基本薪酬的变化，因此周期可以相对较短，一般按月或按季来支付。再次，绩效调薪的幅度要受薪酬区间的限制，而绩效奖金则没有这一限制。

7.3.3 群体激励薪酬

与个人激励薪酬相对应,群体激励薪酬是指以团队或企业的绩效为依据来支付薪酬。群体激励薪酬的好处在于它可以使员工更加关注团队和企业的绩效,增进团队的合作,从而更有利于整体绩效的实现。但是它也存在一个明显的缺点,那就是容易产生“搭便车”的行为,因此还要辅以对个人绩效的考核,避免群体激励薪酬的平均分配。群体激励的形式较多,这里主要介绍以下几种。

1. 利润分享计划

利润分享计划指对代表企业绩效的某种指标(通常是利润指标)进行衡量,并以衡量的结果为依据来对员工支付薪酬。

利润分享计划有两个潜在的优势:一是将员工的薪酬和企业的绩效联系在一起,可以促使员工从企业的角度去思考问题,增强员工的责任感;二是利润分享计划所支付的薪酬不计入基本薪酬,这样有助于灵活地调整薪酬水平。

利润分享计划一般有三种实现形式:一是现金现付制,就是以现金的形式即时兑现员工应得到的分享利润。二是递延滚存制,就是指利润中应发给员工的部分不立即发放,而是转入员工的账户,留待将来支付,这种形式通常是和企业的养老金计划结合在一起的;三是混合制,就是前两种形式的结合。

2. 斯坎隆计划

斯坎隆计划最早是在20世纪20年代中期由美国的一位工会领袖约瑟夫·斯坎隆提出的一个劳资合作计划,就是以成本节约的一定比例来给员工发放奖金。它的操作步骤如下。

(1)确定收益增加的来源,通常用劳动成本的节约表示生产率的提高,用次品率的降低表示产品质量的提高和生产材料等成本的节约。将上述各种来源的收益增加额加总,得出收益增加总额。

(2)提留和弥补上期亏空。收益增加总额一般不全部进行分配,如果上期存在透支的话,要弥补亏空;此外还要提留出一定比例的储备,得出收益增加净值。

(3)确定员工分享收益增加净值的比重,并根据这一比重计算出员工可以分配的总额。

(4)用可以分配的总额除以工资总额,得出分配的单价。

3. 股票所有权计划

目前,常见的股票所有权计划主要有三类:现股计划、期股计划和期权计划。现股计划就是指公司通过奖励的方式向员工直接赠予公司的股票或者参照股票当前的市场价格向员工出售公司的股票,使员工立即获得现实的股权,这种计划一般规定员工在一定时间内不能出售所持有的股票,这样股票价格的变化就会影响员工的收益。通过这种方式,可以促使员工更加关心企业的整体绩效和长远发展。

期股计划则是指公司和员工约定在未来某一时期员工要以一定的价格购买一定数量的公司股票,购买价格一般参照股票的当前价格确定,这样如果未来股票的价格上涨,员工按照约定的价格买入股票,就可以获得收益;如果未来股票的价格下跌,那么员工就会有损失。例如,员工获得了以每股15元的价格购买股票的权利,两年后公司股票上涨到20元,那么他以当初的价格买入股票,每股就可以获得 5 元的收益;相反,如果股票价格下跌到 10 元,那么他以当初的价格买入股票,每股就要损失 5 元。

期权计划与期股计划比较类似,不同之处在于公司给予员工在未来某一时期以一定价格购买一定数量公司股票的权利,但是员工到期可以行使这项权利,也可以放弃这项权利,购股价格一般也要参照股票当前的价格确定。

管理故事

猎人与猎狗

猎人为了得到更多的兔子,对猎狗们说:“凡是在打猎中捉到兔子的,就可以得到几根骨头,没有捉到的就没有饭吃。”这一招很管用,猎狗们纷纷努力去追兔子,因为谁也不愿意看着别人有骨头,自己没得吃。

过了一段时间,出现了一个现象:猎狗们捉到的兔子越来越小。因为捉到大兔子和捉到小兔子得到的骨头差不多,捉大兔子非常费劲,而捉小兔子容易得多,猎狗们发现了这个窍门,所以专门去捉小的。

猎人经过思考后,决定不将骨头的数量与是否捉到兔子挂钩,而是采用每过一段时间,就统计一次猎狗捉到兔子的总重量,以此来决定之后一段时间内猎狗的待遇。于是猎狗们捉到兔子的数量和重量都增加了,猎人很开心。

又过了一段时间,猎人发现,猎狗们捉兔子的数量又少了,而且越有经验的猎狗,捉兔子的数量下降得就越厉害。于是猎人去问猎狗。猎狗说:“我们把最好的时间都奉献给了您,主人,但是当我们年老后捉不到兔子的时候,您还会给我们骨头吃吗?”

听到猎狗的话后,猎人调整了策略,规定如果猎狗捉到的兔子超过一定的标准,即使捉不到兔子,每顿饭也可得到一定量的骨头。猎狗们都很高兴,大家都努力去达到猎人规定的任务。

一段时间过后,终于有一些猎狗达到了。这时,其中一只猎狗说:“我们这么努力,只得到几根骨头,而我们捉的猎物远远超过了这几根骨头。我们为什么不能给自己捉兔子呢?”随后,有些猎狗离开了猎人,自己捉兔子去了。

猎人意识到猎狗正在流失,并且那些流失的猎狗像野狗一般和自己的猎狗抢兔子。于是猎人进行了改革,使得每条猎狗除基本骨头外,还可获得其所猎兔肉总量的 $n\%$,而且随着服务时间加长,贡献变大,该比例还可递增,并有权分享猎人总兔肉的 $m\%$。就这样,猎狗们与猎人一起努力,将野狗们逼得叫苦连天,纷纷要求重归猎狗队伍。

(资料来源:刘慧. 猎人与猎狗——管与被管的技巧[M]. 北京:中华工商联合出版社,2004.)

绩效考核是企业管理的永恒话题,绩效考核引导员工行为,不同阶段的企业考核的重点不一样。从猎狗的故事可以看到,绩效考核要实现精细化、人性化,做到企业与员工的双赢。

7.4 福利薪酬

7.4.1 福利薪酬的含义

福利薪酬是指企业支付给员工的间接薪酬。与直接薪酬相比,福利薪酬具有两个重要的特点:一是直接薪酬往往采取货币支付和现期支付的方式;而福利薪酬多采取实物支付或延期支付的形式。二是直接薪酬具有一定的可变性,与员工个人直接相连;而福利薪酬则具有固定成本的性质。

相比直接薪酬,福利薪酬具有自身独特的优势:首先,它的形式灵活多样,可以满足员工的不同需要;其次,福利薪酬具有典型的保健性质,可以减少员工的不满意,有助于吸引和保留员工,增强企业的凝聚力;再次,福利薪酬还具有税收方面的优惠,可以使员工得到更多的实际收入;此外,由企业集体购买某些产品,具有规模效应,可以为员工节省一定的支出。

但是福利薪酬也存在着一定的问题:首先,由于它具有普遍性,与员工个人的绩效并没有太大的直接联系,因此在提高员工工作绩效方面的效果不如直接薪酬那么明显,这也是福利薪酬的主要问题;其次,福利薪酬具有刚性,一旦为员工提供了某种福利,就很难将其取消,这样就会导致福利的不断膨胀,从而增加企业的负担。

7.4.2 福利薪酬的类型

不同的企业,福利薪酬的内容是各不相同的,存在着非常大的差异。福利薪酬按不同的标准可以进行不同的分类。福利薪酬按照其制定的依据不同可以划分为两类。

1. 国家法定福利

国家法定福利是指由国家相关法律和法规规定的福利内容。国家法定福利具有强制性,任何企业都必须执行。我国目前的法定福利主要包括以下几种。

(1)法定社会保险。法定社会保险包括养老保险、医疗保险、失业保险、工伤保险和生育保险,企业必须按照员工工资的一定比例为员工缴纳保险费。

(2)法定假期。法定假期包括:①公休假日和法定假日。目前我国实行每周双休的公休日制度,同时规定了元旦、春节、国际劳动节、国庆节等为法定休息日。在公休日和法定日加班的员工应当享受相当于基本工资双倍或三倍的津贴补助。②带薪休假。带薪休假是指员工工作满一定的时期后,可以带薪休假一定的时间。《中华人民共和国劳动法》第四十五条规定:“国家实行带薪休假制度。劳动者连续工作一年以上的,享受带薪休假。”③其他假期。在我国,员工还可以享受探亲假、婚丧假、产假与配偶生育假等。探亲假的享受对象是企业中那些与直接亲属不在同一个区域的员工,具体规定各地区有所不同。达到法定结婚年龄的员工可以享受婚假,晚婚者可以多享受一定的假期。符合生育政策的女职工可以享受产假,男职工可以享受配偶生育假以照顾分娩的妻子。

(3)住房公积金。住房公积金是指单位及其在职员工缴存的长期住房储金,由两部分组成,一部分由职工所在单位缴存,另一部分由职工个人缴存,职工个人缴存部分由单位代扣后,连同单位缴存部分一并缴存到住房公积金个人账户内。为了加强住房公积金的管理,维护住房公积金所有者的合法权益,促进城镇住房建设,提高城镇居民的居住水平,国务院颁布了《住房公积金管理条例》。

2. 企业自主福利

企业自主福利是企业在国家法定福利之外向员工提供的其他福利项目。此类福利是企业根据自身的管理特色、财务状况和员工的内在需求,向员工提供的各种补充保障计划以及向员工提供的各种服务、实物等。由于不具有强制性,因此没有统一的标准。一般来说,企业自主福利包括以下内容。

(1)各种补充保险计划。如企业补充养老金计划、补充医疗计划等。

(2)住房补贴。是指企业为了使员工有一个较好的居住环境而提供给员工的一种福利,主要包括企业购买或建造住房后免费或低价租给员工居住;为员工的住所提供免费或低价装修;为员工购买住房提供免息或低息贷款,全额或部分报销员工租房费用。

(3)交通补贴。如企业派专车到员工家接送上下班;上下班员工到一些集中点去等车;企业按规定为员工报销上下班交通费等。

(4)文体旅游性福利。企业集体文体活动、企业自建文体设施、文体活动折扣票和免费票等;企业组织旅游活动。

(5)生活福利。咨询服务、法律顾问、贷款担保、托儿所、老人护理、内部优惠商品、购物卡等。

7.4.3 福利薪酬管理

福利薪酬管理是薪酬管理的一个重要组成部分,福利是保健因素,福利计划实施得不好,员工会觉得不满意。为了满足员工对高质量生活水准的追求,福利薪酬在整个薪酬体系中所占的比重会越来越大,因此福利薪酬的设计与管理逐步成为人们关注的话题。

1. 确定福利薪酬项目

过去在确定福利薪酬项目时千篇一律,很少考虑个性化的员工需求,导致企业花了钱、员工却不买账的现象。实际上不同员工的需求层次是不一样的,例如,年轻员工对个人能力提升和晋升等机会性福利需求较明显,而对实物性福利可能更淡化一些,因而在确定福利薪酬项目时要因人而异。企业可以对员工展开调查,在企业财力可承受以及具有可操作性的条件下尽量满足员工的需求。当企业满足了那些特殊的需求时,员工更会对企业"心存感激"。

管理故事

私营企业的福利薪酬设计

你来到一家私营的医药生产企业,被老板任命为总经理。企业的规模不是很大,但生产的品种不错,一年的销售额不少,利润率也不低。新官上任,老板要你将公司的福利打理一下,原因是公司"花了很多钱,但讨不到员工欢心"。公司实行车补,但是没车的员工怨声载道;公司实行幼儿免费入托,可是没有小孩或小孩不上幼儿园的员工又颇有微词;逢年过节,公司统一给员工送的礼物也引起不少员工的不满,认为不如购物卡、奖金实惠,福利实在是"众口难调"。面对企业的现状,你将如何进行福利薪酬再设计,从而让员工对企业福利满意呢?

2. 确定福利薪酬限额

可以以基本工资为标准,根据福利薪酬在报酬中所占的比例来确定每个人的福利限额。因为基本工资综合考虑了职位因素和员工个人因素,能较好地反映员工对企业的价值贡献,在此基础上确定福利限额更能体现福利薪酬制度的内部公平性。

3. 确定提供福利薪酬的形式

福利薪酬形式越灵活就越能满足员工的不同需求,因此福利薪酬的功能就越容易实现。但随之而来的是成本增加、管理难度加大。福利薪酬形式要依据企业的具体情况而定。

4. 建立沟通反馈机制

通过事前的沟通了解员工对福利薪酬制度的态度和期望,通过反馈机制,及时诊断存在的问题并采取有效措施修订福利薪酬方案。

知识拓展

弹性福利

弹性福利是指企业确定对每个员工福利的投入的前提下,由员工在各种福利项目中选择适合自己的福利的管理形式,因此也称为菜单式福利、自助餐式福利等。在实践中通常是由企业提供一份福利项目清单,然后由员工从中选择其需要的项目,组合成属于自己的一套福利"套餐"。这种制度非常强调"员工参与"的过程。当然员工的选择不是完全自由的,有一些项目,例如法定福利就是每位员工的必选项。此外企业通常都会根据员工的薪水、年资或家庭背景等因素来设定每一个员工所拥有的福利预算,并且每项福利项目都会附一个金额,员工只能在自己的预算内选择喜欢的福利。

弹性福利的优点主要如下。

(1)满足员工的个性化需求。由于每个员工个人的情况是不同的,因此他们的需求可能也是不同的,例如,年轻的员工可能更喜欢以货币的方式支付福利,有孩子的员工可能希望企业提供儿童照顾的津贴,而年龄大的员工又可能特别关注养老保险和医疗保险。传统的一统化的福利安排由于不能满足员工的个性化需求,直接导致了员工对福利的体验值与满意度不高。弹性福利将选择权赋予员工本人,员工可以根据自身及家庭的需求自主决定福利产品或产品组合,实现了企业和员工诉求上的双赢。

(2)控制福利成本。在传统的福利体系下,福利和基本薪酬一样具有很强的刚性,福利标准只能升不能降,福利项目只能增不能减。实施弹性福利,企业可以在既定福利预算额度框架内,通过不断丰富可供选择的福利项目来提高员工的体验值。同时,企业还可以通过与员工共担福利成本的方式,设计员工自费福利项目,帮助员工享受到团体福利的实惠。

(3)提高员工的福利满意度。传统福利由于是企业一手操办,员工被动享受,在整个福利实行过程中,员工由于没有参与感,对福利的内容和价值缺乏直观的感受。弹性福利的优势恰恰在于强调了员工在本人福利决策中的参与感与决定权。

(4)发挥福利的激励作用。弹性福利使得企业可以通过区分不同的员工群体(职级、业绩等)而制订差异化的预算标准,配置不同的福利产品包。一方面可以充分照顾到不同群体的特殊需求,另一方面可以充分发挥福利的激励性作用,传递企业文化,帮助企业吸引和保留人才。

弹性福利的缺点主要有以下几点。

(1)造成了管理的复杂。由于员工的需求是不同的,因此自由选择大大增加了企业具体实施福利的种类,从而增加了统计、核算和管理的工作量,增加了福利的管理成本。

(2)在弹性福利模式下,员工可能为了享受金额最大化而选择了自己并不最需要的福利项目。

(3)由员工自己选择可能还会出现非理性的情况,员工可能只照顾眼前利益或者考虑不周,从而过早地用完了自己的限额,这样当他再需要其他的福利项目时,就可能无法选择或者需要透支。

(4)允许员工自由进行选择,可能会造成福利项目实施的不统一,这样就会减少统一性模式所具有的规模效应。

知识拓展

好的福利薪酬制度的标准

①企业的福利水平具有竞争性,不落后于同行业的其他企业;②企业的福利薪酬项目设计灵活,能够尽量满足各类员工的需求。③企业福利薪酬的各个项目在企业的财务能力范围内。④企业设计的福利薪酬项目管理方便、切实可行。

【本章小结】

薪酬,就是指员工因为劳动关系的存在而从用人单位那里获得的各种直接和间接的经济收入。员工的薪酬构成主要包括基本薪酬、激励薪酬和福利薪酬几种基本形式。薪酬的功能一般从企业和员工个人层面来认识。在执行薪酬管理时要注意公平、竞争、经济、激励、合法、战略等基本原则。薪酬管理是指企业在总体发展战略的指导下,综合考虑内外各种因素的影响,对企业的薪酬水平、薪酬体系、薪酬结构和薪酬形式进行确定、分配和调整的过程。薪酬管理的原则有公平、竞争、经济、激励、合法、战略。

在企业的薪酬体系中,基本薪酬是最基础的部分。基本薪酬的设计通常要考虑两个因素:一是内部公平性,这个是通过职位评价来实现的;二是外部公平性,这是通过薪酬调查来实现的。一般来说,基本薪酬体系有基于职位的薪酬体系和基于技能/能力的薪酬体系。职位薪酬体系的设计包括职位分析、职位评价、薪酬调查、薪酬水平定位、薪酬结构设计及薪酬方案的实施与完善6个基本步骤。

激励薪酬是指对员工超额劳动或高绩效的一种货币形式的劳动报酬,其目的是为了激发员工的积极性和创造性。激励薪酬一般可以分为个人激励薪酬和群体激励薪酬两种类型。个人激励薪酬是指主要以员工个人的绩效表现为基础而支付的薪酬,群体激励薪酬是指以团队或企业的绩效为依据来支付薪酬。

福利薪酬是指企业支付给员工的间接薪酬。员工福利薪酬按照其制定的依据不同可以划分为两类:国家法定福利和企业自主福利。不同的企业中,福利薪酬的内容是各不相同的。福利薪酬形式越灵活就越能满足员工的不同需求,福利薪酬的功能就越容易实现。

关键概念

薪酬　薪酬管理　薪酬体系　基本薪酬　薪酬设计　职位评价
激励薪酬　福利薪酬

复习思考题

1. 什么是薪酬?薪酬具有哪些功能?
2. 哪些因素能够影响企业的薪酬水平?
3. 薪酬管理的基本原则是什么?薪酬管理的内容有哪些?
4. 什么是职位薪酬体系?它有哪些特点?什么是技能/能力薪酬体系?它有哪些特点?
5. 职位薪酬体系的设计一般遵循哪些步骤?
6. 什么是激励薪酬?激励薪酬有哪几种类型?什么是福利薪酬?福利薪酬可以分为哪些类别?

案例分析

朗讯科技公司独特的薪酬制度

朗讯科技公司是美国通信业的巨擘。北京朗讯科技光缆公司是朗讯科技公司在华设立的分公司之一,主要生产制造通信光缆。现该公司产品在中国国内光缆市场所占份额雄踞市场第二位,其成绩的取得不但有其科技产品先进的因素,更有其卓越的管理制度和激励机制来吸引和保留优秀人才的因素。另外,该公司的薪酬制度也有其独特之处。

1. 公司的薪酬结构

(1)工资。工资体系共有10个级别,除十级外(副总经理级),每个级别都有A、B两个等级,而每个等级又有最高和最低工资。工资从一级到十级的差别为20多倍。工资标准不固定,随着所在地区薪资行情的变动而做相应修订,总体水平要比国有企业同类员工的行情高出许多。

(2)奖金。奖金分为两种类型:一为常规半年奖、年底奖。奖金发放根据公司经济效益和对员工个人绩效评估后而定。二为非常规季节奖、随机奖。这两种奖根据上级对员工的工作表现而定,每次获奖名额不超过员工总额的10%,奖金一般相当于员工半个月到一个月的工资水平。

(3)其他福利。公司除支付按当地政府规定的社会保险外,另外还为员工购买人身意外保险和个人财产商业保险、门诊医疗商业保险等，并且每年还在员工住房、教育、培训疗养、旅游、工会活动等基金领域做出预算开支，供员工福利消费。

(4)股权认购和股权奖励。股权认购为每个员工认购公司股票100股。而股权奖励只发给不超过员工总数5%的优秀员工，具体数目不定。无论是股权认购还是股权奖励，都不用员工自掏腰包，而是由公司将股权在名义上赠给员工，但不能出售，必须等到3年后才可出售归自己。

2. 公司薪酬运作及其特点

(1)底薪调整。为保持竞争优势，公司每年由人力资源部单独组织一次相关外部企业的薪酬调查，并对调查结果进行系统分析比较，其调查内容主要有：①当地物价指数的变动。它有时可以左右公司决定是否马上调薪。②当地所有企业年度平均增资水平。③各相关公司的最高增薪和最低增薪水平情况。④各相关公司各职位的全部薪酬水平情况；最高及最低水平变化。⑤各相关公司各职位的薪酬结构比例。⑥当地各相关公司和全国同本行业公司的总体人员流失率情况，经理、专业技术人员流失情况。

(2)员工职务晋升增薪。经理人员可以参照公司的工资级别提出员工晋升增资建议。通常是逐级晋升，但有时业绩异常优秀的员工也有连升三级的。正常晋升增资的幅度在10%~25%，越级晋升的幅度在25%~40%。

(3)员工招聘时的定薪。决定招聘新员工定薪的因素有学历、经验、专长、经历。①学历。刚毕业本科生工资在专业管理人员最低一级。刚毕业研究生学历相应高出15%。②经验。有两年以上工作经验的本科生比没有经验的高出20%，有两年经验的研究生比没有经验的同类人员高出30%。③专长。如果在招聘时发现一个人将能发挥的作用会大于其他员工，则公司可提供超出规定的工资级别，极有可能会高于在相同岗位上已经工作了几年的员工工资。④经历。新员工在不同行业、不同领域、不同公司工作过，特别是在著名企业工作过，其工资定级会被公司着重考虑。

(4)工资的正常晋升，半年奖、年底奖的发放与绩效评估。这三类薪酬是严格按照员工半年和一年度的绩效评估结果决定的。公司在员工的绩效评估中采取矩阵式正态公布法，共分5个档次：①不能接受；②勉强接受；③基本完成任务；④完成任务；⑤超额完成任务。硬性规定必有5%的员工考核结果落在第一类，10%的员工考核结果落在第五类，其余的则以不同的百分比分布在其他三类中。落在“不能接受”类的员工不能发奖金，而且要限定3个月内改进，如没有明显的改进，将会面临被公司请走的危险。落在“勉强接受”类的员工发奖幅度最低，工资部分不能有所增长。落在“基本完成任务”类的员工发奖幅度为标准额，其年度工资的晋升也是按公司反复测算的标准额增薪。落在“超额完成任务”类的员工，其奖金和工资晋升幅度最高，有时比平均增幅高出一倍以上。

资料来源：王惠忠．企业人力资源管理[M]．上海：上海财经大学出版社，2004.

问题：

1. 你认为朗讯科技公司的薪酬制度有什么特点？
2. 你认为朗讯科技公司的薪酬制度和其市场竞争力有什么相关性？
3. 朗讯科技公司的薪酬制度对你有什么启示？

实训设计

一、实训项目

薪酬方案设计。

二、实训目的

通过本次实训，详细了解薪酬的构成及其在员工激励中的作用，掌握如何应用薪酬管理知识来进行薪酬方案的设计。

三、实训内容与要求

（一）实训内容

依据教师事先为学生提供的相关企业背景材料，为企业设计一套行之有效的薪酬方案。

（二）实训要求

1. 要求学生掌握薪酬方案设计的相关理论，做好实训前的知识准备。

2. 要求学生认真阅读背景资料，找出背景材料中薪酬管理存在的问题，并会利用所学知识对材料中问题进行分析，提供参考建议。

3. 要求学生运用所学知识为材料中的企业设计一套行之有效的薪酬方案。

4. 教师在实训过程中做好组织工作，给予必要的、合理的指导，提高学生的分析能力和操作能力。

四、实训组织与步骤

第一步，按5~7人一组，将班上的学生进行分组，模拟成立一个公司。

第二步，每组学生根据所掌握的薪酬管理的理论知识，分析材料中企业的薪酬管理问题，可以考虑深入其他企业进行调查。

第三步，教师充分调动学生的积极性，让学生进行认真的分析和讨论。

第四步，教师提出指导意见，帮助学生完成薪酬方案设计。

第五步，教师就小组成员所设计的薪酬方案进行点评。

本项目实训时间为1周，课堂讨论以两课时为宜。

五、撰写实训报告

实训结束后，每个小组撰写实训报告。实训报告要求语言流畅、文字简练、条理清晰；报告内容主要包括实训报告封面（实训日期、小组成员姓名、专业、班级等信息）、实训项目名称、实训目的、实训内容、实训资料（实训所依据的原始资料和使用的工具、材料等）、实训过程（实训采用的方法、步骤等）、实训结果或结论、实训指导教师评价意见等。

六、实训成绩评定

（一）评定等级

实训成绩可分为优秀、良好、中等、及格、不及格5个等级。

（二）评定标准

1. 学生能否按照薪酬方案设计的主要程序进行操作。

2. 设计的薪酬方案是否实用。

3. 课堂讨论中，是否认真、积极地投入，是否体现了良好的团队协作精神。

4. 薪酬方案设计成果、课堂讨论占总成绩的60%，实训报告占总成绩的40%。

第 8 章　职业生涯管理

学习目标

1. 理解职业生涯的内涵。
2. 了解职业生涯管理的相关理论及其指导意义。
3. 掌握个人职业生涯规划的方法。
4. 了解组织职业生涯管理的方法。

【导入案例】

李开复生于中国台湾地区，1988 年获美国卡内基梅隆大学计算机博士学位，1990—2009 年先后在美国苹果计算机公司、SGI 计算机公司、微软公司和谷歌公司担任高层管理者，2009 年 9 月从谷歌离职后创办创新工场，并任董事长兼首席执行官。

李开复结合自己的人生经历，总结了人生成功的三部曲。他提出，人生成功的第一步是"把握人生目标，做一个主动的人"。李开复谈到自己人生的目标时说："人生只有一次，我认为最重要的就是要有最大的影响力，能够帮助自己、帮助家庭、帮助国家、帮助世界、帮助后人，能够让他们的日子过得更好、更有效率，能够为他们带来幸福和快乐。"因此，李开复"从大学二年级起就把'影响力'当作自己的人生目标"。

李开复认为人生成功的第二步是"尝试新的领域、发掘你的兴趣"。他认为"每个人都应了解自己的兴趣、激情和能力，并在自己热爱的领域里充分发挥自己的潜力"。李开复在美国哥伦比亚大学一开始学的是法律，但是，到了大学二年级时他发现自己并不喜欢这个专业，在接触计算机之后，喜欢上了这个专业，随后便转入了计算机专业学习。结果，他在计算机领域第一个开发出了"非特定人连续语音识别"系统，开发出了击败人类的国际象棋世界冠军——"奥赛罗"人机对弈系统。

李开复提出人生成功的第三步是"针对兴趣，定阶段性目标，一步步迈进"。他提出"制定具体目标时必须了解自己的能力。目标设定过高固然不切实际，但目标也不可定得太低，还要及时调整目标"。李开复正是以他从美国苹果计算机公司到 SGI 计算机公司到微软公司再到谷歌公司的职业发展历程，演绎着成功的职业人生，并不断实现着自己的"有影响力"的人生目标。

思考：

1. 从李开复的职业发展历程中，你受到哪些启示？
2. 为什么把自己的爱好和职业的选择结合在一起可以使职业生涯更容易取得成功？

8.1　职业生涯管理概述

8.1.1　职业的含义及特点

1. 职业的含义

所谓职业，是指人们为了获取物质报酬而从事的连续性的社会活动，是指人们从事的相对稳定的、有收入的、专门类别的工作，是人的社会角色的一个极为重要的方面。职业的产生同社会分工是不可分的。劳动者相对稳定地从事某类专门的社会工作，并从中获取收入，这种社会工作便成为劳动者的职业。

2. 职业的特点

(1) 职业具有专业性。职业是某种专门的、具体的社会分工。不同职业对从业人员有不同的要求，越来越多的职业对从业人员提出了进入职业的资格条件。

(2) 职业具有经济性。劳动者从事某项职业的目的是从中取得经济收入。换句话说，劳动者是为了取得收入，才长期、稳定地承担某项社会分工，从事该项职业。没有经济报酬的工作不是职业工作。

(3) 职业具有社会性。职业是劳动者所进行的社会工作。家庭主妇和保姆从事同样的劳动，但保姆是一种职业，而家庭主妇却不是，因为保姆的劳动是社会分工的结果，而家庭主妇的劳动却不是。

(4) 职业具有稳定性。劳动者连续地、不间断地从事的某种社会工作，才称其为劳动者的职业。今天干这个，明天干那个，后天又改行，职业就难以形成。可以说，离开了工作的稳定性，就无所谓职业。

总之，职业是劳动者所获得的一种劳动角色。职业的根源是社会分工。在整个社会生产过程中，有诸多工种或岗位，形成了社会劳动分工体系的一个个环节。这些不同工种、岗位或特定环节，赋予劳动者以不同的工作内容、不同的责任和义务、不同的声誉和社会地位以及不同规范的劳动行为模式。当劳动者稳定地在社会分工体系中从事某一工作，并依靠这一工作获得生活来源时，就成了职业工作者，便有了特定的社会标记，成了工人、医生、记者、工程师、企业家、科学家、编辑、邮递员、乘务员、营业员等千万种社会职业角色之中的某一角色。

8.1.2　职业生涯的含义

从广义上讲，职业生涯是指一个人从职业学习开始至职业劳动结束的整个过程。狭义的职业生涯限定于直接从事职业工作的这段生命时光，上限始于任职人之前的职业学习和培训。广义的职业生涯是从职业能力的获得、职业兴趣的培养、选择职业、就职直至最后完全退出职业劳动的过程。尽管考察职业生涯的角度不同，但是，职业生涯有其基本的含义。

(1) 职业生涯是个体的行为经历，而非群体或组织的行为经历。

(2)职业生涯是一个人一生之中的工作任职经历或历程。

(3)职业生涯是时间概念,指职业生涯期。狭义的职业生涯起始于最初工作之前的专门的职业学习和训练,终于完全结束或退出职业工作;就广义而言,职业生涯是指从职业能力的获得、职业兴趣的培养、选择职业、就职直至最后退出职业劳动的职业发展过程,可以由出生之始到完全结束职业工作为止。

(4)职业生涯是个动态的概念,不仅表示职业工作时间的长短,而且内含职业发展、变更的经历过程,包括从事何种职业、职业发展阶段、由一种职业向另一种职业的转换等内容。

综上所述,职业生涯就是指一个人一生从事职业的全部历程。这整个历程可以是间断的,也可以是连续的,它包含一个人所有的工作、职业、职位的外在变更和对工作态度、体验的内在变更。

8.1.3 职业生涯管理及其意义

职业生涯管理是指个人和组织对职业历程的规划、对职业发展的促进等一系列活动的总称,包含职业生涯决策、设计、发展和开发等内容。进行职业生涯管理的意义如下。

(1)有助于提高个人人力资本的投资收益。在职业生涯设计的基础上,有的放矢地投资,获取所必需的职业能力,提高人力资本投资的收益。

(2)有助于降低改变职业通道的成本。从事某项职业后再改变职业通道,成本特别是机会成本很高。职业生涯管理能够有效地避免或减少改变职业通道的成本。

(3)有助于组织的发展。组织通过职业生涯管理,了解并整合各种类型的人力资源,最大限度地做到“人尽其才,职得其人”,有利于组织与个人的共同发展。

8.2 职业生涯管理理论

8.2.1 职业选择理论

职业选择是指劳动者依照自己的职业期望和兴趣,从对职业的评价、意向、态度出发,凭借自身能力从社会现有的职业中进行挑选的过程。职业选择就是要促使自身能力素质和职业需求特征相符合。在人们一生的职业生涯中职业选择是其中一个相当重要的环节。为此,许多心理学家或职业指导专家对职业选择的问题进行了专门的研究,提出了自己的理论。这里介绍其中3种较有影响的职业选择理论。

1. 人格类型理论

人格类型理论也称职业性向理论,是美国职业心理学家霍兰德(Holland)在20世纪60年代创立的。该理论强调个人与环境之间的匹配,对人才测评的发展产生了重要的影响。霍兰德认为,职业选择是个人人格的反映和延伸,职业选择取决于人格与职业的相互作用。在人格和职业的关系方面,霍兰德提出了一系列假设。

(1)在现实的文化中,可以将人的人格分为6种类型:现实型、研究型、艺术型、社会型、企业型与传统型。每一特定类型人格的人,会对相应职业类型中的工作或学习感兴趣。

(2)环境也可区分为上述6种类型。

(3)人们寻求能充分施展其能力与价值观的职业环境。

(4)个人的行为取决于个体的人格和所处的环境特征之间的相互作用。

在上述理论假设的基础上,霍兰德提出了人格类型与职业类型模式。不同类型人格的人需要不同的生活或工作环境。例如,"实际型"的人需要实际型的环境或职业,因为这种环境或职业才能给予其所需要的机会,这种情况即称为"和谐"。若类型与环境不和谐,则该环境或职业无法提供个人的能力与兴趣所需要的机会与奖励。

霍兰德在其所著的《职业决策》一书中描述了6种人格类型及其相应职业。

(1)现实型(realistic)。基本的人格特征是真诚坦率,注重现实,讲求实际;喜欢有规则的具体劳动和需要基本操作技能的工作;动手能力强,但不善言辞,缺乏社交能力,不适应社会性质的职业。具有这种类型人格的人有典型的职业包括技能性职业(如一般劳工、技工、修理工、农民等)和技术性职业(如制图员、机械装配工等)。

(2)研究型(investigative)。其人格特征是抽象思维能力强,求知欲强,肯动脑筋,善于思辨;喜欢智力的、抽象的、分析的、理想的、独立的、有创造性的定向工作;知识渊博,有学识才干,但缺乏领导才能。其典型的职业包括科学研究人员、教师、工程师等。

(3)艺术型(artistic)。基本的人格特征是富于想象、冲动、直觉、无秩序、情绪化、理想化;有创意、不重实际;喜欢艺术性质的职业和环境,乐于创造新颖的、与众不同的艺术成果;渴望表现自己的个性,不善于事务工作。其典型的职业包括艺术方面的演员、导演、艺术设计师、雕刻家等,音乐方面的歌唱家、作曲家、乐队指挥等,文学方面的诗人、艺术家、小说家、剧作家等。

(4)社会型(social)。基本的人格特征是合作、友善、助人、负责、圆滑、善社交、善言谈、洞察力强等;喜欢参与解决人们共同关心的社会问题,看重社会义务和社会道德,有教导别人的能力。其典型的职业包括教育工作者如教师、教育行政工作人员和社会工作者,如咨询人员、公关人员等。

(5)企业型(enterprising)。基本的人格特征是勇于竞争,敢于冒险,独断、自信、精力充沛、善于社交;追求权力,喜欢从事领导及企业性质的职业。其典型的职业包括政府官员、企业领导、销售人员、律师等。

(6)传统型(conventional)。基本的人格特征是顺从、谨慎、保守、实际、稳重、有效率等;喜欢按计划办事,习惯接受他人的指挥和领导,不喜欢冒险和竞争,自己不谋求领导职务。其典型的职业包括秘书、办公室人员、会计、行政助理、图书馆员、出纳员、打字员、税务员、统计员、交通管理员等。

霍兰德认为,劳动者与职业之间应实现相互适应,只有在同一类型的劳动者与职业相互结合时,劳动者的才能与积极性才能得到充分发挥。然而上述的人格类型与职业关系也并非绝对一一对应。霍兰德在研究中发现,尽管大多数人的人格类型可以划分为某一类型,但个人又有着广泛的适应能力,其人格类型在某种程度上相近于另外两种人格类型,则也能适应另两种职业类型的工作。也就是说,某些类型之间存在着较多的相关性,同时每一类型又有极为相斥的职业环境类型。霍兰德有一个六边形图简明地描述了6种类型之间的关系,如图 8-1 所示。

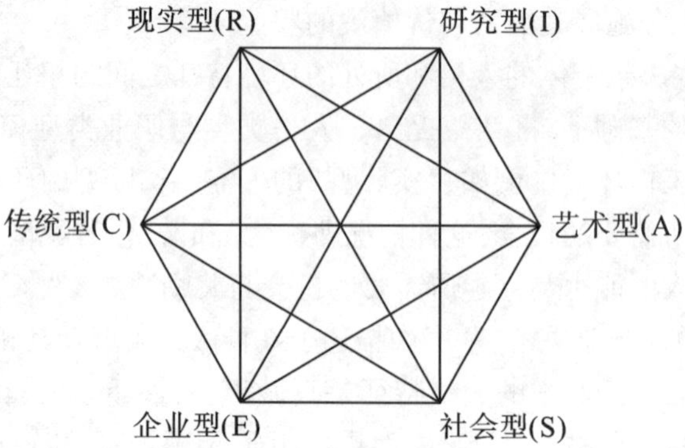

图 8-1　霍兰德人格类型理论

此图的每一个角代表一种职业倾向和一种职业类型。根据霍兰德的研究,连线距离越短,两种类型的职业相关系数就越大,相容性或适应程度就越高。连线距离为零则表明劳动者类型与职业类型高度相关,此时职业配置最相适宜,是最好的职业选择。

知识拓展

人格与气质

人格是个性中除能力以外的心理属性的总称。个性包括个性倾向性和个性心理特征。个性倾向性是个人行为的动力,主要包括需要、兴趣、动机、理想、价值观、信念和世界观;而个性心理特征主要包括能力、气质和性格。通常,人格涉及的内容包括个性倾向性和气质、性格。

气质是指一个人心理活动的动力特征,即心理活动的强度、速度、稳定性、灵活性和指向性等特点,在情感和情绪类心理活动中表现尤为鲜明。人的气质可分为胆汁质、多血质、黏液质和抑郁质。

2. 职业-人匹配理论

职业-人匹配理论最早由美国波士顿大学的帕森斯(Parsons)教授提出,这是用于职业选择与职业指导的最经典的理论之一。1909 年,帕森斯在其所著的《选择一个职业》一书中,明确阐述了职业选择的三大要素和条件:①应该清楚地了解自己的态度、能力、兴趣、智谋、局限和其他特征;②应清楚地了解不同职业工作岗位的要求、职业选择成功的条件、优缺点、薪酬水平、机会和前途;③上述两个条件的平衡。帕森斯的理论内涵即是在清楚认识、了解个人的主观条件和社会职业岗位需求条件的基础上,将主客观条件与社会职业岗位(对自己有一定可能性)相对照、相匹配,最后选择一种职业需求与个人特长匹配相当的职业。

职业-人匹配分为两种类型。①条件匹配。即所需专门技术和专业知识的职业与掌握该种特殊技能和专业知识的择业者相匹配,如脏、累、险劳动条件很差的职业,需要吃苦耐劳、体格健壮的劳动者与之相匹配;②特长匹配。即某些职业需要具有一定的特长,如具有敏感、易动感情、不守常规、有独创性、个性强和理想主义等人格特性的人,宜从事审美性和自我情感表达的艺术创作类型的职业。

帕森斯的职业-人匹配论,作为职业选择的经典性原则,至今仍然正确、有效,并对职业生涯管理、职业心理学的发展具有重要的指导意义。

3. 职业锚理论

职业锚的概念是埃德加·施恩首先提出来的,其研究的范围是管理者的职业发展和社会化过程以及组织文化和领导。施恩的职业锚理论在美国社会心理学界有着广泛而深入的影响。

所谓职业锚是指个人依据自己的需要、动机、价值观和能力,经过不断的探索所确定的长期职业定位。因此,我们也可以把它视为一种职业选择理论。

职业锚的核心内容是职业自我观,即对职业的自我审视和看法,它包括三部分内容。

(1) 自我认知的才干和能力(以各种作业环境中的实际成功为基础)。

(2) 自我认知的动机和需要(以实际情景中的自我测试和自我诊断以及他人的反馈为基础)。

(3) 自我认知的态度和价值观(以自我与组织以及工作环境的准则和价值观之间的实际状况为基础)。

职业锚具有以下特点。

(1) 职业锚是以个人的工作经验为基础逐步稳定、内化下来的。换言之,职业锚是由个人实际工作经验所决定的,而不只是取决于个人潜在的能力和动机。

(2) 职业锚是不可能在最初就业时就能提前预测的,必须通过一段职业经历才能确定自己的职业价值观和职业定位。

(3) 个人在面临多种职业选择时,职业锚是最不能放弃的自我职业定位,或职业贡献区与成长区。

职业锚强调的是个人能力、动机和价值观三方面的相互作用与整合,这是一个不断审视自我,逐步明确自己的需要和价值观,并根据个人的需要和价值观不断完善发展自己的能力的过程。当然,职业锚也不是绝对固定不变的,它也会随着个人条件和客观环境的变化而变化,尤其是在个人职业发展的后期阶段。

每个人的需要、动机、价值观和能力是各不相同的,施恩根据他的研究,将职业锚分为 5 种类型:①技能或职能型职业锚;②管理能力型职业锚;③创造型职业锚;④安全感型职业锚;⑤自住型职业锚。后来他又补充了 3 种类型,即纯挑战型职业锚、服务型职业锚和生活型职业锚。

施恩认为,职业锚作为个人自省能力、动机和价值观的模式,无论在个人职业生命周期中,还是在组织事业发展过程中,都有着极其重要的作用。

(1) 有助于识别个人的职业抱负和追求。

(2) 有助于组织有针对性地为员工的发展设置可行的、有效的和通畅的职业通道。

(3) 有助于个人职业锚确定后,个人核心职业技能的发展和提高。

职业锚是个人早期职业发展过程中逐步确立的职业定位,在职业的选定或开发中,员工个人起着决定性的作用。为此,个人要提高职业的适应性;要借助组织的职业规划选定职业目标,发展或塑造职业角色形象;要培养和提高自我职业决策能力和决策技术。同样,组织对职业锚的开发也有着重要作用:给员工分配具有挑战性的工作,为其建立职业锚提供机会;指导、帮助员工寻找职业锚;为员工建立职业锚设置通道,并制定实施计划。

8.2.2 职业发展理论

每个人的职业生涯都要经历许多阶段,只有了解了不同阶段的特征、知识水平、能力要求和各种职业偏好,才能更好地促进个人的职业生涯发展。西方国家对职业生涯的发展有比较系统深入的研究,这里着重介绍 3 种职业发展理论。

1. 萨柏的职业生涯发展阶段理论

萨柏(Donald E. Super)是美国一位有代表性的职业管理学家。萨柏的职业生涯发展阶段理论是一种纵向职业指导理论,重在对个人的职业倾向和职业选择过程本身进行研究。萨柏以美国人作为自己的研究对象,把人的职业生涯划分为 5 个主要阶段:成长阶段、探索阶段、确立阶段、维持阶段和衰退阶段。

1)成长阶段(14 岁以前)

此阶段属于认知阶段。一个人通过对家庭成员、朋友、老师的认同以及与他们之间的相互作用,逐渐建立自我概念,并经历对职业从好奇、幻想到兴趣,再到有意识培养职业能力的逐步成长过程。

成长阶段又可分为 3 个时期。

(1)幻想期(4~10 岁):儿童从外界获得各种有关职业的知识,对于自己觉得好玩和喜爱的职业充满幻想,并进行模仿。

(2)兴趣期(11~12 岁):儿童以兴趣为中心,理解和评价职业,并做出职业选择。

(3)能力期(13~14 岁):儿童开始考虑自身条件是否与喜爱的职业相符,有意识地进行能力培养。

2)探索阶段(15~24 岁)

此阶段属于学习打基础阶段。个人将认真地探索各种可能的职业选择,并对自己的能力和天资进行现实性评价,试图根据自己的职业选择做出相应的教育选择。在这一阶段,个体常常会结合自己的兴趣和社会需要,做出一些带有试验性的和较为宽泛的职业选择。随着个人对所选职业以及自我的进一步了解,这种最初选择可能会被重新选择所替代。

探索阶段由下面 3 个时期组成。

(1)试探期(15~17 岁):综合认识和考虑自己的兴趣、能力与职业社会价值、就业机会。开始对未来职业进行尝试性选择,此时的选择范围会逐渐缩小。

(2)转变期(18~21 岁):正式进入劳动力市场,或者进行专门的职业培训,由一般性的职业选择转变为特定目标的选择。

(3)尝试期(22~24 岁):选定工作领域,开始从事某种职业,对职业发展目标的可行性进行实验。

3)确立阶段(25~44 岁)

此阶段属于选择、安置和发展阶段,是大多数人职业生命周期的核心部分。经过早期的试探与尝试后,最终确立稳定职业,并谋求发展的阶段。一般也经过3个时期。

(1)尝试期(25~30岁):对初就业所选定的职业和目标进行检讨,思考其选择的领域是否合适。如有问题则需重新选择和变换职业,重点是寻求职业及生活上的稳定。

(2)稳定期(31~40岁):有了一段时间的职业经历以后,人们将最终确定稳定的职业目标,并致力于实现这些目标。

(3)危机期(31~44岁):在结合现实的情况下,若人们发现自己并没有朝着自己的职业目标靠近或者发现了新的目标,此时,他们需对自己最初的理想、抱负和目标进行再次评估,并第一次不得不面对一个艰难的抉择。

4)维持阶段(45~64岁)

此阶段属于升迁和专精阶段,是职业生涯发展的后期阶段。这一阶段的劳动者由于长时间内在某一职业岗位上工作,在该领域已具有一席之地,一般达到常言所说的"功成名就"层面,已不再考虑变换职业,只力求保住这一位置,维持已取得的成就和社会地位。

5)衰退阶段(65岁以上)

在这一阶段,是职业生涯的尾声阶段。临近退休时,人们的健康状况和工作能力逐步衰退,即将退出工作岗位,结束职业生涯。因此,这一阶段要学会接受权利和责任的减少,学习接受一种新的角色,适应退休后的生活,以延缓身心的衰退,维持生命力。

2. 金斯伯格的职业发展理论

美国著名的职业指导专家、职业生涯发展理论的先驱和典型代表人物金斯伯格对职业生涯的发展进行过长期研究。他研究的重点是从童年到青少年阶段的职业心理发展过程,通过比较美国富裕家庭的人,从童年期到成年早期的成熟过程中的有关职业选择的想法和行动的研究,将职业生涯发展分为幻想期、尝试期和现实期3个阶段。

1)幻想期(11岁之前)

这个时期,儿童对大千世界,特别是对于他们所看到的或接触到的各类职业工作者,如教师、医生、护士、警察、军人、飞行员、演员和售货员等,充满了新奇,幻想着长大成为什么样的人和当什么"家"等。他们常常在游戏中扮演自己所喜爱的角色,甚至在日常服饰打扮和语言行动上进行效仿。此时期的职业需求特点是:单纯由自己的兴趣爱好所决定,并不考虑自身的条件、能力水平和社会机遇,完全处于幻想之中。

2)尝试期(11~17岁)

该阶段为接受初等和中等教育并由少年向青年过渡的时期。此时,人的心理和生理各方面均在迅速成长和变化,独立意识、价值观念逐步形成,知识和能力显著增长,初步获取社会生产与生活的经验。在职业需求上呈现出的特点是不仅注意自己的职业兴趣,也会客观地审视自身各方面的条件、能力和价值观,开始注意职业角色的社会地位和社会对该职业的需要。尝试期又可分为4个阶段。

(1)兴趣阶段(11~12岁):开始培养自己对某些职业的兴趣。

(2)能力阶段(13~14岁):以个人的能力为核心,衡量并测验自己的能力,并将其表现在各种相关的职业活动上。

(3)价值观阶段(15~16岁):逐渐了解自己的职业价值观,兼顾个人与社会的需要,以职业的价值性选择职业。

(4)综合阶段(17 岁):对上述 3 个阶段进行综合考虑,参考相关的职业选择资料,从而正确了解和确定未来的职业生涯发展方向。

3)现实期(17 岁以后)

人们即将步入社会劳动,他们能够客观地把自己的职业愿望或要求,同自己的主观条件和能力以及社会现实的职业需要密切联系和协调起来,寻找适合于自己的职业角色。此时,人们已具有十分具体的和现实的职业目标。现实期又可分为 3 个阶段。

(1)试探阶段:根据尝试期的结果,进行各种试探活动,试探各种职业机会和可能的选择。

(2)具体化阶段:根据试探阶段的经历做进一步的选择。

(3)专业化阶段:依据自我选择的目标,做具体的就业准备。

3. 埃德加·施恩的职业发展理论

美国行为科学家埃德加·施恩在职业生涯发展理论中,将人的一生分为 9 个阶段。

1)成长、幻想、探索阶段(0~20 岁)

在这一阶段所充当的角色是学生、职业工作的候选人和申请者。主要任务包括以下 3 个方面。

(1)发展自己的兴趣和能力,为将来的职业选择打好基础。

(2)学习职业知识,获取丰富信息,树立自己的价值观和抱负,做出合理的受教育决策,将幼年的职业幻想变为可操作的现实。

(3)接受教育和培训,开发工作实践中所需要的基本习惯和技能。

2)进入工作实践阶段(16 岁以后)

这一阶段充当的角色是应聘者和新学员。主要任务包含以下两个方面。

(1)进入劳动力市场,谋取可能成为一种职业基础的第一份工作。

(2)个人和雇主之间达成正式契约,个人成为组织中的一员。

3)基础培训阶段(16~25 岁)

此时的角色是实习生,也是新手,主要任务包含以下两个方面。

(1)了解和熟悉组织,接受组织文化,克服不安全感,学会与人相处,融入组织团体,尽快取得组织成员资格。

(2)适应日常的操作程序,承担工作,成为一名有效的成员。

4)早期职业的正式成员资格阶段(17~30 岁)

此时的角色是取得组织新的正式成员资格,面临的主要任务包含以下两个方面:承担责任和履行与工作有关的义务。

发展和展示自己的技能和专长,为提升或进入其他领域的横向职业成基础。

5)职业分析阶段(25 岁以后)

其角色是正式成员、任职者、终生成员、主管和经理等,主要任务包含以下 3 个方面。

(1)选定一项专业或进入管理部门。

(2)保持技术竞争力,在自己选择的专业或管理领域内继续学习,力争成为一名专家或职业能手。

(3)承担较大责任,确认自己的地位。

6)职业中期危险阶段(35~45岁)

这一阶段的主要任务包含以下两个方面。

(1)现实地评估自己的才干和价值观,进一步明确职业抱负及个人前途。

(2)就接受现状或者争取自身前途做出具体选择。

7)职业后期(40岁至退休)

这一阶段的角色主要有骨干成员、管理者或者有效贡献者等。此时期的主要任务是以下3个方面。

(1)成为一名良师,学会发挥影响、指导和指挥别人,对他人承担责任。

(2)扩大、发展和深化技能,或者提高才干以更大抱负承担更重大的责任。

(3)选拔和培养接替人员。

8)衰退和离职阶段

这一阶段的主要任务包含以下3个方面。

(1)学会接受权力、责任和地位的下降。

(2)基于竞争力和进取心下降,学会接受和发展新的角色。

(3)准备退出职业生涯。

9)退休

劳动者从社会回到家庭,逐步适应社会角色的转变,培养新的兴趣和爱好,建立新的价值观。

施恩关于职业生涯发展阶段的划分基本上是依照年龄增大的顺序,并根据不同时期的职业状态、任务和职业行为等进行的,它只给出一个大致的年龄跨度,而且在不同的职业阶段上年龄有所交叉。如进入工作实践阶段,是一种正在寻求和进入工作的状态,而且是职业工作的开端和人生的转折点,于是单独成为一个阶段。一旦迈进组织或职业这一大门,便以实习生或新手的角色出现,进入培训阶段,虽然年龄段相同,但任务和角色却明显不同。施恩教授这样依据职业状态和职业行为及发展过程的重要性划分职业周期阶段,使其更加清楚明了。

8.3 职业生涯设计与管理

职业生涯规划既包括个人对自己进行的个体职业生涯规划,又包括组织对员工进行的职业生涯规划管理。

8.3.1 个人职业生涯规划

每个人都需要选择职业,每个人都渴望事业成功,但许多人并不知道什么职业最适合自己,怎样设计才容易事业有成。如“经商热”时,一些并无商业才能的人也纷纷“下海”去办公司;大学生毕业时,大多首先选择经济发达地区和大单位,然后才考虑专业及个人所长。这种“随大流”和“赶热门”的职业选择方式,由于欠缺对自身特点和环境的认识,往往难以在事业中有所发展。因此,对一个人的职业发展,组织虽然承担有重要责任,但真正对职业成长负有主要责任的仍然是个人。要想成就一番事业,就必须规划自己的职业生涯。

1. 个人职业生涯规划的内涵与意义

个人职业生涯规划是指个人根据自身的条件和客观环境的分析和把握,确定自己的职业发展目标,并为顺利地实现这一职业发展目标,对自己一生职业发展道路进行的规划。个人通过职业生涯规划,可以明确自己的职业方向,并努力地沿着这个方向,充分提高自己,发挥自己的潜能,使自己迈向成功。无论从哪个角度讲,个人职业生涯规划对一个人的发展与成功都具有重要意义。

(1)个人职业生涯规划是实现自我变革和自我管理的有效工具。

(2)个人职业生涯规划有助于个人确定职业发展方向和路径。

(3)个人职业生涯规划给人以目标引导和前行的动力。

另外,职业生涯规划还有助于个人抓住重点,帮助个人安排日常工作的轻重缓急,平衡事业与家庭和工作与个人爱好之间的关系。

课堂案例

王军的苦恼

王军在大学所学的专业是会计,毕业后进入一家国内知名的大公司财务部做财务会计工作。刚毕业的时候,同学们都非常羡慕他,因为要进入这样一家大公司非常不容易。王军也非常高兴能够过五关斩六将地从众多应聘者中脱颖而出,立志要好好干一番事业。但是,王军自己也清楚,自己生性好动,会计专业也并不是自己喜欢的,只是当初听从父母的意见才填报了这个专业。大学里学习还算努力,所以成绩也不错,这也是这家公司看中自己的一个重要原因吧。

工作了一段时间后,王军凭借着年纪轻,脑子灵,很快就熟悉岗位的工作流程和业务技能,已经能够较好地完成工作各方面的要求。但是,随着工作时间的加长,王军感到越来越没有前途。虽然公司的待遇不错,但是所学的专业是会计,岗位一直是财务会计,部门的领导还很年轻,上升空间不大,自己不可能升为财务部主管。工作也没有什么挑战性,每天做的都是同样的工作,非常枯燥。而且自己生性就好动,喜欢与人交往,整天和计算机、账本打交道,神经高度紧张,工作根本没有乐趣可言。他曾经几次想把自己的想法和主管谈谈,想到其他部门转转。但是,自己的主管平时也非常器重自己,如果自己贸然提出想走,不知道他会不会有什么想法,所以一直非常苦恼。

2. 个人职业规划的原则与步骤

职业生涯发展的有效规划取决于以下四个方面:一是对自己及环境有充分的了解;二是有切合实际的目标,包含个人的价值、兴趣、能力及期望的生活形态;三是事先制订并确实执行实现职业生涯目标的具体行动计划;四是不停地反省并且修正职业生涯目标,以适应环境的改变。据此考虑,良好的个人职业生涯发展规划应遵循一定的原则,按照规范的步骤进行。

1)个人职业生涯规划的原则

(1)可行性。规划要有事实根据,它并不是美好的幻想或不着边际的梦想。

(2)适时性。规划是预测未来的行动,要确定将来的目标,因此各项主要活动何时完成都应有时间和时序上的妥善安排,以作为检查行动的依据。

(3)适应性。规划未来的职业生涯目标涉及多种可变因素,因此规划应有弹性,以增强适应性。

(4)持续性。人生每个发展阶段应能持续连贯衔接。

管理故事

简单的道理

从前,有两个饥饿的人得到了一位长者的恩赐:一根鱼竿和一篓鲜活硕大的鱼。其中,一个人要了一篓鱼,另一个人要了一根鱼竿,然后两人分道扬镳了。得到鱼的人原地就用干柴搭起篝火煮起了鱼,他狼吞虎咽,还没有品出鲜鱼的肉香,转瞬间,就连鱼带汤吃了个精光,不久,他便饿死在空空的鱼篓旁。另一个人则提着鱼竿继续忍饥挨饿,一步步艰难地向海边走去,可当他已经看到不远处那片蔚蓝色的海洋时,他身上最后一点力气也使完了,只能眼巴巴地带着无尽的遗憾撒手人间。

又有两个饥饿的人,他们同样得到了长者恩赐的一根鱼竿和一篓鱼。只是他们并没有各奔东西,而是商定共同去寻找大海。他俩每次只煮一条鱼,经过遥远的跋涉,终于来到了海边。从此,两人开始了捕鱼为生的日子。几年后,他们盖起了房子,有了各自的家庭、子女,有了自己建造的渔船,过上了幸福安康的生活。

一个人只顾眼前利益,得到的终将是短暂的欢愉;一个人目标高远,但也要面对现实的生活。

只有把理想和现实有机结合起来,才有可能成为一个成功之人。有时候,一个简单的道理,却足以给人意味深长的启示。

2)个人职业规划的步骤

职业生涯规划一般经过职业自我综合评估与职业定位、职业生涯发展机会评估、职业生涯发展目标的设定、职业生涯发展策略的制定、职业生涯规划的调整等 5 个步骤来完成。

(1)职业自我综合评估与职业定位。职业自我综合评估与职业定位是一种常用的基本的职业生涯规划方法,通过对自我、自我目标、环境及状况的综合分析和鉴定,员工能更好地选择他们的职业道路,确定他们的职业目标。进入职业生涯后,员工就可以把人生有限的精力、时间集中在一个特定的领域,最终可以少走弯路,减少挫折,形成相对优势,表现出较高的职业成就。这种方法强调自我剖析的核心作用及内容,能带来许多积极的影响,能使人们从长计议自己的职业。更重要的是,它能使人们在职业管理中充分考虑个人的责任,促使人们检查过去做出的职业选择以及这些选择的效果,并据此引导以后的职业选择。另外,自我剖析还能鼓舞员工去尝试新的工作任务,挑战更艰巨的工作,使人们无论是在工作职责方面还是个人利益方面都能获得更多的机会。因此,自我剖析是职业生涯规划的基础,直接关系个人职业的成功与否。

(2)职业生涯发展机会评估。职业生涯发展机会评估主要是指分析内外环境因素对自己职业生涯发展的影响。环境为每个人提供了活动的空间、发展的条件、成功的机遇。特别是近年来,社会的快速变迁,科技的高速发展,市场的竞争加剧,对个人的发展产生了很大的影响。在这种情况下,充分利用外部环境将有助于事业的成功。在制定职业生涯规划时,要分析环境的特点、环境的发展变化情况、个人与环境的关系、个人在环境中的地位、环境对个人提出的要求以及环境中对自己有利与不利的因素等。环境分析主要是通过对组织环境特别是组织发展战略、人力资源需求、晋升发展机会的分析以及对社会环境、经济环境等有关问题的分析与探讨,弄清环境对职业发展的作用及影响,以便更好地进行职业目标规划与职业路线选择。

(3)职业生涯发展目标与路线的设定。职业发展必须有明确的方向与目标,目标的选择是职业发展的关键,因为坚定的目标是追求成功的驱动力。研究表明,一个人事业的成败很大程度上取决于有无适当的目标,凡是成功的人士都有明确的奋斗目标,而那些没有奋斗目标的人,很难获得成功。因此,一个未来的成功者必定是一个目标意识很强的人。

目标的选择是以自己的最佳才能、最优性格、最大兴趣、最有利的环境等条件为依据的。目标的确定大致要经过以下步骤:第一步,自我分析,找出自己的特点;第二步,对内外环境进行分析,确定自己的位置;第三步,选定职业和职业生涯路线,决定向哪一个方向发展;第四步,确定职业目标,并把该目标具体详细地写出来;第五步,制订相应的行动计划和落实措施,包括长期计划(如十年计划)、中期计划(如五年计划、三年计划)、短期计划(如年度计划)等。

(4)职业生涯发展策略的制定。在确定了职业生涯目标后,要实现职业生涯目标还必须有相应的职业生涯策略做保证。职业生涯策略是指为争取职业生涯目标的实现所采取的各种行动和措施。例如,为实现工作目标,你计划采取哪些措施提高工作效率?在业务素质方面,你计划采取哪些措施提高业务能力?在潜能开发方面,你计划采取哪些措施开发潜能?参加公司的教育、培训与轮岗,构建人际关系网络,参加业余时间的课程学习,掌握额外的技能与知识等,都是实现职业目标的具体策略。职业生涯策略还包括为平衡职业目标与其他目标(如生活目标、家庭目标等)而做出的种种努力,实现个人在工作中的良好表现与业绩。职业生涯策略要具体、明确,以便定期检查落实的情况。

(5)职业生涯规划的调整。由于自身及外部环境条件的变化,职业生涯规划也要随着时间的推移而变化。在制定职业生涯规划时,由于个人对自身及外界环境都不十分了解,最初确定的职业生涯目标往往都是比较模糊或抽象的,有时甚至是错误的。经过一段时间的工作以后,有意识地回顾自己的言行得失,可以检验自己的职业定位与职业方向是否合适。这样,在实施职业生涯规划的过程中自觉地总结经验和教训,评估职业生涯规划,员工可以修正对自我的认知,通过反馈与修正,纠正最终职业目标与分阶段职业目标的偏差,保证职业生涯规划行之有效,同时还可以极大地增强员工实现职业目标的信心。

职业生涯规划调整的内容主要包括职业的重新选择;职业生涯路线的选择;职业生涯目标的修正;实施策略计划的变更等。

8.3.2　组织职业生涯管理

1. 组织职业生涯发展规划的含义和特征

1)组织职业生涯发展规划的含义

组织职业生涯规划(organizational career planning)是组织根据自身的发展目标并结合员工的发展需求,制定组织职业需求战略、职业变动规划与职业通道,并采取必要的措施加以实施,以实现组织目标与员工职业发展目标相统一的过程。组织职业生涯发展规划的内容非常丰富,它不仅包含组织职业生涯发展规划的方法与程序,还包含组织人力资源招聘计划、职业生涯阶梯设置、组织继任计划、顾问计划、退休计划以及组织职业生涯发展规划落实措施等诸多内容。

2)组织职业生涯发展规划的特征

结合职业生涯发展规划的内涵可以发现,良好的职业生涯发展规划应具有以下四个方面的特征。

(1)可行性。职业生涯发展规划必须依据个人及组织环境的现实来制定,从而使其成为能够实现和落实的计划,而不是没有依据或不着边际的幻想,否则就会贻误职业生涯发展的良好时机。

(2)时间性。职业生涯发展规划是对未来职业生涯目标的确定及对未来职业行动的预测。因此,各项活动的实施与完成都应有时间和时序上的安排,以便作为检查行动的依据。

(3)灵活性。规划未来的职业生涯目标与行动涉及许多不确定因素,因此,规划应有弹性,随着外界环境及自身条件的变化,及时调整规划内容,以增加其适应性。

(4)持续性。职业生涯目标是人生追求的重要目标,职业生涯规划应贯穿人生发展的每一个阶段,通过不断地调整与持续的职业活动安排,最终实现职业生涯目标。

2. 组织职业生涯发展规划的目标

组织的职业生涯发展规划为员工的职业生涯成功提供了基本的载体和科学的指导,对员工的职业生涯发展具有重要作用。从组织的角度来看,职业生涯发展规划也起着很关键的作用。成功的职业规划在招聘、吸引优秀员工中必不可少,而且有助于维持他们的工作热情。从更广泛的意义上来说,组织进行职业生涯发展规划能提高员工的工作质量,形成积极向上的工作态度并提高他们对企业的忠诚度。为此,组织职业生涯发展规划应体现以下四个方面的目标。

1)实现员工的组织化

一般来说,员工的组织化即员工在一个组织中完成社会化,成为合格员工的过程。人力资源管理学者对于个人被接纳而初入单位与被塑造成为合格员工的过程即组织化过程,给予了高度的重视。在这一过程中,个人要实现对职业岗位的适应、对组织文化的适应和职业心理的转换,组织则要把没有职业阅历或者有其他单位职业经历的新聘人员,塑造成为基本符合本单位需要的员工,即在本组织中被认同,能够完成组织工作,具有与老成员类似特征的人。

2)实现员工发展与组织发展的统一

任何组织都是由从上到下各层次级别的一个个员工组成的,组织与员工之间的协调至关重要。职业生涯发展规划一方面为员工指明了发展的方向,另一方面也为员工发展提供了基础和条件。人力资源管理部门通过提供必要的信息,为员工创造成才的机会,给予员工必要的帮助与指导,同时又能满足组织的需要,从而实现员工的职业生涯目标与组织发展目标的统一。实施职业生涯发展规划,协调组织和员工的关系,认可员工个人的利益和目标,能够使员工的个人能力和潜能得到较大的发挥,使他们努力为组织完成生产经营任务,达到"双赢"。

3)实现员工能力和潜能的发展

人力资源是一种能动性的资源,充分发挥其能力和潜能至关重要。通过职业发展规划,可以使组织更加了解员工的能力,从而恰当地使用这一资源。尊重人、尊重员工,是现代管理的理念。在组织正常发展的情况下,实行职业生涯发展规划和管理措施,尽量考虑员工的个人意愿,为员工提供发展机会,也是组织发挥员工主动精神的重要手段。

职业生涯发展规划依据员工个人的特点,考虑了不同员工的特殊需要,并据此设计了不同的职业发展途径,以使员工扬长避短,更好地发挥自身的优势。不同年龄、性别、学历的员工按照不同的方向和途径发展,可以获得更为平等的就业和发展机会,有利于全体员工技能水平、创造性、主动性的发挥,从而使员工在追求更高层次的自我价值实现的同时,得到持续稳定的发展。

4)促进组织事业的长久发展

组织职业生涯发展规划是组织吸引和留住人才的重要措施。通过适当的职业管理工作,可以发挥每个人的才能和专长,使其担任一定的社会角色,提高个人的待遇和对未来职业发展的预期,从而淡化由于待遇偏低而产生的负面作用。

通过组织职业生涯发展规划与管理,提高员工的综合素质和待遇,进而提高组织的效益,有赖于该组织中各方面人员的努力。领导者要以自己的真知灼见规划组织的未来,并制定方案去实现。实行职业生涯发展规划本身,也有利于从现有组织成员中选拔出最优秀的领导者。通过职业生涯发展规划,各层次的管理者有了明晰的升迁渠道、路径,也有了较多的培训和其他发展个人能力的机会,因而他们会以非常负责任的态度去从事管理活动,解决各种问题,这有利于保证组织工作的有效运行。对广大员工开展职业生涯发展规划与管理,有利于一般员工形成主人翁精神,有利于他们执行组织决策,积极工作,自觉地为组织的目标努力。

当今世界上许多著名公司的人才管理之道,正是通过职业生涯发展规划与管理来吸引人才、留住人才的。一项调查显示,在拥有职业生涯开发系统的新加坡公司里,有组织的职业生涯开发与规划被给予积极与肯定的评价。其成果主要体现在:一是提高了员工的积极性(因为公司正在为他们做一些事情);二是使员工的职业前景更加美好;三是留住了更多优秀员工;四是公司的需要与员工的前景更加协调;五是人员继任规划的努力更加有效。

总之,组织职业生涯发展规划能使人们获得一种控制自身职业发展的感觉,一个帮助员工进行职业生涯发展规划的组织更能留住优秀的员工。这种规划能开阔人们的见解,有利于提高员工的工作满意度,避免对工作的厌倦和其他不良情绪。

3. 组织职业生涯管理的内容

组织职业生涯管理,主要是对员工的职业发展进行引导,帮助员工制定职业生涯发展规划,为员工职业目标的实现提供机会、创造条件等。具体包括以下几个方面内容。

1)协调组织与员工目标

协调组织目标与员工个人目标,应做好以下工作。

(1)树立人力资源开发思想。人力资源管理强调组织不仅要用人,更要培养人。职业生涯管理正是培养人的重要途径,组织只有牢固树立了人力资源开发的思想,才能真正实施员工的职业生涯管理。

(2)了解员工需求。员工的需求是多样化的,不同的员工有不同的主导需求,组织只有准确把握员工的主导需求,才能有针对性地帮助其制定职业生涯发展规划,满足其主导需求。特别是组织的骨干员工,他们个人的发展愿望更迫切,职业目标更为高远,组织尤其应该重点了解和把握。

(3)组织与员工结为利益共同体。实现组织目标和员工个人目标的融合,必须通过有效的沟通,让员工了解组织目标,使组织与员工结为利益共同体,在组织目标实现的同时也兑现员工个人利益的承诺。

2)指导员工制定职业发展规划

组织为员工职业规划的制定提供指导有3种途径:一是通过人力资源管理者或外聘专家进行职业发展规划咨询,为员工职业发展规划的制定提供理论和政策指导;二是向员工提供有关的自测工具,帮助员工进行能力及个人特质方面的测试,让员工更好地了解自己,认清自我;三是在全面了解员工需求、个性、能力和专长的基础上,为员工提供有价值的职业发展建议,帮助员工分析晋升和调动等方面的可能性。

3)创造员工实现职业发展目标的条件

相对帮助员工设计职业生涯规划而言,组织在帮助员工实现职业发展目标方面需要做更多的工作,创造更多的条件。

(1)在招聘时重视应聘者的职业兴趣和职业愿望,提供较为现实的发展机会。

(2)提供阶段性的工作轮换。一方面可以使员工在一次次的新尝试中了解自己的职业能力和职业锚,更准确地评价自己的长处和短处;另一方面可以使员工经受多方面的锻炼,拓宽视野,培养多方面的技能,从而为将来承担更重要的工作打下基础。

(3)进行多样化和多层次的培训。培训与员工职业发展的关系最为直接。职业发展的基本条件是员工素质的提高,而且这种素质不一定要与目前的工作相关,这就有赖于持续不断的培训。在激烈的竞争环境下,员工不仅在意现有的工作岗位,更关注的是工作或就业能力的不断提高。

(4)以职业发展为导向的考核。考核的主要目的不单是评价员工的绩效、态度和能力,或者是为分配和晋升提供依据,更重要的目的是保证组织目标的实现、激励员工进取以及促进人力资源的开发。

(5)晋升与调动。晋升与调动是员工职业发展的直接表现和主要途径,组织有必要建立合理的晋升和调动的管理机制,保证员工得到公平竞争的机会和不断发展进步的可能。

课堂案例

小张的职业规划

小张在一家中型电子公司担任电子工程师,在公司工作了两年四个月后,他给自己制定了如下的职业规划并做了自我评估。

我的现职:电子工程师,负责生产制造流程的技术管理与服务。

我的年资:两年四个月。

我的主管及同事:同事有3位;直接主管是主任,再上面是副经理和经理。

我的计划:一年半左右,担任资深工程师;3年内,计划升主任或调任开发工程师;5~7年,担任副经理或类似职务。

我的限制:个性内向,不想钻营,又缺乏人际关系;技术方面,电子线路设计能力尚差;贪玩,平时假日绝不加班;缺乏自信,解决问题的能力较弱。

讨论:如果你是小张的直接主管,你将如何帮助他制定职业规划?

4. 组织职业生涯管理的方法

职业生涯规划的目的是帮助员工正确认识自己,在仔细观察和评估内在与外在环境的基础上,为员工设计出合理可行的职业生涯发展目标,并促使员工达到和实现个人目标,同时实现组织发展的目标。职业生涯是一个逐渐展开的过程,在不同的时期,员工所面临的职业生涯发展的任务各不相同。因此,企业在实行组织职业生涯管理时,必须充分认识不同职业生涯阶段的管理重点和管理方法。

1)职业生涯早期阶段管理

职业生涯早期阶段是指一个人由学校进入组织并在组织内逐步“组织化”,为组织所接纳的过程。这一阶段,组织的职业生涯管理主要包含以下几个方面。

(1)对新员工进行上岗引导和岗位配置。新员工进入组织时,其最初的上岗引导和岗位配置非常重要。所谓新员工上岗引导是指给新员工提供有关组织的基本背景情况,包括组织机构和岗位的设置、工资如何发放和增长、工作时间为每周多少小时、新员工将与谁一起工作等。这些信息对新员工做好本职工作是必需的。

在大多数组织的上岗引导活动中,首先是人力资源部负责人或其他领导向新员工介绍组织的基本情况,如组织发展的历史和现状,组织发展的宗旨、任务及目标,解释工作小时数和休假等问题,让新员工学习劳动纪律等相关制度规范,明确组织对员工的要求,培养员工对组织的归属意识等;然后将新员工分配到一定岗位,并介绍给他的新主管,由这些主管们来继续进行上岗引导,包括准确讲解新工作的职责,将新员工介绍给他的同事,让新员工熟悉工作场所,灌输组织文化,接受组织正确的价值观等。

(2)提供一个富有挑战性的最初工作。大多数专家都认为,组织能够做的最重要的事情之一就是争取为新员工提供一份富有挑战性的最初工作。例如,在一项以美国电报电话公司的年轻管理人员为对象的研究中,研究者们发现,这些人在公司的第一年中所承担的工作越富有挑战性,他们的工作也就显得越有效率、越成功,即使是到了五六年之后,这种情况依然存在。

分配给新员工一项富有挑战性的工作,帮助新员工学会如何工作,并对其潜能进行考察和测评;根据新员工的工作表现来设计职业生涯规划,这对组织的发展和员工未来的发展都会产生重要影响。

(3)在招聘时提供较为现实的未来工作展望。最大限度地降低现实冲击,是提高新员工的长期工作绩效的有效途径之一,是在招聘时就向应聘者提供较为现实的关于未来工作的描述,使他们明白,如果自己到企业中来工作,能够得到哪些方面的利益。这种做法能够使企业的工作真实地展现在应聘者面前,促使他们对工作的期望与将来的现实趋向一致,有助于提高员工留在企业的比率。

(4)严格要求新员工,积极开展职业生涯规划活动。新员工和上级之间往往存在一种“皮格马利效应”,即上司的期望越高,对自己的新员工越信任和越支持,那么你的新员工干得就越好。因此,在一位新员工开始探索性工作的第一年,企业应通过建立较高工作标准来严格要求新员工,并为他们提供必要的主管人员。

组织还应当采取步骤,强化新员工对自身职业生涯规划和管理活动的参与度,开展一些职业规划活动,通过这些活动,使员工意识到职业生涯规划的重要性,学到职业生涯规划的基本知识,明确自己的职业锚,形成较为现实的职业目标。

2)职业生涯中期阶段管理

职业生涯中期是一个时间周期长(年龄跨度一般是25~50岁),富于变化的阶段。

这一阶段既有可能获得职业生涯成功(甚至达到顶峰),又有可能出现职业生涯危机。因此,组织要实现自身的发展目标,就必须强化其职业管理任务,设计促进员工职业生涯中期发展的管理方案和措施,预防和补救职业生涯中期可能出现的危机。就一般情况而言,此阶段职业生涯管理应主要把握以下几个方面。

(1)建立内部晋升计划,畅通职业生涯通道。这一措施主要适用于有培养前途、有作为、能获得晋升的员工。对于许多员工来说,在组织中实现职业生涯发展的实质就是能够发挥潜能并获得成功。因此,许多组织已经制订了具有综合性的职业生涯管理以及内部晋升计划,其中包括制定内部晋升政策、人力开发活动和以职业发展为导向的工作绩效评价等,这些计划的综合实施是保证员工不断向上发展的关键。

(2)实施工作轮换,防止工作“疲顿倾向”。美国学者卡茨等人的研究发现,个人的工作满足程度会随着自身从事一项给定工作的时间长度而发生变化。在个人从事某项职业的最初几年,工作的丰富化、工作再设计以及涉及职业本身的其他变化都会对自己产生很大的吸引力和刺激力,个人对工作的变化与改进也会感到兴奋,并不遗余力地做出自己的贡献。这被卡茨称为“反应期”。然而,当个人工作资历达到5年以上的长久时间,他对工作再设计便可能失去反应,对工作本身产生了“疲顿倾向”,出现失去进取心和创新精神的潜在危险。为防止或预防这种“疲顿倾向”现象的产生,组织可以制订明确合理的工作轮换计划,即将一个人安排到另一个工作岗位,他所承担的职责会有所不同,但差异性不大。这种措施能使员工获取新知识和新技能,增强对企业工作流程的认识,为今后的晋升和发展奠定基础。

(3)改善工作环境,预防职业生涯中期危机。工作环境和条件对员工的发展具有重要影响。组织的硬环境如机器设备,厂房,工作场所的温度、照明度、卫生清洁度和绿化水平等,会对员工的身心健康产生直接的影响;组织软环境如组织文化、目标、价值观、具体规章制度、劳动关系和人际关系等,会对员工的进取心、归属感和工作积极性产生重要影响。企业进行职业生涯管理的一个重要职责和措施,就是要不断更新改造员工所处的工作环境和条件,促进员工的职业生涯发展。特别是对处于职业生涯中期的员工来讲,改进组织工作环境和条件,增加薪酬、津贴和奖金,使他们享受更多的福利待遇,是预防职业生涯中期危机、调动员工积极性、激发其活力的有效措施。

3)职业生涯后期阶段管理

职业生涯后期阶段,员工一般处在50岁至退休年龄之间,这时员工已进入职业生命的最后阶段。这一阶段员工的人生需求变化很大,而职业生命尚有10年左右时间。如何发挥员工的潜能和余热,并帮助员工顺利度过这段时间,是组织义不容辞的责任。所以,在职业生涯后期,组织仍肩负着很重的职业生涯管理任务,其主要工作包括以下几方面。

(1)制订退休计划,着手退休安排。退休计划是企业向处于职业生涯晚期的员工提供的,用于帮助他们准备结束职业工作,适应退休生活的计划和活动。退休是企业保持更新与活力、稳定员工职业生活的必然要求。良好的退休计划可以使员工尽快顺利地适应退休生活,达到稳定企业员工心理,保持企业员工年龄结构的正常新陈代谢,提供更多的工作和晋升机会的目的。

(2)做好退休员工的职业工作衔接,保持工作正常进行。员工退休但企业仍要正常运转,因此,组织要有计划地分期分批安排应当退休的员工退休,切不可因为退休影响工作正常进行。在退休计划中,选好退休员工所在职位的接替人,及早进行接替人的培养工作是非常重要的。企业可以采取多种形式对接替员工进行岗位培训与学习,新老员工一起工作一段时间,进行实地学习,请老员工"传帮带"等,帮助退休员工与其接替者做好具体的交接工作,做好新老员工职业更替时的衔接,保证工作正常顺利进行。

(3)采取多种措施,做好员工退休后的生活安排。企业应尽可能地把退休员工的生活安排得丰富多彩又有意义。例如,鼓励退休员工进入老年大学,发展多种兴趣爱好;参加社会公益活动和老年群体的集体活动等;加强与老员工的沟通与交流,互通信息,如经常召开退休员工座谈会,向退休者通报企业发展情况,征求退休员工对企业发展的意见和建议,增进退休员工与企业的互动。企业还应该以多种形式关心退休员工,如为退休员工办好养老保险和医疗保险,举办老年人医疗保健活动;关心退休者的疾苦,切实解决其实际困难和问题;召开退休员工联谊会,进行多方面信息交流,丰富退休生活。另外,如果退休员工个人身体和家庭情况允许,尚可继续参加工作,组织可以采取兼职、顾问或其他某种方式聘用他们,使其发挥余热。

8.3.3 职业生涯管理的实施

这里所讲的职业生涯管理的实施,主要是针对如何取得职业生涯管理最佳成效而言。职业生涯管理关乎企业和个人的利益,如何才能成功地实施职业生涯管理呢?

1. 领导重视是关键

组织的上层领导是否重视,是组织能否顺利开展职业生涯管理最重要的影响因素之一。它关系到人员配备、资金投入和绩效评估等一系列的问题。如果得到领导尤其是组织高层的高度重视和大力支持,将职业生涯管理作为人力资源开发与管理的重要措施,就能保证相关政策的制定、相关人员的配备和相关资金的投入,进而保证职业生涯管理取得应有的成效。

职业生涯管理是一项长期的激励工作,与薪酬相比,其成效较慢,但从长期效应来看,它有利于留住员工,促使员工形成持续发展的能力。

2. 专职人员是核心

职业生涯管理是一项专业性较强的工作,从事这项工作的人员需具备比较专业的知识,如熟悉职业生涯管理的思路、技能,能够帮助员工解决在职业生涯设计方面存在的疑问等。一般来说,负责职业生涯管理的人员至少应具备如下方面的知识和技能:熟悉人力资源管理工作;具备较强的沟通和协调能力;熟悉职业指导的知识,掌握职业辅导的技能。

3. 全员参与是基础

从理论上说,实施组织职业生涯管理是人力资源部门的职责,但是员工个人和各级管理者也有着不可或缺和替代的作用。一般来说,人力资源部门主要进行信息建设、制度建设、环境和条件建设,而具体的实施主要靠员工个人和各级管理者。从员工个人的角度,员工个人应该不时地从外界如上级领导或同事那里获取自身优缺点等相关信息,针对外界评价,结合自身发展阶段,做出自我评估,制定并不断修正和完善职业生涯规划。同时,员工个人还应该充分了解企业给予员工的学习和晋升机会,学会抓住机遇,提升自我。从各级管理者的角度,在职业生涯管理过程中,需要从思想观念到行为制度上加以配合。一方面,管理者要学会细心观察自己下属的工作成绩和工作态度,了解他们在工作和家庭生活中有些什么需求,存在什么问题和困难等,以便帮助员工制定职业生涯规划;另一方面,管理者要加强对下属的能力、知识和技能、职业发展愿望的考察,并有针对性地开展职业生涯辅导,做到真正为员工着想,为组织着想。

4. 职能部门是总管

人力资源管理部门是人力资源开发和管理的职能部门,它的重要职能之一就是职业生涯管理。一方面,对员工的选拔、晋升、培训、考核和薪酬等方面的管理,是他们的职责所在;另一方面,人力资源管理部门的员工具备相关的理论知识和实践经验,对员工的职业生涯规划的制定可以给予应有的指导和帮助。因此,由人力资源部来负责职业生涯管理的实施是比较理想的选择。

【本章小结】

职业生涯是指一个人一生中所有与工作相联系的行为与活动,以及相关的态度、价值观、愿望等连续性经历的过程,也是一个人一生中职业、职位的变迁及工作理想的实现过程。职业生涯管理,是指管理部门根据组织发展和人力资源规划的需要,在组织中制定与员工职业生涯整体规划相适应的职业发展规划,并为员工提供适当的教育、培训、轮岗和提升等发展机会,协助员工实现职业生涯发展目标的活动和过程。职业生涯管理的实质就是把员工职业生涯规划的制定和实施纳入组织的人力资源规划体系中,通过员工和组织的共同努力与合作,使每个员工的职业生涯目标与组织目标相一致,使员工的发展与组织的发展相吻合。职业生涯管理的内容包括设计职业生涯发展路径;提供职业生涯发展信息;建立员工资料档案;开展职业生涯咨询与辅导;制订工作、家庭平衡计划;落实职业生涯发展措施。

为了更好地进行职业生涯规划,相关专家在深入研究以后提出了职业选择规律和职业发展规律。霍兰德的人格类型(职业性向)理论强调了个人与环境之间的匹配,对人才测评的发展产生了重要的影响。个人通过自我评定来找出适合自己的职业类型以及相应的职业，以充分发挥自我。帕森斯提出了用于职业选择与职业指导的经典的理论，即职业-人匹配论。埃德加·施恩提出了职业锚理论，即个人依据自己的需要、动机、价值观和能力，经过不断的探索所确定的长期职业定位。埃德加·施恩强调，个人能力、动机和价值观三方面的相互作用与整合，这是一个不断审视自我，逐步明确自己的需要和价值观，并根据个人的需要和价值观不断完善发展自己能力的过程。加里·德斯勒的职业发展阶段理论从终身发展的角度出发，将一个人的主要职业过程分为成长阶段、探索阶段、确立阶段、维持阶段和衰退阶段，并对这五个阶段做出较为详细的描述。

职业生涯管理包括个人（或自我）职业生涯规划和组织职业生涯管理两个方面，个人职业生涯规划是指个人根据自身条件或客观环境的分析与把握，确立自己的职业发展目标，并为顺利地实现这一职业发展目标，对自己一生职业发展道路进行的规划。组织职业生涯管理是指组织对员工从事的职业进行一系列的计划、组织、领导和控制等管理活动，以实现组织目标和个人发展的有机结合。无论是个人还是组织职业生涯管理，都需根据职业生涯管理的原则和方法，结合不同阶段的特点进行最有效的管理。职业生涯管理要取得成效，领导重视是关键，专职人员是核心，全员参与是基础，职能部门是总管。

关键概念

职业　职业生涯　人格类型理论　职业锚　职业生涯管理
个人职业生涯规划　职业生涯路线　职业生涯策略　组织职业生涯管理

复习思考题

1. 什么是职业生涯？影响职业生涯的因素有哪些？
2. 试述职业生涯阶段理论。
3. 职业生涯设计包括哪些内容？如何实现职业目标？
4. 职业生涯管理的内容包括哪些方面？请结合实际说明职业生涯管理的意义与作用。

案例分析

奥康：3%的员工流动率

奥康在10多年的时间里，从一个家庭式小作坊发展到了年产值超过10亿元的大型集团。让人难以置信的是，奥康的大部分技术骨干和员工都是从创业时就进入奥康工作的老员工。据统计，奥康5000多名员工中，人员流动率仅为3%。就在这3%当中，还有许多员工在离开公司后不久又回到了公司。在员工“跳槽”成风的今天，奥康却能使员工队伍如此稳定，其原因就在于奥康独特的人力资源管理理念。奥康的留人之道主要体现在以下几个方面。

1. 合理的价值定位

很多企业都在为过高的人才流失率而担心，他们希望招聘应届大学毕业生从头开始培养，但依然跳不出“年年招，年年走”的怪圈。针对这种情况，奥康推行了科学合理的职业生涯规划：当一名新员工进入公司后，人力资源部门必定会与他进行一次深入的长谈，了解员工来到本公司后，对个人发展有什么打算；一年之内要达到什么目标；三年之内要达到什么目标；为了实现目标，除个人努力之外需要公司提供什么帮助等。人力资源部门根据员工本人提供的职业规划，定期进行测试和交谈，并对其规划进行调整或补充。如果工作不称心或有新的打算，可与有关负责人沟通，通过转岗等方式尽力使每一个员工在适宜的平台上有所发展。

2. 从员工利益出发的人本理念

奥康的人本理念是：员工并非打工仔，同是奥康一家人。一般企业在生意兴旺时便大量雇用员工，而在不景气时便找借口随意解聘，这种企业谈不上尊重人才，从而也无法使员工同公司形成一个整体，患难与共。由于皮鞋行业的特殊性，每一年都有生产淡旺季之分。每到生产淡季时，奥康就调整薪酬政策，对那些平时拿计件工资的员工一律给予较高的固定工资，使他们生活得安稳，过得开心。在公司里还有一条不成文的规定，凡是连续三年被评为先进的员工，不分岗位和职位，结婚时，公司都要为他们配送电视机、洗衣机和适合结婚穿的新皮鞋。为了丰富员工的业余生活，公司建立了凭员工证可以免费上网的网吧，还有乒乓球室、桥牌室、台球室、图书馆、足球场等专门供员工娱乐和学习的场所，为营造良好的氛围打下了根基。从员工的角度出发，正视人的价值，尊重人，信任人，视员工为企业不可分割的一家人，是奥康独特的人本理念。

3. 先进的知识培训

奥康规定，针对不同的专业，每个员工每月必须接受不少于40小时的培训，并且每年投入近千万元资金用于员工培训，重金聘请北大、清华等名校毕业生，以及来自我国杭州、上海、台北，还有意大利等地的专家、学者为员工授课，仅2002年就组织110多期10 000多人次的培训，培训资金超800万元。公司总裁定期安排时间，亲自给员工讲授企业管理知识，并要求公司高层领导登上讲台，与员工共同进步。2003年8月，奥康在温州民营企业界成立了首家内部讲师团，讲师团成员采取公开招聘的方式，有来自生产、营销一线的骨干，也有爱岗敬业的行政人员、中层干部，经过筛选和专业化培训，使这些自愿报名的员工有了提升自己能力的机会。此外，奥康还努力建立一支学习型的团队，每个员工都要经过军训、岗前培训、专业培训、在职培训和选拔培训，让员工充分了解奥康的企业文化，融入奥康大家庭。

4. 人才自荐与薪水自荐

发现人才，培养人才，是人力资源部的主要工作。奥康人力资源部工作人员将一半时间用在与各级员工的沟通上。在奥康，任何一位员工都可以填一张“人才自荐表”毛遂自荐，一旦公司出现岗位空缺，就可以和其他应聘者同时竞聘，体现了机会面前人人平等，极大地激发了员工强烈的上进心，也由此挖掘出不少重要人才。此外，员工还可填自荐表申请给自己加薪。2003年8月，奥康成立了20万元的“金点子”建议奖励基金，主要是为组织和动员广大员工找问题、献良策，营造积极向上的氛围，来推动公司更快地发展。“金点子”建议增加了员工全面参与企业经营的积极性，同时也发掘了不少内部潜在的人才。而员工的任何一条建议，只要有价值，哪怕是潜在的价值，奥康都会予以奖励，少则数十元，多则数百元、上万元。

在物质文明与精神文明同步发展的今天，培训成为员工继薪水和住房等物质条件后的首要选择。

对员工发展来说，成长渠道的畅通至关重要，企业必须提供给员工发展的机会和舞台，才能最终留住员工。

（资料来源：中国人力资源开发网）

问题：

1. 奥康独特的人力资源管理理念是什么？
2. 奥康是怎样实现人性化管理的？
3. 从奥康的成功经历来看，怎样合理制订组织及员工的职业生涯计划？

实训设计

一、实训项目

个人职业生涯规划。

二、实训目的

通过本次实训，能够独立设计科学的个人职业生涯。

三、实训内容与要求

（一）实训内容

撰写个人职业生涯规划。

（二）实训要求

1. 要求学生熟练掌握个人职业生涯规划的基本原则、内容和步骤等基本理论，做好实训准备。

2. 教师提前给出个人职业生涯规划的范本，学生提前准备自我性格测评结果，并掌握目前社会及所在城市环境的基本状况。要求学生选择适当的个人职业生涯规划年限，一般为5年。

3. 要求学生在真实的自我职业素质测评的基础上进行设计。在整个规划流程中，自我职业分析是最为基础、最为核心的环节，这一环节做不好或出现偏差，就会导致整个职业生涯规划各个环节出现问题。

4. 要求学生认真剖析自我，根据自己的实际情况，客观真实地对自己的职业生涯进行规划，撰写个人职业生涯规划书。

5. 要求教师在实训过程中做好组织工作，给予必要的、合理的指导，使学生加深对理论知识的理解，提高实际分析、操作的能力。

四、实训组织与步骤

第一步，学生确定个人职业生涯规划的时间范围，视个人的具体情况而定，一般为5年。

第二步，学生在教师的帮助下，整理和分析个人资料，包括个人环境、兴趣特长、专业方向、性格特征和职业能力倾向测评结果等。

第三步，学生可通过书籍、报刊、网络等手段，独立查阅相关资料，了解社会发展趋势、所在城市环境以及未来可能从事的行业的特征。

第四步，在教师指导下对自我情况进行分析，根据所学的相关理论，参考相关资料，形成完整的个人职业生涯规划书。

第五步，学生课堂展示职业生涯规划书，教师充分调动学生思考和发言的积极性，让学生进行充分的分析和讨论，并给予点评。

第六步，学生总结并编写实训报告。

本项目实训时间为 1 周，课堂讨论以两课时为宜。

五、撰写实训报告

实训结束后，每个小组撰写实训报告。实训报告要求语言流畅、文字简练、条理清晰；报告内容主要包括实训报告封面（实训日期、小组成员姓名、专业、班级等信息）、实训项目名称、实训目的、实训内容、实训资料（实训所依据的原始资料和使用的工具、材料等）、实训过程（实训采用的方法、步骤等）、实训结果或结论、实训指导教师评价意见等。

六、实训成绩评定

（一）评定等级

实训成绩可分为优秀、良好、中等、及格、不及格 5 个等级。

（二）评定标准

1. 能否利用科学的人员素质测评工具对自己进行准确测评。

2. 能否对外部环境和职业环境进行客观分析。

3. 能否掌握个人职业生涯规划的一般构成。

4. 能否独立完成个人职业生涯规划书。

5. 实训报告是否记录了完整的实训内容，文字是否简练、准确，叙述是否通畅、清晰，结论是否明确，收获和体会是否客观。

6. 个人职业生涯规划书完成情况占总成绩的 60%，实训报告占总成绩的 40%。

第9章　劳动关系管理

学习目标

1. 理解劳动关系的含义和内容；了解劳动关系管理的概念。
2. 理解劳动合同的含义及内容。
3. 掌握劳动合同的订立、变更、终止和解除的基本条件。
4. 了解劳动争议处理的程序；理解劳动争议调解、劳动争议仲裁、劳动争议诉讼的概念。

【导入案例】

王东与上海某公司只签订过一次三年期限的劳动合同，此后继续保持了原工作关系，未再续签。王东听说只要连续工作十年以上，用人单位就应当与劳动者续签无固定期限劳动合同。王东刚好在该公司连续工作满十年，于是要求公司按劳动法的规定续签一份无固定期限劳动合同。公司领导认为目前难以与王东续签无固定期限劳动合同，但表示愿意马上与王东续签一份三年期限的劳动合同，可是王东不同意。经几次协商，双方还是各持己见，以致合同续签的问题难以确定。一个月后，公司发现王东仍然坚持要求续签无固定期限劳动合同，于是就书面通知王东：如王东在一周内不与公司续签三年期限的劳动合同，则公司只能依照规定通知王东终止劳动关系。接到通知后，王东向劳动争议仲裁委员会提起申诉，要求公司与自己签订无固定期限劳动合同。

思考：公司是否该与王东签订无固定期限劳动合同？

9.1　劳动关系概述

劳动关系是否融洽，不仅关系员工的切身利益，更关乎企业的生存和发展。劳动关系管理已经成为人力资源管理中一个极为重要的研究和实践领域。

9.1.1　劳动关系的含义、主客体与特性

1. 劳动关系的含义

劳动关系的概念有广义和狭义之分。广义的劳动关系是指任何劳动者与任何性质的用人单位之间因从事劳动而结成的社会关系；狭义的劳动关系是指依据国家劳动法律法规，规定和确认当事人双方（劳动者和用人单位）的权利和义务的一种劳动法律关系。本章所讲的劳动关系是指狭义的劳动关系。在西方国家，劳动关系又常称为“劳资关系”或“雇佣关系”。

劳动关系是在现实劳动的过程中发生的关系，与劳动者有着直接的联系。其权利和义务的实现是由国家强制力来保障的。劳动法律关系的一方主体——劳动者必须加入某一个用人单位，成为该单位的一员，并参加单位的生产劳动，遵守单位内部的劳动规则。劳动法律关系的另一方主体——用人单位必须按照劳动者的劳动数量或质量付给其报酬，提供工作条件，并不断改进劳动者的物质文化生活。

我国从 1995 年 1 月 1 日起开始实施的《中华人民共和国劳动法》(以下简称《劳动法》)对劳动关系做了明确的界定。《劳动法》中的劳动关系不是泛指一切在社会劳动中形成的所有劳动关系，而仅指劳动者与用人单位之间在劳动过程中发生的关系。

2. 劳动关系的主体与客体

劳动关系的主体，是指劳动法律关系的参加者。从狭义上讲，劳动关系的主体包括两方，一方是劳动者及劳动者的组织(工会)；另一方是用人单位(管理方)以及雇主协会组织，二者构成了劳动关系的主体。从广义上讲，劳动关系的主体还包括政府，政府通过法律和行政权力对劳动关系进行调整、监督和干预。劳动关系的管理离不开用人单位、工会和政府三者之间的有效合作。

劳动关系的客体，是指主体的劳动权利和劳动义务共同指向的事务，如劳动时间、劳动报酬、安全卫生、劳动纪律、福利保险、教育培训、劳动环境等。

3. 劳动关系的特性

劳动关系的特性是指劳动关系双方当事人之间相互关系的实质或核心内容。在现代市场经济条件下，劳动关系具有下述特性。

(1)利益性。一方面，劳动者向用人单位让渡自己的劳动；而另一方面是用人单位向劳动者支付劳动报酬和福利，双方体现出的经济利益关系是劳动关系的基本性质。

(2)平等性。这种平等性突出体现在双方权利和义务形式上的对等。一方面劳动关系是在平等协商基础上建立起来的，另一方面劳动关系的建立是以劳动合同为保证的，而劳动合同是双方在自愿、平等，没有外在干扰的前提下签订的。

(3)隶属性。劳动者虽然有权获得劳动报酬，但又必须履行自己的义务，贡献自己的劳动，并在劳动中听从管理者的调度和支配，双方形成管理与被管理的隶属关系。

9.1.2 劳动关系的内容

劳动关系的内容是指劳动关系主体双方依法享有的权利和承担的义务。即劳动者与用人单位之间在劳动时间、劳动报酬、安全卫生、劳动纪律、福利保险、教育培训和劳动环境等方面形成的关系。

1. 劳动者的权利和义务

《中华人民共和国劳动法》规定，劳动者依法享有的权利有劳动就业权、职业选择权、劳动报酬权、劳动保护权、休息休假权、社会保险权、职业培训权和劳动争议提请处理权等。

1)平等就业的权利

劳动者有劳动就业权是指具有劳动能力的公民有获得职业的权利。劳动就业权是有劳动能力的公民获得参加社会劳动和切实保证按劳取酬的权利。公民的劳动就业权是公民享有其他各项权利的基础。

2)选择职业的权利

劳动者选择职业的权利是指劳动者根据自己的意愿选择适合自己才能、爱好的职业。劳动者在劳动力市场上作为就业的主体,具有支配自身劳动力的权利,可根据自身的素质、能力、志趣和爱好以及市场信息,选择用人单位和工作职位。选择就业的权利是劳动者劳动权利的体现,是社会进步的一个标志。

3)取得劳动报酬的权利

劳动者取得劳动报酬是公民一项重要的权利。随着劳动制度的改革,劳动报酬成为劳动者与用人单位所签订的劳动合同的必备条款。劳动者付出劳动,依照合同及国家有关法律获取劳动报酬,是劳动者的权利,而及时、定额地向劳动者支付工资,则是用人单位的义务。获取劳动报酬是劳动者持续地行使劳动权必不可少的物质保证。

4)获得劳动安全卫生保护的权利

劳动者获得劳动安全卫生保护,是保证劳动者在劳动中的生命安全和身体健康,是对享受劳动权利主体切身利益最直接的保护,包括防止工伤事故和职业病。

5)享有休息休假的权利

享有休息休假的权利是我国宪法赋予劳动者的一项重要权利。我国《劳动法》规定的休息时间包括工作间歇、两个工作日之间的休息时间、公休日、法定节假日以及年休假、探亲假、婚丧假、生育假、事假和病假等。休息休假的法律规定既是实现劳动者休息权的重要保障,又是对劳动者进行劳动保护的重要内容。我国《劳动法》规定,用人单位不得任意延长劳动时间。

6)享受社会保险和福利的权利

疾病和年老是每个劳动者都不可避免的,社会保险是劳动力再生产的一种客观需要。我国《劳动法》规定劳动的保险项目包括 5 种,即养老保险、医疗保险、工伤保险、失业保险和生育保险。随着生产力水平的提高和社会财富的增加,劳动者将享受越来越完善的社会保险和福利,这种权利也必须受到法律的保护。

7)接受职业技能培训的权利

公民有受教育的权利和义务,所谓受教育既包括受普通教育,又包括受职业教育。公民要实现自己的劳动权,必须拥有一定的职业技能,而要获得这些职业技能,越来越依赖于专门的职业培训。因此,劳动者若没有职业技能培训权利,那么劳动就业权利也就成为一句空话。

8)提请劳动争议处理的权利

劳动关系当事人作为劳动关系的主体,各自存在着不同的利益,双方不可避免地会产生分歧。用人单位与劳动者发生劳动争议,劳动者可以依法申请调解、仲裁,提起诉讼。

劳动者依法应承担的主要义务具体如下。

(1)按质按量地完成生产任务和工作任务。

(2)遵守用人单位的劳动纪律和规章制度。

(3)学习政治、文化、科学、技术和业务知识。

(4)保守国家和企业的机密。

2. 用人单位的权利和义务

用人单位的主要权利有：依法录用、调动和辞退职工；决定企业的机构设置；任免企业的管理干部；制定工资、报酬和福利方案；依法奖惩职工。

用人单位的主要义务有：依法录用、分配、安排职工的工作；保障工会和职代会行使其职权；按职工的劳动质量、数量支付劳动报酬；加强对职工思想、文化和业务的教育、培训；改善劳动条件，搞好劳动保护和环境保护。

9.1.3　劳动关系管理

1. 劳动关系管理的概念

劳动关系管理是指以促进企业活动的正常开展为前提，以缓和、协调企业劳动关系的矛盾和冲突为基础，通过制度化的管理，使劳动关系双方的行为得到规范，权益得到保障，维护稳定和谐的劳动关系，实现双方的共赢。

2. 劳动关系管理的基本原则

劳动关系管理的基本原则主要有：①兼顾各方利益原则；②协商解决争议原则；③以法律为准绳的原则；④劳动争议以预防为主的原则。

3. 劳动关系管理的内容

①劳动合同管理制度：包括劳动合同草案、有关专项协议草案审批权限的确定、集体合同草案、劳动合同管理制度修改程序等；②劳动纪律；③劳动定员定额；④劳动职位规范制定；⑤劳动安全卫生制度；⑥其他制度。

9.2　劳动合同概述

9.2.1　劳动合同的含义、法律特征及种类

1. 劳动合同的含义

劳动合同又称劳动协议或劳动契约，西方国家又称雇佣合同、雇佣协议或雇佣契约。劳动合同是指劳动者与用人单位确立劳动关系、明确双方权利和义务的协议。依法订立的劳动合同受国家法律的保护，对订立合同的双方当事人产生约束力。劳动合同是处理劳动争议的法律依据。理解劳动合同的含义必须把握以下几点。

(1)劳动合同是劳动关系主体双方的劳动协议。劳动合同是以用人单位和劳动者这两方为主体建立的劳动关系。其中劳动者不受年龄(未成年人除外)、性别、文化程度、民族、种族和宗教信仰等的限制，只要其具备劳动能力和人身自由，同时为用人单位所雇用，就可以成为劳动合同的一方当事人或签订人；用人单位也不论其性质和生产经营方向等，只要依法具备雇佣劳动者的资格，就可以成为与劳动者相对应的劳动合同的另一方当事人或签订人。

(2)劳动合同是双方当事人之间关于劳动权利和义务的约定。劳动合同是用人单位和劳动者之间就各自的权利和义务进行的约定，也是用人单位和劳动者履行义务及实现权利

的依据。

(3)劳动合同一经签订,便具有法律效力。劳动合同是双方当事人之间的劳动协议,也是双方当事人之间的一种法律行为。劳动合同一经签订,便具有特定的法律属性,具有法律效力,双方当事人必须严格履行,不得违反,否则将受到法律的制裁。

2. 劳动合同的法律特征

劳动合同是发生在用人单位与劳动者之间的一种法律事实或法律文件,具有以下法律特征。

(1)劳动合同主体的特定性。劳动合同主体一方为用人单位,另一方为劳动者,具体范围由国家法律规定。劳动关系是在拥有生产条件的用人单位与具有劳动权利能力、劳动行为能力的劳动者之间形成的。

(2)劳动合同当事人法律地位的平等性。劳动合同是双方当事人之间平等自愿、协商一致达成的协议,是双方当事人意愿表示一致的产物。劳动合同主体双方的自由协商的条款,要在国家法律规定的范围之内。

(3)劳动合同履行中的隶属性。劳动合同签订后,劳动者成为用人单位的一员,用人单位根据劳动法律、法规和劳动合同,有权利组织和管理本单位的员工,劳动者要遵守用人单位的劳动纪律和内部劳动规则,双方在管理上存在着依从、隶属关系。这种责任上的隶属关系是由社会化生产劳动过程中的分工要求形成的。

(4)劳动合同目的的过程性。劳动过程是相当复杂的,并不是所有的劳动都能直接创造出劳动成果。有些劳动直接创造或实现价值,有些劳动间接创造或实现价值;有些劳动有独立的成果,有些劳动则物化在集体劳动成果中。订立劳动合同是为了确立劳动关系,实现一定的劳动过程。

3. 劳动合同的种类

按照合同期限划分,劳动合同有以下 3 种类型。

(1)有固定期限的劳动合同。固定期限劳动合同是指用人单位与劳动者明确约定合同终止时间的劳动合同。它可以是长期的,如 5 年或 10 年;也可以是短期的,如 1 年或 3 年。期限届满,劳动关系即行终止。如果双方协商同意,还可以续订合同期限。

(2)无固定期限的劳动合同。无固定期限劳动合同是指用人单位与劳动者约定无确定终止时间的劳动合同。《中华人民共和国劳动合同法》(以下简称《劳动合同法》)规定,劳动者在同一用人单位连续工作满 10 年以上,当事人双方同意续延劳动合同的,如果劳动者提出订立无固定期限的劳动合同,应当订立无固定期限的劳动合同。连续订立两次固定期限劳动合同,且劳动者没有《劳动合同法》规定的用人单位可以解除劳动合同的情形,应续订劳动合同。

无固定期限的劳动合同不等于终身合同,只要符合法律、法规或者双方约定的条件,任何一方均可提出终止劳动关系。

(3)以完成一定工作任务为期限的劳动合同。以完成一定工作任务为期限的劳动合同,是指用人单位与劳动者约定以某项工作的完成为合同期限的劳动合同。当某项工作完成后,劳动合同自行终止。

知识拓展

无固定期限劳动合同

根据《中华人民共和国劳动合同法》规定,劳动者在用人单位连续工作满10年的,当事人双方同意续延劳动合同的,应当订立无固定期限的劳动合同。用人单位自用工之日起满一年不与劳动者订立书面劳动合同的,视为用人单位与劳动者已订立无固定期限劳动合同。

4. 劳动合同的法律约束力

劳动合同是调整具体劳动关系的法律手段,一经依法订立即具有法律约束力,当事人必须履行劳动合同所规定的义务。劳动合同所具有的法律约束力主要表现在以下几方面。

(1)劳动合同一经依法订立,用人单位与劳动者之间的劳动关系得以确立,即当事人间产生了法律意义上的劳动权利和义务关系。如果当事人一方不履行劳动合同,就要承担法律责任,其中主要是赔偿对方经济损失的责任,必要时还应承担法律规定的其他责任。

(2)当事人必须严格履行劳动合同所规定的义务,任何一方当事人都有权要求对方当事人全面履行劳动合同所确定的义务。一方违反合同,不履行义务,对方有权要求赔偿由此而造成的经济损失。必要时,可以请求调解、仲裁或诉诸人民法院保护自己的合法权益。

(3)未经协商,当事人不得任意变更、增减合同内容或终止合同,否则视为违反劳动合同承担法律责任。

(4)用人单位法人代表的更换,不影响劳动合同的法律约束力。法人代表所签订的劳动合同,并不是以个人名义签订的,劳动合同所确定的权利、义务应由法人直接承担。因此,不论出于何种原因,只要劳动合同是依法签订的,就不能因法人代表的更换而影响劳动合同的法律效力。后任法人代表必须履行原订劳动合同所确定的义务。

(5)任何单位和个人不得非法干预当事人履行劳动合同所确定的义务。由于第三者的非法干预造成一方违约而使另一方遭受经济损失的,违约一方应先承担赔偿责任,然后由违约方向第三者追偿。

(6)双方当事人因劳动合同的订立、履行、变更、解除和终止发生争议,经协商不能解决的,均可向当地劳动争议仲裁机构申请仲裁,对仲裁裁决不服,还可以在规定期限内向人民法院提起诉讼。

9.2.2　劳动合同的内容

劳动合同的内容是指劳动者与用人单位依照法律规定和双方协商约定关于劳动权利、义务的条款,它是双方合意的对象和结果,是劳动关系的具体体现。劳动合同的条款根据《劳动合同法》规定,包括法定条款和约定条款。

1. 法定条款

法定条款即必备条款,是指由法律法规直接规定的劳动合同必须具备的条款。我国《劳动合同法》规定,劳动合同应当具备以下条款:劳动合同期限;工作内容;劳动保护和劳动条件;劳动报酬;劳动纪律;劳动合同终止的条件;违反劳动合同的责任。

1)劳动合同期限

劳动合同期限是指劳动合同的有效时间,即劳动权利义务关系的存续期限,始于劳动合同的生效之日,延续到劳动合同的终止之时。有固定期限的劳动合同期满后,因用人单位方面的原因未办理终止或续订手续而形成事实劳动关系的,视为续订劳动合同。用人单位应及时与劳动者协商合同期限,办理续订手续。如果由此给劳动者造成损失的,用人单位应当依法承担赔偿责任。

无固定期限劳动合同的签订,一方面,由双方当事人协商选择;另一方面,在一定条件下则成为用人单位的一项法定义务。以完成一定工作为期限的劳动合同,是一种特殊的定期劳动合同,约定任务完成,劳动合同即自行终止。

劳动合同期限包括试用期。

2)工作内容

工作内容是对劳动者设立的义务条款。工作内容包括劳动者在劳动合同有效期内所从事的工作岗位(工种)、工作时间、地点或场所,劳动者在生产上或工作岗位上应当达到的劳动数量指标和质量指标。

3)劳动保护和劳动条件

劳动保护是指用人单位为了保障劳动者在劳动过程中身体健康与生命安全,预防伤亡事故和职业病的发生采取的各项措施。国家有规定的,用人单位必须严格执行国家规定的劳动保护标准,劳动合同中约定劳动保护只能高于国家标准,而不得低于国家标准;国家没有规定标准的,劳动合同中约定的标准以不使劳动者的生命安全受到威胁、身体健康受到侵害为前提条件;劳动者有特别要求的,经与用人单位协商同意,也应在合同中写明。

劳动条件是指用人单位对劳动者从事某项劳动提供的必要条件。劳动条件是劳动合同中不可缺少的内容,特别是劳动过程需要对劳动条件有特别要求的,双方当事人应在合同中明确具体地加以规定,以避免劳动纠纷的发生。

4)劳动报酬

劳动报酬是指劳动者直接基于劳动关系而获得的各种形式的物质补偿,即用人单位依据劳动法律、行政法规及劳动合同的约定支付给劳动者的工资、奖金、津贴等。获得劳动报酬是劳动者履行劳动义务后必须享受的劳动权利,及时足额支付劳动报酬是用人单位的一项基本义务。劳动合同被确认无效,劳动者已付出劳动的,用人单位应当向劳动者支付劳动报酬。劳动合同中劳动报酬的条款必须符合国家的有关法律、法规和政策的规定,工资的约定标准不得低于当地最低工资标准,也不得低于本单位集体合同中规定的最低工资标准。

5)劳动纪律

劳动纪律是指劳动者在用人单位必须遵守的工作秩序和劳动规则。劳动纪律是用人单位进行生产经营活动、规范劳动行为、完成工作任务的保障条件,因而是劳动者必须履行的一项义务。为保证集体劳动的顺利进行,单位内部的劳动规章制度,以合同附件的形式成为劳动合同的重要内容,要求劳动者严格遵守。因此用人单位的劳动纪律要注意内容的合法性,并经过民主程序向劳动者公示。

6)劳动合同终止的条件

劳动合同终止的条件是指引起劳动合同关系消灭的原因,包括法定终止条件和约定终止条件两种。法定终止条件是指法律直接规定劳动合同终止的情形,一旦这种情形出现,劳动合同即告终止。约定终止条件是指双方在法律规定的基础上,就劳动合同的终止进行约定;在法律没有明确规定劳动合同终止条件的情况下,劳动合同当事人双方可以协商终止条件,但必须遵循平等自愿、协商一致的原则,而且不能违反法律规定。

7)违反劳动合同的责任

违反劳动合同的责任是指由于劳动合同一方当事人不履行或不完全履行劳动合同,以及违反《劳动合同法》规定的条件解除劳动合同给对方当事人造成损失时,应当在法律上承担的后果,即应承担的行政责任、经济责任和司法责任。在劳动合同中明确规定违约责任,有助于督促双方当事人自觉履行合同所规定的各项条款,维护当事人双方的合法权益。

劳动合同的必备条款中没有规定"社会保险",是因为社会保险在全社会范围内依法执行,并不是订立合同的双方当事人所能协商解决的。

2. 约定条款

约定条款,即协商条款,是指劳动合同双方当事人在劳动合同中协商约定的具体内容。除法定条款之外,用人单位与劳动者可以约定试用期、培训、保守秘密、补充保险和福利待遇等其他事项。约定条款的内容只要不违反法律、法规的规定,同法定条款一样,对当事人具有法律约束力。一般常见的约定条款有以下几种。

1)试用期

试用期是指用人单位和劳动者为相互了解、选择而在劳动合同中约定的最多不超过6个月的考察期,目的是让劳动者和用人单位相互考察,以决定是否维持劳动关系。

知识拓展

试用期

《劳动合同法》规定,劳动合同期限三个月以上不满一年的,试用期不得超过一个月;劳动合同期限一年以上不满三年的,试用期不得超过二个月;三年以上固定期限和无固定期限的劳动合同,试用期不得超过六个月。同一用人单位与同一劳动者只能约定一次试用期。

以完成一定工作任务为期限的劳动合同或者劳动合同期限不满三个月的,不得约定试用期。试用期包含在劳动合同期限内。

课堂案例

劳动合同的解除

吴达与某公司签订了为期三年的劳动合同,合同约定试用期为三个月。在试用期间,吴达出过几次小的差错,于是公司在试用期满前通知吴达,鉴于吴达需要进一步考察,公司决定将其试用期延长三个月。六个月试用期满后,公司做出决定,由于吴达在试用期的表现不符合公司要求,公司与其解除劳动合同。

思考:公司的做法是否合法?

2)培训费用

因工作需要为劳动者提供专业技术培训是用人单位应尽的义务,接受培训的劳动者同样有义务为用人单位提供有价值的劳动。《劳动合同法》规定,用人单位为劳动者提供专项培训费用,对其进行专业技术培训的,可以与该劳动者订立协议,约定服务期。劳动者违反服务期约定的,应当按照约定向用人单位支付违约金。

课堂案例

培训费纠纷

林峰是一家三星级酒店的厨师,2018 年 4 月林峰进入该酒店时与酒店签订了为期三年的劳动合同。2018 年 7 月酒店经过调查后发现港式口味的菜肴市场前景很好,于是派遣林峰到香港一家厨艺学校进行为期三个月的培训。在这三个月期间,酒店照常发给林峰基本工资,同时为林峰在香港的培训支付了培训费 6000 元。林峰回到酒店后推出的一系列港式菜肴,给酒店带来了可观的经济效益。2019 年 6 月,林峰向酒店提出要提前解除劳动合同,酒店与林峰经过多次协商,林峰仍然坚持要离开。在林峰与酒店签订的劳动合同中约定:提前解除劳动合同的乙方须承担违约金 4000 元。林峰愿意交纳 4000 元违约金,但不同意酒店提出的支付培训费 6000 元的要求。

请问:酒店向林峰索要培训费是否合法?

3)保守商业秘密

商业秘密是指不为公众所熟悉,能给用人单位带来经济利益,被用人单位采取保密措施的技术、经济和管理等信息以及与知识产权相关的保密事项。劳动者保守用人单位的商业秘密,是职业道德的基本要求。劳动过程涉及商业秘密的,当事人应当对有关保密事项在劳动合同中加以明确规定,因违反约定保密事项,披露、使用或者允许他人使用所掌握的商业秘密,给用人单位造成损失的,要承担赔偿责任。

4)竞业禁止条款

用人单位可以根据企业自身的性质,在劳动合同或者保密协议中与劳动者约定竞业限制条款,并约定在解除或者终止劳动合同后一定期限内(不超过 2 年),不能到与用人单位生产同类产品或经营同类业务且有竞争关系的其他单位任职,也不得自己生产、经营同类产品或业务,但用人单位应当给予劳动者经济补偿。劳动者违反竞业限制约定的,应当按照约定向用人单位支付违约金。

课堂案例

保密协议纠纷

陈典是某软件开发公司的工程师,与公司订有无固定期限劳动合同。合同履行过程中,公司与陈典等员工签订了保密协议。协议约定:参与软件开发的员工对项目应保密,如果因个人原因离开本公司,在三年之内不得前往与本公司有竞争关系的企业工作。2019 年年初,陈典认为公司给予员工的待遇太低,而从事同类工作的乙公司可以提供较高的工资待遇。于是,陈典向甲公司提出辞职,要求解除劳动合同,公司同意了陈典的辞职申请,为陈典结清了工资,但未支付其他补偿。辞职后,陈典便进入乙企业工作。甲公司将陈典诉至劳动争议仲裁委员会,要求陈典履行保密协议,离开乙公司,否则赔偿甲公司经济损失10万元。

劳动争议仲裁委员会经审理认为,甲公司虽然与陈典签订有保密和竞业限制协议,但协议中缺少经济补偿的条款,因此,驳回甲公司的请求。

5)补充保险和福利待遇条款

用人单位和劳动者除依法参加社会保险外,可以协商约定补充养老保险、补充医疗保险和其他福利待遇条款。福利待遇一般包括交通补贴、住房补贴、医疗补贴、通信补贴以及用人单位提供解决职工生活需要的各种福利设施等。

9.2.3　劳动合同的订立与履行

劳动合同的订立,是指劳动者与用人单位之间为建立劳动关系,依法就双方的权利义务协商一致,设立劳动合同关系的法律行为。用人单位自用工之日起即与劳动者建立劳动关系,劳动关系建立后一个月内应订立书面劳动合同。

1. 劳动合同订立的原则

订立劳动合同,应当遵循合法、平等自愿、协商一致、诚实信用的原则。

1)合法性原则

合法性原则,即不得违反法律、行政法规的原则,是劳动合同有效并受国家法律保护的前提条件。合法性原则的基本要求有以下几个方面。

(1)订立劳动合同的主体必须合法。订立劳动合同的双方当事人必须具备法律、法规规定的主体资格。作为劳动者,必须达到法定就业年龄(年满16周岁),具有劳动权利能力和劳动行为能力;作为用人单位,必须具有法人资格,个体工商户必须具备民事主体的权利能力和行为能力。用人单位招收未成年人,应当符合国家的有关规定。

(2)订立劳动合同的目的必须合法。当事人不得以订立劳动合同的合法形式掩盖非法意图和违法行为。对于劳动者来说,订立劳动合同是为了实现劳动就业,获得劳动报酬,以维持生活和发展;对于用人单位来说,是为了使用劳动力来企业生产劳动,获得利润。

(3)订立劳动合同的内容必须合法。双方当事人在劳动合同中所设定的权利义务条款必须符合国家法律、法规和政策的规定。如果劳动合同中约定"发生工伤事故,单位概不负责"或"单位不负责缴纳社会保险"等,都属于劳动合同内容的违法条款。

(4)订立劳动合同的程序必须合法。劳动合同的订立要按照国家法律、行政法规规定的步骤和方式进行,要约和承诺要符合法律规定的要求。

(5)订立劳动合同的行为必须合法。双方当事人在订立劳动合同时,必须以自己的实际行动来体现劳动合同的合法性,如果在订立劳动合同的过程中存在合谋、欺诈等违法行为,尽管双方是自愿、平等的,也属于违法合同。

2）平等自愿原则

平等是指订立劳动合同的双方当事人具有相同的法律地位。在订立劳动合同的过程中，双方当事人都以平等的身份出现，不存在任何依附关系，都有权选择对方并就合同内容表达各自独立的意志。

自愿是指订立劳动合同完全是出自双方当事人自己的意志。劳动合同当事人在主张自己的权益时，任何一方不得将自己的意志强加给对方，也不允许第三者进行非法干预。凡采取欺诈、胁迫等手段，把自己的意愿强加给对方的，均不符合自愿原则。

对于双方当事人来讲，平等是自愿的前提和基础，自愿是平等的表现，两者相辅相成，才能真正体现平等自愿的原则。

3）协商一致原则

协商一致是指劳动合同双方当事人在充分表达自己意愿的基础上，经过平等协商，达成意见一致，再签订劳动合同。协商一致是平等自愿的最好体现。在订立合同的过程中，劳动者与用人单位双方如果不能就劳动合同的期限、内容和劳动条件等条款，在进行充分协商的基础上达成一致，劳动合同就不能成立。协商一致的原则，是维护劳动关系主体双方合法权益的基础。

4）诚实信用原则

诚实信用原则是指用人单位与劳动者在签订劳动合同时，彼此双方讲究信用，严守诺言，诚实不欺。《劳动合同法》规定，用人单位招用劳动者时，应当如实告知劳动者工作内容、工作条件、工作地点、职业危害、安全生产状况、劳动报酬以及劳动者要求了解的其他情况；用人单位有权了解劳动者与劳动合同直接相关的基本情况，劳动者应当如实说明。用人单位招用劳动者，不得扣押劳动者的居民身份证和其他证件，不得要求劳动者提供担保或者以其他名义向劳动者收取财物。

2. 劳动合同订立的程序

劳动合同的订立程序是指劳动者和用人单位在订立劳动合同的过程中应履行的手续和必须遵循的步骤。根据《劳动法》的有关规定及订立劳动合同的实践，签订劳动合同的程序一般如下所述。

1）提议

在签订劳动合同前，劳动者和用人单位提出签订劳动合同的建议，称为要约。如用人单位通过招工简章、广告或媒体等渠道提出招聘要求，另一方接受建议并表示完全同意，称为承诺。一般由用人单位向劳动者提出拟定的劳动合同草案后，必须给予劳动者一定的时间来考虑，劳动者有权对劳动合同草案的条款进行修改，并提出自己的意见。

2）协商

在用人单位提供劳动合同草案和向劳动者介绍内部劳动规章制度的基础上，当事人双方对将要签订的劳动合同草案进行认真磋商，也可就需要补充的条款进行协商。经过讨论、研究、相互让步，最后达成一致意见，在新要约的基础上表示新的承诺。双方协商一致后，协商即告结束。

3）签约

在认真审阅合同文书，确认没有分歧后，用人单位的法定代表人（负责人）或者其书面委托的代理人，代表用人单位与劳动者签订劳动合同。劳动合同由双方分别签字或者盖章，并加盖用人单位印章，劳动者一方不得由他人代签。劳动合同书未经劳动者签字不发生法律效力。

3. 劳动合同的履行

劳动合同的履行是指劳动合同当事人双方按照劳动合同规定的条件，履行自己所应承担的义务的行为。劳动合同的履行并不是当事人一方所能完成的，必须由当事人双方共同完成。履行劳动合同应遵循的原则如下所述。

(1)全面履行原则。劳动合同规定的各项条款有其内在联系，当事人任何一方不得分割履行某些条款规定的义务或者不按合同约定履行。当事人双方必须按合同约定的时间、地点和方式，全面履行劳动合同规定的各项义务。

(2)实际履行原则。实际履行的原则意味着劳动关系以特定的法人(包括非法人实体经济组织)和劳动者主体，双方均不得由他人顶替，其权利必须亲自享受，不得转让；其义务必须亲自履行，不得代行或转移。

9.2.4　劳动合同的变更

1. 劳动合同变更的概念

劳动合同的变更是指劳动合同双方当事人就已订立的劳动合同条款达成修改、补充协议的法律行为。劳动合同的变更，其实质是双方的权利、义务的改变。合同变更的前提是双方原已存在着合法的合同关系，变更的原因主要是客观情况发生变化，变更的目的是为了继续履行合同。劳动合同的变更一般限于内容的变更，不包括主体的变更。

劳动合同的变更，同样要遵循平等自愿、协商一致的原则，任何一方不得将自己的意志强加给对方。

2. 劳动合同变更的条件

(1)订立劳动合同时所依据的法律、法规和规章发生变化的，应当依法变更劳动合同的相关内容。

(2)订立劳动合同时所依据的客观情况发生重大变化，致使劳动合同无法履行，当事人一方要求变更其相关内容的，如企业转产、调整生产任务，劳动者部分丧失劳动能力或身体健康情况发生变化而引起的合同变更等。

(3)用人单位发生合并或者分离等情况，原劳动合同继续有效，劳动合同由继承权利义务的用人单位继续履行。

(4)用人单位和劳动者协商一致时，可以变更劳动合同约定内容。变更劳动合同，应采用书面形式。

3. 劳动合同变更的程序

(1)提议。即一方当事人向另一方当事人提出变更合同的请求。不管是哪一方当事人提出变更合同的请求，都要就合同变更的理由、内容、条款和条件等做出说明，并给对方当事人一个答复的期限。

(2)答复。即被请求方按期向请求方做出答复。被请求方在接到请求方变更合同的要求后，要在请求方给出的期限内给予答复，不准对对方的请求置之不理。被请求方的这种答复可以是同意,也可以提出不同的意见,供双方进一步协商。对于不符合法律规定的请求,被请求方可以表示不同意。

(3)协商。即双方协商,达成书面协议。双方当事人就要求变更的合同内容和条款进行协商,在取得一致意见的基础上,达成和拟定书面协议。变更的书面协议要经双方当事人签名、盖章后才有效。

(4)备案或鉴证。凡在订立时经过备案或鉴证的劳动合同,变更合同的书面协议也需要送交用人单位主管部门备案,或到鉴证机构办理鉴证手续。需要鉴证的变更协议只有在鉴证后才能生效。

9.2.5 劳动合同的解除

劳动合同解除是指劳动合同在期限届满之前,双方或单方提前终止劳动合同关系的法律行为。劳动合同解除分为法定解除和协商解除。法定解除是指因发生法律、法规或劳动合同规定的情况,提前终止劳动合同的法律效力。协商解决是指当事人双方经协商一致,提前终止劳动合同的法律效力。

1. 经双方协商同意解除劳动合同

《劳动合同法》规定,经劳动合同当事人协商一致,劳动合同可以解除。双方协商解除劳动合同,必须坚持平等自愿、协商一致的原则。

2. 用人单位解除劳动合同

1)过失性解除

《劳动合同法》规定,劳动者有下列情形之一的,用人单位可以解除劳动合同。

(1)在试用期间被证明不符合录用条件的。

(2)严重违反劳动纪律或者用人单位规章制度的。

(3)严重失职,徇私舞弊,给用人单位造成重大损害的。

(4)劳动者同时与其他用人单位建立劳动关系,对完成本单位的工作任务造成严重影响,或者经用人单位提出,拒不改正的。

(5)因产生法律规定的情形致使劳动合同无效的。

(6)被依法追究刑事责任的。

2)非过失性解除

《劳动合同法》规定,劳动者有下列情况之一,用人单位可以解除劳动合同,但是应当提前30日以书面形式通知劳动者本人。

(1)劳动者患病或者非因工负伤,医疗期满后,不能从事原工作也不能从事由用人单位另行安排的工作,或者不符合国家和地方从事有关行业、工种岗位规定,用人单位无法另行安排工作的。

(2)劳动者不能胜任工作,经过培训或者调整工作岗位仍不能胜任工作的。

(3)劳动合同订立时所依据的客观情况发生重大变化,致使原劳动合同无法履行,经当事人协商又不能就变更劳动合同达成协议的。

以上情形中,劳动者主观上并无重大过错,主要是客观情况发生重大变化,致使劳动合同无法履行。用人单位可以解除劳动合同,但要提前30日以书面形式通知劳动者本人,并受用人单位不得解除劳动合同的限制,且要依法给予劳动者一定的经济补偿。支付经济补偿的标准根据劳动者在企业的工作年限,每满一年发给1个月工资作为经济补偿金;第二种情形最多不超过12个月;第一种情形还要视病情和劳动能力状况,发给一定的医疗补助费。

课堂案例

解除劳动合同纠纷

张军在2019年2月被一木艺制品厂录用,双方签订了为期5年的劳动合同,合同约定张军试用期为3个月。2019年6月20日,张军患病住院,经医院诊治半个月后仍未痊愈。张军住院期间,用人单位停发了全部工资,并以不能适应工作、不符合录用条件为由解除了张军的劳动合同。张军认为厂方在自己疾病未治愈的情况下不能解除劳动合同,要求用人单位收回解除劳动合同的决定,继续履行合同,享受病假待遇。而厂方则认为,张军属于试用阶段,不享受医疗待遇,其生病不适应工作要求,厂方可以辞退。双方多次协商未果,张军无奈向劳动争议仲裁委员会提出申诉,仲裁委在经过庭审调查后裁决用人单位解除张军劳动合同的决定无效,并要求厂方补发张军住院期间的医疗期工资。

3)经济性裁员

《劳动合同法》还规定,有下列情形之一,需要裁减人员二十人以上或者裁减不足二十人但占企业职工总数百分之十以上的,用人单位提前30日向工会或者全体职工说明情况,听取工会或者职工的意见后,裁减人员方案经向劳动行政部门报告,可以裁减人员。

(1)依照企业破产法规定进行重整的。

(2)企业经营发生严重困难的。

(3)企业转产、重大技术革新或者经营方式调整,经变更劳动合同后,仍需裁减人员的。

(4)其他因劳动合同订立时所依据的客观经济情况发生重大变化,致使劳动合同无法履行的。

裁减人员时,应当优先留用下列人员:①与本单位订立无固定期限劳动合同的;②与本单位订立较长期限的固定期限劳动合同的;③家庭无其他就业人员,有需要扶养的老人或者未成年人的。经济性裁员应提前书面通知,且受用人单位不得解除合同的限制,并向劳动者支付经济补偿。

课堂案例

辞退纠纷

张杰在某公司工作已有多年。公司因经营管理不善,开始出现亏损,陷入困境。根据会计师事务所的验资报告和公司当年的利润统计报表,公司董事会召开会议,研究并通过了适当裁减现有员工的决定。随后,在公司员工大会上,公司总经理根据董事会的决定,当众宣布将张杰等人予以辞退。张杰等人认为公司的裁员不符合法定程序,因而拒绝接受,但公司坚决执行。公司这样做合法吗?

3. 用人单位不得解除合同的情形

为了保护劳动者的合法权益,防止不公正解雇,《劳动合同法》除规定用人单位可以解除劳动合同的情况外,还规定了劳动者有下列情形之一的,用人单位不得解除劳动合同。

(1)从事接触职业病危害作业的劳动者未进行离岗前职业健康检查,或者疑似职业病病人在诊断或者医学观察期间的。

(2)在本单位患职业病或者因工负伤并被确认丧失或者部分丧失劳动能力的。

(3)患病或者非因工负伤,在规定的医疗期内的。

(4)女职工在孕期、产期、哺乳期的。

(5)在本单位连续工作满 15 年,且距法定退休年龄不足 5 年的。

(6)法律、行政法规规定的其他情形。

用人单位解除劳动合同,在不得解除劳动合同的条件与解除劳动合同的条件发生抵触时,应服从不得解除劳动合同的条件。

4. 劳动者单方面解除劳动合同的情形

(1)劳动者提前 30 日以书面形式通知用人单位,可以解除劳动合同。劳动者在试用期内提前 3 日通知用人单位,可以解除劳动合同,并且无须说明理由或者承担赔偿责任。

(2)用人单位有下列情形之一的,劳动者可以解除劳动合同:①未按照劳动合同约定提供劳动保护或者劳动条件的。②未及时足额支付劳动报酬的。③未依法为劳动者缴纳社会保险费的。④用人单位的规章制度违反法律、法规的规定,损害劳动者权益的。⑤因《劳动合同法》第二十六条第一款规定的情形致使劳动合同无效的。⑥法律、行政法规规定劳动者可以解除劳动合同的其他情形。

用人单位以暴力、威胁或者非法限制人身自由的手段强迫劳动者劳动的,或者用人单位违章指挥、强令冒险作业危及劳动者人身安全的,劳动者可以立即解除劳动合同,不需事先告知用人单位。

9.2.6 劳动合同的终止

劳动合同的终止是指双方当事人已经履行完毕合同约定的所有权利和义务,或其他法律事实的出现使双方当事人劳动关系不复存在,且任何一方均没有提出继续保持劳动关系的请求,合同就此终止的法律行为。

1. 劳动合同终止的情形

《劳动合同法》规定,有下列情形时可以终止劳动合同。

(1)劳动合同期满的。

(2)劳动者开始依法享受基本养老保险待遇的。

(3)劳动者死亡,或者被人民法院宣告死亡或者宣告失踪的。

(4)用人单位被依法宣告破产的。

(5)用人单位被吊销营业执照、责令关闭、撤销或者用人单位决定提前解散的。

(6)法律、行政法规规定的其他情形。

2. 劳动合同终止中出现的问题

在劳动合同的终止中,经常会出现下述一些问题,应给予重视和正确处理。

(1)用人单位或劳动者一方在合同期限届满时,强迫对方续订合同。劳动合同期满即行终止,不存在任何附带条件。确实是因生产或工作需要,可以续订合同,但必须征得双方当事人的同意,任何一方无权强迫另一方续订合同。否则,所续订的合同是无效的,续订行为本身也是违法的。

(2)合同到期后,双方当事人既不办理续订合同手续,又不终止合同,继续保持事实上的劳动关系。为避免这种情况的出现,要对用人单位和劳动者加强合同法律意识的宣传和教育,敦促双方当事人在合同期限届满时,及时办理续订手续或终止合同。

(3)双方当事人在办理续订手续时不合法或不完备。合同期限届满后,双方当事人若不终止合同,就要办理续订手续。以防任何一方的权益受到损害。

9.2.7　违反劳动合同的责任

违反劳动合同的责任是指用人单位或劳动者本身的过错造成不履行或不适当履行合同的责任。

1. 用人单位违反劳动合同的责任

用人单位有下列情形之一,对劳动者造成损害的,应当承担法律责任。

(1)用人单位如果在规定时间内没有与劳动者签订书面劳动合同,按照《劳动合同法》第八十二条第一款的规定,用人单位自用工之日起超过1个月但不满1年未与劳动者订立书面劳动合同的,应当向劳动者每月支付2倍的工资。

(2)用人单位提供的劳动合同文本未载明《劳动合同法》规定的劳动合同必备条款的,由劳动行政部门责令改正;对劳动者造成损害的,应当承担赔偿责任。

(3)由于用人单位的原因订立无效劳动合同,或订立部分无效劳动合同给劳动者造成损害的,用人单位应当依法承担赔偿责任。

(4)用人单位违反有关规定或劳动合同的约定侵害女职工或未成年工合法权益的,应当依法承担赔偿责任。

(5)用人单位违反《劳动合同法》的规定,应当签订而不签订无固定期限劳动合同,自应当订立无固定期限劳动合同之日起向劳动者每月支付两倍的工资。如果违反《劳动合同法》的规定,解除或者终止劳动合同的,在解除或者终止劳动合同时,根据《劳动合同法》第八十七条的规定,用人单位应当依照第四十七条规定的经济补偿标准的两倍向劳动者支付赔偿金。

(6)用人单位以暴力、威胁或者非法限制人身自由的手段强迫劳动者劳动的,用人单位应当依法承担赔偿责任。

(7)用人单位招用与其他用人单位尚未解除或者终止劳动合同的劳动者,给其他用人单位造成损失的,应当承担赔偿责任。

有下列情形之一的,用人单位应当向劳动者支付经济补偿金。

(1)按照《劳动合同法》第三十八条规定,当用人单位存在某些违法情形时,劳动者可以单方随时解除劳动合同。在这些情况下,虽然是劳动者提出解除劳动合同,用人单位应向劳动者支付经济补偿金。

(2)《劳动合同法》第三十六条规定,用人单位与劳动者协商一致,可以解除劳动合同。如果解除劳动合同是由用人单位向劳动者提出,用人单位应当向劳动者支付经济补偿金。

(3)《劳动合同法》第四十条规定,非过失性解除劳动合同的,用人单位应当向劳动者支付经济补偿金。

(4)用人单位依照《劳动合同法》第四十一条第一款规定裁员而解除劳动合同的,应当向劳动者支付经济补偿金。

(5)除用人单位维持或者提高劳动合同约定条件续订劳动合同,劳动者不同意续订的情形外,依照《劳动合同法》第四十四条第一项规定终止固定期限劳动合同的,应当向劳动者支付经济补偿金。

(6)用人单位依法宣告破产、吊销营业执照、责令关闭、撤销或者提前解散的,劳动合同依法终止,用人单位应当向劳动者支付经济补偿金。

(7)法律、行政法规规定的其他情形。

经济补偿按劳动者在本单位工作的年限,每满 1 年支付 1 个月工资的标准向劳动者支付。6 个月以上不满 1 年的,按 1 年计算;不满 6 个月的,应向劳动者支付半个月工资的经济补偿。

劳动者月工资高于用人单位所在直辖市、设区的市级人民政府公布的本地区上年度职工月平均工资 3 倍的,向其支付经济补偿的标准按职工月平均工资 3 倍的数额支付,向其支付经济补偿的年限最高不超过 12 年。月工资是指劳动者在劳动合同解除或者终止前 12 个月的平均工资。

2. 劳动者违反劳动合同的责任

1)违反法律规定和合同约定的责任

劳动者违反规定或劳动合同的约定解除劳动合同,给用人单位造成损失的,应当赔偿下列损失。

(1)用人单位为录用劳动者直接支付的费用。

(2)用人单位为劳动者支付的培训费用。

(3)对生产经营和工作造成的直接经济损失。

(4)因劳动者严重违反劳动纪律或者用人单位规章制度,严重失职、营私舞弊,对用人单位利益造成重大损害,被解除合同的,应当承担赔偿责任。

(5)劳动合同约定的其他赔偿费用。

2)违反保密条款的责任

劳动者违反劳动合同中约定的保密事项或者竞业限制条款,对用人单位造成经济损失的,应当承担赔偿责任。

9.3 集体合同与集体谈判

9.3.1 集体合同

1. 集体合同的概念

集体合同,也称团体协议、集体协议,是企业职工与用人单位双方根据法律、法规的规定，就双方的权利、义务在平等协商一致的基础上订立的书面协议。集体合同由工会代表企业职工一方与用人单位订立，尚未建立工会的用人单位，由上级工会指导劳动者推举的代表与用人单位订立。

1）集体合同与劳动合同的区别

集体合同与劳动合同联系密切。集体合同与劳动合同都是关于劳动关系方面的协议，规定的都是劳动者与用人单位在劳动关系中相互的权利和义务。集体合同与劳动合同的共性是都要遵循平等自愿、协商一致和内容合法等基本原则。但是，两者也有明显的区别。

（1）主体不同。集体合同的主体一方是企业，另一方是工会或职工代表，所以称为团体协议，或集体协议。劳动合同的主体一方是用人单位，另一方是劳动者个人，所以劳动合同也称为个体劳动协议。

（2）目的不同。集体合同的直接目的是规定本单位职工的一般劳动条件，改善劳动关系；劳动合同的直接目的是确立双方的劳动关系，明确用人单位与劳动者双方的权利和义务。

（3）内容不同。集体合同所规定的内容具有普遍适用性的特点，包括职工集体的劳动报酬、工作时间、休息休假、劳动安全卫生和保险福利等，规范的是整个企业劳动关系双方的权利和义务；劳动合同所规定的劳动关系是劳动者个人与用人单位之间的权利与义务，合同内容只涉及单个劳动者的劳动条件和福利待遇，其适用范围具有特定性。

（4）产生的方式不同。集体合同的内容要代表大多数职工的意见，签订集体合同前需要先拟定合同草案，合同草案要经过职工代表大会，没有建立职工代表大会的中小企业要经过全体职工讨论，大多数代表（或者大多数职工）同意后才能签订。劳动合同由职工个人同企业协商一致后就形成了。集体合同的订立是双方的合意，是任意性而不是强制性的规范，双方可以订立集体合同，也可以不签订集体合同，不签订集体合同并不违法。

（5）生效时间不同。集体合同不是双方签字即可生效，而是经过政府认可才生效。订立后，应当报送劳动和社会保障局，劳动和社会保障局自收到集体合同文本之日起 15 日内未提出异议的，该集体合同才产生法律效力。劳动合同一经依法签订，即产生法律效力。

（6）效力不同。依法签订的集体合同对用人单位和劳动者都具有约束力。行业性、区域性集体合同对当地本行业、本区域的用人单位和劳动者具有约束力，而劳动合同只对劳动者个人和用人单位有效。个人与企业订立的劳动合同中，劳动条件和劳动报酬等标准不得低于集体合同的规定，集体合同的法律效力高于劳动合同的法律效力。

（7）期限不同。集体合同的期限多以一年为限，最长不得超过三年。劳动合同的期限分为固定期限、无固定期限和以完成一定任务为期限的 3 种形式。即使有固定期限的劳动合同，我国法律也未做期限上的限制，完全由双方当事人自愿协商订立。

2）集体合同的内容

集体合同的内容是指在集体合同中明确规定的双方当事人的权利义务条款。它是职工集体劳动权益的体现。

根据《劳动合同法》和《集体合同规定》，集体合同的内容应包括以下几个方面：劳动报酬；工作时间；休息休假；保险福利；劳动安全与卫生；职业培训；合同期限；变更、解除、终止集体合同的协商程序；双方履行集体合同的权利和义务；履行集体合同发生争议时协商处理的约定;违反集体合同的责任;双方认为应当协商约定的其他内容。

3)集体合同对劳动合同的效力

集体合同中劳动报酬和劳动条件等标准不得低于当地人民政府规定的最低标准;用人单位与劳动者订立的劳动合同中的劳动报酬和劳动条件等标准不得低于集体合同规定的标准。同时,在集体合同中有规定而劳动合同未做规定或规定不明确时,可视集体合同的规定为劳动合同内容的当然补充。

2. 集体合同的订立、履行、变更和终止

1)集体合同的订立

集体合同的订立是指企事业单位工会代表职工与企事业单位或雇主之间,为规定职工集体劳动条件,依法就集体合同条款经过协商一致,建立集体合同关系的法律行为。

订立集体合同应当遵循合法、协商一致、当事人地位平等的原则。合同的双方应及时以适当的形式向各自代表的全体成员公布已生效的集体合同。

2)集体合同的履行

集体合同的履行是指集体合同依法生效后,双方当事人按照合同约定履行自己应承担的义务的行为。

履行集体合同应当坚持实际履行、全面履行和协作履行的原则,针对不同的合同条款采取不同的履行方式。

3)集体合同的变更

集体合同的变更是指已经生效的集体合同在尚未履行完毕之前,因订立集体合同所依据的主客观情况发生变化,当事人依照法律规定的程序对原合同条款所做的修改或补充。

作为集体合同变更的主、客观情况主要有以下几种。

(1)订立集体合同所依据的劳动法律、法规和政策被修改或废止。

(2)企业停产、兼并、转让,使集体合同无法完全履行。

(3)因发生不可抗力因素,如战争、灾害等,使集体合同无法履行。

(4)双方约定的变更集体合同的条件出现。

(5)其他需要变更集体合同的情况出现。

4)集体合同的终止

集体合同的终止是指因某种法律事实的发生而导致集体合同法律关系消灭。集体合同期限届满、集体合同主体一方资格消灭、集体合同主体双方约定的终止条件出现,集体合同即行终止。

9.3.2 集体谈判

1. 集体谈判的概念

集体谈判是员工以工会这种团体形式和资方就工作条件和工作关系进行交涉的过程,其目的是希望劳资双方能够在一个较平等的情况下确立劳动关系,以保障劳动者应有的权益。在我国,通常将"集体谈判"表述为"集体协商",协商一方是企业工会或职工代表,另一方是相应的企业代表。

集体谈判的主题和内容包括：确定工作条件和就业条件；调整雇主与工人之间的关系；调整雇主组织与工人组织之间的关系。谈判结果具有法律约束力，集体谈判的最终结果是形成集体合同。

2. 集体谈判的意义

集体谈判的意义是双重的，对员工来讲，通过集体行动，可以有效抑制雇主一些不合理的、侵犯劳动者利益的行为发生，为劳动者争得平等的地位、必要的劳动条件和基本的生活保障等一些合法权益。对雇主来讲，通过谈判的方式可以加强劳资双方的沟通与合作，促进劳动关系的稳定，推动企业目标的实现和企业效益的提高。

市场经济条件下，集体谈判不是解决劳资冲突的唯一有效方式，因为劳资之间的对立与冲突是不可能根除的。集体谈判的双方都有强制力量和破坏方式做后盾。对工人来说，若集体谈判不成功，工会会以罢工作为最后的解决手段；对雇主来说，若某些谈判条件没有满足，也会以停工和对工人代表施加压力相要挟。

3. 集体谈判活动的主体

企业集体谈判的主体是企业主或企业主组织与工会双方。他们都必须是依法登记注册的具有法人资格的合法组织。如果企业里没有工会或会员只占少数时，则由工人选举产生谈判代表。为了开展谈判活动，企业主和工会要各自成立谈判组织机构，分为临时性和常设性两种。企业主的谈判组织一般由企业主本人或其代理人、主管人事的部门负责人和法律顾问组成。工会的谈判组织通常由主要工会领导人或几个工会推举的领导人、工会部门的谈判负责人、工人代表和法律顾问组成，有时上级产业或地方工会也会派代表给予指导。工会谈判组织成员应该熟悉企业情况，与群众有广泛联系，并且公正廉洁，有谈判才能。

工会和企业主都依法有权建议举行谈判，并要以书面形式通知对方。在一方提出谈判建议后，另一方应在规定的期限内（一般是7~15日）接受该建议并开始谈判。如果无故拒绝、拖延或逃避谈判，将受到法律处罚。

谈判的倡议方要提出举行谈判的理由、内容、要求和议案，包括对原有集体合同修改的建议等。如果工会方主动提出谈判建议，其代表应事先调查了解国内和当地的政治经济形势、企业的经营状况、福利保障和劳动保护状况以及职工的要求等，还要研究原合同的执行情况。同时要准备谈判需要的统计数字和资料等。许多国家工会的实践表明，其谈判代表掌握的信息和情况越具体、准确，就越能掌握谈判的主动权，提出的要求也越有说服力。

4. 集体谈判的过程

集体谈判是劳资双方为了各自利益讨价还价的过程，也是双方协调各自内部意见的过程。双方都会在坚持各自基本要求的情况下努力寻求共同点和争取对自己最有利的结果。但是，有时会由于利益冲突而使谈判搁浅，甚至破裂。这时或者工会将组织罢工等抗议活动迫使企业主继续谈判；或者企业主以关厂相威胁拒绝接受工会的要求，但这些活动都必须依法进行。有时还需要政府出面干预或通过法律程序解决双方的分歧。其实如果谈判破裂，对企业和工人都会造成不利影响，因此双方都不希望出现这样的局面。

实践表明，谈判的成败在很大程度上取决于整体经济形势、双方力量的对比和参与者的谈判技巧等。谈判的结果既应有利于企业的发展，又能满足职工的合法要求。为了争取谈判的成功和避免损害劳资合作的基础，双方在谈判中都应遵循有关法律的规定和协商一致的原则。因此谈判对双方代表的综合素质要求很高,他们既应了解情况和熟悉法规,又要善于运用谈判策略和技巧。

知识拓展

农民工的集体谈判

据中国社会科学院"当代中国社会阶层结构研究"课题组研究表明,我国农民工数量庞大。作为一个特殊的群体,他们有着相同或相似的经历:①仍存在比较严重的克扣和拖欠农民工工资现象,少数企业欠薪逃匿的现象还比较突出;②多数农民工经常加班加点,其工资却不能正常足额领取;③农民工的劳动环境和工作条件比较恶劣,在频繁发生的生产安全事故中是主要受害者;④农民工工资增长缓慢,工资水平普遍偏低。要想改变农民工的现状,应该积极建立农民工集体谈判机制:①承认农民工的集体谈判权利;②确立集体合同的底线,提高工资的增长速度;③签订地区的行业集体合同;④政府介入,立法保障。

5. 集体谈判的新特点

1)国际劳工组织有关公约的规范作用得到加强

国际劳工组织与集体谈判有关的公约主要包括:《组织权利和集体谈判权利公约》(98号公约)、《关于企业职工代表》(135号公约)、《关于集体谈判活动》(154号公约)和《关于雇主动议下的终止劳动关系问题》(158号公约)等。近年来,越来越多的国家重视批准和实施国际劳工公约,从而使这些文件的规范和指导作用得到进一步加强。

2)集体谈判活动的重心向产业和企业转移

近年来,许多国家集体谈判活动的重心逐渐向产业和企业转移。全国性集体谈判签订的协议倾向于只对一些主要的、普遍性的问题做出规定,具体内容则在产业和企业的集体合同中体现。

3)集体合同的覆盖面进一步扩大

集体合同的覆盖面是指集体合同约束和惠及的企业与职工群体的范围。有些国家通过政府干预等方式把非正规就业职工(如临时工、季节工、家庭工等)纳入了集体合同的覆盖范围。

4)集体合同的内容发生了变化

如强调工资与通货膨胀率挂钩,更加关注社会保障问题等。

9.4 劳动争议处理

9.4.1 劳动争议的概念与范围

1. 劳动争议的概念

劳动争议又称劳动纠纷,是指劳动关系当事人之间关于劳动权利和劳动义务发生的争执和纠纷。劳动争议具有以下特征。

(1)劳动争议的当事人是特定的。劳动争议的主体是彼此存在劳动关系的用人单位和劳动者。用人单位是具有用人权利和行为能力的经济组织或个人,劳动者是依法与用人单位确立劳动关系的具有劳动权利和行为能力的劳动者。

(2)劳动争议的范围是限定的。劳动争议以劳动法律关系为前提,只有在用人单位与劳动者在劳动过程中涉及劳动权利和义务的问题,才能产生劳动争议。劳动争议的范围限定在法律规定的范围之内。只要属于法律规定范围内的劳动争议,当事人均可向当地的劳动争议仲裁委员会申诉。

(3)劳动争议的影响是较大的。劳动争议具有不同于民事争议和其他争议的表现形式,如罢工等突发事件,不仅给生产造成损害,还会影响社会安定。因此,劳动争议常常被作为社会问题,由专门法律政策和机构加以调整。

2. 劳动争议的范围

劳动争议的范围视国家不同而有所区别。《中华人民共和国劳动争议调解仲裁法》(以下简称《劳动争议调解仲裁法》)规定了我国劳动争议的范围。

(1)因确认劳动关系发生的争议。

(2)因订立、履行、变更、解除和终止劳动合同发生的争议。

(3)因除名、辞退和辞职、离职发生的争议。

(4)因工作时间、休息休假、社会保险、福利、培训以及劳动保护发生的争议。

(5)因劳动报酬、工伤医疗费、经济补偿或者赔偿金等发生的争议。

(6)法律、法规规定的其他劳动争议。

9.4.2　劳动争议处理的基本原则

劳动争议处理的基本原则是劳动法律关于劳动争议处理的基本指导思想。解决劳动争议,应当遵循合法、公正、及时处理、着重调解和依法保护劳动争议当事人合法权益的原则。

1. 合法性原则

合法性原则是指劳动争议处理机构必须严格依照法律规定处理劳动争议的原则。依法是指依照宪法、劳动法律和法规的相关规定,劳动合同或集体合同中的有效约定以及对相关当事人有约束力的合法的企业内部劳动规章制度。劳动争议处理机构应当对劳动争议的起因、发展和现状进行深入、仔细的调查,以事实为依据,严格依照法律规定来处理劳动争议。

2. 公正性原则

公正性原则是指在处理劳动争议时,当事人在适用法律上一律平等的原则。劳动争议机构应站在公正的立场上,秉公执法,不得袒护或歧视任何一方,保证争议双方当事人处于平等的法律地位,具有平等的权利和义务。

3. 及时性原则

及时性原则是指劳动争议处理机构受理劳动争议案件后,应当在法律、法规规定的时限内迅速处理结案,防止久拖不决的原则。劳动争议案件具有特殊性,关系劳动者的就业、劳动条件、报酬待遇、社会保险福利等切身利益问题,如不及时迅速地进行处理,势必影响劳动者的生活和企业的生产经营秩序,甚至可能引发突发事件,影响社会稳定和公众利益。及时处理原则主要体现在以下两个方面。

(1)迅速调解。劳动争议发生后先由用人单位内部设立的劳动争议调解委员会调解,以防止事态扩大。

(2)时效期规定。根据《劳动争议调解仲裁法》的规定,仲裁裁决一般应当自劳动争议仲裁委员会受理仲裁申请之日起45日内结束。案情复杂需要延期的,经劳动争议仲裁委员会主任批准,可以延期并书面通知当事人,但是延长期限不得超过15日。劳动争议调解当事人对仲裁裁决不服的,可以自收到仲裁裁决之日起15日内向人民法院提起诉讼。

4. 着重调解原则

着重调解原则是指发生劳动争议后,应当首先考虑通过调解的方式解决争议的原则。当事人可以到下列调解组织申请调解。

(1)企业劳动争议调解委员会。

(2)依法设立的基层人民调解组织。

(3)在乡镇、街道设立的具有劳动争议调解职能的组织。

调解劳动争议时,应当充分听取双方当事人对事实和理由的陈述,耐心疏导,帮助其达成协议。

5. 依法保护当事人合法权益原则

劳动争议的调解,应从维护双方当事人的合法权益出发,依法公正地协商解决争议事项。经调解达成协议的,调解协议书对双方当事人具有约束力,当事人应当履行。达成调解协议后,一方当事人在协议约定期限内不履行调解协议的,另一方当事人可以依法申请仲裁,也可以依法向人民法院提起诉讼。

9.4.3 劳动争议的处理程序

依据我国法律法规的有关规定,劳动争议发生后,当事人应当协商解决;不愿协商或者协商不成的,可以向本企业劳动争议调解委员会申请调解;调解不成的,可以向劳动争议仲裁委员会申请仲裁,当事人也可以直接向劳动争议仲裁委员会申请仲裁。对仲裁裁决不服的,可以向人民法院起诉。其中,协商是劳动争议双方当事人在自愿的基础上进行协商、达成协议、解决纠纷。协商解决有利于双方的团结,有利于节约时间成本。

1. 劳动争议的调解

1)劳动争议调解的概念

劳动争议调解是指调解委员会对用人单位与劳动者之间发生的劳动争议,在查明事实、分清是非、明确责任的基础上,依照国家劳动法律法规以及依法制定的企业规章和劳动合同,通过民主协商的方式,推动双方互谅互让,达成协议,消除纷争的一种活动。

2)劳动争议调解的机构

劳动争议调解委员会是进行调解工作的机构。企业可以设立劳动争议调解委员会,负责调解本企业发生的劳动争议。企业劳动争议调解委员会由职工代表和企业代表组成。职工代表由工会成员担任或者由全体职工推举产生,企业代表由企业负责人指定。企业劳动争议调解委员会主任由工会成员或者双方推举的人员担任。

3)劳动争议调解的原则

(1)自愿原则。劳动争议调解委员会应当依照法律、法规,遵循双方当事人自愿原则进行调解。即申请调解自愿,实施调解自愿,和解自愿,履行和解协议自愿。

(2)合法、合理、合情原则。劳动争议调解委员会需要处理好法律与情理的关系,即调解的受理要以国家法律为依据,调解的过程要坚持对当事人双方陈之以法、动之以情、晓之以理。

(3)尊重当事人申请仲裁和诉讼的权利。企业内部调解不是劳动争议处理的必经程序,也不是仲裁、诉讼受理的必要条件。如果当事人选择企业调解,应及时调解;不得因未经调解或调解不成而阻止当事人向劳动争议仲裁委员会申请仲裁。

4)企业劳动争议调解范围

企业劳动争议调解委员会主要调解的劳动争议有因职工辞职、自动离职发生的争议;因履行劳动合同发生的争议;因工作时间和休息休假、工资、劳动安全卫生、女职工和未成年职工特殊保护以及职业培训、社会保险和福利发生的争议;法律法规规定应予调解的其他劳动争议。

5)调解的程序和期限

劳动争议调解委员会的调解无严格的程序要求,一般包括申请受理、实施调解和制作调解文书。我国《劳动争议调解仲裁法》规定:自劳动争议调解组织收到调解申请之日起15日内未达成调解协议的,当事人可以依法申请仲裁。

2. 劳动争议的仲裁

1)劳动争议仲裁的概念

劳动争议仲裁是指劳动争议仲裁委员会就用人单位与劳动者之间发生的劳动争议,在查明事实、分清是非、明确责任的基础上,依法做出的裁决活动。

2)劳动争议仲裁的机构

按照《劳动争议调解仲裁法》的规定:劳动争议仲裁委员会按照统筹规划、合理布局和适应实际需要的原则设立。省、自治区人民政府可以决定在市、县设立;直辖市人民政府可以决定在区、县设立。直辖市、设区的市也可以设立一个或者若干个劳动争议仲裁委员会。劳动争议仲裁委员会不按行政区划层层设立。劳动争议仲裁委员会的组成实行“三方原则”,劳动行政主管部门代表政府,工会代表劳动者,企业联合会(协会)代表用人单位。仲裁委员会组成人数必须是单数,主任由劳动行政主管部门的负责人担任;劳动行政主管部门的劳动争议处理机构为仲裁委员会的办事机构,负责办理仲裁委员会的日常事务;仲裁委员会实行少数服从多数原则。

3)劳动争议仲裁的原则

根据劳动法律法规的规定,劳动争议仲裁应当遵循下列原则。

(1)及时处理原则。及时处理原则要求劳动争议仲裁委员会在处理案件时,应先调解,调解不成再裁决;仲裁委员会应及时受理案件,及时进行调解、仲裁;按照《劳动争议调解仲裁法》的规定,劳动争议申请仲裁的时效期间为一年。仲裁时效期间从当事人知道或者应当知道其权利被侵害之日起计算。劳动争议仲裁委员会收到仲裁申请之日起5日内应予受理,对不符合受理条件的应书面通知申请人不予受理,并说明理由。逾期未做出仲裁裁决的,当事人可以就该劳动争议事项向人民法院提起诉讼。

(2)独立办案原则。独立办案,即劳动争议仲裁委员会处理劳动争议案件具有独立性,不受任何人和组织的干预。根据这一原则,外国籍劳动者在中国境内就业时发生的劳动争议(法律、法规另有规定的除外),依法接受中国劳动争议仲裁机构裁决。人民政府对仲裁委员会办案不进行行政干预。劳动争议仲裁机构的仲裁行为不受人民法院直接制约。

(3)一次裁决原则。劳动争议仲裁实行一个裁级一次裁决制度。一次裁决制度使劳动争议的仲裁与企业调解和人民法院诉讼有机结合起来,既方便当事人,也有利于迅速结案,使劳动争议得到及时解决。

(4)回避原则。仲裁委员会组成人员或者仲裁员有下列情形之一的,应当回避:劳动争议当事人或者当事人近亲属的;与劳动争议有利害关系的;与劳动争议当事人有其他关系,可能影响公正仲裁的。仲裁委员会组成人员或者仲裁员也可以主动提出回避。回避原则是保证案件客观、公正裁决的重要条件。

4)仲裁案件的受理范围

根据有关法律规定,劳动争议仲裁委员会受理劳动争议案件的范围包括发生争议后,当事人一方直接向仲裁委员会申请仲裁的;发生争议后,当事人向本单位劳动争议调解委员会申请调解,调解不成的;发生争议后,本单位没有劳动争议调解委员会的。凡属上述情况,又符合法律规定受案范围的劳动争议,双方当事人都可以向劳动争议仲裁委员会申请仲裁。

5)仲裁的程序和期限

根据劳动法律法规的规定,劳动争议仲裁的程序有以下几个步骤。

(1)申请与受理。申请与受理即由劳动争议当事人提出仲裁申请,劳动争议委员会按照相关法律规定决定是否受理,并给予答复。

(2)仲裁准备。劳动争议仲裁委员会裁决劳动争议案件实行仲裁庭制。仲裁庭由3名仲裁员组成,设首席仲裁员。简单劳动争议案件可以由一名仲裁员独任仲裁。仲裁庭成立后,应当认真审阅案卷,掌握争议焦点,搜集证据,弄清事实。对需要勘验或鉴定的问题应交由法定部门勘验或鉴定。仲裁庭成员根据调查的事实和劳动法律法规的规定拟定处理方案。

(3)开庭仲裁。开庭仲裁的步骤包括通知、调解和裁决。

劳动争议仲裁委员会应当在受理仲裁申请之日起5日内将仲裁庭的组成情况书面通知当事人。申请人收到书面通知,无正当理由拒不到庭或者未经仲裁庭同意中途退庭的,可以视为撤回仲裁申请。被申请人收到书面通知,无正当理由拒不到庭或者未经仲裁庭同意中途退庭的,可以缺席裁决。

根据《劳动法》和《劳动争议调解仲裁法》的规定,劳动争议当事人对仲裁裁决不服的,可以自收到仲裁裁决书之日起15日内向人民法院提起诉讼。一方当事人在法定期限内不起诉又不履行仲裁裁决的,另一方当事人可以申请人民法院强制执行。

3. 劳动争议的诉讼

1)劳动争议诉讼的概念

劳动争议诉讼是指劳动争议当事人不服劳动争议仲裁委员会的裁决,在规定的期限内向人民法院起诉,人民法院依照民事诉讼程序,依法对劳动争议案件进行审理的过程。

劳动争议诉讼是处理劳动争议的最终程序，人民法院参与处理劳动争议，从根本上将劳动争议处理工作纳入法制轨道，有利于保障当事人的诉讼权利，有利于监督仲裁委员会的裁决，也有利于生效的调解协议、仲裁裁决和法院判决的执行。

2）劳动争议诉讼的原则

人民法院审理劳动争议案件遵循司法审判中的一般诉讼原则。人民法院在审理劳动争议案件时，应按照自愿和合法的原则进行调解，调解不成的，应及时判决。人民法院审理劳动争议案件，实行合议、回避、公开审判和两审终审制度。

3）劳动争议诉讼的程序

人民法院审理劳动争议案件，适用《中华人民共和国民事诉讼法》规定的诉讼程序，包括劳动争议案件的起诉与受理、调查取证、调解、审判和执行等程序。这里的调解与企业劳动争议调解委员会的调解不同，它是诉讼中的一个程序，调解成功，同样具有法律效力。

【本章小结】

劳动关系的概念有广义和狭义之分。劳动关系是在现实劳动过程中发生的关系，劳动关系的双方当事人，一方是劳动者，一方是用人单位。劳动关系的内容是指主体双方依法享有的权利和承担的义务。

劳动合同是指劳动者与用人单位确立劳动关系、明确双方权利和义务的协议。劳动合同的法定条款包括劳动合同期限；工作内容；劳动保护和劳动条件；劳动报酬；劳动纪律；劳动合同终止的条件；违反劳动合同的责任等。法律对劳动合同的订立、履行、变更、终止和解除做了规定，只有遵守这些规定，劳动合同才具有法律效力。

集体合同是企业职工与用人单位双方根据法律法规的规定，就双方的权利、义务在平等协商一致的基础上订立的书面协议。集体合同的订立、履行、变更和终止也都有相应的规定。集体谈判是员工以工会这种团体形式和资方就工作条件和工作关系进行交涉的过程。集体谈判对员工和雇主都有十分重要的意义。

劳动争议是指劳动关系当事人之间关于劳动权利和劳动义务发生的争执和纠纷。当发生劳动争议时，争议双方应协商解决；不愿意协商或协商不成的，当事人可以申请劳动争议调解委员会调解；调解不成或不愿意调解的，当事人可以申请劳动争议仲裁机构仲裁；当事人一方或双方若不服仲裁裁定，则可申诉到人民法院，由人民法院审理并做出最终判决。

关键概念

劳动关系　　劳动关系管理　　劳动合同　　集体合同　　劳动争议　　劳动争议处理

复习思考题

1. 什么是劳动关系？劳动关系的特征是什么？劳动者具有哪些权利和义务？
2. 什么是劳动合同？劳动合同的法定条款有哪些？
3. 简述劳动合同订立的基本原则和程序。

4. 劳动合同变更的条件和程序是什么?
5. 劳动合同终止的条件有哪些?
6. 劳动争议处理的程序有哪些?

案例分析

肖华是某化工公司工程师,与公司签订有无固定期劳动合同。工作中,肖华参与了一项新工艺流程设计,公司于是要求肖华签订保密协议,协议中约定:肖华在工作期限内应对公司的技术秘密予以保密;肖华如要解除合同离开公司,则必须提前6个月通知公司,公司将采取调离其原岗位另行安排工作的防泄密措施;肖华因任何原因离开公司,应在离开后3年内不得前往与公司有竞争关系的单位工作;公司因要求肖华遵守保密约定,同意按月支付肖华一定数额的保密津贴。经协商一致,双方签署了上述保密协议。

数月后,肖华因个人原因申请辞职,公司要求肖华继续工作6个月,公司将对其重新安排岗位,并再次提醒肖华在6个月后不得到有竞争关系的单位工作。肖华认为这份协议过于苛刻,且对其今后就业极为不利,于是要求公司取消有关"离开公司后3年内不得前往与公司有竞争关系的单位工作"的协议规定。公司认为保密协议经双方协商同意并已签字,履行保密义务是员工的职责,因此拒绝了肖华的要求。肖华不服,双方于是发生劳动争议。

肖华认为:自己在离开公司时提前6个月通知,公司可以马上调换其岗位,并在6个月内采取一定的措施以保护公司的技术秘密;自己离开公司后,不再接触公司的技术秘密,因此,公司再规定自己在离开后3年内不得前往与公司有竞争关系的单位工作,限制了自己的就业权利,违反了《劳动法》的规定。

公司则认为:肖华在公司工作期间所接触的技术均是公司的核心机密,公司为保护专有的技术秘密才与肖华签订保密协议;由于技术秘密的防泄露措施并不多,所以要求肖华在离职后3年内不得到竞争单位工作也是保护技术秘密的措施。这个协议已经双方协商同意签订,公司已按月支付了保密津贴,肖华现在反悔没有依据。

问题:

1. 本案例争论的焦点是什么?
2. 提前通知期和竞业限制是否可以在合同中同时约定?

实训设计

一、实训项目

劳动合同的订立。

二、实训目的

通过本次实训,了解劳动合同的内容、劳动合同订立的程序以及劳动合同订立过程中应注意的问题,学习在劳动合同订立过程中根据具体事实制定劳动合同条款,全面分析劳动合同内容,避免劳动纠纷的发生。

三、实训内容与要求

(一)实训内容

模拟某公司与新招聘员工签订劳动合同的过程,包括新招聘员工提出利益要求、公司提出对员工的要求以及双方进行协商。新招聘员工的利益要求必须包括工资、五险一金，也可以包括假期、培训、晋升等。

(二)实训要求

1. 学习《中华人民共和国劳动法》以及《中华人民共和国劳动合同法》，研究有关劳动合同订立的法律规定。

2. 学习当地的劳动法规，研究当地政府有关劳动合同订立的法律规定。

3. 了解劳动合同的主要内容并且能够制定《劳动合同书》。

4. 了解劳动合同订立的程序以及在此过程中应注意的事项，避免在劳动合同订立过程中产生可能导致劳动纠纷的因素。

5. 能够为企业制定有关劳动合同签订的管理制度，或者为已经制定的管理制度提供建设性的意见。

四、实训组织与步骤

第一步，教师介绍实训内容和要求。分发事先准备的当地某企业背景资料，展示《劳动合同书》范本。

第二步，组织学生进行分组，以7~9名学生为一组，并设组长1名对组员进行组织管理。组织小组分配角色，即企业方和新招聘员工方。

第三步，教师号召组长组织组员模拟企业与新招聘员工签订合同的过程。

第四步，模拟之后，各组对模拟过程中出现的问题(如纠纷、矛盾或者摩擦等)进行讨论分析，集思广益，提出解决问题的办法以及避免类似问题再次发生的制度修改建议，并形成PPT文档和文字报告。

第五步，教师组织各小组通过抽签按顺序在课堂上公示报告结果。每组PPT文档的展示时间为10分钟。

第六步，各小组根据各项考核标准进行自我评价，评价结果不作为评分参考。教师进行点评。

实训时间为1周，课堂展示时间为一个课时。

五、撰写实训报告

实训结束后，每个小组撰写实训报告。实训报告要求语言流畅、文字简练、条理清晰；报告内容主要包括实训报告封面(实训日期、小组成员姓名、专业、班级等信息)、实训项目名称、实训目的、实训内容、实训资料(实训所依据的原始资料和使用的工具、材料等)、实训过程(实训采用的方法、步骤等)、实训结果或结论、实训指导教师评价意见等。

六、实训成绩评定

(一)评定等级

实训成绩可分为优秀、良好、中等、及格、不及格5个等级。

(二)评定标准

1. 能否依据劳动合同相关原理正确模拟签订过程。

2. 签订的劳动合同内容是否正确、规范，信息完整。

3. 课堂讨论中，是否认真、积极地投入，是否体现了良好的团队协作精神。

4. 课堂模拟、讨论、PPT展示占总成绩的60%，实训报告占总成绩的40%。

第 10 章　跨国公司的人力资源管理

学习目标

1. 掌握跨国公司人力资源管理的定义及特点。
2. 理解跨国公司战略性人力资源管理的界定与内容。
3. 了解跨国公司对人力资源管理职能方面的具体做法。

【导入案例】

作为国内家电行业的知名企业,TCL 集团较早地就提出了国际化战略,通过参与世界经济大循环,在全球化竞争的大气候中打造世界级的中国品牌。

为提高集团管理人员的素质,适应人才国际化战略的要求,TCL 采用内部提升和外部引进并重的人才战略。一方面,对现有的各级管理人员进行国际化企业经营运作能力的系统提升,有计划地选派部分人员到海外企业交流任职或到国际一流的商学院学习等;另一方面,以全球化视野,搜寻、吸纳具有国际化经营背景的高级管理人才和研发人才,迅速补充到关键岗位;并在国内引入具有潜质和一定经验,尤其是有外资企业工作经历的各类专才,作为国际化人才的后备队伍,加以培养锻炼。

企业进入国际市场后,随之会遇到大量的人力资源管理问题。那么,TCL 是如何应对人力资源国际化带来的管理挑战呢?

首先,构建灵活的人力资源管理体系。TCL 的管理体系分为集团总部、各事业本部、各下属企业三个层次。为增加各地分支机构的主动性和灵活性,应付市场环境变化,TCL 采用了"因地制宜"的管理方法。集团总部首先制定了一套人力资源管理方案框架,由分支机构细化并实施。同时,依据东道国法律、风俗习惯与生活方式等要求,确定符合当地情况的薪酬福利结构与工作时间;依该国的工作习惯,制定评估标准,依据实际业绩加以考核。集团总部人力资源部门经常派出工作人员到各分支机构工作、指导,以确保各分支机构与集团总部的协调统一,保持较高的运作效率。

其次,设立良好的员工管理制度。由于进入海外市场的企业中必须有一些熟悉该国政治、文化、法律等方面的专家,而这通常要求企业必须雇用一名或多名东道国的本土员工;企业还必须雇用许多"内派员工"在公司总部中工作的来自不同国家的管理者,以促使集团决策的国际化;此外,企业很可能还要从非母国的其他国家选派管理人员到另外的国家从事工作。在人才的选用上,由当地负责人根据具体情况对东道国本土员工进行相应培训,以使其尽快融入公司的工作。

再次,制定合理化的薪酬体系。TCL 综合了多方面的因素来制定薪酬体系,包括国际、国内市场以及集团自身情况,以使来自不同国家、在全球不同地点工作的员工产生薪酬公正感。同时,对于那些在海外市场工作的中国员工,企业还应提供一定的奖金及激励,从而鼓励他们努力克服到一个陌生的环境中去工作和生活所必然面对的各种困难。

最后,克服文化差异。面向全球化市场的企业必须对当地的文化保持高度的敏感性,并且努力去在这种文化框架之间开展工作。多元化移民文化的价值观一直是 TCL 的骄傲,在进入全球市场时,这一文化将有利于来自不同文化背景的员工尽快地融为一体,有效地开展工作,进而转化为强大的企业竞争力。

思考:TCL 集团在国际化过程中,是如何应对所遇到的人力资源管理问题的?

10.1　跨国公司人力资源管理的特点与内容

有人把 21 世纪称为“跨国公司时代”。跨国公司追逐规模效益与分工效益,推动了投资和生产从国内区域间分工向国际分工发展,在实现了销售从国内市场向国际市场扩张后,借助通信及交通的发展和各国传统经济壁垒的逐渐消除,通过资本的全球流动实现了生产、研发等职能的全球布局。这样,跨国公司形成了全球配置资源、跨国协调生产与经营活动的格局。

经济全球化促进了人力、资本、商品、服务、技术和信息实现跨国界的流动,优化了各种生产要素和资源的配置。据预测,未来企业的情况将是:一家硅谷公司,将研发外包、软件执行分包给不同组的工程师,零件承购由新加坡公司负责,产品在越南或中国组装,运送由联邦快递或优比速来进行,账务交由信用卡公司处理,广告则外包给智威汤逊公司。类似的模式将在各行各业中不断出现,外包(outsourcing)将成为经济全球化企业经营的主流。

在经济全球化为主流的今天,可以说,没有人才流动的全球化以及人力资源管理与开发的国际化,就没有实现真正意义上的全球化。新经济竞争的制高点有两个:一个是技术标准——国际标准;一个是人才——国际人才。在新经济发展的过程中,最为重要的生产要素是人力资本。通过人力资本实现创新,是新经济发展的关键因素。国外跨国公司的实践也表明,占全球贸易 50%~60%的 4.4 万家跨国公司的成功经营,有 10%靠资金,30%靠技术,60%靠管理,而在管理中更为突出的是人力资源管理。一般而言,在企业开展国际化业务的早期阶段,产品的出口、授权生产和连锁经营是其主导性的方式。但是当国际化业务发展到一定阶段时,企业为了更加充分地利用国外的资源优势,就必须对其他国家进行直接投资,建立独资企业或合资企业,这使得跨国公司的人力资源管理面临着国外员工招聘、培训、薪酬和工作生活质量等方面的特殊问题。本章将对跨国公司人力资源管理的相关理论和实践进行较为详细的介绍。

10.1.1　跨国公司人力资源管理的特点

跨国公司也称为国际公司或全球公司,联合国跨国公司中心在 1981 年用“Transnational Corporation”一词定义跨国公司,根据该机构的定义,跨国公司是指这样一种企业:

(1)一个在两个以上国家中从事经营的实体,不论这个实体的法律形式如何,如合资、有限或无限责任、合伙或公私合营等,也不论在哪一经济部门经营。

（2）具有一个中央决策体系，实行全球战略和在共同统一的政策下从事经营活动。

（3）实体内通过股权或其他所有权形式相互联系，并在各实体之间分享资源、信息和分担责任。

跨国公司的人力资源管理是指在一个跨国公司内获得、分配和有效使用人力资源的过程。由于企业国际经营所面临的特殊环境不同于国内经营企业的环境，因此，跨国公司人力资源管理与国内经营企业的一般人力资源管理相比，具有以下特点。

1. 更为丰富的人力资源活动

在国际经营中，人力资源部门必须考虑许多在国内环境中不需关注的因素，例如，国际税收、外派人员的国际迁移和培训、与所在国政府的关系、语言的翻译服务、外派人员的家属安置以及回国后的工作安排和待遇等。

2. 具备国际观念和全球眼光

由于跨国公司人力资源管理的对象是由多种国籍的员工所构成的群体，涉及众多的国家、民族、文化等，所以从事国际人力资源管理就需要具备国际观念和全球眼光。无论在外派人员的培训与开发方面，还是在确定国际员工薪酬政策上，都必须基于更为广泛的全球观念，否则，就难以建立和管理一支由来自于不同国家员工所组成的和谐高效的国际员工队伍。

3. 更多地涉及员工的个人生活

跨国公司的人力资源管理在很大程度上涉及员工的个人生活以及配偶与家庭。例如，要确保驻外人员了解住房安排、医疗保险以及为出国任职所提供的待遇的各个方面（生活费用津贴、奖金、纳税等）。许多跨国公司建立了“国际人力资源服务”机构，负责协调上述项目的管理，为任职中的母国员工和其他国员工提供诸如办理银行卡、投资、租房之类的服务，协调回国访问及任职期满回国的相关事宜。

4. 工作重点不断变化

随着跨国公司国际经营的发展，其员工组合也会随之变化。例如，随着对外派人员需求的下降和训练有素的东道国人员的供给增加，跨国公司将以往用于诸如外派人员税收、调动及导向等领域的资源更多地用于东道国人员的选择、培训以及开发等活动中。随着跨国公司经营国际化水平的提高，公司尽管在战略层次仍大量使用外派人员，但从经营角度出发，将越来越多地依靠东道国人员。因此，跨国公司人力资源管理的重点也转向东道国人员。

5. 更大的风险

与国内企业的人力资源管理相比，跨国公司人力资源管理要面临更多的风险。例如，外派人员的失败会给企业带来很大的损失。考虑汇率和任职地的因素，每一项外派失败给母公司造成的直接成本，可能要比国内的薪酬与重新安置费用的总和还高出许多，而市场份额缩减、国际客户关系的损害等间接成本则更为可观。此外，不平等雇用员工可能导致公司因触犯平等就业机会的法律而被控告，甚至受到罚款的制裁。所在国的政治、法律制度的变化可能直接影响跨国公司的人力资源管理战略。国际政治局势的动荡、地区冲突和治安恶化等更是跨国公司在进行国际经营时所必须考虑的问题。

6. 更多外部因素的影响

跨国公司人力资源管理的主要外部影响因素包括所在国政府的类型、经济状况以及各东道国可接受的商业惯例等。例如，在发达国家，人力资源成本较高，但是人力资源的素质也较高,有利于进行组织与管理;而发展中国家虽然人力资源成本低廉,却要花费较大的精力进行培训。再如,我国在住房制度改革之前,企业通常会向员工提供住房,20 世纪 80 年代有一些外国企业如松下公司也采取了同样的福利制度。

7. 文化的差异性

由于跨国公司总部的国别差异而引起的文化差异对跨国企业的人力资源管理方式也有重要的影响。首先,有些文化更加支持本土化的人力资源管理策略,例如,与欧美跨国企业相比,日本的跨国公司更倾向于用本国的员工来填充海外子公司的管理职位空缺。其次,跨国公司的各子公司文化的混合以及这些子公司之间文化差异的制度,也会对人力资源管理方式的选择起到限制性作用。随着一个跨国企业子公司数量的增加以及由此引起的文化差异的增加,跨国企业越来越难以在所有的业务单位中采取整齐划一的人力资源管理政策。

知识拓展

日本人管好了美国工厂

由美国沃里科公司管理了 15 年的弗里斯特市电视机厂,是著名的希尔斯公司的协作厂家。该厂生产的电视机多由希尔斯公司经销。这家电视机厂一度曾有员工 2000 人,无论从产值、规模,还是职工数量上来说,都是阿肯色州弗里斯特市的重要企业,在当地的企业界中举足轻重。

但是,沃里科公司由于管理不善,屡屡出现质量问题,致使弗里斯特市电视机厂陷入重重困境。厂里生产的电视机居然有 10%过不了本厂的质检关,必须返修才能出厂。销出的电视机由于质量不佳,用户怨声载道,造成产品大量积压。

工厂的财务状况难以为继,几乎到了倒闭的地步。为了扭转厂方的不利局面,由希尔斯公司引入日本三洋公司为战略合作伙伴,并进一步利用日本管理人员和技术人员,来领导这家工厂。

日本人到达目的地后,马上发现他们面临着双重困难。一方面,同日本工人比起来,美国工人的劳动纪律性差,生产效率低,因此生产出的产品质量差;另一方面,工厂中的工人乃至整个城市的居民,并不十分欢迎日本人的到来,战后形成的对日本人的轻视和不满情绪仍然存在。

显然,日本管理人员无法采用在日本惯于使用的管理方法。除了文化和习惯方面的因素外,还有民族感情方面的问题。然而,生产效率必须提高,产品质量必须改善。

日本管理人员到达弗里斯特市后,先后办了几件事,令美国人大开眼界。

日本管理人员没有先采取什么严厉的措施,相反,他们首先邀请电视机厂的所有员工来参加聚会,大家坐在一起喝咖啡,吃炸面包圈。然后,又赠送给每个工人一台半导体收音机。这时,日本经理对大家说,厂里灰尘满地、脏乱不堪,大家怎么能在这样的环境中生产呢? 于是,由日本管理人员带头,大家一起动手清扫厂房,又把整个工厂粉刷得焕然一新。

几个月后,工厂的生产状况逐步改善,厂方对工人的需求又开始增加了。日本管理人员一反大多数企业招聘员工的惯例,不去社会上公开招聘年轻力壮的青年工人,而是去聘用那些以前曾在本厂工作过,而眼下仍失业的工人。

只要工作态度好，技术上没问题，而且顺应潮流的人，厂方都欢迎他们回来应聘。日本人解释说，以前干过本行的工人素质好，有经验，容易成为生产好手，所以才雇用他们。

日本人刚来时，很看不惯美国工人在生产线上边干活边吸烟，把烟灰弹得到处都是。在同工会商议后，日本管理人员提出车间内禁烟。由于取得了工会的支持，工人们一声不响地接受了此项命令。

弗里斯特市工业委员会主席瓦卡罗说："这些日本人真行，每天早上七八点钟就上班干活了，一天要工作9~11个小时，星期六都有很多人自愿加班。从前的那些管理人员可差远了，他们9点钟才进厂，翻翻当天的报纸、邮件，口述一封回信，11点钟准时去俱乐部打高尔夫球，玩到下午3点钟才回厂，东晃一会儿西荡一会儿，就到下班回家的时间了。"

（资料来源：李剑锋．劳动关系管理[M]．北京：对外经济贸易大学出版社，2003.）

思考：

1. 日本三洋公司管理人员怎样管好了美国工厂？
2. 三洋公司管理人员的做法对做好跨文化人力资源管理有何启示？

10.1.2 跨国公司人力资源管理的内容

跨国公司人力资源管理与国内人力资源管理相比，在内容上面临很多新的课题，具体表现在以下几个方面。

1. 员工多元化管理

员工多元化是指跨国公司成员的构成在性别、种族、国籍方面正变得越来越多样化。在跨国公司中，管理者面临的一个挑战就是认识到以公正、平等的方式对待多元化员工的重要性。由于跨国公司中员工的年龄、性别、种族、宗教信仰以及社会经济背景较以往发生了很大的变化，管理者必须建立公正、无歧视的员工招聘步骤和计划，并在实践中贯彻落实。越来越多的跨国公司认识到，要想有效地激励并充分开发利用员工的才能，就必须为所有员工提供平等的提升机会。

管理者必须认识到所领导的多元化员工群体所蕴含的提高绩效的可能性，需要充分开发利用不同员工的不同技能和经验。认识到多元化员工价值的管理者，会对这些员工技能的开发进行投资，并对其优异的绩效给予奖励。从长远来看，他们对于提升企业绩效是最为宝贵的资源。

有效的多元化管理有助于跨国公司获得更多的竞争优势，因此，管理者必须培养管理多元化员工的能力。通过工作实践活动，管理者需要为组织成员提供有关多元化的准确信息，帮助多元化的员工评估个人的信念、态度和价值观，了解他人的观点，消除对不同文化群体不恰当的成见和看法，培养一种轻松表达自己不同观点和看法的氛围。还可以通过灵活的工作安排、多元化的培训活动来有效地管理多元化的员工。

2. 国际人才的柔性管理

柔性管理是一种以人为本的管理思想和管理方式，即对员工进行人格化管理。柔性管理的最大特点在于它不是依靠外力而是依靠尊重人性、权利平等、民主管理，从内心深处来激发每个员工的内在潜力、主动性和创造精神，使他们真正做到心情舒畅、不遗余力地为企业创造优良业绩，成为企业在全球激烈的市场竞争中取得竞争优势的力量源泉。

在国际环境复杂多变的情形下，各地消费者的消费观念、消费习惯等也各不相同并呈现不断变化的趋势。满足“个性消费者”的需要，这是跨国公司生产经营的必然趋势，而原有的仅仅依靠规章制度的“刚性管理”已经很难适应这种变化要求。这种生产组织上的巨大变化必然反映到管理模式上来，这就导致管理模式向柔性化转化。它要求跨国公司的战略决策者必须整合各类专业人员的智慧，使员工的隐性知识自觉、自愿地与企业实现“知识共享”，同时打破严格的部门分工界限，实行职能的重新组合，让每个员工团队获得独立处理问题的能力、独立履行职责的权利，而不必层层命令和指示，以提高战略决策的效率。

3. 跨文化管理

跨文化和多元文化是跨国公司有别于一般企业的最基本特征，是跨国公司进行跨国经营、对外直接投资的环境与条件。正是这一特征，决定了跨国公司的管理必须充分考虑文化差异和多元文化对跨国公司的作用和影响，并对跨国公司进行跨文化管理。管理学家威廉·大内认为：“每种文化都赋予其人民互不相同的特殊环境。因此，虽然同样的行为原理对不同的文化是适用的，但由于当地情况的差别而形成的社会结构和行为模式可能使其具有很大的差距。”现在全世界总计约有 1500 种民族和地区的文化，由于经济基础和上层建筑的不同，满足人们基本需求的形式和方法也不同，因而造成了文化的千差万别。目前，世界经济区域化、一体化趋势日益加强，各国之间经济交往、经济关系越来越密切，特别是跨国公司在许多国家和地区建立了分支机构，把母国的资金、技术、管理方式带给东道国的同时，也把母国的文化带给了东道国。因此，跨国公司必须面对与本民族文化完全不同的民族文化，其人力资源管理在协调母公司总部的政策与各国的特定环境需要之间的关系时也将面临许多困难。

跨国公司的管理者需要思考和理解的一个重要问题是文化差异及可能导致的文化冲突。企业在从事跨国经营的过程中，本企业原有的文化会受到东道国文化的冲击，这是由于不同国家和地区的文化及企业文化的多样性所导致的差异性造成的。企业的文化差异固然潜藏文化冲突的因素，但它并不必然引起文化冲突，而且文化差异即使引起了文化冲突，也并不总是破坏性的。因此，跨国公司的管理者必须认真识别其文化冲突的积极性和消极性，进而采取有效的管理措施。

跨国公司面对多元文化的国际环境和人力资源，能否成功取决于对跨文化差异的理解与融合程度。因此，跨国公司必须改变传统的、单元文化的管理观念，把管理的重心转向企业所具有的多元文化的把握和文化差异的认识上来，克服多元文化和文化差异带来的困难，充分发挥多元文化和文化差异所具有的潜能和优势，使跨国公司富有勃勃生机和无限活力。

10.2　跨国公司的战略性人力资源管理

10.2.1　战略性人力资源管理的界定

随着国家、地区和全球竞争的日益激烈以及由此产生的劳动力特征、法律、法规以及科学技术的变化,要求组织在结构、形态、特征和技术上必须与此相适应,要求组织在反应速度、产品或服务质量、革新和全球化等方面适应日益加剧的国际竞争的需要,以此来维持组织的生存。所以,在这种环境的变化中,人力资源管理也就逐渐升级为组织的一项战略性活动。

战略性人力资源管理(strategic human resource management,SHRM)和人力资源战略是两个不同的概念。人力资源战略是关于人力资源管理的基本战略问题,即人力资源管理的理念、目标、计划和程序;战略性人力资源管理是将人力资源管理提高到战略的高度来对待,或者说将人力资源管理纳入企业战略的制定过程中,强调人力资源管理的战略性地位和作用。战略性人力资源管理是统一性和适应性相结合的人力资源管理。它要求组织的人力资源管理一定要和组织的战略和战略需求完全统一;人力资源政策在组织中的各个层面要完全一致;直线经理和员工要把人力资源政策的调整、接受和应用作为他们每天工作的一部分。

战略人力资源管理的概念最早是由戴瓦纳(Devanna)提出的,而实现人力资源管理向战略性人力资源管理的跨越是比尔(Beer)等人的《管理人力资本》一书(1984)提出的。目前,战略性人力资源管理一般采用 Wight 和 Mcmanhan 的定义,即企业为达成目标所进行的一系列有计划的人力资源部署和管理行为。这个定义突出了 4 个主要含义。

(1)人力资源的重要性。企业的人力资源是企业获得竞争优势的主要资源。

(2)人力资源的系统性。为了获得竞争优势而部署的人力资源管理的政策、实践以及手段等管理行为是系统的。

(3)人力资源的战略性,即契合性。包括纵向的契合,即人力资源管理要与企业的战略相契合以及水平的契合,即整个人力资源管理系统之间的契合。

(4)人力资源的目标性。人、行为等是目标指向的,最终都是为了使企业的绩效最大化。

10.2.2 战略性人力资源管理的内容

战略性人力资源管理的体系由组织环境分析、组织宗旨和组织目标分析、组织优势和组织文化分析、组织战略分析、人力资源战略的制定与实施以及人力资源战略管理的评价 6 项活动组成,各项管理活动相辅相成,构成战略性的管理体系。

1. 环境分析

人力资源部门应经常审视企业的发展环境,如经济,社会,劳动力市场的变化趋势,市场竞争的结构,国家方针、法律法规和公共政策等,以识别环境的发展机会与威胁,并制定相应的行动指南。

2. 组织宗旨和组织目标分析

人力资源发展战略应与组织的宗旨及总体发展目标相契合。企业的宗旨主要体现在企业的价值观上,阐述企业的长期战略意向,其具体内容主要说明企业目前和未来所要从事的经营业务范围以及所要采用的竞争手段和方法等。不同的企业还制定了不同的发展目标,如盈利能力、组织发展、员工满意、高效率、适应环境变化等。

例如,两个经营业务相似的电子产品制造商制定了不同的企业宗旨,分别表述为“成为娱乐行业的成功企业”以及“占据电子产品行业的技术领先地位”。在不同经营哲学的指导下,两个企业的发展战略也将有所差别。第一家企业除了生产家庭娱乐的电子产品外,还可能与音像制品、电影生产商合作,并进入音乐行业;另一家企业很可能通过加强研发能力,生产出具有创新性的电子产品。因此,这两家企业的人力资源配置与人力资源管理系统必将有所差异。

3. 组织优势和组织文化分析

组织的优势和组织的文化决定了组织的特征,而组织特征反映了企业的特征。通过对组织优势和组织文化的分析,可以使组织对其自身有更为全面和深入的认识,从而为其战略的制定提供依据。

4. 组织战略分析

根据组织的总体发展目标所制定的组织发展战略有多种类型,主要包括成本领先战略、产品差别战略和目标集中战略 3 种基本竞争战略。企业所采用的竞争战略对其人力资源管理战略有直接的影响。如当企业采用成本领先战略时,其理想的员工行为是可预见的,同时企业对员工培训的重视程度较低;而在企业采用产品差别战略时,往往希望员工具有较强的创新性,且高度重视员工培训。

5. 人力资源战略的制定与实施

人力资源战略应在审视组织外部发展环境与内部条件的基础上,体现组织的总体目标和发展战略。人力资源战略主要由人力资源规划、人力资源吸收、人力资源开发与评价、人力资源激励和保持高的绩效水平等 5 项战略活动组成。

6. 人力资源战略的评价

由于企业环境因素的不稳定性,人力资源战略必须定期进行评估与调整。

10.3　跨国公司职能性人力资源管理

10.3.1　人力资源的招募

跨国公司人力资源的类型按照员工所在国家可以分为 3 种:①经过本国母公司的教育和培训并取得经验的本国公民,这类员工被称为母国员工;②经过所在国公司分公司培训的所在国人员,这类员工被称为所在国员工或东道国员工;③从第三国选拔的人才,这类员工被称为第三国员工。

通常,跨国公司的高层管理人员由母公司派遣,中层管理人员主要来自所在国或第三国,而一般员工则在所在国招聘。值得一提的是,跨国公司人力资源的来源正在呈现日益复杂化的趋势,已经不能单纯地以国籍或录用地作为划分的标准。一方面,驻外人员中拥有所在国国籍的人员越来越多,而且"回国者",即在外国学习或工作过又回到母国工作的员工也成为跨国公司人力资源的一个重要组成部分。另一方面,留学生的增多也使得跨国公司直接在所在国录用具有母国国籍的员工成为可能。

根据跨国公司对职员国籍问题的态度,可将其相关政策分为 4 种:民族中心政策、多中心政策、全球中心政策、地区中心政策。每一种政策都反映出总部高层管理者国际经营的管理理念。

1)民族中心政策

民族中心政策是指跨国公司所有的关键岗位都由母国人员担任。这种政策对国际化早期阶段的公司来说很普遍。采取这种政策的原因主要有两个:一是认为当地缺乏能够胜任的人员;二是需要与公司总部保持良好的沟通、协调和控制等方面的联系。例如,当一家跨国公司在另一国收购一家公司时,它可能会希望在开始时使用母国人员来代替当地的管理者,以保证新的子公司服从公司的整体目标和政策。对有经验的跨国公司来说,民族中心政策对某种特定的国外市场可能是相当有效的。但是,民族中心政策也会带来以下一些明显的问题:

(1)限制了所在国人员的晋升机会,引起士气的低落和人员的流动。

(2)派驻外地的母公司经理人员可能会需要很长的时间才能适应,在这期间可能会做出错误的决策。

(3)母公司人员与所在国人员在待遇差距较大时,会使所在国员工产生不公平的感觉。

(4)驻外人员的维持费用往往较为昂贵。

2)多中心政策

多中心政策下,跨国公司雇用母国人作为管理人员,而把国外子公司交给当地人管理。利用东道国国民担任管理职务主要有以下几方面优点。

(1)精通当地语言,熟悉当地的文化和习惯,不需要进行相应的适应性培训。

(2)由于当地人熟悉东道国的政治、经济体制和有关的政策法规,有利于发现和利用东道国潜在的商业机会。

(3)雇用东道国当地人,有助于同顾客、员工、政府机构及工会等公共组织建立良好的关系。

(4)当地人的任职期限一般较长,避免了管理人员的频繁调换,有助于保持企业经营政策的连续性。

(5)可以以较少的薪酬招聘高质量的管理人员。

不过,多中心政策也有自己的弊端,首先是子公司与母公司距离上的障碍,会使总部难以控制子公司。其次是当地人不熟悉母公司的政策和经营方式,不利于与总部保持良好的沟通与交流。最后是所在国和母国经理人员的职业生涯问题。子公司的经理很少有机会到国外获得国际经验,也无法晋升至子公司以外的更高层。母国经理也只是很有限地获得国际经验,高级经理人员很少从事国际经营,长期下去将制约战略决策和资源分配。

3)全球中心政策

全球中心政策是指跨国公司选择最佳人员来担任关键职位而不考虑其国籍。采用这一政策的优点是:跨国公司能组建一支国际高层管理人员队伍,并克服多中心政策"联邦式"的缺点。相对于其他的人员选聘政策,全球中心政策的缺陷主要表现在以下几个方面。

(1)东道国希望更多的本国居民被聘用,因而会使用移民限制政策以促进本国人员的聘用。

(2)由于培训和重新安置成本的增加,全球中心政策实施起来非常昂贵。

(3)贯彻全球中心政策要求有更长的时间和对人事配备过程更集中的控制,这必然会减少子公司管理的独立性,可能引起子公司的抵制。

4)地区中心政策

地区中心政策是按照地理区域划分的,人员在地区间流动。例如,一家美国公司可以把他的子公司按照地理区域划分成欧洲地区、美洲地区和亚太地区。欧洲人员在整个欧洲范围内流动,美洲人员在美洲范围内流动,跨区流动或子公司向母公司流动的情形很少。这种政策反映出跨国公司对于人员配备的灵活性,也是跨国公司从纯粹的民族中心政策或多中心政策逐步向全球中心政策过渡的途径。

10.3.2　人力资源的培训

保持和影响自己所拥有的人力资源,使成员受到适当的培训,成为国际性的人才,从而随时可以支持企业战略的实施,并能为其核心竞争力做出贡献,这一点对跨国公司来讲至关重要。

1. 外派人员的培训

大多数的外派员工,无论是母国员工,还是第三国员工,大部分是从跨国企业内部挑选的,但是也有一部分外派人员是从外部雇用的。为了确保这些外派人员能尽快适应新的工作环境,必须实施有效的培训计划。对外派人员进行的培训有别于国内企业对员工的培训,其主要目的是帮助他们增强跨文化的适应能力。对外派人员的培训可以分为出发前的培训、抵达后的培训和归国培训3个阶段。

1)出发前的培训

研究表明,有效的出发前的培训对于外派人员在海外分公司的顺利过渡非常重要。出发前的培训一般包括以下几个组成部分。

(1)文化意识培训。确保外派人员在海外分公司工作顺利的一个前提就是他们必须适应新的工作环境,并且在新环境下不感到孤单。因此,在外派人员出发前,对他们进行一个有针对性的文化意识培训是大有益处的。

文化意识培训的内容是由以下因素决定的:一是与东道国文化的接触程度;二是两国文化的差异程度。如果外派人员与东道国同事之间交往频率较低,而且东道国与母国的文化差异也不大,那么文化意识培训的重点应该放在与外派人员的工作任务有关的事务上。具体来说,文化意识培训主要包括东道国的情况介绍,如政治制度、政府机构、经济体制、历史背景、文化传统等;跨文化的技能训练、工作任务和职责等。这些培训能教会外派人员如何按照东道国的风俗习惯处事、工作和解决问题。

(2)初步访问。指定外派人员的一个有效方法就是将他们派往东道国做初步的访问。计划周全的海外旅行可以给外派人员及其配偶一个亲身体验的机会,使他们可以判断自己对驻外任职的适应性和兴趣。这样的旅行还有助于向外派人员介绍东道国的企业环境,并帮助他们在出发前做好充分的准备。但是这种培训方法也存在一些缺点,一是初步访问耗费的成本较高;二是那些精心筛选出来的候选人可能因为不满意东道国的实际状况而不愿意接受新的任命。

(3)语言培训。语言培训是出发前培训的一个重要组成部分,它通常包括两方面的内容:一是英语培训。英语是国际性的通用语言,对于一些母语非英语国家的跨国公司来说,外派人员出发前的英语培训占很大比重。二是东道国语言培训。熟悉东道国的语言,可以帮助外派人员及时获得更多、更确切的有关东道国经济、政府和市场的信息。每个外派人员对东道国语言的熟练和流利程度的要求,则应根据其外派职位的性质和特点及其与东道国同事、政府官员、客户打交道的频繁程度而定。实践证明,熟练掌握东道国的当地语言,对于外派人员尽快适应新的环境,并在新的工作岗位上取得良好的绩效有很重要的影响。

2)抵达后的培训

外派人员到达东道国以后,真正的调整和适应阶段开始了。在这一阶段,跨国公司还应安排以下培训,以便让外派人员尽快地适应新的工作角色和工作环境。

(1)对周围环境的介绍。包括分公司所在地的基本情况,如语言特点、民风民俗、交通状况、商店银行的分布情况等。这些介绍能帮助外派人员及其家庭尽快熟悉周围的生活环境,有利于他们缩短适应期。

(2)对工作单位和东道国同事的介绍。这是分公司向外派人员介绍公司的基本情况,包括今后工作的部门、具体的工作要求和绩效标准,尤其重要的是介绍今后将共事的同事。最好的培训方法是请已经有海外工作经验的人给外派人员讲述在分公司工作的亲身体会,这样能减轻外派员工的陌生感和紧张情绪。

(3)实际工作情况的介绍。这部分培训的重点是再次强调在不同文化背景下的不同工作方式,尤其是因文化背景不同而导致的与母公司截然不同的管理方式和工作方法。许多研究表明,外派人员工作失败的主要原因在于,他们不能适应不同的工作环境和工作习惯。因此,加强对外派人员实际工作情况的介绍是至关重要的。

3)归国培训

当外派人员回到本国的时候,培训的最后一个阶段开始了。这部分培训包括消除文化休克的培训、接纳和安置等一系列的内容。归国培训主要从工作、人际关系和综合性几方面培训外派人员的调整能力,通过培训可以有助于外派人员顺利完成任务。

10.3.3 跨国公司的人力资源绩效管理

在跨国公司的人力资源管理中,绩效考核具有一定的特殊性。

绩效考核在现代企业中与薪酬、晋升等密切相关,这在所有企业中都是一样的,但是国际人力资源管理中绩效考核的目的不仅仅是为员工薪酬调整和晋升提供依据,而且加入了许多新的因素。比如重视个人、团队业务和公司的目标的密切结合,将绩效考核作为把相关各方的目的相结合的一个契合点。同时在工作要求和个人能力、兴趣和工作重点之间发展最佳的契合点。

跨国公司的人力资源管理中绩效考核的目标包括战略方向和业绩。这与一般企业通常关注业绩有很大的差别,特别突出了战略方向,有利于实现企业的长远发展。业绩固然重要,但是战略不能因此而受到忽视。同时,在业绩中,也较全面地反映了各个方面,如员工在财务、客户关系、员工关系和合作伙伴之间的一些作为,也包括员工的领导能力、战略计划、客户关注程度、信息和分析能力、人力资源开发、过程管理法等方面的表现,要求较为全面、合理、综合地反映一个员工的各方面的业绩。而所有这些方面作为一个整体而言对一家企业来说都是不可少的。

因为国际人力资源日趋全球化,员工越来越趋向知识型,许多员工不仅仅在工作中追求高薪酬,更多的是追求一种自我价值的实现,员工对于公平感、自我实现、工作本身对人的激励等在工作中体现要求越来越多,因而对于管理者的素质要求也越来越高。如何选拔优秀的管理者,如何明确定义管理者的素质,同时如何培训管理者都显得越来越重要。这需要一种全球眼光,培养全球性的管理者。

由于员工是全球性的,企业也是全球化的,因而薪酬的确定也是基于国际水平,薪酬标准从职位入手,跟国际市场挂钩。更为重要的是,科学地进行员工业绩考核,根据员工能力、市场价格和业绩考核等及时地调整薪酬,这是国际人力资源管理的基本要求,也更有利于企业和员工的发展。

10.3.4 跨国公司的人力资源薪酬管理

由于跨国公司人力资源管理需要面对不同国家的社会文化与法律制度背景,薪酬激励不能照搬母国企业的做法;即使在本公司内部,也要面临文化多样性的矛盾,跨国公司需要开发特别的薪酬激励计划,以弥补工作人员及其家人为了国外工作所做的个人牺牲。因此,跨国公司人力资源薪酬与激励管理面临着相当的复杂性,表现出如下特点。

1. 国际薪酬的多样性

这包括由于员工类型的多样性而引起的不同的薪酬待遇问题,国家差异引起的薪酬货币购买力问题以及文化差异引起的薪酬福利或激励问题等。薪酬专业人员需要知道东道国员工、第三国员工和驻外人员之间的区别,这些区别需要在薪酬上有所体现。同时,对于各国的生活水平或生活方式以及通货膨胀与货币稳定性甚至与法律以及人际关系水平而体现的货币的购买力,也需要在薪酬体系中有所考虑。例如,货币稳定性的因素使得在用母国货币支付工资时要时常随着两国汇率的变化而变化。此外,由于国家文化的差异,子公司可能采用与母公司不同的薪酬制度,而不同国家企业的福利开支或者激励制度也会有很大不同,这些都增加了跨国公司在海外进行薪酬管理的复杂性。

2. 跨国经营导致的薪酬成本的计算问题以及公平问题

如果单纯从驻外人员而言,由于需要吸引总公司员工愿意前往海外工作,给予其一定的补偿,其总工资往往需要较高,这对于薪酬管理人员是一种挑战。但是这种高成本需要与跨国企业的全球竞争战略结合起来衡量,并且可以由员工所做的贡献而获得弥补。此外,由于外派人员到国外的薪酬与在国内得到的薪酬(包括内在性薪酬)的比较,驻外人员与公司当地员工的工资的比较,甚至所有驻外人员群体的工资的比较等诸多因素的影响,兼顾公平就成了跨国企业薪酬管理的一个重要课题。

知识拓展

美国人力资源管理考察报告(节选)

科学、合理的价值定位永远是吸引和保留人才的前提。在此次走访的8家公司中,均对此有足够重视,员工薪酬主要由三部分组成,即基本工资、年终红利与长期福利。

摩根和高盛两家证券公司员工的薪酬还要加上股东回报率(股东回报率=总效益÷总股本),基本工资的确定主要依据市场供需量、岗位对公司效益产生的重要性、员工从业经验和学历水平,当然还要考虑员工的技能水平。员工工资一般由部门经理在给定的范围内划定。为了达到吸引和保留人才的目的,再保、摩根和高盛等公司均将自己公司员工的定位置于不低于75%的同业公司水平。

在美国,某个岗位的基本工资的高低并非由公司自己做出,而是请咨询公司进行市场调查,给出该岗位的市场平均价格、最高价格和最低价格,然后公司再依据自己的经营战略、应聘者情况确定该岗位员工的最终定价。还需指出的是各个公司在确定岗位工资水平时,很少在公司内进行横向比较,而是将其拿到市场中去做比较。例如,电脑部门某一岗位的工资的确定是在考虑了市场上该岗位的定价而做出的。

为了抵消通胀(inflation)所造成的损失,各个公司每年对所有员工工资均有4%左右的自然增长,当然公司会依据自己当年的经营情况在一定幅度内(一般在3%~5%)进行定夺。由于已成惯例,在1997年,通货膨胀呈负增长时,各个公司依旧按比例增加了员工工资。

年终红利对各个公司而言,均占有相当的比重,在证券公司(摩根与高盛)更是占到员工全年工资的80%左右。在美国再保,从前只有达到一定级别的员工才能拿到红利,而如今,公司正在做出改变以使全体员工都能分享公司的成功。红利所得的多少是依据地位而逐步在比例和绝对值上同步增长的。即地位越高,拿到的红利数目和占工资的比重也越高。为了激励普通员工中的佼佼者,再保还设立了专门的表现优秀奖以促进员工发展。

随着人本管理的深入人心,长期福利已越来越为各个公司所关注,一般包括健康险、意外伤害险、牙科保险等。在美国再保,员工每年仅需支付5%的保险费用,其余均由公司承担,公司每年平均为每位员工支付的保险费用可达6000美元。为了体现亲情,公司还为员工家属提供保险。

为了解决“带婴员工”的后顾之忧,高盛公司还为他们准备了临时性托儿所。对于像高盛这样的全球性公司也常常会遇到干部外派的问题。他们的做法和特点是:

(1)外派干部均有相应的工资与福利补贴,提供津贴以平衡员工远离家乡所造成的物质与精神损失。

(2)短期外派享受优等地区的工资和福利待遇,长期视情况而定,一般如超过6个月,则按当地水准支付薪酬。

(3)外派员工福利实行弹性制,如在英国以优惠价提供汽车,到香港则提供住房补贴。

总之,各个公司在员工薪酬方面的投入是毫不吝啬的。因为他们认为这是最值得投入的地方。美国再保公司每年拿出经营费用中的75%用于支付员工薪水与各种福利,总数大约在1.7亿美金,人均为11.3万美元。

【本章小结】

跨国公司的人力资源管理是指在一个跨国公司内获得、分配和有效使用人力资源的过程。跨国公司人力资源管理与国内经营企业的一般人力资源管理相比,具有更为丰富的人力资源活动、具备国际观念和全球眼光、更多地涉及员工的个人生活、工作重点不断变化、更大的风险、更多外部因素的影响、文化的差异性等七方面的特点。

跨国公司人力资源管理的内容包括员工多元化管理、国际人才的柔性管理、跨文化管理。

跨国公司的战略性人力资源管理的体系由组织环境分析、组织宗旨和组织目标分析、组织优势和组织文化分析、组织战略分析、人力资源战略的制定与实施以及人力资源战略管理的评价六项活动组成，各项管理活动相辅相成，构成战略性的管理体系。

跨国公司职能性人力资源管理的内容包括人力资源的招募、人力资源的培训、跨国公司的人力资源绩效管理、跨国公司的人力资源薪酬管理。

关键概念

跨国公司人力资源管理　　员工多元化管理　　国际人才的柔性管理　　跨文化管理　　跨国公司的人力资源绩效管理　　跨国公司的人力资源薪酬管理

复习思考题

1. 什么是跨国公司的人力资源管理？它与一般人力资源管理的特点有何区别？
2. 什么是战略性人力资源管理？它与人力资源战略有何区别？
3. 跨国公司人力资源培训具有哪些特点？
4. 跨国公司人力资源管理在员工绩效考核上存在什么样的特殊性？
5. 跨国公司人力资源薪酬与激励有哪些特点？

案例分析

广州标致的跨文化融合与冲突

广州标致是由广州汽车制造厂、法国标致汽车公司、中国国际信托投资公司、国际金融公司和法国巴黎国民银行合资经营的汽车生产企业，成立于1985年，总投资额为8.5亿法郎，注册资本为3.25亿法郎。广州汽车集团公司占股份的46%，法国标致汽车有限公司占股份的22%（主要以技术入股），中国国际信托投资公司占20%，国际金融公司占8%，法国巴黎银行占4%。广州标致员工共2000余人，由广州汽车制造厂和法国标致汽车公司共同管理。合同规定，1994年以前的总经理由法方担任，公司任何一个部门的两名经理中，至少有一名是法方人员。广州标致的主要产品是标致504轻型小货车、505家庭旅行车和505轿车。截至1997年8月，广州标致累计亏损10.5亿元（人民币），实际年生产量最高时为2.1万辆，未达到国家产业政策所规定的年产15万辆的生产能力。除了中法双方在一些重大问题上的分歧外，未能解决文化的差异和冲突，是无法进一步合作的主要原因。

1. 尊重文化差异与创造良好环境

为了在全球化竞争中卓有成效地工作，从事跨国经营的经理一般都重视与对方国家员工的交流与融合，尽可能地提升自身对异地文化的包容性，正如有的跨国经营经理人员所说:“你不得不把自己的文化弃之一边,时刻准备接受你将面对的另一种观念。”当然,这种困难不仅反映在跨国经营经理人员一方,作为东道主国家一方的管理人员和其他员工也都存在着如何接受对方文化的问题。在这个方面,广州标致也做了大量的工作,如经常举行中外人员座谈会、联欢会,让中外人员有更多的机会进行交流,达成理解。此外,还在工会的组织下成立了职工艺术委员会和职工体育协会,开展由中外员工参加的各类文体活动,给中外员工创造增进相互了解的良好环境。为此,公司投资4530万元加强硬件建设,创造良好的生活环境。

为了提高公司中方管理人员和普通员工的素质,培养跨文化管理人员,广州标致大力加强员工培训,招收的新员工一律实行上岗前培训,对在职员工也实施定期培训,并专门开设针对管理人员的跨文化管理技能的培训。语言是跨文化沟通的工具,在广州标致公司中,由于使用的母语不同,使员工相互间的沟通存在较大的语言障碍。为了改善这一状况,公司有计划地选派人员到广州外语学院脱产学习法语,定期开办公司内部的法语培训班,扩大受训人员的覆盖面。与此同时,组织中方人员与法国留学生进行联谊活动,在语言的培训过程中穿插法国文化、人文知识和企业文化知识的介绍,增进中方人员对法国文化、风土人情、人文知识、企业文化的了解。

在跨文化管理中,技术和管理技能的员工培训是一个重要的环节。广州标致公司每年都与各大院校联系,对技术人员、管理人员进行专业培训,不断更新他们的知识,提高技术开发能力和管理技能。此外,还外派技术和管理骨干到法国标致对口学习和培训。这些人通过亲临实地考察,对法国文化、法方人员的价值观念、思维方式、行为准则和法国标致的企业文化有了比其他人更深入的了解。

制度文化是企业文化的一个重要组成部分。制度化管理是统一不同管理文化,形成统一管理风格的有效手段。为了保证中外双方人员融洽共事,协调和规范生产经营管理活动,公司制定了一整套科学管理制度,把各部门和车间的日常管理工作标准化和程序化,在实际工作中严格按照制度进行管理。

2. 差异与冲突

外商投资企业的跨文化管理比单一文化形态下的管理存在更多的问题,更为复杂和更具有挑战性。不少外商投资企业都曾遇到过由于文化观念上的差异而使中外双方在管理工作上存在分歧的问题。而且,教育上的落后使中方员工总体的文化素质相对比较低,甚至有某些积习难改的不良语言和行为习惯,与外方人员无论是观念上还是在行为上都存在较大的差异和不和谐,在此基础上要达到管理上的统一其难度可想而知。

在中法合资之初,广州标致公司从总经理、各部门经理到技术监督等重要管理岗位的重要负责人几乎都是法方人员,他们采用的是生硬、强制的方式推行全套的法式管理模式,由此引起中方人员的强烈不满,导致了罢工事件,最后由中国政府和法国领事馆出面调解。事后,该企业的中方员工道出了心里话:“法国人的管理方式我们接受不了,我们受不了洋人的气。”事件的实质是观念意识的冲突和文化的冲突。目前,外商投资企业的跨文化冲突主要有四种表现:①双方对峙,冲突越来越大;②外来文化被本国文化所同化;③外来文化占上风;④双方文化相互融合,形成“求大同存小异”的企业文化。第一种情况是由双方对对方的文化没有足够的认识,没有总结跨文化管理的经验和寻找解决文化冲突的办法所致。第二、三种情况在少数企业或某一阶段发生，不可能长期维持，因为当一种文化完全压倒另一种文化时，被压倒的文化必然以某种方式表现出来，除非占上风的文化在某种程度上吸纳或包容另一种文化。第四种情况是比较理想的状态，大多数成功的跨国经营最后都会形成这样的结局，两种文化相互学习、取长补短，将冲突逐渐消融。

广州标致公司中两种文化的冲突首先表现在各自不同的目标期望上，由于双方来自不同的利益主体，法方的主要经营目标是在短期内获得高额利润，而中方的主要经营目标是通过合资带动汽车工业乃至整个地区的产业发展，同时推进国产化进程。在这样的背景下，法方人员的决策带有明显的短期行为倾向，工作重点放在向中国出技术、设备、零配件上，中方则以推进国产化进程为工作重点。法国管理人员敢于表达自己的意见，对不清楚的地方直截了当地指出来，而中方的管理人员的表达方式较为委婉，很少直接发表意见，这使得在中法合作中表现出法方人员占主导地位的现象，共同管理成为一句空话。

广州标致采用了法国标致的组织机构设置，实行层级管理，强调专业化分工和协作，同时采用法国标致的全套规章制度。法国标致的规章制度是总结了全球20多个国家建立合资企业的经验而制定的，有一定的科学性和合理性。但由于文化背景的不同和企业管理的基础不同，生搬硬套沿用原来的规章制度就会出现如下问题。

(1)中方大部分员工都是从原国有老企业广州汽车制造厂中转过来的，中方员工长期在缺乏竞争的环境下工作和生活，部分员工对执行规章制度不够严格，带有一定的随意性，加上人员素质及机器设备等方面的原因，有些工作难以完全达到规定的标准。法方人员对中方人员的做法表示不理解并进行抗议，认为中方人员没有很好地执行有关部门的规定，而中方人员则认为自己的做法是有道理的，双方各执己见。法国的资金技术密集型产业的现代化大生产方式移植到中国后，面对大量低水平的手工劳动操作难以发挥其优势。

(2)受产业政策和市场政策的影响。中法在合资前就一直存在投资和经营管理指导上的分歧，法方人员要从习惯于高技术、大规模生产的管理过渡到中方现有的生产方式，需要有较长的心理调适过程，因为中方汽车制造技术起点低，一时上不了规模，也缺乏应有的物质文化基础。

(3)虽然中法两国的管理人员都对文化差异有一定的共识和心理准备，并且各自都在努力互相了解，但做出退让的多数是中方，法方容易在许多情况下以原有的管理方法和管理定式行事，使中方的管理人员产生逆反心理，引发更大的矛盾和冲突。

(4)在生产经营管理中，双方经常出现不一致的看法，法方总经理在意见不一致时会单方面做出决定。在这种情况下，为了保证命令的严肃性，就以法方的意见执行，而等到执行不下去的时候才去修正。这种以事实为依据，避免文化习惯上的不同而产生直接碰撞的做法，对解决跨文化管理的问题有值得肯定的地方，但有时也造成决策的延误。如对复印机的管理，法方的习惯是随到随用，无须专人看管，没有必要增加办公室人员，坚决反对中方人员提出的专人看管的办法，沿用国外普遍采用的无人看管，机器放在办公室通道，用者随时自行打开复印机使用。结果，由于一些中方人员擅自操作或大量复印私人东西，造成设备的损坏和纸张的大量浪费，最后不得不改用专人看管。

3. 跨文化冲突的解决与融合

解决外商投资企业的跨文化冲突，其根本途径是加强对两种文化的认识和理解，建立起文化选择与调适机制,实现两种文化的融合。

形成外商投资企业独特的企业文化,是一个较为复杂、困难和漫长的过程,一般需经过冲突期、交汇期最终达到融合。在冲突期,外来文化和本土文化的差异和冲突首先表现在心理上,对对方文化产生排斥和抗拒,这是不可避免的。这种冲突自双方合作开始时就会出现,如谈判、签协议的过程,双方的思想观念不可能完全一致,分歧和差异可能以正式协议和合同签订的方式暂时得到解决,但此后的经营决策、日常管理和员工行为、生活方式等方面仍会出现种种不和谐。特别是受文化背景的影响,可能对协议与合同条文的不同解释,从而造成双方矛盾的不断激化,使文化摩擦屡屡发生,潜藏着爆发冲突的危机。冲突期是不同文化"初期接触"的必然反应,这个时期的文化冲突处理得好不好将影响企业管理工作的顺利进行,也影响两种文化的交汇和融合。在冲突期,来自不同文化背景的企业管理人员要认真认识对方文化与己方文化的差异,从而表现出其对文化的理解和尊重,要认识到尊重对方文化就是尊重对方的人,因为尊重对方文化是双方心理沟通、文化沟通的桥梁,有了这座桥梁,才能对他方的民族性、国民性、行为方式、人格价值取向、风俗习惯有进一步的了解,才能从真正意义上尊重对方的人格,才能体会和捕捉到对方的观点及在不同文化理念引导下的表达方式,可兼顾双方不同的文化角度,达到真诚的合作。尊重对方的习惯,就是尊重对方的文化形式和心理文化积淀,是对他方行为方式的确认。

所谓交汇期,是指两种文化相互渗透的时期。在这一时期,人们能够对他方文化进行接纳和认可,对来自不同文化背景管理者的观念和行为方式能够表示理解、体谅和支持。既能看到自身文化优点,看到对方文化的不足,又能认清自身文化缺陷,对方文化的长处,形成相互学习、取长补短的局面。

所谓聚合期,是指跨文化的全面融合期,在外商投资企业形成既认可多元文化的存在、共存共荣,又有全体员工共同追求的统一的价值观和行为准则。

(资料来源:刘光明. 中外企业文化案例[M]. 北京:经济管理出版社,2000.)

问题:

1. 广州标致公司的跨文化冲突给我们以哪些启示?

2. 结合本案例,谈谈为什么说共有价值观的塑造是跨国公司企业文化建设的核心和灵魂。

参 考 文 献

[1] 陈维政,程文文,吴继红. 人力资源管理[M]. 5 版. 北京:高等教育出版社,2020.
[2] 刘昕. 人力资源管理[M]. 4 版. 北京:中国人民大学出版社,2020.
[3] 陈国海,马海刚. 人力资源管理学[M]. 2 版. 北京:清华大学出版社,2021.
[4] 赵曙明. 人力资源管理与开发[M]. 2 版. 北京:高等教育出版社,2018.
[5] 廖泉文. 人力资源管理[M]. 3 版. 北京:高等教育出版社,2018.
[6] 董克用,李超平. 人力资源管理概论[M]. 5 版. 北京:中国人民大学出版社,2019.
[7] 赵晓东,应丽芬. 人力资源管理[M]. 杭州:浙江大学出版社,2021.
[8] 葛玉辉. 人力资源管理[M]. 北京:电子工业出版社,2020.
[9] 陈维政,程文文,廖建桥,等. 人力资源管理与开发高级教程[M]. 3 版. 北京:高等教育出版社,2019.
[10] 孙立莉. 人力资源管理[M]. 北京:经济科学出版社,2020.
[11] 强恩芳. 人力资源管理导论[M]. 北京:北京大学出版社,2019.
[12] 夏兆敢,杨喜梅,彭良平. 人力资源管理教程[M]. 北京:北京大学出版社, 2014.
[13] 秦志华. 人力资源管理[M]. 5 版. 北京:中国人民大学出版社, 2019.
[14] 郑晓明. 人力资源管理导论[M]. 3 版. 北京:机械工业出版社, 2019.
[15] 萧鸣政. 人力资源开发的理论与方法[M]. 3 版. 北京:高等教育出版社,2016.
[16] 张小兵,孔凡柱. 人力资源管理[M]. 3 版. 北京:机械工业出版社, 2017.
[17] 侯光明,刘存福. 人力资源管理理论与实务[M]. 3 版. 北京:高等教育出版社,2015.
[18] 张轶楠,易培琳. 人力资源管理应用与实战[M]. 北京:北京大学出版社,2020.
[19] 张一弛,张正堂. 人力资源管理教程[M]. 3 版. 北京:北京大学出版社,2019.
[20] 颜爱民,方勤敏. 人力资源管理[M]. 3 版. 北京:北京大学出版社,2018.
[21] 唐贵瑶,孙卫敏. 人力资源管理[M]. 北京:经济科学出版社,2019.
[22] 许明月. 人力资源管理心理学[M]. 3 版. 北京:经济科学出版社 2018.
[23] 时勘,时雨. 人力资源管理——心理学的理论基础与方法[M]. 北京:高等教育出版社,2017.
[24] 方振邦,杜义国. 战略性人力资源管理[M]. 3 版. 北京:中国人民大学出版社,2020.
[25] 唐贵瑶,魏立群. 战略人力资源管理[M]. 北京:机械工业出版社,2018.
[26] 赵曙明. 人力资源战略与规划[M]. 4 版. 北京:中国人民大学出版社,2017.
[27] 侯光明. 人力资源战略与规划[M]. 北京:科学出版社,2017.
[28] 萧鸣政. 工作分析的方法与技术[M]. 5 版. 北京:中国人民大学出版社,2018.
[29] 葛玉辉,焦忆雷,郭亮亮. 工作分析[M]. 北京:电子工业出版社,2020.
[30] 潘泰萍. 工作分析:基本原理、方法与实践[M]. 2 版. 上海:复旦大学出版社, 2018.
[31] 付亚和. 工作分析[M]. 3 版. 上海:复旦大学出版社,2019.
[32] 朱颖俊. 组织设计与工作分析[M]. 北京:北京大学出版社,2018.
[33] 杨明海. 工作分析与岗位评价[M]. 3 版. 北京:电子工业出版社,2018.
[34] 许玉林. 组织设计与管理[M]. 2 版. 上海:复旦大学出版社,2019.
[35] 廖全文. 招聘与录用[M]. 3 版. 北京:中国人民大学出版社, 2015.

[36] 赵曙明,赵宜萱. 招聘、甄选与录用——理论、方法、工具、实务[M]. 2 版. 北京:人民邮电出版社, 2019.
[37] 孙宗虎,刘娜. 招聘、面试与录用管理实务手册[M]. 4 版. 北京:人民邮电出版社,2017.
[38] 葛玉辉,孟陈莉. 招聘与录用管理实务[M]. 2 版. 北京:清华大学出版社, 2019.
[39] 王丽娟. 员工招聘与配置[M]. 2 版. 上海:复旦大学出版社,2019.
[40] 萧鸣政. 人员素质测评[M]. 4 版. 北京:高等教育出版社,2020.
[41] 陈全明,张广科,陈芳. 人才素质测评[M]. 北京:高等教育出版社,2016.
[42] 石金涛,唐宁玉,顾琴轩,等. 编培训与开发[M]. 5 版. 北京:中国人民大学出版社, 2021.
[43] 徐芳,张成刚. 培训与开发理论及技术[M]. 2 版. 上海:复旦大学出版社, 2019.
[44] 陈国海,霍文宇. 员工培训与开发[M]. 3 版. 北京:清华大学出版社, 2019.
[45] 周文霞. 职业生涯管理[M]. 2 版. 上海:复旦大学出版社,2020.
[46] 于海波,董振华. 职业生涯规划实务[M]. 北京:机械工业出版社,2018.
[47] 方振邦,唐健. 战略性绩效管理[M]. 5 版. 北京:中国人民大学出版社, 2018.
[48] 刘昕. 薪酬管理[M]. 6 版. 北京:中国人民大学出版社,2021.
[49] 苏中兴. 薪酬管理[M]. 北京:中国人民大学出版社,2019.
[50] 文跃然. 薪酬管理原理[M]. 2 版. 上海:复旦大学出版社,2019.
[51] 刘素华. 劳动关系管理[M]. 浙江:浙江大学出版社,2020.
[52] 陈维政,李贵卿,毛晓燕. 劳动关系管理[M]. 2 版. 北京:科学出版社,2017.
[53] 石伟. 组织文化[M]. 2 版. 上海:复旦大学出版社,2020.
[54] 瞿群臻. 人力资源管理实验实训教程[M]. 北京:清华大学出版社,2019.
[55] 陈洪艳. 人力资源管理:理论、实训与微课[M]. 北京:机械工业出版社,2018.
[56] 加里·德斯勒. 人力资源管理[M]. 12 版. 北京:中国人民大学出版社,2017.
[57] 雷蒙德·诺伊. 人力资源管理:赢得竞争优势[M]. 9 版. 北京:中国人民大学出版社,2016.
[58] MATHIS,JACKSON. Human Resource Management[M]. 北京:电子工业出版社,2018.
[59] JOHN M,IVANCEVICH. Human Resource Management[M]. 北京:机械工业出版社,2016.
[60] RAYMOND A,NOE. Employee Training and Development [M]. Sixth Edition. 北京:中国人民大学出版社,2015.
[61] RONAN,CHRISTINE C. Human Resource Management[M]. Red Globe Press,2018.
[62] BEVOC,LOUIS. Human Resource Management: Employees and Employers in Action[M]. Independently Published,2019.
[63] SEAN R,PATRICIA M,Mathis. Human Resource Management[M]. Cengage Learning,2019.
[64] RAYMOND N,JOHN H. Human Resource Management [M]. McGraw-Hill Education,2018.
[65] RAMACHANDRA C G. Human Resource Management[M]. KS OmniScriptum Publishing,2020.
[66] SETHUPATHY K,JOEL J. Strategic Human Resource Management[M]. LAP Lambert Academic Publishing,2019.
[67] SNELL,MORRIS,BOHLANDER. Managing Human Resource[M]. Cengage Learning,2016.
[68] BOHLANDER,GEORGE W. Managing Human Resource[M]. South Western Educational Publishing,2012.
[69] DAVID A, STEPHEN P. Fundamentals Of Human Resource Management [M]. Eleventh Edition. Wiley,2012.